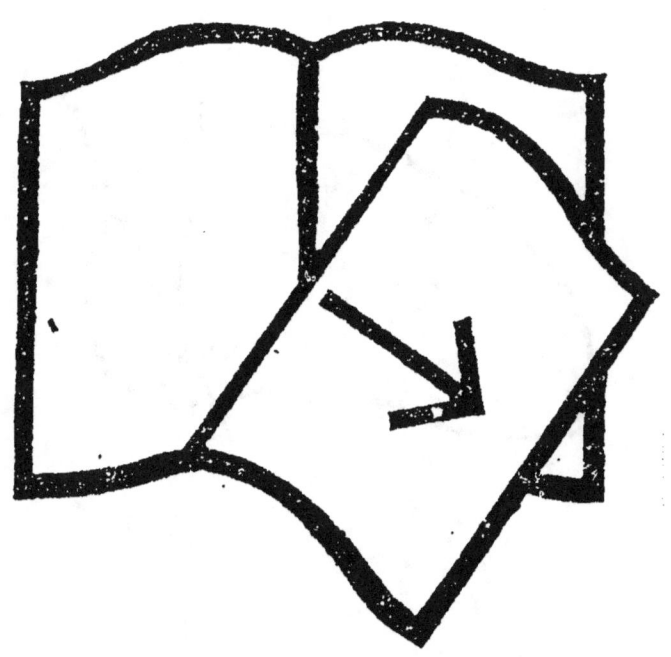

Couverture inférieure manquante

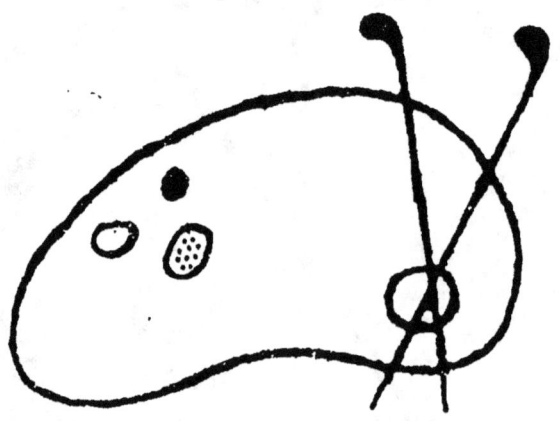

Début d'une série de documents en couleur

HISTOIRE DE NANTES

SOUS LE RÈGNE DE LOUIS-PHILIPPE

1830-1848

PAR

FÉLIX LIBAUDIÈRE

Ingénieur des Arts et Manufactures,
Conseiller Municipal.

NANTES,
Imprimerie C. MELLINET. — BIROCHÉ et DAUTAIS, succrs,
Place du Pilori, 5.

1900

HISTOIRE DE NANTES

SOUS LE RÈGNE DE LOUIS-PHILIPPE

1830-1848

PRÉCÉDÉE

D'UN APERÇU SOMMAIRE

SUR LA SITUATION DE NANTES A LA FIN DU RÈGNE DE CHARLES X

PAR

FÉLIX LIBAUDIÈRE

Ingénieur des Arts et Manufactures,
Conseiller Municipal.

NANTES,
Imprimerie C. MELLINET. — BIROCHÉ et DAUTAIS, succrs,
Place du Pilori, 5.

—

1900

INTRODUCTION

—

I

L'histoire de la ville de Nantes s'arrête à l'année 1815.

L'important ouvrage de Camille Mellinet, *la Commune et la Milice de Nantes,* qui, seul, pousse l'histoire de notre ville jusqu'à cette date, se termine, en effet, avec l'ère impériale.

Les auteurs qui, au cours du XIXe siècle, ont étudié notre ville ou ses institutions dans les siècles passés, n'ont pas cependant laissé tomber dans l'oubli les principaux faits que les murs de notre cité ont vu se produire depuis ce moment.

A. Guépin, dans ses *Essais historiques sur les progrès de Nantes* (1832), consacre quelques lignes à chacune des années de la période 1815-1830. La littérature, les arts et les sciences, ainsi que le mouvement agricole, le mouvement manufacturier, le mouvement commercial, sont traités par lui dans des articles spéciaux qui, par leur développement et les appréciations qu'il émet, présentent un véritable intérêt.

Il décrit, avec tous les détails que peut donner un témoin oculaire, les événements qui se sont déroulés dans notre ville pendant les journées des 29 et 30 juillet 1830.

L'ouvrage que A. Guépin publie en 1835, en collaboration avec E. Bonamy, *Nantes au XIXe siècle*, présente une monographie très vivante et très complète de notre ville à cette époque, au point de vue de la statistique, de la topographie et des mœurs et usages.

Lescadieu et Laurant, dans le 2e volume de leur *Histoire de Nantes* (1837), accordent quelques pages aux faits de la période 1815-1830. Ils s'étendent longuement sur les journées de juillet 1830, puis racontent, avec tout le développement qu'ils comportent, les événements de 1832 : levée d'armes de la duchesse de Berry et son arrestation.

Ces événements de 1832, qui eurent en France un si grand retentissement, provoquèrent la mise au jour de plusieurs brochures, dont la principale, *la Vendée et Madame*, par le général Dermoncourt, doit être particulièrement citée.

E.-J. Verger, dans ses *Archives curieuses de la ville de Nantes* (1837 à 1840), mentionne, à mesure qu'ils se produisent, les faits qui, au cours de ces quatre années, méritent d'être signalés, et nous laisse quelques gravures de nos monuments ou quartiers.

Guépin, dans son *Histoire de Nantes*, se borne à reproduire les pages qu'il a écrites dans *le Progrès de*

Nantes, sur l'histoire postérieure à 1815. Les nombreuses gravures, dues à Hawkes, donnent un grand intérêt à cet ouvrage.

Camille Mellinet consacre son premier volume de *la Commune et la Milice de Nantes* à une étude topographique de notre cité à travers les âges et, dans son résumé chronologique qu'il poursuit jusqu'à 1840, date de la publication de son ouvrage, il donne, année par année, à côté des travaux d'intérêt public, ceux entrepris par les particuliers pour la construction des maisons d'habitation les plus dignes d'intérêt.

Citons encore comme l'ouvrage le plus récent qui donne quelques indications sur les faits qui nous occupent, *l'Histoire anecdotique de Nantes,* par M. Joseph de Trémaudan (1889).

Enfin, nous devons mentionner le manuscrit que possède la Bibliothèque municipale et qui est attribué à E.-J. Verger. Cet important travail prend Nantes à son origine et poursuit son histoire jusqu'en 1849; mais la période postérieure à 1815, qui se borne à quelques notes consignées année par année, est restée inachevée.

A côté des ouvrages dont nous venons de dresser la liste et qui étudient notre ville à travers les âges dans l'ensemble des faits et des événements qui s'y sont passés, il en est d'autres dont les auteurs se sont attachés à ce que nous pourrions appeler des détails de notre histoire.

Dans cette autre série de travaux, il y a lieu de faire

figurer : *Le Commerce de Nantes,* par E.-B. Le Beuf, secrétaire de la Chambre de Commerce (1857) ; — certaines monographies de J.-C. Renoul : *Octroi et consommation de Nantes* (1853), *Graslin et le quartier qui porte son nom* (1860), *le Bouffay* (1865), *la Paroisse Saint-Similien* (1866), *le Tribunal consulaire à Nantes* (18) ; — *l'Art à Nantes au XIXe siècle* (1888) et *Nantes et le département au XIXe siècle* (1891 et 1892), par E. Maillart, ancien maire d'Ancenis ; — *le Théâtre à Nantes,* par M. Et. Destranges (1893) ; — les biographies des nantais illustres, etc. (¹).

Comme on le voit, le passé de notre ville a été, pour les siècles antérieurs au nôtre, largement fouillé dans l'ensemble comme dans le détail des faits ou des institutions, mais les événements qui ont suivi l'ère impériale n'ont encore été l'objet d'aucune étude présentant le caractère d'une œuvre historique.

II

Le hasard nous ayant mis en possession d'une collection du journal *le Breton,* de la période 1830-1848, nous a donné l'idée d'entreprendre le travail que nous présentons au public. Nous croyons devoir cette expli-

---

(¹) Nous n'avons compris dans ce relevé bibliographique que les travaux ayant poursuivi d'une façon plus ou moins sommaire l'histoire de notre ville à partir de 1815.

cation à nos lecteurs, car la logique aurait voulu que nous prenions l'histoire de notre ville au point où elle s'est arrêtée, c'est-à-dire à 1815.

Le Breton est donc la base de notre publication. Ce journal était alors le plus important, le plus répandu, mais c'était l'organe de l'administration, et, à ce titre, il ne jouissait pas d'une indépendance absolue.

Aussi avons-nous dû, pour connaître certains faits laissés dans l'ombre par cet organe officiel, et pour avoir une plus sincère appréciation de l'époque, avoir recours aux feuilles périodiques représentant les diverses opinions politiques, et particulièrement à *l'Ami de la Charte,* devenu *le National de l'Ouest,* ou à *l'Hermine* et au *Courrier de Nantes,* et aussi aux feuilles spéciales comme *la Feuille commerciale et maritime* ou *Lloyd nantais* et *la Loire.*

Les registres des délibérations du Conseil général, du Conseil municipal, de la Chambre de Commerce, du Bureau de bienfaisance, ainsi que ceux des arrêtés préfectoraux et municipaux, ont été consultés par nous.

Nous n'avons pas la prétention d'avoir épuisé le sujet que nous avons entrepris de traiter et il est certainement des faits et des événements sur lesquels nos lecteurs auraient désiré nous voir donner plus de détails ; mais, pour rester dans les limites du cadre que nous nous étions tracé, nous avons dû nous borner à présenter dans ses grandes lignes l'histoire de cette époque et à fixer sur son ensemble les idées de la génération actuelle.

III

Nous avons cru devoir faire précéder notre récit des années du règne de Louis-Philippe d'un aperçu sur les derniers jours du règne de Charles X. Nous avons voulu établir d'une façon aussi sommaire que possible comme un inventaire de nos institutions, un état de nos monuments, de nos transformations de quartiers, au moment où s'ouvre notre histoire, de façon à mettre nos lecteurs au courant de la situation et leur permettre de constater les progrès réalisés au cours de la période.

Notre étude se termine par un chapitre intitulé Résumé et vues d'ensemble.

L'ordre chronologique que nous avons suivi dans notre récit, et qui nous était logiquement imposé, ne permet pas de suivre facilement certains faits d'ordre général dans leur évolution à travers la période et de dégager un jugement sur leur compte.

Il est en outre des détails qui, donnés année par année, paraîtraient oiseux vu leur faible importance, et cependant les institutions auxquelles ces détails sont relatifs présentent, au bout de la période, une physionomie nouvelle qu'il est intéressant de constater dans une sorte de revision.

L'histoire d'une ville ne saurait être entreprise si l'on voulait la traiter comme s'il s'agissait de l'histoire d'une nation. Elle manquerait d'éléments si l'on voulait s'en tenir aux événements qui ont une véritable valeur historique.

Il faut s'inspirer d'un sentiment plus intime et plus particulier. Dans les familles, on conserve pieusement le souvenir des ancêtres et les situations quelque peu en vue qu'ils ont occupées, le rôle qu'ils ont joué dans la cité ne sont pas sans inspirer à leurs descendants une légitime fierté. On aime aussi à raconter l'origine, les transformations du bien patrimonial et à rappeler tous les souvenirs qu'il évoque.

Une cité peut être comparée à une grande famille et si chacun s'intéresse plus particulièrement aux faits et gestes de ses ancêtres, on n'en interroge pas moins volontiers le passé sur les antécédents des familles qui vous entourent ou de celles qui sont pour le moment le plus en vue.

Les ancêtres de la génération se plaisent à parler des souvenirs personnels qui se rattachent pour eux aux monuments, aux quartiers, à raconter la part qu'ils ont prise à tel ou tel événement, et ainsi s'établissent les traditions qui se transmettent d'âge en âge.

Aussi, nous rendant compte du sentiment de curiosité bien naturelle qui peut animer nos lecteurs, avons-nous, pour faciliter leurs recherches, établi la table des matières et la table des noms de la façon la plus minutieuse, pour qu'aucun des détails contenus dans nos colonnes et susceptibles de les intéresser, ne puisse leur échapper.

IV

L'histoire est, dit-on, un flambeau qui éclaire la marche de l'humanité.

Les connaissances historiques que l'enfant va puiser sur les bancs de l'école n'ont trait qu'aux sociétés anciennes ou modernes des divers pays.

L'histoire d'une ville, et tout particulièrement son histoire contemporaine, c'est-à-dire au XIXe siècle, a une portée plus immédiate et autrement pratique.

Les générations ont une tendance à se croire, d'une façon générale, en progrès sur celles qui les ont précédées.

La comparaison du présent avec le passé, comparaison que les études historiques rendent seules possible, serait quelquefois de nature à les faire réfléchir et à rabattre leurs prétentions. Il est des institutions dont on est fier et dont le développement va à l'encontre du but que l'on s'est proposé dans leur création.

Parmi les projets que l'on tente, combien déjà ont été condamnés, combien ont abouti à des utopies ! L'histoire du passé, du passé immédiat, éviterait aux générations qui se succèdent bien des écoles et bien des tâtonnements et leur vaudrait une grande économie d'efforts et d'argent.

Dans le chapitre Résumé et vues d'ensemble, nous avons, sur certains points, montré le fécond enseignement qui, pour notre génération, ressortirait d'une connaissance plus profonde des agissements de nos pères.

Il y a, dans cette comparaison entre le présent et le passé qui vient de finir, une étude bien attachante et bien instructive et nous serions heureux d'avoir pu contribuer à développer chez nos concitoyens le désir de mieux connaître les générations qui se sont succédé dans notre ville au cours du XIXe siècle et à diriger vers cet objet les efforts des travailleurs.

En terminant, nous tenons à remercier bien sincèrement nos collègues de la Société Académique qui, en ouvrant les pages des *Annales de la Société* à notre travail, nous ont donné le plus précieux des encouragements.

Nantes, 1er octobre 1900.

APERÇU SOMMAIRE

SUR LA SITUATION DE NANTES

A LA FIN DU RÈGNE DE CHARLES X.

ADMINISTRATIONS ET CORPS CONSTITUÉS.

Le lieutenant général comte Despinois a le commandement de la 12e division militaire (Loire-Inférieure, Vendée, Charente-Inférieure, Deux-Sèvres, Vienne). — Le baron de Vanssay, conseiller d'Etat, est préfet de la Loire-Inférieure. — Mgr Micolon de Guérines occupe, depuis 1822, le siège épiscopal. — L'Administration municipale est confiée à Louis Levesque aîné, négociant. Ses adjoints sont : Bernard des Essarts, Doucet, H. de la Tullaye, A. Boubée, Le Breton.

— Les députés de la Loire-Inférieure sont : le baron Dudon, ministre d'Etat, membre du Conseil privé, et de Carcouet, élus par le collège départemental ; Louis de Saint-Aignan, ancien maire ; Louis Levesque, maire ; Urvoy de Saint-Bedan, de Formon, élus par les collèges d'arrondissement.

— Le Conseil municipal se compose de trente membres : Allotte, de Couëtus, Law de Lauriston, Ed. Gouin, Maisonneuve, Dubois-Marzy, C. Rossel, L. Bureau, Mosneron, Lamaignère, de Monti-Le Quen, Babin-Chevaye, Allegret, Sarrebourse d'Audeville, Bouteiller, Urvoy de Saint-Bedan, comte de Saint-Pern, M. de la Brosse, Marion de Procé, Graslin de Seréac, Fellonneau, Blon, Thomine, Laënnec aîné, Jousset. Cinq sièges sont vacants par décès ou démission.

— Tribunal de Commerce. — Président : P.-J. Maës ; juges titulaires : J. Gouin, F. Vallée, F. Coquebert, J. Dechaille, E. Bouché, H. Toché ; juges suppléants : Th. Carmichaël, J. Le Maufr, A. Garnier, L. Bureau.

— Chambre de Commerce. — L. Levesque aîné, président ; H. Ducoudray-Bourgault, de la Brosse, Le Quen, Ed. Peltier, L. Lepertière, L. Bureau, Soubzmain, Ed. Gouin, A. Genevois, L. Say, Maës, Lauriol, F. Coquebert, Haranchipy,

INSTITUTIONS ET SOCIÉTÉS.

— Bureau de bienfaisance, — Il donne des secours à 3,075 familles. Ses recettes, en 1829, ont atteint 91,134 fr. 07 c.; ses dépenses, 90,473 fr. 54 c.

— La Société Académique, fondée en 1798, dissoute en 1816, par mesure de haute police, rétablie en 1818. Grâce à une subvention du Conseil général, elle organise des concours et distribue des médailles et primes. Chaque année, elle rend compte de ses travaux dans une séance solennelle.

— La Société de charité maternelle instituée pour donner des secours aux femmes pauvres en couches. Fondée dès l'an IX, elle ne fut organisée que plus tard. Mme Van Styrum en fut la première présidente en 1812. — Un don de 2,500 fr. lui est envoyé en 1828 par la Dauphine.

— Le Mont de piété est établi à l'hôtel de Portric, place Saint-Vincent. Sa création remonte au 1er avril 1815.

— Le Conseil de salubrité. — Ses membres sont : Fouré, Le Sant, Hectot (nommés en 1817, lors de sa formation par le préfet, Louis de Saint-Aignan); Laënnec, Marion de Procé, Sallion, Prevel, nommés en 1826 par le préfet, Alban de Villeneuve.

— Caisse d'épargne et de prévoyance. — Ses opérations commencent en 1821 avec un capital de garantie de 15,000 fr. Au 31 décembre 1829, il y a 1,449 livrets en circulation, et le solde dû s'élève à 190,681 fr. 47 c. Un intérêt de 4 1/2 est servi aux déposants. Elle a son siège au greffe du Tribunal de Commerce.

— Société nantaise d'horticulture, fondée en mars 1828, par J.-J. Le Cadre. Elle distribue deux fois par mois des primes aux jardiniers qui apportent des fleurs au marché de la Bourse. Elle organise une exposition de printemps et annonce, pour le mois d'octobre, une fête florale au cours de laquelle seront distribuées des médailles aux types *chéris* de la duchesse de Berry, sa protectrice, et du duc de Bordeaux. Ses membres sont au nombre de 230.

— Société pour l'extinction de la mendicité due à l'initiative du préfet de Vanssay. Elle ouvre, le 15 septembre 1829, une maison de secours et de travail. A dater de cette ouverture, la mendicité est interdite par arrêté préfectoral.

— La Société philharmonique se réunit dans les salles de l'Hôtel-de-Ville pour donner des concerts et la Société musicale dans un local construit pour elle rue Marivaux.

— L'œuvre des Bons-Livres, fondée et dirigée par Mgr l'Evêque, pratique le prêt gratuit des livres. Trois mille volumes sont ordinairement en circulation.

ENSEIGNEMENT.

Le collège royal, ouvert en 1808. A la rentrée de 1829 sont inaugurés des cours de physique et de chimie, et aussi une école spéciale de commerce. — La ville entretient 26 boursiers. — Le petit pensionnat, en souvenir du passage de la duchesse de Berry, en 1828, a reçu, par ordonnance royale, le titre de collège de S. A. R. Mgr le duc de Bordeaux.

— L'école secondaire de médecine instituée par décret du 4 mars 1808. Elle a pour directeur le docteur Fouré, et pour professeurs les docteurs Thibeaud, Cochard, Lafond, Legouais, Pellerin, Amb. Laënnec, Marion de Procé, Sallion, Blin.

— Des cours payant de chimie générale sont professés par les docteurs Cox et Pihan-Dufeillay, (ils furent les premiers qui, en 1828, commencèrent à enseigner cette science à Nantes), — de physique, électricité, astronomie, par le docteur Darbefeuille, — de droit commercial, par Le Poitevin, avocat, — de littérature, par le professeur Durand (10 leçons, 15 fr.); par le professeur Boullault (3 mois, 30 fr.), — d'orthographe, suivant la méthode Galienne, — de peinture, par Donné, élève de Gros, dans la rotonde de la salle du Concert, cour Maurice, rue de Briord.

— L'école gratuite et publique de dessin, rue du Calvaire, fondée par les Etats de Bretagne et rétablie en 1810, est à la charge de la ville.

— Un cours gratuit de géométrie et de mécanique appliquée aux arts et métiers, ouvert provisoirement à l'Hôtel-de-Ville, en 1825, est, à partir de 1827, après entente avec le Commissaire général de la marine, donné par le professeur d'hydrographie dans la nouvelle et belle salle de l'Observatoire de la rue de Flandres.

— Le docteur Guépin, sous les auspices de la Municipalité, ouvre, le 19 novembre 1829, dans une salle du Passage du Commerce, un cours gratuit et public de chimie appliquée aux arts et à l'agriculture.

— La Société Académique jette les bases d'un Athenée où des cours gratuits seraient professés sur toutes les matières d'enseignement ; elle se livre à des observations astronomiques et météorologiques à l'Observatoire de la maison Graslin. Une demi-bourse à l'école centrale des arts et manufactures est mise à sa disposition.

— Les Frères des écoles chrétiennes, rappelés en 1816, tiennent trois écoles : rue de la Commune, rue Paré, sur les Ponts. Ils ont 1,200 élèves. L'école gratuite élémentaire, suivant l'enseignement mutuel, fondée en 1817, est établie rue du Calvaire, cour du Chapeau-Rouge, et peut recevoir 500 élèves. — La ville accorde une subvention de 6,000 fr. aux Frères, de 2,500 fr. à l'école mutuelle, d'environ 5,000 fr. aux écoles de petites filles, tenues par les Sœurs, à Sainte-Marie, à l'Hôtel-Dieu, aux Cordeliers, à Saint-Jacques, un secours de 500 fr. à l'institution des sourds-muets de Dunan. — Schatz, professeur de musique, ouvre un cours gratuit de chant pour ouvriers et enfants admis après concours. — Moreau tient une académie d'armes et donne des assauts. — L'équitation est enseignée par Gachet, dans le manège du département, cour du Chapeau-Rouge, et par de Pons, au manège de la rue Pétrarque.

JOURNAUX ET PUBLICATIONS.

Le Journal de Nantes, Le Breton, formé par la réunion, en janvier 1828, du *Journal de Nantes et de la Loire-Inférieure,* journal politique, et du *Breton*, recueil littéraire, est l'organe de l'Administration. Il paraît cinq fois par semaine.

— L'opposition a pour porte-paroles *L'Ami de la Charte*. Ce journal, en 1830, entre dans sa douzième année. Il paraît tous les deux jours, mais, quand les circonstances l'exigent, deux éditions du même numéro paraissent l'une le matin, l'autre le soir. Victor Mangin, son gérant et éditeur, publie deux autres feuilles. Le *prix-courant* des marchandises, qui paraît deux fois par semaine, et la *Feuille maritime et commerciale*, qui paraît tous les jours de Bourse.

— Le *Lycée Armoricain*, fondé par Camille Mellinet, en 1823, recueil mensuel littéraire. Il publie les travaux de la Société Académique.

Le *Journal de Médecine*, organe, depuis 1825, de la Section de Médecine de la Société Académique, paraissant tous les trois mois.

— L'année 1829 voit naître deux nouvelles feuilles : *Les Petites Affiches réunies*, de C. Merson, et *Revue de l'Ouest*, journal de la Librairie industrielle, fondée par Laurant. La *Revue de l'Ouest*, au bout de quelques mois, cesse d'être hebdomadaire, pour devenir mensuelle et opère sa fusion avec *Le Lycée Armoricain*.

— Les légitimistes militants lancent, en 1829, *Le Mémorial Breton et Vendéen*, qui ne compte que quelques numéros ; ils tentent, sans succès, la fondation du *Correspondant de l'Ouest*, enfin, annoncent la publication de *L'Ami de l'Ordre*, dont la gérance serait confiée à Casimir Merson.

MONUMENTS ET LIEUX PUBLICS.

Le Préfet quitte, en 1828, l'hôtel d'Aux pour venir habiter le palais de la Chambre des Comptes, dans lequel les bureaux de l'Administration départementale sont installés depuis 1800. — La salle de l'aile ouest de l'Hôtel-de-Ville, destinée aux cérémonies publiques, est achevée à la fin de 1827. — Le nouvel hôtel de la Monnaie, rue Penthièvre (1) est construit en 1824. — Le Muséum

---

(1) Actuellement rue Voltaire.

d'histoire naturelle inauguré en 1810. Son fondateur, Dubuisson, en est le conservateur, et Frédéric Caillaud, le savant égyptologue, le conservateur adjoint. — Le couvent de la Visitation sert de caserne au régiment d'infanterie qui, en temps ordinaire, depuis 1815, représente la garnison. Les détachements de cavalerie, envoyés en diverses circonstances, ont dû se loger dans les écuries particulières ou les corderies de Launay.

— La Halle aux Toiles est livrée au public le 9 février, et le marché couvert y attenant, le 15 décembre 1828. En même temps les marchés qui existaient sur les places Graslin, du Commerce, des Fiacres (1) sont supprimés. — L'Abattoir est ouvert le 15 octobre 1829 et les tueries particulières sont, à partir de ce jour, fermées.

— La poissonnerie, construite en 1808. Sur nul autre point de la ville, il ne peut être vendu du poisson frais ou trempé (2).

— Le Jardin des Plantes, cédé à la ville par le département en 1820, demande plusieurs années pour son appropriation. Le public y est admis en 1829, mais l'entrée en est interdite les dimanches et jours de fêtes. — La Bibliothèque, qui occupe l'étage supérieur de la Halle aux Blés, est ouverte à partir du 1er mai 1830, tous les jours excepté les dimanches et jours fériés.

— Les prisons, en construction depuis 1824, rue Mercœur et place de Berri (3), sont sur le point de pouvoir recevoir leurs hôtes.

— La reconstruction du Palais de Justice, sur l'emplacement du Bouffay, est décidée. Le Conseil général, dans sa session de 1828, adopte le projet de Douillard et vote des centimes pour faire face à la dépense. En septembre 1829, le plan des propriétés à acquérir autour du Bouffay, pour l'exécution du travail, est porté à la connaissance du public. Faute d'espace dans le vieux palais, les Assises se tiennent dans la grande salle de l'hôtel Rosmadec.

---

(1) Le long de la promenade de la Bourse.
(2) La poissonnerie qui existe actuellement a été construite sur le même emplacement en 1853.
(3) Actuellement place Lafayette.

— Le Musée de peinture. Quatre salles ont été aménagées pour son installation dans la partie sud de la Halle aux Toiles. Il est ouvert le 1er avril 1830.

— L'Administration des hospices acquiert du département le dépôt de mendicité à Saint-Jacques, pour y transférer l'hôpital du Sanitat. — L'Hôtel-Dieu tombe en ruines, et sa reconstruction est vivement réclamée.

— La Cathédrale, - Saint-Similien, — Saint-Jacques. Les bas côtés se construisent. — Sainte-Croix. Sa façade est en partie masquée par des masures. — Saint-Clément. L'église des Minimes est offerte par son propriétaire, moyennant 10,000 fr., pour y transférer le siège de la paroisse. — Saint-Donatien. Son érection en succursale date de 1819. — Saint-Nicolas. Sa reconstruction est décidée, et, dans ce but, des acquisitions sont faites dans l'Erail, (emplacement de la rue de Feltre). — Notre-Dame-de-Chézine, érigée en succursale en 1820, prend le nom de Saint-Louis. Une nouvelle église construite sur le prolongement de la rue Penthièvre est inaugurée le 24 juin 1828 (¹). Une partie du 6e canton de Nantes (l'Hermitage, Pilleux), est du ressort de la paroisse de Chantenay. — En 1825, s'élève, rue du Bocage, la chapelle de Saint-François que desservent les missionnaires diocésains.

— Communautés religieuses : la Visitation, les Ursulines rétablies en 1806 ; les Carmélites, en 1807. En 1825, les sœurs de la Providence s'installent rue des Orphelins, et les religieuses du Refuge, à Gigant. Les sœurs de Saint-Vincent construisent, en 1829, leur chapelle rue Saint-Jean.

— Les protestants célèbrent leur culte dans l'ancienne chapelle des Carmélites dont ils jouissent depuis 1805.

TRAVAUX DE VOIRIE.

Louis Levesque, pendant les douze années qu'il exerce les fonctions de Maire (de 1819 à 1830), imprime un mouvement de

---

(1) Son emplacement est celui occupé actuellement par l'hôtel Dufour. — L'église de Notre-Dame-de-Bon-Port a été inaugurée le 12 août 1858.

transformation qui ne s'était pas vu depuis la création du quartier Graslin, et poursuit tout un programme d'importants travaux : acquisition dans l'Erail, en vue de relier la rue du Calvaire au canal, par une voie carrossable, et mise en adjudication d'un pont en fer sur la rue de l'Arche-Sèche. — Percée de la rue Charles X (rue d'Orléans), de la rue des Arts. — Elargissement de la rue Neuve-des-Capucins, des rues de la Barillerie, de la Verrerie, du Bocage. — Prolongement de la rue de Flandres jusqu'à la rue Penthièvre, de la rue Kervégan jusqu'à la Poissonnerie, de la rue Penthièvre jusqu'à l'Entrepôt par l'élargissement de la ruelle du Sanitat (rue Dobrée), de la rue Boileau jusqu'à la rue du Chapeau-Rouge et la rue du Calvaire. — Reconstruction du pont Maudit à frais communs entre la ville et les propriétaires de l'île Gloriette, — Création du quartier de la Monnaie sur l'emplacement de l'ancienne corderie Brée; d'une place et de rues autour de l'église Saint-Louis; d'une voie d'accès de la prairie d'Amont à la ligne des Ponts.

Les grandes dépenses qu'exigent tous ces travaux excèdent les revenus ordinaires de la ville. Une somme de 600,000 fr. est nécessaire pour mener le programme à bonne fin. La dissolution des Chambres empêche la réalisation d'un emprunt de cette importance et, pour parer aux besoins les plus urgents, une ordonnance royale autorise un emprunt de 300,000 fr., au taux de 4 1/2. Les rentiers hésitent à souscrire, et, bien que le taux soit porté à 5 %, une somme de 140,000 fr. seulement est réalisée au moment de la révolution de juillet.

— Les travaux du canal de Nantes à Brest, lesquels touchent à leur fin, contribuent de leur côté à changer la physionomie de tout un quartier. Le pont Charles X (pont d'Orléans) et le pont Madame (pont de l'Ecluse), ainsi nommé en l'honneur de la duchesse de Berry, qui en posa la première pierre en 1828, sont livrés à la circulation et remplacent les vieux ponts des Halles et de la Casserie. Des murs de quai avec parapets et cales se construisent depuis la Loire jusqu'aux Petits-Murs (place des Petits-Murs).

En même temps, le quartier Launay continue à se couvrir

d'hôtels. Le cours Henri IV, déblayé du côté de la rue des Cadeniers, voit s'élever les maisons Bernard des Essarts, Douineau, Jeanneau, Rozier.

Les architectes Blon, Amouroux, Seheult, Lalande, Guillemet, Gilée prennent une large part à tous ces travaux. Suc, Grootaërs, Debay, Molnecth se font connaître par leurs œuvres statuaires.

AGRICULTURE.

L'agriculture est en voie de progrès. — Ch. Haentjens et J. Rieffel forment une société pour l'exploitation de la ferme *exemplaire* de Grand-Jouan, près Nozay. — L'exportation des mules pour les colonies se développe et, pour encourager la production mulassière, une subvention est donnée par le Conseil général. — Des étalons sont fournis chaque année par le dépôt royal d'Angers et répartis entre Nantes, Machecoul, Ancenis, Savenay, Châteaubriant. — La section d'agriculture de la Société Académique s'emploie activement. Elle tente de restaurer la race des petits chevaux bretons. Chaque année, à la foire du 25 mai, dite nantaise, grâce aux subsides du Conseil général, elle distribue des primes en argent aux plus beaux animaux de ferme. — La culture de la betterave à sucre est en plein développement. Des sucreries s'installent à Couffé, à Vue. — Le noir de raffinerie, dont l'emploi remonte à une dizaine d'années, est de plus en plus apprécié. On en importe de l'étranger. La fraude avec la tourbe carbonisée se pratique sur une grande échelle.

COMMERCE.

Le commerce maritime entre dans une ère de prospérité. 111 maisons d'armement expédient, pour la navigation au long-cours, 184 navires, présentant un tonnage total de 37,950 tonnes. Le *Cap Horn*, qui appartient à la maison Veuve Th. Dobrée, présente le plus fort tonnage : 717 tonneaux. — Les principales d'armement sont : Veuve Th. Dobrée, 4 navires, 1,829 tonneaux; B. Dufou, 6 navires, 1,803 tonneaux; Soubzmain, 4 navires, 1,197 tonneaux; Th. Carmichaël, 6 navires, 1,100 tonneaux; J.-B. Couy, 6 navires, 939 tonneaux.

La Banque de Nantes, autorisée par ordonnance du 11 mars 1818, a obtenu une prolongation de son privilège pour une durée de 9 années, à partir du 31 décembre 1830. Les actions, émises à 1,000 fr., valent 1,480 fr.

INDUSTRIE.

La boulangerie est l'objet d'une réglementation sévère. Le nombre des fours est limité et le Maire en nomme les titulaires. La Chambre syndicale exerce, conformément à ses statuts, un contrôle rigoureux sur les approvisionnements de farine, etc. Depuis 1818 le pain est taxé chaque mois.

Depuis 1820, le pain blanc oscille entre 0 fr. 30 c. et 0 fr. 40 c. le kilo. A partir de juillet 1828, il se tient constamment au-dessus de 0 fr. 40 c. et en avril 1829, monte au prix de 0 fr. 50 c. Le pain batelier est à ce moment taxé à 2 fr. 35 c. les 6 kilos et le pain méteil à 1 fr. 60 c.

La Chambre de Commerce de Nantes compte deux délégués au sein du Conseil général du commerce.

Les expositions industrielles de 1825 et de 1827 ont donné un vif élan au travail manufacturier. — L'industrie du coton est de beaucoup la plus importante. Elle est représentée par une quinzaine de filatures, une trentaine de fabriques de cotonnades, flanelles, calicots, indiennes, futaines, etc., la plupart dans le quartier Saint-Similien.

Viennent ensuite, par ordre d'importance, l'industrie du cuir, avec 8 chamoiseries, toutes sur les ponts ; 30 tanneries ou corroieries, le plus grand nombre sur les bords de l'Erdre ; — la construction navale avec 14 chantiers, île Gloriette, Chézine, Piperie, Chantenay ; — la raffinerie de sucre, qui compte 13 usines, la plupart en Richebourg.

Les autres industries se réduisent à quelques établissements : moulin à vapeur de Richebourg, biscuit, vermicelle ; moulin à vapeur de la Madeleine, — 3 fabriques de farine étuvée, — 1 établissement d'eau filtrée au Port-Maillard, — 3 brasseries, — 2 distilleries, — 1 fabrique de conserves, Colin, 1 de carton, 1 de cartes à jouer, 1 de chapeaux de paille, plusieurs de chapeaux de feutre ou vernis, — 3 brosseries, — 1 faïencerie, Derivas, — 1 fonderie de caractères d'imprimerie, 7 de cuivre, 5 de fonte de fer, 6 ateliers de mécanique, — 1 fabrique de plomb de chasse, Pont-Sauvetout, 1 de plomb laminé et en tuyaux, 1 de cendres gravelées, 2 de colle forte, 1 de feutre à doublage, Dobrée, 2 de noir animal, 1 d'acide sulfurique, route de Rennes, 2 filatures de laine, 1 de lin.

Une usine pour l'éclairage par le gaz hydrogène percarboné, fabriqué avec des matières résineuses, se monte rue de l'Arche-Sèche. Elle est autorisée à poser une canalisation dans les quartiers du centre.

4 établissements de bains, dont 2 sur bateaux ; 1 établissement de bains médicinaux, Boisteaux ; 2 établissements orthopédiques : Ignard le Charmois, rue de Gigant, et Mme Villette, sur la prairie de la Madeleine.

La viande de boucherie est également taxée, mais à des époques indéterminées. La taxe courante fixe le prix du bœuf à 0 fr. 75 c. le kilo, 0 fr. 85 c. le veau, 1 fr. 05 c. le mouton. Le commerce de la boucherie est surveillé par quatre inspecteurs experts. Les viandes mortes ne peuvent être vendues qu'au marché du Port-Communeau et seulement le samedi.

Deux fois par an, pendant quelques semaines, au premier de l'an et en juillet, des maisons de Paris viennent vendre, en déballage, des toiles, rouenneries, étoffes, vêtements, des objets d'orfèvrerie, de joaillerie, d'horlogerie, des objets d'optique, etc.

Le mesurage des marchandises de consommation courante est l'objet d'un monopole. Il y a des mesureurs pour le charbon de terre, le bois à brûler, le charbon de bois, le bois de menuiserie, la chaux. Il existe aussi des appareilleurs de morue, des compteuses de sardines. Les titulaires de ces emplois sont nommés par le Maire et n'entrent en fonctions qu'après avoir prêté serment devant le Tribunal de Commerce ou seulement s'être présentés devant le commissaire de police pour promettre de se bien et loyalement comporter.

Le travail des quais est monopolisé par la corporation des portefaix, qui est divisée en plusieurs sections : Sécherie,

Chézine, Fosse, Port-Maillard, Richebourg, quai Maison-Rouge, Barbin. Il y a, en outre, les portefaix savonniers qui, seuls, ont le droit de toucher aux huiles ou savons venant de Marseille.

Les garçons boulangers, tailleurs, perruquiers, ne peuvent entrer chez un nouveau patron sans présenter un billet du placeur accrédité. Les réunions de compagnons sont interdites. Il en existe cependant, à en juger par les rixes qui éclatent entre les ouvriers des divers corps d'état.

TRANSPORTS.

Notre ville est dotée de modes variés de transport. La Basse-Loire est desservie, depuis 1828, par les bateaux à vapeur : les *Riverains du bas de la Loire* (société Cossin et Leray) ; la Haute-Loire, jusqu'à Angers, depuis 1829, par les *Riverains du haut de la Loire* (société Cuissard, Mesnard et Métois). — La Compagnie de navigation accélérée sur la Loire et rivières affluentes, au moyen de la vapeur (Arnous-Rivière et Dufort), fondée en 1828, remonte jusqu'à Orléans. — Depuis la fin de 1828, le *Riverain de l'Erdre* (Guichard et Cie) a un service régulier pour Nort, en concurrence avec un yacht de Gâche et Guibert.

Fenwick et Strobel, consuls américains, furent, en 1822, les initiateurs de la navigation à vapeur sur notre fleuve. Trenchevent, Gaillard, Vince suivirent leur exemple. Toutes ces diverses entreprises ont disparu ou ont opéré leur fusion avec celles en activité.

— Le trajet de Nantes à Paris s'opère en 48 heures par le Mans, et en 54 par la levée de la Loire. Les *Messageries* et les *Berlines* ont chacune un départ tous les deux jours. — Il y a une voiture tous les jours pour Bordeaux, Rennes, Lorient, Quimper. — Le roulage pour Paris, par l'ordinaire, se paye à raison de 6 fr. les 50 kilos et demande 16 jours ; par accéléré, 8 fr. 50 c. et 7 jours. — Deux services pour le transport en commun circulent en ville : les *Omnibus*, de Richebourg à la place du Commerce ; les *Dames blanches*, de la place du Commerce à Pirmil.

BUDGET MUNICIPAL POUR 1830.

Recettes ordinaires et extraordinaires : 1,335,404 fr. 04 c.

L'octroi, qui constitue la principale ressource, est évalué à un produit brut de 1,120,000 fr. Abattoir, 60,000 fr. Droits de place et de pesage, 18,700 fr., etc., etc.

Dépenses ordinaires et extraordinaires : 1,335,373 fr. 87 c.

Les hospices constituent la plus forte dépense, 242,000 fr., puis viennent le remplacement de la contribution mobilière, 185,547 fr. 69 c.; les frais de perception de l'octroi, 144,000 fr.; éclairage, 50,000 fr.; Bureau de bienfaisance, 44,000 fr.; frais d'administration, 35,869 fr. 50 c.; police, 28,830 fr.; subvention théâtrale, 30,000 fr.; pavage, 12,000 fr.; frères et école mutuelle, 8,500 fr.; école des petites filles, 4,800 fr.; fêtes publiques, 4,000 fr.; à la disposition du Maire, 3,000 fr.; garde nationale, 1,625 fr., etc.

Le budget présente un excédent de 30 fr. 17 c.

Au 1er janvier 1830, la ville doit : 1° 725,000 fr. sur l'emprunt de 800,000 fr. contracté, en 1824, pour la construction de l'abattoir ; 2° 379,424 fr. 87 c. sur les 583,730 fr. 58 c. qui ont été avancés par la Caisse d'amortissement pour la reconstruction du théâtre.

DIVERS.

Le recensement de 1825 accuse une population totale de 71,739 habitants (4,672 partie rurale, 67,067 partie agglomérée). — Le mouvement de la population en 1829 se traduit par 2,584 naissances, 2,455 décès, 648 mariages. — Un arrêté de 1825 enjoint la suppression des gouttières saillantes et leur remplacement par des tuyaux en métal. — Le pavage des rues est à la charge des propriétaires riverains, toutefois dans certaines conditions. — Un arrêté du 24 juillet 1830 règle les conditions d'établissement des trottoirs que les propriétaires commencent à demander. Les magasins, donnant sur les trottoirs, ne peuvent avoir une saillie à leurs devantures. — Sur la proposition qui lui en est faite par la Section de Médecine de la Société Académique, le Maire, à partir du 10 mai 1830, organise, à l'Hôtel-de-

Ville, des séances de vaccination gratuite. — La baignade de la prairie de Mauves est surveillée par deux maîtres nageurs ayant une prime de 12 fr. par sauvetage. — La rive sud de l'île Gloriette est, le soir, réservée au bain des femmes. — Dans les grandes chaleurs ou lorsqu'un cas de rage est signalé, la Mairie, après avis, fait jeter dans les rues des boulettes empoisonnées en vue de détruire les chiens errants, etc. Nous nous sommes bornés à ne signaler que les mesures qui nous semblent mériter une mention spéciale.

THÉATRE, SPECTACLES.

Les artistes parisiens donnent des concerts à la salle de l'École mutuelle ou dans la grande salle de l'Hôtel-de-Ville.

Le Grand-Théâtre termine sa campagne le 11 avril. Il ouvre ses portes le 5 mai avec une troupe d'opéra et une troupe de comédie. Le Conseil municipal, après avoir longtemps protesté contre le principe de la subvention et s'être décidé à accorder 15,000 fr., consent, en présence de l'insuffisance de cette somme, à porter, pour 1830, ce chiffre à 30,000 fr.

Les troupes équestres et autres spectacles s'installent au cirque du Chapeau-Rouge, à la Petite-Hollande, la place Bretagne, le terrain des Cadeniers.

HISTOIRE DE NANTES

SOUS LE RÈGNE DE LOUIS-PHILIPPE

Par M. Félix LIBAUDIÈRE

Année 1830

Le changement de Gouvernement. — Envoi de députations à Paris. — Installation du nouveau Conseil municipal. — La garde nationale. — Les victimes et combattants de Juillet. — Les Angevins à Nantes. — Les Nantais à Angers. — Attitude à l'égard du clergé. — Elections législatives. — Fermentation populaire, — Fondation de la Société Industrielle. — Fondation d'un Comptoir d'escompte. — Renouvellement du Tribunal civil. — Institutions diverses : Commerce, Industrie. Théâtre.

LE CHANGEMENT DE GOUVERNEMENT.

Les fameuses ordonnances du 27 juillet, qui provoquèrent la révolution dite de Juillet et amenèrent la chute de Charles X, ne furent connues à Nantes que le 29 au matin. Elles produisent une grande émotion en notre ville. Toute la journée, les esprits sont en proie à une surexcitation toujours croissante. Le soir, des rassemblements tumultueux se forment devant le théâtre. Des sommations sont faites sans résultat. Les gendarmes et les soldats du 10ᵉ régiment de ligne reçoivent l'ordre de faire évacuer la place. Il est procédé à une quinzaine d'arrestations. Le quartier rentre dans la tranquillité, et l'ordre n'est pas autrement troublé pendant toute la nuit.

Le lendemain matin, vendredi 30 juillet, l'agitation est très grande dès la première heure. Des groupes se forment dans les différents quartiers. Des citoyens se rendent en armes à la Bourse. Un commissaire de police reçoit l'ordre de la faire évacuer. Ses injonctions sont vaines.

Soudain, on apprend que les cuirassiers de Fontenay sont en route pour venir renforcer la garnison. Immédiatement quelques hommes résolus quittent la Bourse et se dirigent vers le pont de Pirmil. Des pavés sont enlevés sur une certaine longueur et servent à dresser une barricade. Les douaniers qui se portent sur ce point sont, à leur passage au Port-de-Vin, désarmés et dépouillés de leurs cartouches.

Les libéraux du commerce et de la haute bourgeoisie, en présence des allures révolutionnaires qui se font jour, et de l'anarchie qui menace la ville, se réunissent chez l'un d'eux, Bournichon, et se concertent en vue des mesures à prendre pour la protection des personnes et des propriétés. Des délégués populaires s'abouchent avec eux pour une entente commune. Leurs démarches n'aboutissent pas. La réorganisation de la garde nationale est réclamée dans tous les groupes. A plusieurs reprises, le maire, Louis Levesque, tant en son domicile privé, rue Penthièvre, qu'à l'Hôtel-de-Ville, est tout d'abord vivement sollicité d'y procéder sans retard. Les objurgations et les menaces ne l'intimident pas, et sa résistance aux vœux de la masse augmente son irritation. L'élargissement des prisonniers de la veille lui est demandé. Il explique qu'il ne peut que transmettre cette demande au général, qui a le Château sous son commandement. Un groupe alors se forme sur la place Graslin et descend la rue Crébillon pour se porter à l'Hôtel de la

Division en vue de réclamer la mise en liberté des prisonniers.

Arrivé sur la place Louis XVI, il compte une centaine de manifestants et trouve les soldats du 10ᵉ de ligne rangés en bataille. Tout à coup, au milieu des cris et des vociférations, une détonation se fait entendre. Les soldats y répondent par une décharge générale. Les manifestants se dispersent. Sept d'entre eux sont frappés à mort, et quarante environ atteints plus ou moins grièvement.

Cette effusion du sang aggrave la situation. Le peuple envahit les corps de garde et désarme les soldats qui les occupent. L'autorité militaire, en présence de l'état d'irritation des esprits, a la sagesse de renoncer à toute tentative de répression. Elle se borne à occuper fortement la place Louis XVI et le Château. La nuit approche et la ville est entièrement abandonnée à elle-même. On peut tout craindre de la part des gens de désordre. Les citoyens qui, pendant la journée, se sont tenus à la Bourse, s'organisent. Les magasins d'armes pour la traite sont mis à contribution. Des fusils sont donnés aux personnes de bonne volonté qui se présentent. Des patrouilles se forment et circulent à travers la ville. Aucun désordre ne se produit durant la nuit.

Les membres du Tribunal et de la Chambre de Commerce se réunissent. S'inspirant des nécessités de l'heure présente, ils se concertent sur les mesures à prendre et, sans calculer les conséquences qui peuvent en résulter pour eux de cette véritable usurpation de pouvoir, ils décident de procéder à une réorganisation de la garde nationale.

Une proclamation à leurs concitoyens est rédigée par eux et imprimée pendant la nuit.

Le samedi 31 juillet, dès la première heure, l'affiche suivante est placardée sur les murs de la ville :

« Les Membres du Tribunal et de la Chambre de Commerce,

» Arrêtent :

» 1° Il sera formé immédiatement une garde nationale suffisante pour le maintien du bon ordre et la conservation des propriétés ;

» 2° Sont nommés pour l'exécution du présent arrêté :

» MM. P.-J. Maës, président du Tribunal de Commerce ;
Soubzmain, président de la Chambre de Commerce ;
Dechaille, membre du Tribunal ;
Moriceau, propriétaire ;
Aug. Mosneron-Dupin, propriétaire ;

» 3° L'inscription sur les listes aura lieu à l'hôtel de la Bourse dans la salle d'audience ;

» 4° Les opérations de la Commission commenceront ce jour à midi.

» Nantes, 31 juillet.

» P.-J. Maës, Soubzmain, Dechaille, Moriceau, Mosneron-Dupin. »

Cet acte de courageuse initiative rassure les esprits et intimide les hommes de désordre. A l'heure fixée par l'arrêté, des registres sont ouverts à la Bourse. Les citoyens s'empressent de s'inscrire. La journée se passe sans incident.

Dimanche 1er août. — Le courrier, qui devait arriver dans la nuit du samedi, n'arrive que dans celle du dimanche. Il n'apporte aucune nouvelle officielle. On apprend, par les journaux parisiens portant la date du 29 juillet, le départ de Charles X et la constitution du Gouvernement provisoire.

Les magistrats consulaires portent, dans la matinée, ces faits à la connaissance de leurs concitoyens et, en même temps, les exhortent à respecter les personnes et les propriétés et à maintenir la tranquillité.

Une grande inquiétude règne dans les esprits. Quelques citoyens plus exaltés semblent vouloir profiter de cette tension de l'opinion pour provoquer des désordres. Par les soins des magistrats consulaires, une deuxième proclamation est placardée. Ils adjurent leurs concitoyens de se conformer aux mesures prises de n'arborer aucun signe qui pût être une occasion de trouble, de ne proférer aucun cri qui pût exaspérer les passions et compromettre la tranquillité.

La garde nationale, bien qu'encore sommairement organisée, occupe les postes de la ville.

Le lieutenant général Dumoustier est appelé à en prendre le commandement.

Le 2 août, une convention est signée entre le général Dumoustier et les magistrats consulaires, d'une part, et par le général Despinois, commandant la division.

Aux termes de cette convention, les soldats de la ligne et de la garde nationale se concertent pour desservir les postes.

Des recommandations sont faites au peuple nantais par les magistrats consulaires, et à la milice citoyenne par le général Dumoustier de ne rien tenter pour détourner les soldats de leurs devoirs envers leurs chefs.

La garde nationale procède à la nomination de ses officiers.

Les autorités, bien qu'aucune communication officielle ne leur soit parvenue, ne se font pas d'illusion sur le sort qui les attend; elles se retirent et s'éloignent.

Le Préfet et le Maire quittent la ville. Le général Despinois emmène avec lui, dans la nuit du 2 au 3 août, les troupes disponibles. Son intention est de gagner la Vendée pour y soulever la population.

Mayet, doyen du Conseil de préfecture, conformément à la loi, prend en main la direction départementale. Les adjoints Bernard des Essarts et de la Tullaye restent seuls à leur poste, mais, dans la journée du 3, ils remettent leur démission.

Le 4 août, enfin, on reçoit des nouvelles officielles du nouveau Gouvernement. Les magistrats consulaires, dans une dernière proclamation, en informent les habitants.

Le général Dumoustier prend le commandement de la division. Le drapeau tricolore est arboré sur les monuments publics. Les troupes et la garde nationale prennent la cocarde aux trois couleurs. Défense formelle est faite d'insulter toute personne qui ne la porterait pas en dehors du service militaire. Il est aussi rappelé à la garde nationale qu'elle doit aide et protection à tous les citoyens, quelles que soient leurs opinions politiques.

Ce même jour, à midi, Mayet convoque le Conseil municipal et le met en demeure de constituer une municipalité. Dix membres sur trente : Marion de Procé, Bureau, Jousset, Babin-Chevaye, Lamaignère, Thomine, Graslin-Seréac, de la Brosse, Blon, Sarrebourse-d'Audeville, répondent à son appel. Ils déclarent n'être pas en nombre pour délibérer et se retirent.

Mayet immédiatement délègue à Etiennez, secrétaire en chef de la mairie, la signature pour l'expédition des affaires municipales.

La population accepte les faits accomplis. Le calme se rétablit et tout ne tarde pas à rentrer dans l'état normal.

Le Théâtre rouvre ses portes le 6 août. Le jeudi 12, l'avènement du roi Louis-Philippe est proclamé sur la place Royale, avec la plus grande pompe.

Le lendemain, le 10ᵉ de ligne quitte la ville. La presque totalité des soldats qui avaient un instant suivi le général Despinois dans sa folle équipée étaient rentrés au corps. L'attachement du régiment aux nouvelles institutions était suspect et son éloignement s'imposait. Le 14ᵉ léger le remplace.

La région de l'Ouest inspire des inquiétudes, et, pour pouvoir étouffer dès son origine tout mouvement d'agitation, des mesures militaires sont prises. Le commandant général Lamarque est appelé au commandement supérieur des 4ᵉ, 10ᵉ, 11ᵉ, 12ᵉ et 20ᵉ divisions militaires. Deux bataillons du 32ᵉ viennent de Rennes renforcer la garnison de notre ville.

Le Gouvernement ne tarde pas à pourvoir d'une façon définitive aux fonctions vacantes.

Louis de Saint-Aignan, député de la 1ʳᵉ circonscription de la Loire-Inférieure, ancien maire de Nantes, ancien préfet des Côtes-du-Nord, est nommé préfet de la Loire-Inférieure (ordonnance du 6 août.)

Le général Dumoustier est maintenu à la tête de la 12ᵉ division (ordonnance du 8 août.)

Soubzmain, négociant, président de la Chambre de Commerce, est appelé à remplir les fonctions de maire de Nantes (13 août) ; Varsavaux, puis, quelques jours après, Fleury (Alexandre), Bourgault-Ducoudray (André), Garnier (Auguste), Cantin (Emile), sont nommés adjoints.

ENVOI DES DÉPUTATIONS.

Une députation est chargée d'aller porter au Roi l'expression des sentiments patriotiques de la ville de Nantes.

Varsavaux, premier adjoint, est à sa tête. Le Tribunal de Commerce y est représenté par Maës, son président, et la Chambre par Henri Ducoudray-Bourgault, l'un de ses membres. Trente délégués de la garde nationale, choisis dans les différentes armes, en font partie.

Les blessés de juillet, de leur côté, envoient également une députation. Elle comprend cinq d'entre eux :

Grignon-Dumoulin aîné, Léon Petit, Hersent, Bernard et Hyrvoix.

Les deux délégations sont présentées au Roi le même jour, le 22 septembre, par Auguste de Saint-Aignan et Duchaffault, membres de la Chambre des Députés.

Varsavaux porte la parole au nom de la députation dont il est le chef et Grignon-Dumoulin au nom des blessés de juillet. Louis-Philippe les retient à dîner. Varsavaux reçoit de ses mains un drapeau pour la garde nationale, et Grignon-Dumoulin un guidon pour l'escadron de cavalerie dont il fait partie.

CONSEIL MUNICIPAL.

Le 27 septembre, le Maire procède à l'installation de vingt-et-un conseillers, nommés provisoirement par le Préfet pour compléter le Conseil, lesquels sont :

Bertrand-Geslin, propriétaire ;
Colin (Joseph), fabricant de conserves ;
Chéguillaume (Mathurin), marchand de draps ;
De la Brosse (Joseph), négociant :
Ducoudray-Bourgault (Guillaume), négociant ;
Douillard fils aîné, architecte ;
Dechaille (Jacques), négociant ;
Dezaunay jeune, rentier ;
Gouin (Jules), négociant ;
Guérin-Doudet fils, négociant ;
Gicquel aîné, négociant ;
Guillemet aîné, manufacturier ;
Doré-Graslin, propriétaire ;
Jolin-Dubois, négociant ;
Laënnec (Emmanuel), notaire ;
Maës, négociant ;
Mariot, avocat ;

Marais fils, commissionnaire en marchandises ;
Polo fils aîné, marchand de draps ;
Rozier (François), propriétaire ;
Villeret (François), charron.

Les anciens membres du Conseil se réduisent à sept, qui sont : Lamaignère, Babin-Chevaye, Marion de Procé, Thomine, Fellonneau, Graslin-Seréac, Urvoy de Saint-Bedan. Le Conseil est définitivement complété par la nomination de Moriceau, propriétaire, et de Billault, avocat.

A peine installé, le Conseil nomme une Commission composée de Guérin-Doudet, Dechaille, Babin, Gouin, Lamaignère, Rozier, pour examiner la situation financière de la ville. La Commission est unanime à reconnaître qu'une somme de 800,000 fr. est nécessaire pour payer les dettes laissées par l'ancienne Administration, mais elle est divisée sur le mode à employer pour combler ce déficit. Les uns proposent un emprunt et la perception de 20 centimes additionnels. Les autres repoussent le principe d'un emprunt et sont d'avis d'augmenter les quatre contributions de 30 % pendant 5 ans, puis de 25 % pendant les 6 années suivantes, 20 % pendant les 8 autres années.

LA GARDE NATIONALE.

La garde nationale se compose de trois bataillons d'infanterie ayant chacun huit compagnies, à l'effectif de 105 hommes, un bataillon de pompiers, une compagnie d'artillerie, une compagnie de cavalerie. Le général Dumoustier, après en avoir constitué les cadres, se retire pour se consacrer entièrement au commandement de la division.

L'entrain des premiers jours ne fait que grandir. L'enthousiasme, provoqué par l'avènement du nouveau régime, transforme nos concitoyens. L'apprentissage du métier des armes et les services des gardes bouleversent toute leur existence. Leur instruction fait des progrès rapides. Le général Lamarque qui, le 15 août, passe en revue la milice citoyenne, déclare qu'elle a manœuvré comme *un vieux régiment de ligne*. A la revue du 12 septembre, passée par Dumoustier, les corps spéciaux sont particulièrement remarqués. L'artillerie, dit ce général, *rappelle les anciens corps d'élite de cette arme, et la cavalerie, les lanciers polonais de la garde impériale.*

Le député Duchaffault, venu pour inspecter notre garde nationale, eût constaté de nouveaux progrès, si une pluie malencontreuse n'avait empêché une grande partie des soldats citoyens de se rendre sur le cours Saint-Pierre.

Les exercices, les journées de service, ne suffisent pas à alimenter le zèle patriotique de nos concitoyens, et toutes les occasions leur sont bonnes pour se réunir en armes et manifester leurs sentiments. Dans le courant d'octobre et de novembre, des détachements de Clisson, Vieillevigne, Blain, Nozay, Aigrefeuille, Savenay, viennent chercher des fusils au Château, pour armer les contingents de ces communes. Les Nantais vont au devant d'eux en grande pompe. Des drapeaux leur sont offerts solennellement, puis on se sépare après de gais banquets et des toasts interminables.

LES VICTIMES ET COMBATTANTS DE JUILLET.

Sept jeunes gens : Chauvet, Dolbeau, Lasnier, Potin, Racineux, Rezeau, Rigaud, avaient trouvé la mort sur la place Louis XVI, au 30 juillet. Une quarantaine de manifestants avaient été blessés plus ou moins grièvement. Trois d'entre eux meurent des suites de leurs blessures à quelques jours d'intervalle : le docteur Camin, Voruz aîné, fondeur, Robert, ouvrier raffineur. Des détachements de la ligne et de la garde nationale assistent à leurs funérailles. Leur cercueil est recouvert du drapeau tricolore. Des discours sont prononcés au cimetière.

Dès les premiers jours, on songe aux blessés et aux familles des victimes. A Nantes et dans les communes du département, la souscription ouverte en leur faveur reçoit le plus sympathique accueil. Goupilleau, courtier maritime, est chargé de centraliser les dons et offrandes. Une représentation est donnée au bénéfice de l'œuvre. Des lithographies, des brochures se vendent dans le même but.

Une loi est votée accordant des récompenses et des secours aux combattants et familles des victimes des journées de Juillet, à Paris. Les Nantais sont admis à bénéficier des dispositions de cette loi. Au cours des débats, Gallot, député de la Charente-Inférieure, plaide éloquemment la cause de nos compatriotes. Il demande, en outre, qu'une colonne commémorative soit élevée à Nantes aux frais du Gouvernement. Elle porterait le nom des victimes et des combattants avec cette inscription : *Ils s'armèrent pour la liberté, pour venger les lois outragées. Le plomb les frappa. La Patrie les pleure et les honore.*

Le Maire forme une Commission d'enquête pour dresser une liste des ayants-droit : Goupilleau, Monteix, Chéguillaume, Guillemet, Lafont, Douillard aîné, F. Favre, Delasalle, Dr Lamoureux, sont désignés pour en faire partie.

LES ANGEVINS A NANTES. — LES NANTAIS A ANGERS.

Un jeune Angevin avait été blessé lors de l'échauffourée du 30 juillet sur la place Louis XVI. Des gardes nationaux, ses compatriotes, viennent le chercher lorsqu'il est rétabli. Ils reçoivent un accueil des plus chaleureux. Un bataillon, musique en tête, les attend au débarcadère et les escorte à travers les rues de la ville, au milieu d'un grand concours de la population. Le soir, un banquet est donné en leur honneur à la Bourse.

Les Angevins, pour reconnaître un si sympathique accueil, viennent inviter les Nantais à aller fraterniser avec eux.

Au jour fixé, le dimanche 3 octobre, 150 gardes nationaux se mettent en route. Le général Dumoustier, avec son état-major, des officiers, sous-officiers et soldats des 14e et 32e se joignent à eux. Le bateau part à 3 heures du matin. Il est salué tout le long de la Loire par des bravos et des acclamations. Des feux de joie s'allument. À Ingrandes et à Chalonnes des décharges de mousqueterie se font entendre. Il est 4 heures lorsque l'on arrive à Angers. Les autorités, montées sur un débarcadère richement décoré, souhaitent la bienvenue. Toute la milice citoyenne est en bataille le long de la berge. L'entrée en ville est un véritable triomphe. Trois musiques lancent leurs airs les plus entraînants. Les maisons sont illuminées. La population déborde d'enthousiasme, et, au moment où les rangs sont rompus, les habitants se disputent l'honneur d'offrir l'hospitalité aux Nantais.

Le soir, on se retrouve au Théâtre. Un concert est improvisé, et les artistes des deux villes luttent d'émulation.

La journée du lundi se passe tout entière en fête. Dans la matinée, les Nantais vont en grande pompe offrir un drapeau au Maire d'Angers. Dans l'après-midi, un banquet de 800 couverts est servi dans une des cours de la Préfecture, sous une vaste tente. Les frères d'armes des deux villes se saluent par des toasts mutuels. Douillard, notre compatriote, boit : *A la fraternisation annuelle des gardes nationaux de Nantes et d'Angers.* La soirée se termine au Théâtre. Le spectacle est offert aux troupes de la garnison et aux gardes nationaux.

Le lendemain, mardi, il faut songer au départ. Nos compatriotes sortent de la ville escortés par une foule nombreuse et des gardes nationaux. Ils reçoivent, au moment où ils vont s'embarquer, un magnifique drapeau. Au retour, leur passage est signalé par de chaleureuses démonstrations. A Ancenis, ils s'arrêtent et un drapeau leur est encore offert.

Le bateau accoste à 5 heures au milieu d'un grand concours de population. Le général Dumoustier est, en débarquant, sous le coup d'une grande émotion, et, s'adressant à l'escadron de cavalerie qui est venu à sa rencontre : *J'ai vu, dit-il, la fédération de 1790, mais je n'ai rien vu de comparable à la réception faite par les Angevins.* Le récit de toute cette réception était, le lendemain, par un ordre du jour, porté à la connaissance des troupes de la 12ᵉ division.

ATTITUDE A L'ÉGARD DU CLERGÉ.

Le Gouvernement se rend compte de la méfiance dont le clergé est animé à son égard, mais il apprécie à sa valeur l'influence dont il jouit auprès de nos populations et il use de ménagements à son égard.

Le général Dumoustier, dès son entrée en fonctions, maintient l'aumônier du régiment dans ses droits et prérogatives. Il continue la tradition de la messe militaire et donne des instructions à cet égard. La procession du 15 août est autorisée.

Le Préfet demande aux curés de publier, au prône de la messe paroissiale, les actes de l'autorité que ses prédécesseurs avaient coutume de porter par cette voie à la connaissance des populations.

Le général Dumoustier, lors d'un voyage à Clisson, réserve ses premières visites aux deux pasteurs de cette petite ville. L'un d'eux, le curé Mabon, jouit dans le pays d'une considération particulière, et, au banquet donné pour fêter le Général, un toast est porté en son honneur.

L'Ami de la Charte, qui n'avait pas l'habitude de féliciter le clergé, le loue de la manière dont il remplit, dans les circonstances présentes, sa mission divine, et des exhortations qu'il adresse aux fidèles de se comporter en frères et de se prêter mutuellement amitié, secours et protection.

Le drapeau tricolore est, le 12 décembre, arboré sur la cathédrale, au sortir de la messe militaire.

Les autorités civiles et militaires, répondant à une invitation de Monseigneur l'Evêque, assistent en corps au service funèbre célébré en l'honneur du pape Pie VIII.

Le général Dumoustier n'en surveille pas moins de près quelques prêtres qui lui sont signalés comme tenant des propos hostiles à la nouvelle royauté, et des mesures sévères sont prises par lui. Ordre est donné aux patrouilles et colonnes mobiles d'arrêter tout ecclésiastique qui serait pris revêtu d'un costume civil.

ÉLECTIONS LÉGISLATIVES.

La députation de la Loire-Inférieure, au moment de la Révolution de juillet, était composée de Louis de Saint-Aignan, Louis Levesque, Urvoy de Saint-Bedan et de Formon, élus par les collèges d'arrondissement, et par le baron Dudon et de Carcouet, élus par le collège du département.

Trois sièges deviennent vacants par suite du changement de Gouvernement.

Louis de Saint-Aignan, député du 1er arrondissement, ayant été nommé préfet de la Loire-Inférieure, résigne son mandat.

De Formon et le baron Dudon, ne s'étant pas présentés pour prêter le serment exigé par la loi du 30 août 1830, sont déclarés démissionnaires.

Les électeurs du 1er arrondissement, lequel comprend les

six cantons de Nantes, sont convoqués pour le 21 octobre. Ils sont au nombre de 705. Au scrutin de ballottage, Maës et Guérin-Doudet sont en présence. Maës est élu avec 247 voix; Guérin-Doudet n'en recueille que 187.

Le collège du 4e arrondissement électoral, qui n'est autre que l'arrondissement politique de Savenay, se réunit le 6 novembre. Il compte 151 électeurs. Varsavaux, 1er adjoint, est nommé au 2e tour de scrutin.

Les membres du collège de département, lesquels sont au nombre de 1,510, votent le 13 novembre. Trois tours de scrutin sont nécessaires. La lutte est circonscrite entre Luminais et Ducoudray-Bourgault. Le premier triomphe avec 397 voix. Son compétiteur n'en a que 272. Les trois nouveaux députés sont des partisans du nouveau régime.

FERMENTATION POPULAIRE.

Le changement de Gouvernement produit un arrêt dans les affaires. Les partisans du régime déchu exhalent leur mécontentement et dénigrent les nouvelles institutions. En outre, des clubs s'ouvrent et on se croit revenu aux mauvais jours de la Révolution.

Les ouvriers en chômage attribuent à l'emploi des machines la misère qui pèse sur eux. On prête à des ouvriers des Ponts le dessein de saccager la filature Guillemet, la seule à Nantes qui, alors, fonctionne à la vapeur. On ne s'en tient pas à des projets, on passe aux actes. Une grue est brisée sur le quai de l'Ile Gloriette. Quelques jours plus tard, la drague de l'entrepreneur Fortier, ancrée cale de la Madeleine, est mise en pièces par des pêcheurs de sable.

Ce dernier acte de violence trouble profondément l'ordre dans la journée du 17 octobre. L'arrestation des pillards de la drague amène un fâcheux incident. Les gardes nationaux de service au poste central du Port-au-Vin refusent d'y prêter la main. Un détachement doit être envoyé de la mairie pour prendre leur place et remplir leur mission. Le passage des prisonniers à travers la ville excite des murmures dans la masse, et l'on craint un soulèvement général de la population ouvrière. La panique s'empare des esprits. Le rappel est battu dans toute la ville. Les gardes nationaux se réunissent en armes à leurs lieux de rassemblement. Les postes sont partout doublés et des patrouilles circulent dans les rues. Le lendemain, une proclamation est lancée par le Maire. Il adjure ses concitoyens de résister aux hommes de désordre. La tranquillité se rétablit.

Les auteurs du pillage de la drague passent aux assises de décembre. Billault obtient facilement leur acquittement. Le Jury reconnaît en eux de pauvres gens égarés par la misère. Un verdict sévère du Jury eût d'ailleurs provoqué de nouveaux désordres.

FONDATION DE LA SOCIÉTÉ INDUSTRIELLE.

Le chômage dont les ouvriers sont victimes et les désordres qu'il provoque émeuvent l'opinion. On songe à se créer des ressources pour donner de l'ouvrage aux bras inoccupés. Cette préoccupation est l'origine de la Société Industrielle. C. Mellinet doit être à juste titre regardé comme l'initiateur de cette Société. Des prospectus sont distribués par lui. Les premières souscriptions sont recueillies dans son imprimerie et le public est invité à venir y prendre connaissance du projet de statuts. F. Favre, F. Verger, L. Vallet sont au nombre des plus ardents promoteurs de l'œuvre.

Deux assemblées générales, tenues l'une le 25 octobre dans la grande salle de la mairie, l'autre le 8 novembre dans la salle du cours de chimie de Guépin, passage du Commerce, suffisent pour constituer la Société. Le programme des promoteurs est adopté. Le voici : Chercher tous les moyens d'occuper les ouvriers, de les éclairer sur leurs véritables intérêts, d'augmenter le nombre des sociétés de secours mutuels, de contribuer à l'instruction populaire par la création de cours publics et gratuits, de fonder des salles d'asile pour les enfants pauvres, et, en outre, de tendre à augmenter l'activité de l'industrie nantaise. Un Comité central est nommé, dont le Bureau a pour président Verger aîné; vice-président, Le Sant; trésorier, Ed. Gouin; secrétaires, C. Mellinet, docteur Guépin, A. Geoffroy, Alcime Le Breton.

On se met immédiatement à l'œuvre. Les ressources disponibles sont employées à occuper les ouvriers en chômage à des travaux de vicinalité. De concert avec la Municipalité, des chantiers sont ouverts côte Saint-Sébastien, chemin de Barbin, rue Noire, chemin de Bonne-Garde, fontaine de la route de Rennes.

FONDATION D'UNE CAISSE D'ESCOMPTE.

Le malaise commercial est général en France. Les Chambres, pour porter un remède à la situation, mettent, par la loi du 17 octobre, une somme de 30 millions à la disposition du Gouvernement pour être répartie entre les diverses places. Le 2 novembre, les négociants nantais sont convoqués à la Bourse à une réunion que préside le Préfet. Celui-ci fait connaître que le concours du Gouvernement sera proportionnel aux engagements souscrits. Sur la proposition de Bourgault-Ducoudray, président de la Chambre de Commerce, on décide la création d'une caisse d'escompte, et, s'il est possible, la fondation d'une caisse d'avances sur marchandises. La Chambre de Commerce souscrit pour une somme de 30,000 fr. prise sur ses réserves. Chacun s'empresse de suivre son exemple et les engagements finissent par atteindre 1 million.

Une Commission est nommée pour rédiger les statuts du Comptoir d'escompte et de la Caisse d'avances. Elle se compose de Lauriol, président; Rissel, vice-président; Litou aîné, secrétaire; Thomas Chéguillaume, vice-secrétaire, Braheix aîné, Bournichon, Dortel, Ducoudray-Bourgault, Gicquel aîné, Le Bidois, Marais, Paranque, Trenchevent aîné, L. Vallet, Verger aîné.

Le 24 novembre, la Chambre de Commerce est informée qu'une somme de 500,000 fr. est mise à sa disposition pour la fondation d'un Comptoir d'escompte. Une autre somme de 500,000 fr. est, en outre, accordée pour être distribuée à titre d'avances aux maisons de la place qui y auraient le plus de droit.

Les opérations du Comptoir d'escompte commencent le 6 décembre. Le taux de l'escompte est fixé provisoirement à 6 %.

RENOUVELLEMENT DU TRIBUNAL CIVIL.

Le Tribunal civil subit un renouvellement presque entier. Dès l'avènement du nouveau régime, le président, Papin, et cinq juges, Le Lasseur, Tronson, chargé de l'instruction, Le Bahezre, Maisonneuve, Lefeuvre, avaient donné leur démission. Le Tribunal se trouvait réduit à trois membres : Marion aîné, vice-président, d'Haveloose et Gedouin, juges.

Une ordonnance du 23 août nomme, aux fonctions de président, Colombel, avocat, et à celles de juge: Pacqueteau, juge de paix; Bethuis, avocat; Chéguillaume, juge suppléant à Ancenis; Fruchard, juge au Tribunal de Lorient; Tourgouilhet de la Roche, juge à Brest. Demangeat, avocat, est appelé au poste de procureur du Roi.

Le Graverend, conseiller à la Cour de Rennes, préside, le 16 septembre, à l'installation du nouveau Tribunal. Il reçoit le serment de ses membres et celui des juges consulaires.

Le 22, en audience extraordinaire, les juges de paix, leurs suppléants et greffiers, les commissaires de police et gendarmes prêtent serment entre les mains du président Colombel. Les juges de paix du Loroux, de Clisson, de Machecoul ne se présentent pas et sont déclarés démissionnaires. Ceux de Bouaye et de l'un des cantons de Nantes avaient préalablement adressé leur démission.

Le 4 novembre a lieu la rentrée du Tribunal. Les notaires, avocats, avoués, huissiers sont appelés à prêter serment. Un seul notaire, Jalabert, le refuse. Il est déclaré démissionnaire et mis en demeure de présenter un successeur. Un avoué, Rivière-Deshéros, ne répond pas à l'appel de son nom. Les avocats prêtent le serment demandé, non sans formuler quelques réserves.

DIVERS.

Tribunal de Commerce. — Sont nommés pour le renouvellement annuel, juges : A.-S. Bernard, Th. Carmichael, Litou aîné ; juges suppléants : Quesneau et Bournichon.

Caisse d'épargne. — Ses opérations se ressentent profondément de la crise. Les six premiers mois de l'année avaient donné une moyenne mensuelle de 14,329 fr. 13 c. pour les versements et de 5,821 fr. 71 c. pour les remboursements. Le mois de juillet avait donné des résultats encore supérieurs : 19,682 fr. pour les versements et 7,736 fr. 75 c. pour les remboursements. Pour les cinq derniers mois, la moyenne est déplorable : 2,899 fr. 86 c. pour les versements, 27,088 fr. 21 c. pour les remboursements.

Mont-de-Piété. — Cette institution, par contre, voit le nombre des prêts s'élever en 1830. Ils atteignent 452,008 fr. contre 431,488 en 1829.

Prix de pain. — Pain blanc : 0 fr. 45 c. à 0 fr. 40 c. le kilo ; pain batelier : 2 fr. à 1 fr. 80 c. et même 1 fr. 75 c.

les six kilos. Le pain méteil, de 1 fr. 32 c. à 1 fr. 20 c. et 1 fr. 15 c.

Prix de la viande. — Au 10 avril, la taxe est fixée à 0 fr. 95 c. le kilo pour le bœuf, 0 fr. 85 c. pour le veau, 1 fr. 05 c. pour le mouton.

Théâtre. — Le théâtre, pour lutter contre la misère du temps, attire le public en exploitant la fibre patriotique par des pièces et des chants de circonstances. Les pièces proscrites par la censure de Charles X sont sorties des cartons, et certaines, s'inspirant des passions du jour, sont produites sur la scène : *Voltaire chez les Capucins, Le Jésuite* et *Les quatre filles de la veuve*, etc.

Un concert est donné au bénéfice des pauvres par la Société philharmonique dans la salle de l'Enseignement mutuel.

La troupe équestre de Garnier et Modeste, ex-écuyers de Franconi, donne des représentations au cirque du Chapeau-Rouge.

Sur la place Bretagne, un salon de cire exhibe les membres de l'auguste famille d'Orléans.

Année 1831

Manifestations patriotiques. — Bienfaisance publique. — Agitation carliste. — Le journal l'*Ami de l'ordre*. — Fête du Roi. — Les Nantais à Angers. — Mort du général Dumoustier. — Le clergé. — Réorganisation de la garde nationale. — Les Saint-Simoniens. — Les Polonais. — Les associations patriotiques — Elections législatives. — Les fêtes nationales. — Récompenses et secours aux combattants de juillet. — Renouvellement du Conseil municipal. — Les entrepôts à l'intérieur. — L'expulsion des Trappistes de la Meilleraye. — Le journal l'*Union*. — Le Conseil général. — Service des postes. — Sociétés diverses : Instruction, commerce, théâtre.

MANIFESTATIONS PATRIOTIQUES.

L'entrain des premiers jours est toujours très vif au sein de la garde nationale. Des délégations de Vertou, Rezé, des diverses communes des arrondissements d'Ancenis et de Paimbœuf viennent chercher des armes. On va au-devant d'elles. On leur offre à la Bourse un banquet où près de vingt toasts sont échangés.

Le 6 février, c'est une grande revue passée par le général de Rumigny, aide-de-camp du Roi et à laquelle sont convoquées les milices de la banlieue et des communes de l'arrondissement. Nos hôtes éprouvent quelques déconvenues. Certains gardes ruraux désignés pour aller en billets de logement sur les Cours, reçoivent d'habitants à *particule,* comme ils appellent, un accueil peu courtois. Plusieurs détachements ne sont pas prévenus que la revue est contremandée et restent une partie de la journée à se morfondre sur la place Graslin, sous une pluie battante. On s'explique et on se sépare en bons termes.

Le besoin d'aller serrer la main aux frères d'armes de Vertou, vaut aux Nantais une agréable promenade sur la Sèvre, avec banquet, bal, etc.

Un détachement va offrir aux amis de Savenay un buste de Louis-Philippe.

Saint-Herblain et Chantenay reçoivent la visite de la cavalerie nantaise qui vient leur faire cadeau d'un drapeau.

On s'acquitte d'une dette patriotique envers les habitants de Saint-Julien-de-Concelles. Les habitants de cette localité, comme on le sait, refusèrent de passer dans leurs barques les cuirassiers envoyés de Fontenay pour renforcer, au 30 juillet 1830, la garnison de Nantes.

L'Ami de la Charte ne manque aucune occasion pour chauffer fortement le zèle des patriotes. Une association se forme sur son appel pour l'achat des drapeaux tricolores à offrir aux gardes ruraux.

BIENFAISANCE PUBLIQUE.

Les ateliers de charité, organisés à la fin de 1830 par la Municipalité et la Société Industrielle, occupent de nombreux ouvriers pendant les premiers mois de 1831. Des secours abondants sont, en outre, distribués pendant le cours de l'hiver. Une souscription est ouverte à la mairie. Deux bals sont donnés au Grand-Théâtre, sous les auspices de la Municipalité et la présidence de Fleury, adjoint, qui est aidé dans sa tâche par de dévoués commissaires : Audouy, Bertrand-Geslin, Dechaille, Delaire, de Saint-Céran, Dupuis, Anselme Fleury, J. Gouin, Goullin, Ch. Haentjens, Lemercier, Le Ray, Mariotte, Méry, Moller, Mosneron-Dupin, Roux, Tharreau, Toché.

La Société Industrielle organise à la salle du Chapeau-Rouge, le jour de la Mi-Carême, un bal dont les commissaires sont : Allotte, Audouy, Bertrand-Geslin, P. Bonamy,

Dechaille, Delaire, de l'Epinay, de Saint-Géran, des Jamonières, Alex. Fleury, adjoint, Ans. Fleury, A. Geoffroy, Ad. François, Goupilleau, Haentjens, Hovyn, Lemercier, Le Sant, Luther, Méry, Moller, Riedy, Simon.

Dans le cours de juin, la Municipalité prend l'initiative d'un concert donné dans la salle de l'école mutuelle, au bénéfice de la Société maternelle.

Les sommes recueillies en 1830 et 1831, pour soulager les malheureux, ont atteint un total de 71,538 fr. 72 c. Le Roi a donné 10,000 fr. Les souscriptions y figurent pour 48,370 fr. Les dépenses se sont élevées à 52,974 fr. Il reste au commencement de la mauvaise saison, une somme de 18,564 fr. Le Conseil municipal, pour être à même d'organiser durant l'hiver 1831-1832, des ateliers de charité, vote un crédit de 50,000 fr. En même temps, il prend à la charge de la ville la contribution mobilière des loyers au-dessous de 100 fr.

De son côté, le Préfet jette les bases d'une association pour l'extinction de la mendicité. Un secours de 800 fr. est envoyé par la Reine.

AGITATION CARLISTE.

L'agitation, qu'avait fatalement engendrée le changement de Gouvernement, survit à l'année 1830, et prend, à mesure que l'année 1831 s'avance, un caractère plus inquiétant. En présence des embarras que suscite au Pouvoir l'opposition naissante, les partisans du régime déchu s'enhardissent. Ils fondent un journal l'*Ami de l'ordre,* qui paraît le 1er janvier. Son rédacteur en chef, Casimir Merson, entame résolument la lutte. D'un autre côté, les déserteurs et les réfractaires se donnent rendez-vous dans l'Ouest. Des bandes se forment, se livrent à des excès et violences et intimident les populations. Le lieutenant général Bonet est appelé au commandement supérieur des 4e, 12e et 13e divisions militaires. Des troupes sont dirigées sur la Vendée. Une croisière en surveille les côtes. Les préfets de la Sarthe, Mayenne, Maine-et-Loire, Ille-et-Vilaine, Morbihan, Loire-Inférieure et Vendée, ont la faculté d'ajourner les élections municipales, s'il leur semble qu'elles puissent occasionner quelques désordres.

Des perquisitions, faites en divers points du département, amènent la découverte de dépôts d'armes et de munitions.

Dans notre ville, les légitimistes sont soumis à une étroite surveillance. La police procède à des visites domiciliaires à Barbin, chez M. de Saint-Hubert ; à la pension Orillard, sur la route de Rennes ; à la raffinerie Jolin, rue Menou ; à l'imprimerie Merson. Elles n'amènent aucun résultat. Des armes de calibre sont saisies chez les armuriers. Des placards hostiles sont de temps en temps affichés par les légitimistes, et des nouvelles alarmantes sont mises en circulation par eux. La perception sur rôle de la contribution mobilière, prescrite par ordonnance du 26 mars, mécontente la population et refroidit l'affection de beaucoup pour les nouvelles institutions. (La contribution mobilière, créée en 1799, avait été perçue sur rôle jusqu'en 1806. A partir de 1807, un décret impérial autorisa le prélèvement de son montant sur les recettes de l'octroi. Elle était ainsi indirectement perçue.) L'*Ami de l'ordre* entasse condamnation sur condamnation, mais n'en continue pas moins ses vives attaques. Casimir Merson est condamné à 300 fr. de dommages-intérêts envers Victor Mangin pour l'avoir accusé de pousser au massacre des royalistes, puis par le Tribunal de Niort, à trois mois de prison et 300 fr. d'amende pour avoir diffamé la garde nationale de cette ville. Les assises de juin, septembre et décembre, le voient comparaître à la barre du Tribunal et encourir plusieurs condamnations se traduisant par un total de 2,500 fr. d'amende et treize mois de prison.

L'irritation produite par la loi sur les entrepôts intérieurs vient encore servir la cause des adversaires de la nouvelle royauté.

Les hommes de désordre, de leur côté, tentent de planter un arbre de liberté sur la place du Port-Communeau, et le Maire prend un arrêté pour défendre ces sortes de manifestations.

La garnison reçoit des renforts. Les casernes deviennent insuffisantes. La Municipalité aménage des locaux pour loger les soldats. Les habitants sont invités à fournir des lits avec des draps de rechange, moyennant l'exemption du logement militaire et le payement d'une indemnité. Le besoin d'une troupe de cavalerie se fait vivement sentir. Le manège Cailland, rue Pétrarque, peut seul convenir à loger les 120 chevaux d'un escadron.

FÊTE DU ROI.

La saint Philippe est célébrée le 1er mai. La fête est annoncée la veille par une salve de 21 coups de canon. Le jour même, de semblables salves sont tirées le matin et le soir.

A midi, les autorités, après s'être réunies à la préfecture, vont assister à la cérémonie célébrée à la Cathédrale. A une heure est passée sur le cours Saint-Pierre une grande revue à laquelle prennent part toutes les armes de la garde nationale; gendarmerie, 11e compagnie de canonniers sédentaires, les 14e et 32e et les douaniers. L'effectif sous les armes représente 5,000 hommes. Les troupes défilent par le grand escalier du Cours, suivent la ligne des quais ; elles viennent se mettre en bataille sur la Fosse, depuis la Bourse jusqu'à la maison Chaurand, puis se séparent sur la place Royale. Une double ration de vin est distribuée aux soldats de la garnison.

Des mâts de cocagne et autres réjouissances sont offerts à la population.

Les monuments publics sont illuminés le soir, et un feu d'artifice est tiré sur le pont de la Bourse. Des orchestres sont installés sur les cours, la place Royale, la promenade de la Bourse. Des dispositions sont prises pour qu'en cas de mauvais temps les danseurs puissent se livrer à leurs ébats dans la Halle aux blés.

LES NANTAIS A ANGERS.

Les Angevins, fidèles à leur promesse, invitent les Nantais à venir fraterniser et célébrer leur fête du 6 juin. Nos compatriotes partent ayant à leur tête trois des adjoints. A Mauves, Champtoceaux, Ancenis, le bateau qui les porte est salué par de bruyantes ovations, par des salves, etc.

Le dimanche 6 juin, nos soldats citoyens prennent part, au Champ-de-Mars, à une grande revue à laquelle assistent des gardes nationaux de Tours, la Flèche, Château-Gontier. A 4 heures, on se rend en cortège de la Mairie au Mail où deux tables, ayant 1,100 couverts, attendent les convives. Un ballon est lancé par les élèves de l'Ecole des Arts et Métiers. Après le banquet, gardes nationaux et citoyens se portent sur la route de Paris et se groupent autour de la butte du 6 juin. Là, les orateurs célèbrent l'événement dont l'anniversaire est fêté.

Le soir, la ville est illuminée et des danses sont organisées à la mairie.

Le lendemain, les autorités, la garde nationale et un grand concours de peuple accompagnent les Nantais jusqu'à l'embarcadère du bateau à vapeur. Nos concitoyens, en descendant la Loire, sont salués chaleureusement à Chalonnes, Varades, Oudon.

LE GÉNÉRAL DUMOUSTIER.

Le lieutenant-général Dumoustier, à la suite d'une chute de cheval, dut subir l'amputation d'une jambe. Les suites de l'opération lui sont fatales et il meurt le 15 juin. Ses obsèques sont célébrées avec une grande solennité. Comme le général appartient à la religion protestante, le cortège se rend directement au cimetière de Miséricorde. Des discours sont prononcés sur sa tombe par le lieutenant-général Bonet, qui retrace sa vie militaire, et par Maës, qui parle de sa carrière politique.

Dumoustier, né à Saint-Quentin en 1771, partit comme simple hussard en 1793. Il était général de brigade à la fin de 1806. Il prit part aux campagnes de Prusse, de Pologne, d'Espagne. Il commandait, à Lutzen et à Bautzen, une division de la garde.

A la première rentrée des Bourbons, il refusa de prendre du service et se retira à Nantes. Nos compatriotes, lors du retour de Napoléon, le nommèrent pour leur représentant à la Chambre des Députés ; il fut par elle désigné comme l'un des commissaires chargés de rallier les débris de l'armée après Waterloo. A la deuxième Restauration, il fixa son séjour à Nantes ; mais la police de Louis XVIII, trouvant sa présence gênante, obtint son départ et son internement à Nemours.

LE CLERGÉ.

Les fleurs de lis qui décorent les croix extérieures de Saint-Pierre, Saint-Similien, Saint-Donatien et Saint-Jacques sont enlevées en présence d'un adjoint et d'une force imposante de police.

L'Ami de la Charte demande que l'on rentre les croix des missions dans les églises. Le Maire en réfère au Préfet, et celui-ci déclare ne pas vouloir se livrer à un acte qu'il regarde comme arbitraire et vexatoire. La suppression des cérémonies extérieures du culte est également réclamée. Le Maire, pour mettre un terme à ces récriminations, donne connaissance de la loi de l'an X sur l'organisation des cultes. Il rappelle que les protestants, pour obtenir un temple auquel leur petit nombre ne leur donnait pas droit, durent promettre de ne pas troubler l'exercice du culte catholique.

Le général Barré donne l'ordre au détachement de Paimbœuf de mettre à la disposition de Mgr l'Archevêque de Tours, en villégiature à Pornic, un piquet d'honneur.

La procession de la Fête-Dieu de la Cathédrale se passe dans un ordre parfait. Un détachement de la ligne y assiste. Le soir, des incidents fâcheux se produisent à la procession de Sainte-Croix. Les mariniers des Ponts avaient l'habitude d'y assister avec la statue de Saint-Clément, leur patron. Le curé de la paroisse refuse d'admettre dans le cortège la statue, qui est pavoisée de drapeaux tricolores. Quelques mariniers, pour manifester leur mécontentement, suivent la procession avec des drapeaux. Même ils entrent dans l'église en provoquant des cris de vive le Roi, vive la Liberté, vive la Charte. L'autorité, craignant le renouvellement de ces scandales, supprime les processions de l'Octave.

La procession du 15 août n'a pas lieu par ordre ministériel, sous prétexte qu'elle ne sortait les années précédentes que sur la demande du Roi.

RÉORGANISATION DE LA GARDE NATIONALE.

La loi du 22 mars 1831, sur l'organisation de la garde nationale, reçoit son application. L'effectif de notre milice citoyenne est augmenté. La création d'une compagnie de marins est décidée. L'infanterie aura quatre bataillons au lieu de trois. L'artillerie formera un escadron à quatre batteries ayant trois pièces comme à Paris. Cette nouvelle organisation nécessite de nouvelles incorporations, lesquelles soulèvent des récriminations. Des conseils de révision et de discipline sont constitués conformément à la loi.

Les officiers doivent être soumis à une réélection.

Chaque compagnie procède d'abord à l'élection des officiers, sous-officiers et délégués. Cette opération dure du 11 au 20 juin. Les officiers et délégués de compagnie se réunissent le 22 pour nommer les chefs de bataillon, d'escadron et les porte-drapeaux, puis, le 24, est dressée, après scrutin, la liste des dix candidats à présenter au Roi pour les grades de colonel et de lieutenant-colonel. Sur cette liste, sont portés, par ordre de suffrages : Douillard, Robineau de Bougon, Cambronne, Linsens de l'Epinay, Mosneron-Dupin, Chaillou, Brousset, Lamaignère et Dupuis.

Le Roi nomme colonel Robineau de Bougon, et lieutenant-colonel Douillard.

Le 10 juillet a lieu la reconnaissance des officiers avec toute la pompe de l'armée active. Le maire Soubzmain reçoit leur serment.

LES SAINT-SIMONIENS.

Charton et Rigaut, membres du deuxième degré de la religion Saint-Simonienne, après avoir passé par plusieurs villes de Bretagne, viennent donner à Nantes une conférence. Cette conférence a lieu le 12 octobre dans la salle du Jeu de Paume, rue du Calvaire. Un millier de personnes, hommes de tout rang et même des femmes, se presse pour les entendre. Charton déploie une grande éloquence, mais ses théories laissent froide notre population, et il quitte la ville sans avoir fait de prosélytes.

LES POLONAIS.

Des Polonais, forcés de s'exiler à la suite de la révolution contre la Russie, viennent se fixer à Nantes. Ils reçoivent un accueil des plus sympathiques, et on s'empresse de leur porter aide et appui. La Loge maçonnique prend l'initiative d'organiser à leur bénéfice une loterie.

L'ASSOCIATION PATRIOTIQUE DE LA LOIRE-INFÉRIEURE.

L'*Ami de la Charte* prend l'initiative de la création de l'Association patriotique de la Loire-Inférieure. Cette Association, comme celles de ce genre existant déjà à Paris et les autres grandes villes, a pour but d'assurer l'indépendance du pays, l'expulsion perpétuelle de la branche aînée des Bourbons, et le maintien, envers et contre tous, de la charte de 1830 développée suivant le programme de l'Hôtel-de-Ville. Le Gouvernement ne peut que voir d'un mauvais œil ces associations, qui, sous prétexte de patriotisme, semblent vouloir lui dicter sa conduite, et il défend à ses fonctionnaires d'en faire partie.

ÉLECTIONS LÉGISLATIVES.

Les élections pour le renouvellement de la Chambre des Députés sont fixées au 5 juillet. Elles ont lieu conformément aux dispositions de la loi du 19 avril 1831.

Le département compte sept circonscriptions : la première comprend les 1er, 2e et 3e cantons de Nantes; la deuxième, les 4e, 5e et 6e cantons ; la troisième, la partie rurale de l'arrondissement de Nantes, et les quatre autres les arrondissements d'Ancenis, Châteaubriant, Paimbœuf et Savenay.

La première circonscription compte 380 électeurs. Ceux-ci se réunissent à l'Hôtel-de-Ville. Les votants sont au nombre de 282. Dubois, inspecteur général de l'Université, est nommé par 145 voix. Bourgault-Ducoudray en obtient 64 et Colombel 56.

La deuxième circonscription vote à la Halle aux toiles.

Les inscrits sont au nombre de 563. Au premier tour de scrutin, il y a 451 votants. Aucun résultat n'est obtenu. Les voix se répartissent ainsi : Chaillou, 189 ; Guérin-Doudet, 157 ; Maës, 75 ; Bignon, 20. Au deuxième tour, 425 électeurs se présentent au scrutin et Chaillou est élu par 238 suffrages. Guérin-Doudet, son seul concurrent, n'en recueille que 174. Chaillou est conseiller de préfecture et secrétaire de la Société académique.

Sont nommés, au troisième collège, qui se réunit à Pont-Rousseau : Varsavaux, premier adjoint ; à Ancenis, Levaillant, président du Tribunal civil ; à Châteaubriant, de Fermon ; à Paimbœuf, Auguste de Saint-Aignan ; à Savenay, Varsavaux.

Tous les élus sont partisans du nouveau régime.

LES FÊTES NATIONALES.

On s'efforce de donner à ces fêtes un grand éclat. Des députations de la garde nationale sont envoyées dans diverses villes pour inviter leurs frères d'armes à venir à Nantes manifester leurs sentiments patriotiques. A Rennes, c'est en présence de toute la milice citoyenne, réunie en armes sur le Champ-de-Mars, que les délégués nantais donnent lecture de leur invitation.

Une démarche est tentée par le colonel Robineau pour obtenir du Roi que l'un de ses fils daigne honorer de sa présence nos fêtes de juillet. Elle n'amène aucun résultat.

Les fêtes durent deux jours, 29 et 30 juillet.

Vendredi 29 juillet. — A 9 heures, est célébré à la Cathédrale un service commémoratif en l'honneur des victimes. Les autorités civiles et militaires y assistent, entourées d'une grande pompe militaire. Elles se rendent ensuite au cimetière de Miséricorde rendre hommage aux victimes

Des discours sont prononcés par le Maire, par le colonel Robineau de Bougon et Pavec.

Toute l'après-midi est remplie par les allées et venues des détachements d'infanterie, cavalerie, artillerie avec ses pièces, et des musiques de la ligne, de la garde nationale et du collège royal, qui vont au devant des délégations ou les ramènent à travers la ville. Les Angevins, avec musique et cavalerie, descendent la Loire sur trois bateaux élégamment pavoisés. Ils sont salués, à leur arrivée, par une salve de onze coups de canon. Les Morbihannais sont reçus à l'entrée de la route de Vannes. Les Rennais débarquent à Barbin. Des billets de logement sont remis aux uns et aux autres, ainsi que des cartes pour le banquet et le spectacle du lendemain.

Des réjouissances sont organisées sur divers points : mâts de cocagne, joûtes et mâts sur l'eau. Le soir, les monuments publics sont illuminés, et on danse place Royale, au Grand Cours et sur la promenade de la Bourse.

Samedi 30 *juillet*. — Des salves sont tirées à la Rotonde et aux Cent-Pas, au bas de la Fosse. Des sérénades sont données aux autorités par les musiques de Nantes et d'Angers.

Une distribution de pain est faite aux indigents. Tous les corps de la garnison sont, à 10 heures, sous les armes, sur la prairie de Mauves. Les combattants de juillet sortent des rangs. Un maître des requêtes, Moreau, délégué par le Roi, leur remet les croix et médailles qui leur ont été accordées.

Au moment où le cortège s'ébranle, deux coups de canon sont tirés. Un ballon s'élève dans les airs. Les commissaires de la fête ouvrent la marche, précédant le Préfet, le Maire, les diverses autorités et membres des Administrations ; puis viennent les quatre divisions militaires. Elles ont respectivement pour chefs le colonel et le lieutenant-colonel de la garde nationale, et les colonels du 14e et du 32e. Les divers corps de l'active et de la garde nationale, les délégations des gardes rurales, celles d'Angers, de Rennes, du Morbihan, de la Vendée, sont réparties entre ces quatre divisions. Des groupes d'ouvriers avec drapeaux terminent chacune d'elles. Le cortège poursuit sa marche par l'arche de Mauves, la rue de Richebourg, les quais, les rues Jean-Jacques, Crébillon et la place Royale, où les rangs sont rompus.

L'heure du banquet est venue. Souscripteurs et invités se réunissent sur le Boulevard. Ils se forment sur huit files, chaque file ayant un commissaire à sa tête, et se rendent sur le cours Henri IV, où quarante-quatre tables de cent dix couverts sont dressées pour les recevoir. La promenade est brillamment ornée. Les écussons des cinq départements limitrophes décorent la grille d'entrée. Deux colonnes, portant les bustes de la Reine et de Lafayette, se dressent à l'entrée du Cours. Au fond, se trouve une haute statue du Roi, par Suc. Il est 4 heures et demie, le canon résonne et le banquet commence. Une salve de deux coups annonce le commencement des toasts. Un roulement de tambour se fait entendre entre chaque toast. Avant de se séparer, les convives reçoivent une médaille commémorative en bronze.

Le reste de la soirée se passe au Théâtre. Une pièce de circonstance : *le 30 juillet* 1831 ou *Rennes, Nantes, Angers,* obtient un grand succès. L'enthousiasme est à son comble à la dernière scène. Un bateau à vapeur richement pavoisé traverse le Théâtre, il est monté par des Angevins s'en retournant chez eux. La toile du fond représente le panorama du port Maillard et du cours Saint-Pierre. Nantais et Angevins se saluent mutuellement et s'acclament chaleureusement.

Des divertissements d'une grande variété sont organisés sur divers points : Jeux de l'anguille et course aux canards sur la Loire, jeu de la girafe, courses en sac, tremplin, mâts de cocagne, spectacle de physique amusante. Le soir, feu d'artifice sur le pont de la Poissonnerie et danses avec orchestre.

Dans le port, les navires arborent le grand pavois.

MONUMENT DE JUILLET. — RÉCOMPENSES ET SECOURS.

Les blessés de juillet nomment une Commission composée de Petit, Hersent, Grignon-Dumoulin, Hyrvoix et Bernard, pour s'occuper de la construction d'un monument en l'honneur des victimes. Cette construction est mise au concours. Cinq projets sont présentés. Celui de l'architecte Guillemet est adopté. Son devis s'élève à 3,900 fr. Des listes de souscription sont ouvertes. Le lieutenant-général Dumoustier s'inscrit pour 100 fr.; le Maire, le Préfet, Mgr l'Evêque, chacun pour 20 fr., etc. Des ouvriers offrent leur travail. Des matériaux sont fournis gratuitement. La somme nécessaire n'est pas atteinte. On fait appel à la générosité du Roi qui donne 300 fr. Les députés du département et quelques-uns de leurs collègues complètent la somme.

Les récompenses et les secours se font quelque peu attendre. L'ordonnance du 10 juillet, qui répartit les récompenses nationales, attribue aux combattants nantais 68 croix et 65 médailles. En octobre seulement, et grâce aux efforts d'Auguste de Saint-Aignan et de Varsavaux, les secours et pensions sont distribués. Trois veuves et deux ascendants reçoivent une pension viagère. Des secours annuels sont accordés à dix orphelins. Des sommes d'argent sont réparties entre les blessés. Petit, membre de la Commission, reçoit un brevet de sous-lieutenant.

C'est en 1831 que fut posée, sur le socle de la colonne Louis XVI, la plaque en bronze que l'on y voit et qui porte cette inscription :

> Ici a eu lieu une lutte sanglante
> entre les oppresseurs et les opprimés,
> le 30 juillet 1830.
> Des laboureurs et ouvriers anglais ont fait
> poser cette inscription en témoignage de
> leur admiration pour la bravoure, la valeur
> et l'intrépidité nantaise.

Le 23 mars, à la première heure, les restes des victimes sont déposés dans les caveaux du monument, sans pompe ni apparat.

ÉLECTIONS MUNICIPALES.

Les Conseillers municipaux étaient, jusqu'à ce jour, nommés directement par le Pouvoir central. La loi du 21 mars 1831 confère cette nomination à un corps électoral comprenant les électeurs censitaires et les électeurs adjoints. Les premiers sont au nombre de 2,402, les autres au nombre de 273.

Le moins imposé des électeurs censitaires paie 44 fr. 76 c.

Les électeurs adjoints sont les docteurs en droit, en médecine, les membres et correspondants de l'Institut, les officiers en retraite, certains employés d'administration, etc.

Nantes, en raison de sa population, a droit à 38 conseillers. La ville est divisée en dix sections, votant l'une après l'autre à deux jours d'intervalle. En cas de ballottage, la cloche du Bouffay est mise en branle de 8 à 9 heures le lendemain du premier tour de scrutin. Les opérations commencent le 6 septembre et se terminent le 6 octobre.

Les électeurs ne semblent pas beaucoup apprécier leurs nouvelles prérogatives, car un tiers d'entre eux à peine vient déposer son bulletin dans l'urne.

Sont nommés :

Bignon	Fellonneau	Prevel
Billault	Fleury	Regis
Bouché	Garnier	Rissel
Bernard	Guérin-Doudet	Robineau de Bougon
Cantin	Gicquel	Epiphane Rozier
Math^{in} Chéguillaume	Gourdon	F. Rozier
Th^s Chéguillaume	Greslé	Schweighauser
Colin	Guillemet	Siffait Saint-Amand
Dechaille	Le Sant	Soubzmain
Deloche	Maës	Thebaud
Dezaunay	Marion de Procé	Varsavaux
Douillard aîné	Mellinet	Vallet.
F. Favre	Polo aîné	

La durée normale du mandat est de six années, mais cette durée sera exceptionnellement réduite à trois années pour une première série tirée au sort, de manière à renouveler dans la suite le Conseil par moitié tous les trois ans.

LES ENTREPOTS A L'INTÉRIEUR.

Le Gouvernement, cédant aux instances du commerce parisien, décide la création d'entrepôts de douane à l'intérieur et dépose un projet de loi en ce sens.

Les ports s'émeuvent et les pétitions sont adressées au Roi pour leur exposer le préjudice qui leur serait porté.

A Nantes, une Commission, composée de négociants et de conseillers municipaux, se présente devant le Préfet et le lieutenant-général Bonet pour les intéresser à la cause du commerce nantais. Ducoudray-Bourgault, président de la Chambre de Commerce, se rend à Paris pour agir plus efficacement.

Les propriétaires et les entrepreneurs font entendre de vives doléances. C'en est fait, disent-ils, de la fortune publique à Nantes si la loi passe. Depuis quinze ans, des quartiers se sont créés, de grosses sommes ont été consacrées à la construction d'édifices coûteux. Avec des entrepôts à l'intérieur, Nantes ne sera plus qu'une ville de transit, les affaires diminueront, le prix des locations baissera dans de fortes proportions.

Les portefaix de la Fosse chargent Varsavaux de faire parvenir au Roi leurs récriminations et leurs menaces.

On respire un instant. La discussion du projet de loi est ajournée. Des drapeaux sont arborés. La ville illumine, mais cette joie est de courte durée. Le rapport est déposé et la discussion s'ouvre. Les têtes s'échauffent et l'on craint des désordres. Les troupes cantonnées dans le département pour surveiller les menées des légitimistes viennent renforcer la garnison.

Malgré les efforts de nos Députés et de ceux des ports, la loi passe à une grande majorité.

Une énergique protestation du Maire est immédiatement adressée au Roi.

EXPULSION DES TRAPPISTES.

Le Gouvernement croit voir dans le monastère des Trappistes, à la Meilleraye, un foyer de conspiration.

S'appuyant sur un décret de Napoléon Ier qui interdit les communautés d'hommes, il donne l'ordre au Préfet de la Loire-Inférieure de procéder à l'expulsion des religieux.

Le 28 septembre, le Sous-Préfet de Châteaubriant, escorté de 600 soldats ou gendarmes, se présente au monastère et signifie au Père abbé le décret. Les religieux de nationalité française, au nombre de 40, quittent le monastère. 78, qui sont de nationalité anglaise, obtiennent un sursis pour leur départ, mais à condition qu'ils quittent l'habit religieux et ne se livrent à aucun exercice de communauté.

La police ne tarde pas à apprendre que les engagements pris ne sont pas tenus, et l'expulsion définitive des religieux est décidée. Le 12 novembre, le Sous-Préfet de Châteaubriant, accompagné d'une force imposante, vient les sommer de sortir. Sur leur refus, ils sont appréhendés au corps et mis dehors. Comme ils déclarent qu'ils sont sans asile et sans ressources, on les dirige immédiatement sur Nantes escortés par des gendarmes et un détachement du 14e léger pour être remis entre les mains du Préfet.

Celui-ci, à leur arrivée à Nantes, leur assigne pour logement deux salles du dépôt de mendicité à Saint-Jacques. La charité s'émeut du dénuement dans lequel ils se trouvent. Allègret, marchand de draps, et l'abbé Périn, vicaire de Saint-Jacques, recueillent des fonds et des dons en nature pour subvenir à leurs premiers besoins.

Ces religieux étaient venus d'Angleterre il y a une quinzaine d'années sur la demande du Gouvernement. Aussi leur Consul obtint-il, sans difficulté du Ministère, le rapatriement de ses compatriotes.

Le 19 novembre, les religieux, accompagnés par quelques amis et sous l'escorte de la police, sont conduits en voiture à l'embarcadère du bateau à vapeur qui doit les conduire à Saint-Nazaire. Un brigadier de gendarmerie les accompagne et les remet au capitaine du navire l'*Hébé* qui va les transporter en Angleterre.

63 seulement retournent dans leur pays. Les autres préfèrent rester en France.

Le Père abbé en appelle aux Tribunaux. Il présente à la Chambre des Députés une demande en autorisation de poursuites contre Casimir Périer, président du Conseil, pour violation de son domicile, cas prévu par l'article 44 de la Charte.

La Chambre, malgré un avis contraire de la Commission, accorde l'autorisation. Le Tribunal de Nantes est aussitôt saisi, et une assignation est lancée contre le Président du Conseil pour comparaître à sa barre le 11 janvier 1832.

LE JOURNAL L'UNION.

Le marquis de Regnon fonde le journal l'*Union* dans le but de défendre d'une façon plus particulière la cause des intérêts religieux. Il prend pour devise : *Liberté en tout et pour tous.* Il semble souvent vouloir jouer le rôle de conciliateur entre la Restauration et les institutions de Juillet.

CONSEIL GÉNÉRAL.

Une ordonnance royale du 19 février renouvelle le Conseil général.

Sont nommés :

Bessard	F. Favre	Mosneron-Dupin
Colombel	Fougnot	Paimparay
Cossin	Ch. Haentjens	Philippe
Demangeat	Haudaudine	Roch
Des Jamonières	Linsens de l'Epinay	Sauvaget
De Saint-Céran	Luminais	Soubzmain
De Villeblanche	Maës	Urvoy de Saint-Bedan
Ducoudray-Bourgault	Meresse	Varsavaux.

Cinq d'entre eux seulement : Des Jamonières, De Villeblanche, Ducoudray-Bourgault, Mosneron-Dupin et Urvoy de Saint-Bedan, faisaient partie de l'ancien Conseil. De Villeblanche refuse. Il est remplacé par Gicquel.

Au cours de sa session, il vote des fonds pour le défrichement des landes et la création d'une école mutuelle. Les allocations accordées au clergé par le précédent Conseil sont supprimées. Les subventions aux chemins vicinaux sont doublées. Il décide la translation du Palais de Justice dans les bâtiments de la Préfecture, et la construction d'un hôtel de Préfecture à l'extrémité du cours Henri IV, sur l'emplacement acheté par la ville pour construire le Musée.

SERVICE DES POSTES.

A partir du 11 mars, il y a un départ de courrier pour Paris tous les jours. A partir du 1er juillet, la poste dessert journellement Sautron, Orvault, Chantenay, Sainte-Luce, Doulon, Saint-Sébastien, Thouaré, Saint-Herblain, Rezé.

Pour les autres communes du département, il n'y a qu'un courrier tous les deux jours.

SOCIÉTÉS. — INSTRUCTION.

La Société Académique est autorisée à prendre le titre de Société Royale. L'ingénieur Lemierre présente un travail sur la Loire.

La Société Industrielle, dès le retour de la belle saison, ne croit pas devoir continuer plus longtemps sa participation aux travaux de voirie et prend la résolution de se consacrer tout entière à l'instruction des ouvriers. Ferdinand Favre est nommé président. La séance générale annuelle est tenue le 3 juillet, dans la grande salle de l'Hôtel-de-Ville. Le colonel Robineau de Bougon obtient du Ministère une somme de 6,000 fr. pour faciliter la mise en apprentissage d'enfants d'ouvriers.

La Société d'Horticulture distribue pendant l'été des primes aux horticulteurs du marché aux fleurs. Le 24 avril, à l'occasion de l'anniversaire de la Reine, elle organise une fête. Le jour de la Pentecôte il y a une exposition extraordinaire.

Le Collège royal ouvre un cours de commerce.

Aimé Paris donne des leçons de mnémotechnie et de sténographie dans la grande salle de la Mairie. Il était déjà venu à Nantes en 1823.

DIVERS.

Le privilège de la Banque de Nantes est prorogé pour une période de neuf années, par l'ordonnance du 19 octobre.

Sur la demande des bouchers, le Maire nomme un syndic et quatre adjoints, qui seront chargés de vérifier l'état des viandes et d'empêcher les dégradations à l'Abattoir.

Boisteaux, Le Sant et Prevel montent à frais communs un établissement pour la fabrication des eaux minérales artificielles.

Le marché aux bestiaux, qui se tenait sur la place Bretagne et rue Mercœur, est, à la suite des plaintes formulées, transféré sur la place de l'Abattoir.

Le passage Bouchaud est construit.

Les prisonniers sont transférés à la prison neuve de la place Lafayette.

On procède au pavage des rues de Flandres, des Cadeniers, de l'Arche-Sèche, de l'avenue de l'Entrepôt.

Ogée fils propose la construction de deux ponts : l'un dans l'axe de la rue Jean-Jacques; l'autre dans l'axe du cours Saint-Pierre, pour relier Richebourg à la prairie de la Madeleine.

Le canal de Nantes à Brest est, le 6 décembre, ouvert à la navigation.

Le prix du pain est élevé. Il augmente à mesure que l'année s'avance. Le pain blanc monte de 0 fr. 40 c. à 0 fr. 475 le kilo; le batelier de 1 fr. 75 c. à 2 fr. les six kilos. Le méteil, de 1 fr. 15 c. à 1 fr. 25 c.

La taxe de la viande, le 31 mars, est abaissée. Le bœuf vaut 0 fr. 90 c. le kilo; le veau, 0 fr. 80 c.; le mouton, 1 fr.

Prix du vin à la récolte : muscadet, 50 à 52 centimes; gros-plant, 27 à 30 centimes.

Grand-Théâtre. — Dès le 4 janvier, le directeur lâche pied. Les artistes s'organisent en société. Ils spéculent sur l'état des esprits et donnent des pièces politiques ou patriotiques : *Napoléon à Schœbrunn, Camille Desmoulins, les Chouans* ou *Coblentz et Quiberon, l'Incendiaire* ou *la Cure et l'archevêché.*

Les écuyers Garnier et Modeste donnent des représentations équestres au cirque du Chapeau-Rouge.

Sur la place de la Petite-Hollande, on voit, en août et septembre, un diorama donnant une vue de la Fosse, puis des vues de Paris. En décembre, la ménagerie Martin vient s'y installer.

Des concerts sont donnés, dans la grande salle de la Mairie, par Hugot, Bernard Legros, chanteur de 11 ans, par Ponchard et Leduc, par Haas.

Un recensement officiel porte à 85,738 le chiffre de la population. Le budget de 1831, voté par le Conseil municipal, prévoit en recettes une somme de 1,042,431 fr. 17 c. et en dépenses celle de 1,031,471 fr. 30 c., ce qui donne un excédent de recettes de 10,959 fr. 87 c.

Année 1832.

Le jugement des Trappistes. — Don Pedro de Portugal. — La nouvelle municipalité. — Maisons en loterie. — Le choléra. — La conspiration légitimiste. — La duchesse de Berry en Vendée. — La perquisition à la Chaslière. — La prise d'armes du 4 juin. — Le désarmement. — Le général d'Erlon. — Fêtes nationales. — Mesures de rigueur. — Résistance des légitimistes. — Madame est introuvable. — Mises en jugement. — Le préfet Maurice Duval. — Arrestation de la duchesse de Berry. — Attitude des légitimistes. — La garde nationale. — Les Polonais. — Chambre de Commerce. — Tribunal de Commerce. — Société pour le curage de la Loire. — Société académique. — Société d'horticulture. — Société industrielle. — Le journal *La Loire*. — Ouvrages publiés. — Commerce et industrie. — Monuments. — Voies publiques. — Bals. — Concerts. — Théâtre. — Spectacles.

LE JUGEMENT DES TRAPPISTES.

L'abbé Saulnier de Beauregard, le père abbé de la Meilleraye, avait adressé au Tribunal civil une requête tendant à être réintégré dans la jouissance pleine et entière de ses bâtiments, terres et usines, et assigné le Gouvernement en paiement d'une somme de 150,000 fr., à titre de dommages-intérêts, pour le trouble qu'il avait apporté à la jouissance de sa propriété. La cause est appelée le 13 janvier. Elle occupe trois autres séances. Janvier d'Angers soutient la demande des trappistes. Billault présente la défense du Gouvernement. L'assistance est aussi nombreuse que brillante. Des dames suivent les débats. Le public prend une vive part à l'affaire et les avocats sont applaudis. Le Tribunal se déclare incompétent et condamne le père abbé à tous frais et dépens.

DON PEDRO DE PORTUGAL.

L'ex-roi du Portugal arrive à Nantes le samedi 28 janvier,

et en repart le mercredi suivant. Deux bateaux à vapeur, *The Superb* et *Wellington* sont ancrés à nos quais. Ils doivent transporter Don Pedro, ses officiers et soldats, à Belle-Ile, où il organise une expédition pour une descente en Portugal, dans le but de mettre sur le trône de ce pays sa fille Dona Maria. Il descend à l'hôtel de France, y reçoit les autorités civiles et militaires et leur offre un dîner. Il assiste à un bal donné au Théâtre. Robineau de Bougon, colonel de la garde nationale, en lui présentant ses camarades, lui exprime tous les vœux qu'il forme pour le succès de son expédition, vœux d'autant plus sincères que le Portugal serait doté par lui d'institutions constitutionnelles. Vers la fin de mars, un corps de troupes vient à Nantes s'embarquer pour Belle-Ile.

LA NOUVELLE MUNICIPALITÉ.

La municipalité nommée en 1830 avait été maintenue quelques mois après le renouvellement du Conseil municipal en septembre et octobre 1831. Ce fut seulement le 12 février que, conformément à la loi, une ordonnance confia à une nouvelle municipalité la direction des intérêts de la ville. Elle se compose de Ferdinand Favre, maire; Varsavaux, Rozier, Mathurin Chéguillaume, Le Sant et Thébaud, adjoints. Varsavaux, Rozier, Thébaud refusent le mandat. Thomas Chéguillaume, Louis Vallet et Polo aîné sont désignés pour les remplacer.

Cette Administration, pour ses débuts, a une rude tâche à remplir. Le choléra va exercer ses ravages. La conspiration légitimiste s'organise. Le pain atteint un haut prix. Cette situation critique, une des plus aigues que notre ville ait connues, la trouve à la hauteur de sa mission.

MAISONS EN LOTERIE.

Plusieurs propriétés sont mises en loterie : une maison,

rue Mondésir, n° 4; une autre maison, rue Rabelais; la terre du Besson, en Beautour. Les propriétaires organisateurs de ces loteries ne croyaient pas contrevenir à la loi en voyant le député Audry de Puyraveau, homme politique alors fort en vue, mettre en vente par ce moyen ses propriétés des Charentes. L'exemple donné par un personnage aussi important avait été suivi un peu partout en France. La justice ne crut pas devoir laisser plus longtemps violer la loi. Audry de Puyraveau fut poursuivi et sévèrement puni. Nos compatriotes, en apprenant sa condamnation, s'empressent de cesser le placement de leurs billets et de rembourser ceux qui leur sont présentés.

LE CHOLÉRA.

La marche rapide du choléra qui, après avoir exercé ses ravages en Asie, s'avance à travers le nord de l'Europe, excite une vive inquiétude dans notre ville.

Le premier soin de la nouvelle Municipalité est d'organiser six Comités de salubrité, à raison de un par canton, qui sont rattachés au Conseil central d'hygiène du département. Chacun de ces Comités se compose du juge de paix, président de droit, de deux médecins, un pharmacien, un architecte et deux notables.

Le 30 mars, leur organisation est complète.

L'apparition du choléra à Paris vient augmenter les alarmes de la population. En outre, la perspective d'une mauvaise récolte produit une hausse notable dans le prix du pain. La municipalité prend ses dispositions. A la date du 3 avril, elle ouvre une souscription dont le produit sera destiné d'abord aux frais que nécessiteront les mesures à prendre pour combattre le fléau, puis au payement d'une indemnité aux boulangers pour que le pain n'atteigne pas un trop haut prix. En même temps, un arrêté prescrit le nettoiement des voies publiques, des cours, venelles, passages intérieurs, l'enlèvement des immondices et débris de toutes sortes, la désinfection des latrines. Les habitants que stimule la peur s'empressent de seconder les vues de l'Administration. Le matériel du fermier de la répurgation est insuffisant pour enlever les tas qui s'accumulent sur les places et dans les rues, et le Maire doit aviser pour faire disparaître ces foyers d'infection. Deux places d'inspecteur sont créées dans le but de s'assurer que les mesures d'assainissement prescrites sont rigoureusement observées.

Le Conseil municipal vote d'urgence une somme de 50,000 fr.

Le 4 avril, le bruit court que le choléra a éclaté en ville. Le Maire rassure la population, établit la fausseté de la nouvelle, et profite de la circonstance pour faire des recommandations à la population : « Dès qu'un cas de choléra
» sera dûment constaté, le juge de paix, président du Comité,
» doit être immédiatement averti. Il ne faut pas se laisser
» gagner par la peur. On doit s'astreindre à un régime
» sévère, s'en tenir à une alimentation absolument saine.
» Ne pas manger de crudités. Eviter les excès de table. En
» cas de nausées ou de vomissements, il faut immédiate-
» ment administrer au malade une infusion de menthe. »

Des bureaux de secours sont installés sur divers points. Dans chacun de ces bureaux il y a deux chaises de jardin à claire-voie pour permettre l'emploi des bains de vapeur ; des bouteilles de vinaigre et tous autres objets nécessaires pour le traitement.

Mgr de Guérines offre son concours à la Municipalité. Il met à sa disposition les bâtiments du Refuge pour y établir un hôpital provisoire. Il recommande à son clergé la souscription ouverte à la Mairie, et lui communique les prescriptions relatives à l'assainissement et à l'hygiène. Un Mandement spécial donne les autorisations les plus larges pour l'alimentation pendant le temps du Carême.

Plusieurs articles de l'*Ami de l'Ordre* qui représentent le fléau comme une punition du ciel, indignent la population et provoquent des désordres. Le 14 avril, le bureau du journal est assailli par les groupes qui crient : A mort, à bas les carlistes. Des pierres sont jetées et les vitres brisées. Le lendemain, les mêmes scènes se reproduisent et dégénèrent en une véritable émeute. Les troupes de ligne et la garde nationale prennent les armes. Le Préfet, le Général, le Maire et ses adjoints interviennent. Il est procédé à quelques arrestations et l'ordre se rétablit.

Le 17 avril, un avis officiel de l'Administration signale quatre cas de choléra et insiste pour que les prescriptions recommandées soient observées. Le 20 avril, une femme meurt au Sanitat.

Les médecins sont invités à envoyer chaque jour, à la Mairie, une note relative aux cas et décès constatés par eux.

Le premier bulletin officiel de la Municipalité relève 13 décès : 9 dans les hôpitaux et 4 à domicile.

La souscription ouverte à la Mairie n'a cessé de recevoir des offrandes. Les sommes recueillies, tant à la Mairie que par les journaux et à domicile, atteignent la somme de 35,533 fr. 97 c. Le Roi a, en outre, envoyé 5,000 fr.; le duc d'Orléans, 3,000 fr.

La fête du 1er mai n'est signalée que par une large distribution de secours aux indigents.

Des médicaments sont délivrés gratuitement par plusieurs pharmacies. Il en est ainsi de la glace chez plusieurs confiseurs.

La maladie continue ses ravages et le nombre des victimes augmente.

Le commerce des remèdes contre le choléra est pratiqué

sur une grande échelle et comprend les objets les plus variés : médicaments spéciaux, eau anticholérique, ceintures anticholériques, flanelles de santé, tuyaux fumigatoires, sièges inodores établis suivant les prescriptions du Conseil d'hygiène. Plusieurs brochures, préconisant les précautions ou remèdes à prendre, sont mises en vente.

Le peuple, affolé de peur, se laisse convaincre par des bruits malveillants et voit dans le fléau un empoisonnement. Les femmes du peuple lavent le pavé pour enlever le lait de chaux répandu, conformément aux prescriptions du Comité d'hygiène. Le Maire, en présence de la persistance avec laquelle ces bruits circulent, menace de sévir contre ceux qui les colportent.

Dans la journée du 6 au 7 mai, le bulletin annonce 23 décès. Ce chiffre représente la plus haute mortalité. Jusqu'au 13 mai, les décès oscillent entre 8 et 13 par jour. Le reste du mois ils varient entre 6 et 5. Une légère recrudescence se manifeste dans la première quinzaine de juin. Du 11 au 12, on signale 12 décès. En juillet, on observe une journée avec 11 décès et trois avec 10. L'épidémie entre franchement en décroissance avec le mois d'août. Quelques jours seulement présentent encore 4 à 5 décès. Une seule journée fait exception, celle du 26 au 27, pour laquelle 8 décès sont accusés. En septembre, la maladie continue sa marche décroissante. Il n'y a plus qu'un décès par jour, sauf la journée du 11 au 12, pour laquelle 3 décès sont enregistrés. L'épidémie se termine avec le mois de septembre.

LA CONSPIRATION LÉGITIMISTE.

L'année 1832 trouve la région en proie à une agitation toujours croissante. Des bandes sillonnent le pays. Les menées légitimistes continuent leur œuvre. Le journal l'*Ami de l'ordre* est toujours sur la brèche. Son gérant, Casimir Merson est, aux assises de mars, condamné à 6 mois de prison et 1,500 fr. d'amende, puis à 6 mois et 3,000 fr. Le baron de Charrette, depuis le mois de juin 1831, travaille à organiser un soulèvement de tout le pays sur la rive gauche de la Loire, aux environs de Nantes. Une grande quantité de cartouches a été fabriquée à Nantes pendant le dernier hiver. Des dépôts d'armes et de munitions sont établis sur divers points. Ils ont un approvisionnement susceptible de permettre à une troupe de 10,000 hommes de tenir campagne pendant 6 mois. Un Comité civil, à la tête duquel est l'avocat Guibourg, fonctionne dans nos murs et se tient en relations avec la duchesse de Berry.

La police est impuissante à découvrir les trames de la conspiration, mais de nombreux indices lui font soupçonner son existence. Une explosion décèle une fabrication clandestine de poudre dans une mansarde de la Haute-Grande-Rue. Un convoi d'armes est saisi à l'hôtel de la Serrie, rue d'Argentré. Des agents d'embauchage pour l'armée vendéenne sont arrêtés. On signale la confection d'uniformes.

Le préfet Louis de Saint-Aignan est mal à l'aise au milieu de ses anciennes relations pour agir rigoureusement. La 12e division, par contre, est entre les mains d'un homme résolu, le lieutenant-général Solignac, ancien divisionnaire de l'Empire qui, tenu en disgrâce sous la Restauration, a déjà donné des preuves de son dévouement au nouveau régime. Le maréchal de camp Dermoncourt, commandant la subdivision de la Loire-Inférieure, le seconde dans sa tâche.

La garnison présente un effectif d'environ 2,500 hommes appartenant aux 14e, 32e, 42e. Un escadron de gendarmerie mobile à cheval vient de Poitiers tenir garnison à Nantes. Il est logé dans les bâtiments de l'ancien Entrepôt.

La garde nationale en a fini avec les démonstrations

tapageuses. Elle prend son rôle au sérieux, et, en présence des éventualités, se solidarise chaque jour davantage avec les troupes de ligne. Le départ du 14ᵉ est marqué par un banquet où, au milieu de toasts, s'échangent les plus fraternels adieux. Le 56ᵉ vient immédiatement remplacer le 14ᵉ.

Plusieurs expéditions, dirigées par le général Dermoncourt, sont tentées contre le château de la Grange, à Carheil, à Vallet. Quelques arrestations sont opérées. Les chefs de la conspiration échappent à toutes les poursuites. Ces insuccès ne font qu'augmenter l'anxiété de la population. Le choléra vient encore augmenter la surexcitation des esprits. Les prévenus politiques, que l'on conduit à la prison, place Lafayette, excitent au plus haut point la colère populaire. La foule, à diverses reprises, s'ameute, menaçante sur leur passage, et l'escorte, plusieurs fois, peut à grand'peine les protéger et les conduire à bon port.

LA DUCHESSE DE BERRY EN VENDÉE.

La duchesse de Berry débarque sur les côtes de Provence le 30 avril. L'échec de ses partisans à Marseille ne la décourage pas. Elle se dirige vers la Vendée. Le 4 mai, du château de Plassac, dans la Charente, elle lance une déclaration au peuple français et une proclamation à l'armée. Ses partisans reçoivent l'ordre de prendre les armes à la date du 24 mai.

Le 20 mai, elle se trouve au Meslier, à quatre kilomètres de Legé. Plusieurs de ses plus dévoués amis viennent l'y trouver, lui exposent les difficultés de son entreprise et l'engagent à ne pas tenter la lutte. Madame refuse. Berryer vient, au nom du Comité royaliste de Paris, la supplier de renoncer à ses projets et la presse de quitter la France. Après quelques hésitations, elle cède et donne un contre-ordre. Elle prend le parti de venir à Nantes en vue de s'embarquer pour l'Angleterre.

Ces allées et venues de personnages inconnus dans la région éveillent l'attention de la police. Les autorités se tiennent sur leurs gardes. Le souvenir de la prise de Nantes, en 1798, par les Vendéens hante leur esprit, et tout est prévu pour éviter une surprise. Voici les instructions que donne Robineau de Bougon, colonel de la garde nationale :

« A la première alarme, un coup de canon doit être tiré au
» Château, et le stationnaire ancré aux Cent-Pas lui répondra.
» A ce signal, les gardes nationaux quitteront leur domicile,
» et, se tenant sur la défensive, gagneront immédiatement
» leurs lieux de rassemblement habituels, où des cartouches
» leur seront distribuées. En même temps les habitants, si
» la nuit est venue, doivent éclairer leurs maisons. »

LA PERQUISITION A LA CHASLIÈRE.

Le contre-ordre donné par Madame n'arrive pas à temps dans les localités éloignées. Sur divers points, en Bretagne, dans le Maine, en Maine-et-Loire, ses fidèles courent aux armes, mais ces mouvements isolés sont vite étouffés.

Tant de dévouement lui donne un nouvel espoir, et, sur les conseils du maréchal de Bourmont, elle ordonne une nouvelle prise d'armes pour la nuit du 3 au 4 juin.

Un événement imprévu va ruiner ses dernières espérances. Le 30 mai, à 9 heures du soir, sur un avis donné pour sûr et certain, le Préfet, le Maire, le Général, le Procureur, avec une force militaire imposante, se rendent en bateau à vapeur au château de la Chaslière, sur l'Erdre, appartenant à M. de l'Aubepin, où, dit-on, la duchesse de Berry est cachée. A minuit, toute la garde nationale et toute la garnison sont sous les armes. Elles occupent la route de Rennes, le Port-Communeau, les abords de la rivière, les

Cours et la Mairie. On craint que les légitimistes nantais ne tentent d'enlever la Duchesse au moment de son débarquement. A 3 heures du matin, le bateau revient sans ramener Madame. Au cours des fouilles minutieuses pratiquées dans le château, on trouve des papiers qui mettent la police au courant du plan de campagne. Dès le matin, des mesures rigoureuses sont prises. Guibourg et l'avoué Clémenceau sont arrêtés. Les presses de Merson sont mises sous scellés.

Madame, en apprenant ces nouvelles, perd tout espoir. Elle veut donner un contre-ordre, mais il est trop tard. Elle se rapproche du centre des opérations pour se montrer à ses dévoués partisans et leur inspirer confiance.

Une ordonnance du 3 juin met en état de siège les départements de la Loire-Inférieure, de la Vendée, des Deux-Sèvres et Maine-et-Loire.

LA PRISE D'ARMES DU 4 JUIN.

Le 4 juin, dès la première heure, la compagnie nantaise quitte le château de Rezé et se porte sur Maisdon, où doit avoir lieu un premier rassemblement, et où des vivres sont préparés pour 5,000 hommes. Les volontaires de Geneston, Montbert se joignent à eux. A la Chapelle-Heulin, à la Remaudière, le tocsin sonne, les paysans s'arment et se dirigent vers Aigrefeuille.

Les autorités nantaises sont prévenues par des estafettes. Le rappel est battu dans tous les quartiers. La garde nationale se rassemble et manifeste un grand entrain. Tous veulent partir. Le général Solignac ne demande que 800 hommes.

A 8 heures du matin, 200 voltigeurs du 32⁰ et 50 gendarmes, sous les ordres du général Dermoncourt, se portent sur Aigrefeuille. Ce détachement arrive trop tard. Deux compagnies du 32⁰, cantonnées à Clisson, avaient dispersé les bandes carlistes dès qu'elles venaient de se former, et les avaient repoussées sur Saint-Philbert et Machecoul.

A deux heures, 400 hommes de la garde nationale prennent la route des Sorinières, puis un troisième détachement se dirige vers la Chapelle-Heulin. Leur intervention n'avait plus aucun objet.

Le même jour, un soulèvement est signalé à Riaillé. Le général Dermoncourt intervient et rétablit l'ordre.

A Ancenis, le mouvement présente un caractère plus sérieux. La garde nationale de cette ville, dans la matinée du 4, se met à la poursuite des troupes carlistes. Celles-ci se replient du côté de Maumusson, de Couffé, et se retranchent dans les bois. A 4 heures du soir, 200 gardes nationaux partent de Nantes par bateaux à vapeur. Une troisième colonne, formée par une compagnie de marins, une compagnie d'artillerie, une compagnie du 32e, 25 gendarmes et 50 cavaliers, commandés par le colonel du 32e, quittent la ville avec la mission d'aller battre la forêt du Cellier. Un quatrième détachement est encore envoyé, il consiste en une compagnie d'artillerie et quatre d'infanterie de la garde nationale. Les bandes carlistes opposent, à Ligné, une vigoureuse résistance. Un officier et plusieurs soldats du 32e sont blessés, ainsi que Gallet, sergent-major de la garde nationale. (Ce dernier ne devait pas survivre à ses blessures.) La nouvelle de ce combat avait produit à Nantes une vive émotion. Aussi la colonne, à son retour dans nos murs, est-elle vivement acclamée par la population. Le Général, le Préfet, le Maire, s'étaient portés à sa rencontre.

Les divisions de la rive gauche tiennent campagne quelques jours encore. Des engagements ont lieu à Pont-James; à la Caraterie, près Machecoul; au Chêne, dans les landes de Bouaine; à la Pénissière, et la lutte est terminée.

Après la défaite de ses partisans, Madame se rapproche de

Nantes et, le 9 juin au matin, vêtue en paysanne et accompagnée de M{ᵐᵉ} Eulalie de Kersabiec et deux femmes de la campagne, elle entre dans nos murs et trouve un refuge dans une maison amie.

Dès que la nouvelle des premiers engagements fut connue, de nombreux gardes nationaux de Paris et d'autres villes s'étaient proposés pour venir combattre en Vendée, mais la rapidité avec laquelle le mouvement fut étouffé dispensa de recourir à leurs services.

Le Préfet est chargé par le Ministre d'adresser ses félicitations aux troupes de ligne et à la garde nationale.

Le Conseil général, qui siège au moment de la prise d'armes, vote une somme de 10,000 fr. pour indemniser de leur déplacement les gardes nationaux qui ont pris part aux expéditions en dehors de nos murs.

LE DÉSARMEMENT.

Le lieutenant-général Solignac, profitant de la panique produite par le succès obtenu, procède à un désarmement général. Son ordre du jour du 13 juin fait sommation à tous les habitants de la Loire-Inférieure de remettre aux mairies, dans un délai de 48 heures, les armes de guerre, fusils de munition, de calibre, de chasse. Faute de quoi, des garnisaires seront installés chez les citoyens soupçonnés d'avoir pris part au mouvement. On s'empresse d'obtempérer à cet ordre, et, sur tous les points du département, des armes sont sur l'heure déposées dans les mairies. On se résout volontiers à livrer les armes hors d'usage, les armes de fabrication anglaise, mais les fusils de meilleure qualité rentrent difficilement et sous la menace d'un envoi de garnisaires. Au bout de quelques semaines, plus de vingt mille fusils sont remis, et l'on estime que les paysans en détiennent un nombre égal.

Deux Conseils de guerre extraordinaires sont constitués pour juger les personnes compromises dans les derniers troubles. Le 23 juin, de Kersabiec père et deux de ses amis comparaissent à la première audience du premier Conseil de guerre séant à l'hôtel Rosmadec. De Kersabiec est condamné, pour provocation à la guerre civile, à la détention perpétuelle. Le peuple, qui a suivi fiévreusement le débat, ne trouve pas la peine assez sévère et s'ameute sur le passage des prisonniers. La force armée doit intervenir pour les protéger. Toute la soirée, l'ordre est gravement troublé et les autorités payent de leur personne au milieu des troupes pour dissiper les groupes et rétablir la tranquillité. Le jugement, sur la demande du Commissaire du Roi, va en appel; il est cassé pour vice de forme. Au cours du procès, Billault, avocat de Kersabiec, avait contesté la légalité de la juridiction militaire pour son client. Cette question est vivement commentée et la Cour de Cassation, par un arrêt du 29 juin, la tranche en faveur des prévenus. Le Gouvernement en est réduit à les traduire en Cour d'assises.

LE GÉNÉRAL D'ERLON.

Le général Solignac avait largement payé de sa personne dans la répression de la prise d'armes légitimiste, et on s'attendait à voir le Gouvernement récompenser les services rendus par lui en l'appelant à un poste plus élevé. Aussi est-on péniblement surpris lorsqu'on apprend la nomination du lieutenant-général Bonet au commandement supérieur des 4°, 12° et 13° divisions. On voit, dans cette mesure, un acte d'injustice et de suspicion. Les officiers de la garnison et de la garde nationale lui font en corps une visite pour lui témoigner leurs sympathies. On songe même à lui offrir une épée d'honneur. Le général ne peut obtenir du Ministre la permission d'aller le trouver pour se disculper des allégations mensongères dirigées contre lui. Des conflits d'autorité ne tardent pas à s'élever entre les deux généraux. La presse s'en empare, les colporte, et la situation devient de plus en plus tendue. Lors des troubles qui éclatent à l'occasion du jugement de Kersabiec, le général Solignac est compromis sans retour. On lui reproche la conduite qu'il a tenue en la circonstance, on le représente comme ayant eu des paroles violentes contre les prisonniers et avoir excité la populace contre eux. Le 1er juillet il quitte Nantes sur l'ordre du Ministre, pour venir donner des explications sur les accusations dont il est l'objet. En même temps, le commandement supérieur, dont avait été investi le général Bonet, est supprimé, et, le 5 juillet, le lieutenant-général Drouet, comte d'Erlon, prend possession de la 12e division militaire. Le général Drouet avait commandé un corps d'armée à Waterloo. Impliqué dans le même procès que Ney, Labédoyère, Drouot, il fut condamné comme eux à mort le 10 août 1816, mais il était en fuite.

Le général Solignac, vers la fin de l'année, quittait la France pour aller prendre, en Portugal, le commandement de l'armée de Don Pedro.

FÊTES NATIONALES.

Nos compatriotes, sous le coup de l'ivresse de leur succès sur les légitimistes, et, bien que le choléra sévisse encore avec une grande intensité, s'apprêtent à donner aux fêtes nationales un éclat nouveau. Le duc d'Orléans est invité, mais il s'excuse. Des délégués sont envoyés à Rennes, Angers, Lorient, Vannes, pour engager les gardes nationaux de ces villes à venir fraterniser. Ils reçoivent le plus chaleureux accueil. Le Roi envoie 4,000 fr. Des listes de souscription circulent pour l'organisation du banquet patriotique et pour la construction de monuments, trophées, etc.

La fête dure trois jours. Le 28 juillet a lieu la cérémonie de la pose de la première pierre de l'Hôpital général de Saint-Jacques. Les autorités invitées par la Commission des hospices, Préfet, maire et adjoints généraux, juges, clergé, conseillers généraux et municipaux, se réunissent à six heures et demie dans une salle de l'ancienne Abbaye et se rendent en cortège sur l'emplacement de la première pierre, où Douillard frères, architectes, et Perreaudeau, entrepreneur, les reçoivent. Le Maire prononce un discours, et la plaque commémorative est scellée, suivant la tradition.

Le dimanche 29 juillet, des salves sont tirées au Château et sur la Fosse. Les navires arborent leurs pavillons. A 8 heures a lieu, dans la Bibliothèque, l'ouverture de l'Exposition des tableaux, organisée par la Société des Beaux-Arts. A midi, dans la grande salle de la Mairie, les membres des quatre Sociétés savantes : Académique, Horticulture, Industrielle, Beaux-Arts, se réunissent sous la présidence du Maire. Celui-ci ouvre la séance par un discours, les autres présidents prennent successivement la parole et célèbrent les gloires des nouvelles institutions.

Sur divers points de la ville des plaisirs populaires sont organisés : ballon place Viarmes, joûtes sur l'Erdre, mâts de cocagne, courses à pied, etc. Le soir, il y a des danses, illuminations, et, sur les bords du fleuve, les soldats se livrent à des exercices avec cartouches étoilées.

Le lundi 30 juillet, la fête est encore plus complète. Le matin, du pain est distribué aux indigents. La traditionnelle manifestation militaire s'organise prairie de Mauves. Pour s'y rendre, les gardes nationaux des villes voisines se réunissent à la Bourse, et les autorités, invités, groupes ouvriers, partent du grand Cours. A midi, le cortège s'ébranle pour se rendre au cimetière de Miséricorde. 10,000 personnes le composent. En tête, marchent les commissaires de la fête, les autorités, les corps constitués, les administrations, les membres des sociétés savantes, les décorés de Juillet. Puis viennent, sous le commandement supérieur du général Dermoncourt, les quatre divisions militaires dont les groupes ouvriers occupent les premiers rangs et qui sont sous les ordres du colonel de la garde nationale, des colonels du 32e et du 56e et du colonel d'artillerie commandant le Château.

L'étier de Mauves est franchi sur un pont établi par les marins de la garde nationale. On suit les rues de Richebourg et Félix. Le cortège passe devant un trophée élevé place Louis XVI, en l'honneur des victimes, puis poursuit son itinéraire par la rue de l'Evêché, Haute et Basse-Grande-Rue, rues d'Orléans, Contrescarpe, Marchix, place Viarmes, où il fait halte. Les autorités, les commissaires et les décorés de Juillet entrent seuls au cimetière. Ils défilent devant le monument des victimes et chacun, en passant, jette à son pied une branche de laurier et une couronne de chêne. Le Maire prononce un discours. Le retour du cortège s'effectue par les rues Menou, Mercœur, Paré, du Calvaire, Franklin, Jean-Jacques, les quais jusqu'au Château, la rue des Etats et les Cours, où les rangs sont rompus à 4 heures.

Il n'y a que le temps de se rendre au cours Henri IV où le banquet patriotique va commencer à 5 heures. 4,000 convives viennent s'asseoir autour des tables dressées dans les trois allées. La promenade est brillamment décorée. Au fond, se dresse sur un piédestal et au milieu d'un faisceau de drapeaux, la statue colossale du Roi. Chaque arbre est orné de trophées. Les armes des chefs-lieux des départements limitrophes surmontent les portes d'entrée. Les terrasses et les balcons sont garnis de spectateurs. Une estrade, établie du côté de la rue des Cadeniers, permet aux curieux de contempler ce patriotique spectacle.

Un coup de canon donne le signal des toasts. Le général

se lève le premier et porte la santé du Roi ; puis se succèdent les principales autorités et les délégués des départements. La journée se termine au Théâtre. Cette fête, qui déjà dépassait par l'ampleur de ses manifestations celle de l'an dernier, est encore plus remarquable par les monuments élevés en divers points de la ville et dus entièrement à l'initiative privée. Places Louis XVI, du Pilori, du Change, Bretagne, Viarmes, Port-au-Vin, Bouffay, Royale, Graslin, sur la Fosse, au pont d'Orléans, ce sont des arcs-de-triomphe ou des obélisques, ou des piédestaux ou des colonnes avec statues, drapeaux, attributs, trophées, inscriptions diverses, faisceaux de drapeaux. Sur la promenade de la Bourse, un transparent allégorique : *la Bonne Greffe,* est l'œuvre de la Société d'horticulture. Au balcon de la Société des Beaux-Arts c'est un autre transparent représentant *la Liberté et le Génie des arts couronnant le buste du Roi.*

MESURES DE RIGUEUR.

Le général d'Erlon maintient, dans toute leur rigueur, les mesures prises par son prédécesseur et en imagine de nouvelles encore plus sévères. Bien que le désarmement se continue et qu'un prochain soulèvement ne soit plus à redouter, le Gouvernement ne peut être complètement rassuré, car la plupart des chefs du mouvement de juin ont échappé aux poursuites de la police, et la duchesse de Berry est toujours dans la région.

Dans le but de faire rentrer dans le devoir les déserteurs et les réfractaires, il ordonne, le 11 juillet, aux maires, de dresser immédiatement l'état des réfractaires, des déserteurs, des personnes ayant quitté leur domicile sans passeport, et les chefs de cantonnement reçoivent l'ordre de placer immédiatement des garnisaires chez leur père ou mère. Ces garnisaires montrent de grandes exigences, et leur conduite est telle qu'un propriétaire de Fontenay intente un procès et obtient, contre le général d'Erlon et l'officier du cantonnement, une condamnation à 600 fr. de dommages-intérêts. Le Gouvernement, sous la pression de réprobation que soulève ce système des garnisaires, donne des instructions pour le faire cesser.

Une autre mesure non moins rigoureuse est prise par le général d'Erlon. Il craint que les maires ne se prêtent à des actes de complaisance dans la délivrance des passeports, et il décide, qu'à partir du 20 août, tous les passeports remis par les maires seront visés par le préfet ou le sous-préfet, et que tout porteur d'un passeport non visé sera arrêté.

Dans l'ivresse du triomphe, certains veulent user de représailles. Ils demandent que des compagnies, ou des demi compagnies, soient placées en subsistance dans les châteaux des gens compromis jusqu'à ce que ceux-ci aient fait leur soumission. On va encore plus loin. Les rebelles doivent de leurs deniers payer les conséquences de la guerre, les frais supportés par l'Etat pour l'entretien des troupes en campagne, et aussi les pertes subies par les communes et les particuliers. Les citoyens, qui ont souffert à un degré quelconque des troubles provoqués par les légitimistes, ne doivent pas hésiter à intenter un procès en dommages-intérêts aux instigateurs du soulèvement et demander un jugement portant hypothèque en leur faveur sur leurs châteaux et propriétés. Combien de patriotes ont dû négliger leurs affaires pour prendre les armes. Combien n'ont pu payer leur loyer par suite du manque d'ouvrage provoqué par cette crise. Combien d'ouvriers sans travail ont dû, pour manger du pain, avoir recours au Mont-de-Piété. Que l'on ne se préoccupe pas des frais que ces poursuites pourraient exiger. Des avocats sont tout prêts à prendre gratuitement en main la cause des plaignants, et des listes de souscription vont être mises en circulation pour obtenir les sommes que nécessiteront les frais de justice.

RÉSISTANCE DES LÉGITIMISTES.

L'état d'esprit des légitimistes justifie quelque peu ces menaces et ces sévérités des vainqueurs, car ils n'ont rien perdu de leur assurance et de leur audace. Plusieurs propriétaires refusent de payer leurs contributions. Les huissiers, chargés de procéder à la saisie, trouvent une grande inertie de la part des magistrats qu'ils somment de leur prêter concours. Le notaire Jalabert, dépossédé de son étude, poursuit sa résistance jusqu'aux dernières limites.

Le 14 août, Guibourg s'évade de la prison. Les porte-clefs sont prévenus de s'être laissé corrompre et sont mis au cachot; le concierge est révoqué. Des perquisitions sont pratiquées au Séminaire des philosophes, au grand et au petit Séminaires. Ces recherches sont vaines.

Un incident, qui, en temps ordinaire, aurait passé inaperçu, occasionne des troubles pendant plusieurs jours. La police découvre l'existence d'une boulangerie clandestine. Un ancien boulanger, Verger, rue Contrescarpe, qui exerçait le métier de charcutier, continuait, contrairement au décret de 1813, à cuire et à vendre du pain. Il le vendait meilleur marché que ses concurrents. Aussi le peuple prend-il fait et cause pour lui; il allume un feu de joie en son honneur.

Les légitimistes profitent de ces dispositions des masses et l'ordre est troublé gravement. Le général Dermoncourt, à la tête de l'artillerie de la garde nationale et des détachements de la garnison, occupe la place Royale pendant que des patrouilles parcourent les rues avoisinantes. Le Maire adresse une proclamation aux habitants et déclare que Verger a transgressé les règlements et que force doit rester à la loi.

L'attitude des légitimistes est telle que le bruit d'une nouvelle prise d'armes, annoncée pour le 15 septembre, circule dans la ville.

Un acte d'une incroyable hardiesse vient démontrer à la police qu'elle doit compter avec eux. Dans la nuit du 14 septembre, les pièces de la procédure Laubépin, Guibourg, Kersabiec, etc., sont soustraites au Parquet de Rennes. Deux femmes attachées au Palais de Justice sont arrêtées. On procède, en outre, à quelques arrestations à Nantes. Les auteurs de cet enlèvement, Cretineau Joly et un ancien officier de l'armée royale, bien que fortement soupçonnés, ne peuvent être arrêtés tant ils avaient su bien cacher leur jeu.

On redoute que d'autres soustractions semblables ne soient opérées, et on réclame la publication, par les journaux, des actes d'accusation et des pièces de procédure pour les autres procès politiques.

Un combattant du Chêne, de Puyzieux, s'échappe de la prison grâce à la complaisance du concierge, auquel 600 fr. avaient été donnés et la promesse d'une rente viagère de 300 fr. avait été faite.

MADAME EST INTROUVABLE.

La police a la certitude que la duchesse de Berry se cache à Nantes ou dans les environs. Le Gouvernement envoie dans notre ville, pour procéder aux perquisitions, le chef de la police municipale de Paris et les meilleurs limiers du Ministère de l'Intérieur. Les visites domiciliaires se succèdent. La police opère sans succès une descente au château du Pé, en Saint-Jean-de-Boiseau, chez le comte de Martel. Le 13 septembre, le couvent des Carmélites est cerné pendant la nuit par 3 à 400 soldats. Toutes les issues sont gardées. Les religieuses passent, les unes après les autres, sous l'œil scrutateur des gens de la police. Les murs sont sondés, les parquets soulevés. La perquisition dure treize heures. Madame est introuvable.

Les moindres incidents, pouvant faire soupçonner sa présence, sont signalés par la presse de tous les points de la France. Le bruit court un moment que Madame est à Paris, et son banquier reçoit la visite de la police. Un bateau pêcheur de Saint-Brieuc l'a, dit-on, conduite à Jersey. Suivant les uns, elle circule en Vendée sous divers déguisements : en garçon meunier, en petit pâtre, en jeune chasseur. Suivant les autres, elle va et vient dans les rues de Nantes, tantôt sous le costume d'une paysanne, tantôt sous celui d'une sœur de charité. Elle est partie pour l'Italie. Elle a passé à Genève. On l'a vue à Dieppe. Elle s'embarque pour la Hollande. Elle est signalée à Périgueux. Poitiers est le lieu de sa retraite.

Les journaux de l'opposition plaisantent le Pouvoir; ils se demandent à quoi sert une police qui coûte si cher. Les feuilles amies du Ministère le gourmandent et insinuent qu'il n'a jamais eu une intention bien sérieuse de l'arrêter.

Toutes les nouvelles qui concernent la Duchesse sont colportées par les gazettes de l'étranger. D'après le témoignage authentique des journaux, dit le *Journal de Francfort*, la duchesse de Berry se trouve tout à la fois en ce moment en Angleterre, en Hollande, en Espagne, en Allemagne, à Nantes, à Poitiers. Il est bien singulier qu'étant partout, on ne la trouve nulle part.

Madame, arrivée à Nantes dans la matinée du 9 juin, avait trouvé un refuge dans une maison amie, et, au bout de trois jours, se mettait en sûreté chez les demoiselles du Guiny, rue Haute-du-Château. Jamais, jusqu'au moment de son arrestation, elle ne franchît le seuil de leur maison. Les précautions les plus minutieuses avaient été prises pour ne pas éveiller le moindre soupçon. Les amis et les parents de la famille du Guiny avaient été mis en dehors du secret, on avait même veillé à ce que l'ordinaire de la maison ne fût modifié en aucune sorte.

Le Ministère du 11 octobre, dès le lendemain de son arrivée aux affaires, manifeste hautement l'intention d'en finir. Il appelle à d'autres fonctions le préfet Louis de Saint-Aignan, et nomme à sa place Maurice Duval, pair de France, ancien préfet de l'Isère, homme d'une brutale énergie et prêt à employer tous les moyens.

A la veille même du jour de l'arrestation, on croit à Nantes à un embarquement de Madame à la Rochelle pour l'Espagne.

MISES EN JUGEMENT.

Les affaires de l'insurrection sont divisées en cinq catégories ; la première comprend les prévenus d'organisation de la guerre civile : de Bourmont père et fils, de Coislin père et fils, général Clouet de l'Aubépin, Merson, Guibourg ; les quatre autres : les combattants du Chêne, de Maisdon, de la Caraterie, de Riaillé et Ligné. Il y a également à juger tous les individus arrêtés avant la prise d'armes pour embauchage, excitation à la guerre civile, etc.

Le Gouvernement, craignant de trouver des jurés trop indulgents, décide d'appeler tous les prévenus politiques devant la Cour d'assises de la Seine-Inférieure. Des protestations s'élèvent. La Cour de Cassation, qui en est saisie, désigne la Cour d'assises du Loir-et-Cher. La session s'ouvre le 30 septembre. Les inculpés comparaissent par groupes. Ce sont pour la plupart de vieux serviteurs du régime déchu ou de modestes cultivateurs ; ils sont sévèrement punis. Les chefs du mouvement sont en fuite ; ils sont condamnés par contumace. Berryer (Pierre-Antoine), comparaît le 16 octobre. Arrêté en juin à Angoulême, il fut amené de brigade en brigade jusqu'à Nantes où il subit une longue prison préventive. Son père tente, mais en vain, de montrer l'inanité des poursuites. L'inanité était cependant telle, qu'à l'audience le Procureur général abandonne l'accusation. Son défenseur s'abstient de parler, et le jury prononce son acquittement. Guibourg, de l'Aubépin et Casimir Merson se présentent seuls à l'audience du 19 décembre. Les autres coaccusés sont en fuite. Ils ont pour avocats Hennequin, de Paris, Larclose et La Giraudais, de Nantes. Les débats durent plusieurs jours et se terminent par un acquittement.

LE PRÉFET MAURICE DUVAL.

La nomination, à Nantes, du préfet Maurice Duval excite une grande surprise. Le journal ministériel y voit une maladresse et même une véritable provocation. Une effrayante responsabilité, dit-il, pèse sur l'Administrateur qui vient, à Nantes, prendre la direction du département sous le poids difficile à porter d'une immense impopularité : celle du souvenir des tristes événements de Grenoble. A l'occasion d'un bal du dimanche gras interdit par arrêté préfectoral, des attroupements tumultueux s'étaient formés devant la Préfecture et s'étaient livrés à un immense charivari. La troupe dut intervenir pour dissiper les rassemblements. Au cours de la bagarre, une douzaine de manifestants furent blessés. La population, rendant le Préfet responsable du sang versé, se porta à des excès regrettables. Le Préfet dût chercher un refuge à la caserne, et, pour rétablir l'ordre, des troupes, avec artillerie et cavalerie, furent expédiées de Lyon. Ces tristes incidents colportés par la presse, firent le tour de la France et forcèrent le Gouvernement à mettre le Préfet en disponibilité.

Maurice Duval arrive à Nantes le lundi 15 octobre, à

6 heures 1/2 du soir ; il descend à l'hôtel de France. Son arrivée est vite connue. La place se couvre de monde et la foule le salue par un charivari qui se poursuit jusqu'à 11 heures. L'ordre ne fut pas autrement troublé.

Le lendemain, dès la première heure, il se rend à la Préfecture et entre en fonctions. Dans la journée, des groupes se forment sur la place, grossissent sans cesse, et, le soir venu, un charivari encore plus étourdissant que celui de la veille lui est servi. Les sifflets, chaudrons, traquenards, cornets à bouquin, trompes de marine, etc., font rage. Des hommes de désordre se mêlent au groupe et tiennent des propos menaçants. Les troupes sous les armes sont insultées. Les artilleurs de la garde nationale sont accueillis par une grêle de pierres. La force publique finit, sans incident fâcheux, par disperser les manifestants.

Le mercredi, les scènes de la veille menacent de recommencer, mais, à l'approche de la troupe, le tumulte cesse. Le Maire fait appel au bon esprit de la population et prévient que l'autorité est résolue à empêcher le renouvellement de ces charivaris. La population se tient dès lors calme.

Maurice Duval, dès le jour de sa prise de possession, s'adresse aux habitants. Il ne cherche en aucune façon à excuser sa conduite passée, Il s'en vante même et rappelle avec orgueil son passage à Perpignan et à Grenoble. *La paix,* dit-il, *règne dans ces deux villes et l'on m'y rend justice.* Il voit dans les charivaris, dont il a été l'objet, l'œuvre des carlistes. *Leur haine,* dit-il, *je la mérite, je ne la répudie pas.*

Le nouveau Préfet, à peine installé, se met à l'œuvre. Il imprime à l'action de police une impulsion fiévreuse, et ne ménage ni ses soins, ni ses peines pour remplir la tâche délicate dont il est chargé. Madame est toujours introuvable. Ayant épuisé toutes ses ruses et ne sachant plus sur quelles pistes se lancer, il a recours à la trahison. Le juif Deutz, auquel Madame accorde toute sa confiance, lui indique le lieu de la retraite de la duchesse. Le Général est seul mis dans le secret.

ARRESTATION DE LA DUCHESSE DE BERRY.

Le 6 novembre, à 4 heures du soir, les soldats de la garnison, après avoir terminé l'exercice sur le cours Saint-Pierre, au lieu de gagner la caserne, prennent, au grand étonnement des gens du quartier, le chemin de la ville. L'îlot borné par les rues Haute-du-Château, place Saint-Pierre, Haute-Grande-Rue, rue des Carmélites et rue Basse-du-Château, sont sur le champ cernées. Les soldats reçoivent la consigne absolue de ne laisser entrer dans les maisons ou en sortir qui que ce soit. Madame, prévenue à temps, peut se réfugier dans une cachette que dissimule une plaque de foyer. La police franchit le seuil de la maison Du Guiny, et plusieurs commissaires, assistés de gendarmes, procèdent aux plus minutieuses perquisitions. Tout est fouillé de la cave au grenier. La nuit se passe en recherches vaines. Les domestiques de la maison sont sommées de faire connaître la retraite de Madame. Elles refusent. Plus de vingt heures se sont écoulées depuis l'investissement, lorsqu'un hasard vient tirer la police d'embarras. Deux gendarmes postés dans une chambre, avaient allumé du feu pour se chauffer dans la cheminée derrière laquelle se tenait cachée Madame. La chaleur transmise par la plaque de fonte menace d'asphyxier, dans leur cachette, la Duchesse et ses fidèles amis. N'en pouvant plus, elle demande qu'on ouvre, et, dès que la plaque est enlevée, elle sort et demande le Général. Le Préfet, le Maire, les généraux d'Erlon et Dermoncourt, le Procureur, le Juge d'instruction, se présentent sans tarder. Un procès-verbal de l'arrestation est dressé. Les scellés sont apposés. Le général Dermoncourt conduit Madame au Château et l'installe dans les appartements du Colonel d'artillerie, commandant le Château. De Menars, Guibourg et Mlle de Kersabiec y reçoivent également l'hospitalité. Le général d'Erlon préside en personne aux mesures à prendre pour empêcher une évasion ou un coup de main. La garde intérieure du Château est confiée à deux compagnies d'élite de la ligne et une compagnie de la garde nationale. Des postes de 50 hommes sont établis maison Marion, rue Haute-du-Château, n° 1, et maison Vandangeon, place du Fer-à-Cheval.

A peine connaît-on l'arrestation de la Duchesse, que le rappel est battu dans toute la ville. La garde nationale se réunit en armes sur le cours Saint-Pierre. Le Préfet, le Maire et ses adjoints parcourent leurs rangs. Maurice Duval leur adresse une harangue de circonstance. J'avais, dit-il, demandé en arrivant dans vos murs qu'on attendît à me juger sur mes actes : aujourd'hui, j'ai commencé et j'espère continuer de manière à conserver l'estime de tous les patriotes. Vive le Roi ! Vive la liberté !

Le 9 novembre, à 3 heures 1/2 du matin, Madame est conduite en voiture au bateau à vapeur de Saint-Nazaire, sous l'escorte d'un détachement de gendarmerie. Le général d'Erlon, le Préfet, le Maire et l'adjoint Polo viennent la prendre au Château, s'embarquent avec elle. Mlle de Kersabiec et de Menars sont autorisés à la suivre jusqu'à son lieu de détention.

A 9 heures 1/2 du matin, Madame monte à bord d'un brick de 16 canons, *la Capricieuse*. Robineau de Bougon, colonel de la garde nationale, Polo, adjoint, Rocher, porte-étendard de l'artillerie, le Colonel de gendarmerie, l'Adjudant de place et un Commissaire de police prennent place sur le bateau.

Dans la crainte d'une tentative de la part des légitimistes, les troupes cantonnées dans les environs de Saint-Nazaire avaient reçu l'ordre de s'y concentrer. Une compagnie d'élite du 56e était, en outre, venue les renforcer. *La Capricieuse* fait route pour Blaye. Deux autres bricks et *le Nestor*, bateau à vapeur, lui servent d'escorte.

Le Roi charge le Préfet d'adresser ses remercîments à la garde nationale, et Maurice Duval réunit, le 15 novembre, le Conseil municipal et les officiers de la milice citoyenne, et leur transmet les félicitations du Roi.

La garde nationale se sent prise d'un nouvel enthousiasme. Elle sent le besoin de manifester son attachement à la Monarchie de Juillet, et le Colonel va présenter au Roi une adresse recouverte de nombreuses signatures.

Louis-Philippe triomphe modestement. Dans son message à l'ouverture des Chambres, il se contente d'une discrète allusion. Après avoir parlé des efforts infructueux de la contre-révolution, il ajoute : Un événement récent et décisif pour la paix publique détruira les dernières illusions de ce parti.

Les rigueurs dont les légitimistes sont l'objet ne semblent pas les intimider. Toutes les occasions sont bonnes pour leur permettre de faire acte de résistance. Ils apprennent que deux magistrats de Poitiers ont démissionné plutôt que de s'associer à des mesures de rigueur contre la duchesse de Berry, et aussitôt une souscription est ouverte pour leur offrir une médaille d'or. Les acquittements prononcés à Blois les remplissent de joie, et, pour remercier les jurés de leur indépendance, il est question d'élever un monument en leur honneur.

Le Gouvernement continue toujours ses sévices. Sur le bruit qu'un chef carliste est caché au Séminaire, cet établissement est l'objet de la plus minutieuse perquisition. Les élèves sont forcés de l'évacuer, et les familles du quartier les recueillent pendant quelques jours.

On découvre, dans la cachette de la maison du Guiny, une presse et des ballots de proclamations. L'une d'elles est adressée aux fidèles nantais : « Si Nantes, y lit-on, reconnaît de suite Henri V, le siège de mon Gouvernement y sera fixé pendant la minorité de mon fils. » Une assignation est adressée aux demoiselles du Guiny pour comparaître en police correctionnelle le 5 janvier 1833.

L'arrestation de Madame ne produit pas, dans son parti, l'effet que le Pouvoir espérait. Un courant de sympathie s'élève en faveur de la prisonnière de Blaye, et ses partisans s'empressent d'en profiter. Ils fondent un nouveau journal, *le Rénovateur breton et vendéen,* qui paraît le 10 décembre. Il se pose en défenseur résolu de la cause légitimiste. Il ouvre ses colonnes à une souscription en faveur des deux fidèles domestiques de la famille du Guiny. Chaque numéro contient des adresses de protestation contre la conduite du Ministère à l'égard de la prisonnière de Blaye.

Casimir Merson est cité à comparaître devant la Cour d'assises de la Loire-Inférieure de septembre pour cinq délits de presse. Il encourt quatre condamnations, se totalisant par vingt-six mois de prison, 8,800 fr. d'amende, affichage, insertion, etc. Du fond de sa prison, il s'adresse à la *Gazette de France,* ne pouvant, depuis la suppression de son journal, à la date du 4 juin, s'adresser à ses amis politiques, et lui dit : « Je suis dans l'impossibilité physique de faire appel, par la voie de mon journal, à mes abonnés et vous prie de déléguer aux vôtres ce que les royalistes ont coutume de regarder comme un devoir. »

A cette même session comparaît V. Mangin, directeur de l'*Ami de la Charte,* et Ulric Pelloutier, auteur d'un article intitulé : « Patriotes réveillez-vous », sous l'inculpation d'excitation à la haine et au mépris du Gouvernement. L'article invitait les patriotes des bourgs à s'armer, à former des corps francs de contre-Chouans, ce qui impliquait une impuissance du Gouvernement pour assurer l'ordre. Un acquittement est prononcé.

Aux assises de décembre, à l'audience du 27, les combattants du Chêne, au nombre de quinze, sont mis en jugement. Un défaut de procédure force la Cour à ajourner l'affaire.

L'ex-avoué Deshéros comparait le 30, sous l'inculpation de complot contre l'Etat. L'accusation portait sur des correspondances avec chiffres et avec écriture à l'encre sympathique. Il est déclaré non coupable et acquitté.

LA GARDE NATIONALE.

La milice citoyenne et la garnison prennent une part commune à la répression des émeutes et de la prise d'armes légitimiste. Les liens qui les resserrent deviennent plus intimes. Il n'est pas bonne fête à laquelle ils ne prêtent leur concours mutuel. Une 2ᵉ compagnie de marins est formée. Un drapeau est donné à ce corps d'élite et sa remise est l'objet d'une fête à laquelle l'armée participe. La garde nationale tout entière est sous les armes pour assister à la remise du drapeau du 32ᵉ, et, le soir, les officiers se réunissent en un gai banquet à la Halle aux toiles. Le Musée des tableaux sert de salon de réception.

Les artilleurs du Château et de la garde nationale célèbrent en commun la Sainte-Barbe, et leurs artificiers tirent, à cette occasion, un feu d'artifice sur la promenade de la Bourse.

La nouvelle de la prise d'Anvers est une occasion pour le général d'Erlon de manifester à la garde nationale tout son attachement. Il la convoque pour lui annoncer en grande pompe ce haut fait de notre armée.

Le général Dermoncourt va au Pellerin passer en revue les

gardes nationaux du canton. La journée se termine par un joyeux banquet où Luminais porte la parole.

LES POLONAIS.

Le Gouvernement forme, à l'île d'Aix, avec les réfugiés polonais, un bataillon. La plupart, pour atteindre cette île, passent par Nantes. Le meilleur accueil leur est réservé. On met tout en œuvre pour les secourir : souscriptions, représentation à leur bénéfice. La loge des francs-maçons organise en leur honneur une soirée musicale. Notre ville n'était pas seule à partager ces sentiments. C'étaient ceux de la France entière.

CHAMBRE DE COMMERCE.

Le mode d'élection est modifié par les ordonnances des 16 et 17 juin, et il doit être procédé à un renouvellement intégral de la Chambre. Le Préfet préside la séance. Avant l'ouverture du scrutin, Maës proteste contre les ordonnances, qu'il taxe d'illégales, et contre le mode d'élection, qui est contraire à l'esprit de la Charte. Il n'y a que 52 électeurs. Il se retire sans voter. Guérin-Doudet le suit. Sont nommés : S. Bernard, Fr. Bignon, Braheix, Hri Bourgault-Ducoudray, Dechaille, du Hautcilly, Aug. Garnier, Ed. Gouin, P. Haranchipy, Lepertière, Le Quen, P. Levesque, Litou aîné, Mosneron-Dupin, Soubzmain (16 juillet).

TRIBUNAL DE COMMERCE.

Sont nommés pour le renouvellement annuel. Juges : Quesneau, H. Bournichon, Aug. Garnier ; juges suppléants : Levesque-Durostu, Garnier, Haranchipy (30 août).

SOCIÉTÉ POUR LE CURAGE DE LA LOIRE.

La Chambre de Commerce prend l'initiative de la formation d'une Société pour le curage de la Loire. Les négociants sont convoqués, le 8 décembre, pour une réunion à la Bourse. Bourgault-Ducoudray, président de la Chambre, leur expose le but que l'on se propose d'atteindre. On achèterait des dragues avec lesquelles on donnerait à la Loire, en aval de Nantes, un tirant de 16 pieds pour permettre aux navires de 3 à 400 tonneaux d'accoster à nos quais, et, en amont, une profondeur de 3 pieds. Le capital nécessaire ne dépasserait pas 400,000 fr. La perception d'un droit de tonnage ou de navigation permettrait de rembourser les sommes avancées. Le projet des statuts est lu. Des listes de souscription sont immédiatement mises en circulation ; elles recueillent, séance tenante, des signatures pour une somme de 200,000 fr.

SOCIÉTÉ ACADÉMIQUE.

Le dimanche 12 février se tient, dans la grande salle de la Mairie, la séance publique annuelle. Le lieutenant-général et les principales autorités l'honorent de leur présence. Le président Robineau de Bougon, dans son discours, parle de l'éducation. Le Secrétaire général rend compte des travaux de l'année 1831. La musique de la garde nationale prête son concours. Des morceaux de musique vocale et instrumentale sont exécutés. Dubochet est nommé président. Une Commission spéciale distribue des primes aux bestiaux à la foire nantaise le 25 mai.

Le dimanche 25 novembre a lieu la séance publique annuelle suivant le programme traditionnel. Le docteur Palois est nommé président.

SOCIÉTÉ D'HORTICULTURE.

La fête, qui devait être donnée le 26 avril pour l'anniversaire de la Reine, protectrice de la Société, est supprimée à cause du choléra. La fête florale annuelle de septembre a lieu le 30 de ce mois, avec un grand succès, sur la promenade de la Bourse. Quelques membres forment le dessein d'organiser un bal entre les sociétaires. L'idée n'est pas acceptée avec empressement et le projet est abandonné.

SOCIÉTÉ INDUSTRIELLE.

Le duc d'Orléans accepte le titre de membre honoraire et envoie 2,000 fr. Une allocation de 6,000 fr. est donnée par le Ministre de l'Intérieur. Une bibliothèque est ouverte. Lors de la réunion des quatre Sociétés savantes, le 29 juillet, des prix sont distribués aux apprentis patronnés par la Société et à des enfants d'ouvriers. La séance annuelle se tient en octobre à la Mairie. Des récompenses en argent sont données à des contremaîtres et à des ouvriers: charpentiers de navires, fileurs, raffineurs, tisserands, menuisiers, chapeliers, serruriers, tanneurs.

« LA LOIRE. »

Ce journal, rédigé par Forest, paraît le 2 novembre. Il est réservé aux nouvelles commerciales et maritimes, et se publie tous les jours de bourse.

OUVRAGES PUBLIÉS.

Les Essais historiques sur les progrès de Nantes, par le docteur Guépin; *Traité de la greffe et de la taille des arbres,* par Noisette; *Notices sur le département et sur Nantes,* par J.-L. Boyer; *De la nouvelle Jérusalem,* par Richer; le *Lycée armoricain* se fond dans la *Revue de l'Ouest; Nouveau plan de Nantes,* par Jouane; *Plan de Nantes en 1604,* par Bilange d'après celui de Fournier; *Vues de Nantes,* par Cholet; *Les rives de la Loire,* par Deroy.

COMMERCE ET INDUSTRIE.

Prix du pain : blanc, varie de 0 fr. 50 c. à 0 fr. 35 c. le kilo ; le pain batelier atteint le prix de 2 fr. 25 les 6 kilos en mai et tombe à 1 fr. 50 c. Le pain méteil, en mai, s'élève à 1 fr. 40 c. les 6 kilos et descend à 1 fr.

La sucrerie de Saint-Viaud et celle du Besson, en Saint-Colombin, tombent en mauvaises affaires. — Le moulin à vapeur de la Madeleine est mis en faillite. — Les forges de Basse-Indre sont inactives.— Un deuxième établissement d'eau filtrée se monte rue Crucy. — La concession d'un chemin de fer de Nantes à Bâle et du Havre à Marseille est demandée par Blum, ingénieur d'Epinal. Cette nouvelle excite un vif intérêt en notre ville et détourne les esprits du projet de canal latéral à la Loire concédé à Lainé de la Villevêque. — La Société anonyme pour la navigation accélérée sur la Loire et ses affluents, qui desservait les rives de la Loire en amont de Nantes, entre en dissolution.— Le 11 septembre, est lancé, dans les chantiers de Jollet, le premier navire construit depuis la Révolution, *Le Trident,* 350 tonneaux, appartenant à la maison Dobrée.

MONUMENTS. — VOIES PUBLIQUES.

Dans le courant de novembre, un télégraphe aérien est installé sur l'une des tours de la Cathédrale. — Le manège se construit rue Lafayette. Il est disposé pour donner des représentations équestres. Il est inauguré le 1er décembre. — La ville vend des terrains ou maisons lui appartenant rue Boileau, rue Rubens, rue Barillerie, quai Duquesne, quai de Barbin, quai de la Fosse, à la Chésine. La rue Boileau est prolongée à travers le terrain du cirque du Chapeau-Rouge. —La rue de la Poissonnerie commence à se transformer.— On pave la rue de Flandres, les places Notre-Dame, de la Monnaie, Viarmes, Delorme, les quais de l'Erdre.

BALS. — THÉATRE. — SPECTACLES.

Deux bals de bienfaisance sont donnés au Grand-Théâtre en janvier et février. Ils donnent une recette brute de 9,481 fr. et nette de 5,616 fr. 25 c. On avait songé un instant à en organiser quatre.

Concerts : de Ghys, violoniste, et Mme Goosen, cantatrice ; trois concerts de Rhein, pianiste, et Mme Ducrest, cantatrice ; concerts de Birowski, réfugié polonais, d'Albert Sowinski, pianiste. L'exposition des beaux-arts, ouverte le 29 juillet, dans la salle de la Bibliothèque, se termine par un concert donné le 6 août par la Société des Beaux-Arts.

Le Grand-Théâtre monte des pièces politiques ou patriotiques : *Les quatre sergents de la Rochelle ; La Cocarde tricolore,* épisode de la prise d'Alger, *Le Château de Blaye, Les Grenadiers de l'île d'Elbe, La Redingote grise* ou *Napoléon à Berlin,* etc. Il en arrive à exhiber l'éléphant Kiouny dans un spectacle adapté.

Les cirques, par contre, sont très suivis. Celui des frères Blondin, dans la salle du Chapeau-Rouge, comme celui de Mme Tourniaire, qui inaugure le manège Gachet, rue Lafayette. — Le 1er décembre, sur la Petite-Hollande, vient s'installer la ménagerie Martin, puis l'éléphant Kiouny. — Le professeur Rouy montre, dans la grande salle de l'Hôtel-de-Ville, l'uranorama, ou appareil reproduisant le mouvement des corps célestes, et y donne des séances publiques et privées.

Année 1833.

Les légitimistes. — La réunion « de l'Ouest ». — Souscription Laffitte. — Les Saint-Simoniens. — La fête du 1er mai. — Fêtes nationales. — La garde nationale et la garnison. — Nomination du Conseil général et du Conseil d'arrondissement. — Chambre de Commerce. — Tribunal de Commerce. — Société Académique. — Société d'horticulture. — Société Industrielle. — Salle d'asile. — Collège royal. — Le Lycée français. — Ecole normale primaire. — Ecole primaire supérieure. — Ecole de Grand-Jouan. — Cours d'adultes. — Cours de science sociale. — Cours de musique. — Divers (La Vouivre, Télégraphe, Vente du Sanitat, Omnibus, Fontaine monumentale, Musiques, Cadastre). — Chemin de fer d'Orléans à Nantes. — Le Bouffay. — Prix du pain. — Concerts. — Grand-Théâtre. — Cirques et spectacles divers.

LES LÉGITIMISTES.

Au cours des réquisitions pratiquées lors de l'arrestation de la duchesse de Berry, la police avait découvert une presse d'imprimerie. Mlles du Guiny sont, de ce chef, poursuivies pour infraction à la loi sur l'imprimerie. Elles sont, en outre, prévenues d'avoir, en recevant sous leur toit Madame et ses compagnons d'infortune, donné asile à des personnes accusées de crime. Elles comparaissent devant le Tribunal le 5 janvier; Hennequin, du Barreau de Paris, est leur défenseur. Elles sont acquittées. Le Procureur n'avait retenu que l'inculpation d'imprimerie clandestine.

La souscription, en faveur des domestiques des demoiselles du Guiny, se poursuit et recueille de nombreuses offrandes.

Bien que les légitimistes soient impuissants à tenter désormais quelque coup de main, leur attitude ne rassure pas le Gouvernement ; et le lieutenant-général Meunier décide que les permis de chasse et de port d'armes seront dorénavant contresignés par lui.

Le Jury d'Ille-et-Vilaine condamne, pour participation à l'insurrection de juin 1832, Pascal Mornet du Temple et Laroche à la déportation.

Le journal *Le Rénovateur breton et vendéen*, organe du parti légitimiste, mène une vigoureuse campagne, comme on peut en juger par les poursuites dont il est l'objet devant la Cour des assises. Dans le cours de l'année, il est condamné, pour délits politiques, à un total de 15 mois de prison et 7,500 fr. d'amende. Assigné par le procureur Demangeat pour diffamation, il encourt une condamnation de 3 mois de prison, 1,500 fr. d'amende et 5,000 fr. de dommages-intérêts.

Guibourg est prévenu d'avoir pratiqué des intelligences avec des puissances étrangères pour les exciter à déclarer la guerre à la France. Le Parquet prétend reconnaître son écriture sur des papiers saisis à la Chaslière. Le Jury l'acquitte.

Plusieurs condamnations à la peine de mort avec séquestration des biens sont prononcées, par contumace, pour des faits se rapportant à la levée d'armes de juin 1832.

De modestes cultivateurs et artisans encourent des peines sévères pour participation à cette prise d'armes.

Le Conseil général, dans ses deux sessions, insiste auprès du Gouvernement pour que des mesures soient prises contre les légitimistes et l'accuse de faiblesse envers eux. Il ne lui pardonne pas d'avoir levé l'état de siège.

LA RÉUNION « DE L'OUEST ».

Les 9 et 10 avril se tient, dans un pavillon, au n° 8 de la rue Pétrarque, une réunion dite « de l'Ouest ». Elle est formée par des patriotes délégués des divers départements de l'Ouest : Loire-Inférieure, Ille-et-Vilaine, Maine-et-Loire, Loir-et-Cher, Sarthe, Finistère. Sévin, directeur du *Courrier de la Sarthe,* au Mans, la préside. Des rapports sont lus par le docteur Guépin sur les Sciences physiques, morales et politiques; par Duchatellier, de Quimper, sur l'Industrie ; par Toulmouche, de Rennes, sur les Arts.

Le programme suivant est arrêté : « La Révolution de
» Juillet, le programme de la Charte et la Royauté du
» 7 août sont des faits accomplis que l'Association veut
» maintenir et dont elle réclame toutes les conséquences.
» Il n'y a plus maintenant qu'à réclamer les institutions
» républicaines qui nous manquent, améliorer celles qui
» existent et demander les institutions matérielles qui peuvent
» rendre le peuple heureux et content. »

Une Commission centrale est nommée pour correspondre avec les Comités établis dans les chefs-lieux de chaque département de l'Ouest.

Une *Association de l'Ouest* sera constituée lorsque chaque chef-lieu aura organisé un Comité.

SOUSCRIPTION LAFFITTE.

A l'exemple des Parisiens, les Nantais ouvrent une souscription au bénéfice de Laffitte. Une représentation est donnée au Grand-Théâtre à cet effet. Une Commission centralise les fonds recueillis en ville ou envoyés par les communes du département. Elle atteint le chiffre de 5,000 fr.

LES SAINT-SIMONIENS.

Quelques Saint-Simoniens, vêtus de leur costume, viennent travailler à Nantes. Les uns s'emploient dans les chantiers, d'autres sont occupés aux travaux de la construction de l'usine à gaz, rue de l'Arche-Sèche. Les ouvriers ne se laissent pas convaincre. Ils voient en eux des faux frères. En présence de l'accueil qui leur est fait, les adeptes de la nouvelle religion ne tardent pas à quitter la ville. Deux d'entre eux, en passant à Nozay, sont maltraités par la population et le Maire doit intervenir pour les protéger.

LA FÊTE DU 1er MAI.

La fête du Roi est célébrée avec un grand entrain. Du pain est distribué aux indigents. Une messe est chantée à la Cathédrale. Une cérémonie a lieu au Temple protestant. A une heure, les troupes de la garnison et la garde nationale sont passées en revue sur le Cours, puis défilent à travers la ville pour rompre les rangs sur la Fosse.

Le banquet, qui est servi au Théâtre, est signalé par la présence d'un étranger de marque, le docteur Bowring, qui est envoyé par le Gouvernement anglais en France pour étudier les affaires commerciales qui pourraient être développées avec notre pays en vue de chercher les bases d'un traité de commerce. Ducoudray-Bourgault boit à l'union de la France et de l'Angleterre. Robineau de Bougon, colonel de la garde nationale, propose la santé des deux Rois. Bowring, dans son toast, se montre plein d'enthousiasme. Nous trouverons, dit-il, notre bonheur dans le vôtre. Plus vous serez heureux, plus vous serez forts. Plus vous serez libres, plus nous serons vos amis. Puis, en terminant : Je souhaite à ma Patrie une garde nationale comme la vôtre.

La fête se termine par des illuminations, un feu d'artifice tiré sur la place Royale, et des danses avec orchestres place Royale et promenade de la Bourse.

FÊTES NATIONALES.

Une Commission, dont le docteur Guépin est le secrétaire, s'occupe de leur organisation. Le duc d'Orléans et le général Lafayette sont invités à y prendre part. Ils s'excusent.

Les fêtes durent quatre jours, du samedi 27 au mardi 30 juillet.

Le premier jour, il n'y a que le service funèbre à la Cathédrale. Les autorités y assistent en grande pompe.

Le deuxième jour, les musiques de la garnison et de la garde nationale se font entendre pendant la soirée sur le cours Saint-Pierre.

Le troisième jour, la fête présente un plus grand intérêt. Une nouvelle salle du Musée de peinture est ouverte. A midi, les quatre Sociétés savantes se réunissent dans la grande salle de la Mairie sous la présidence du Maire et en présence des autorités civiles et militaires. F. Favre prend le premier la parole. Il célèbre les bienfaits du nouveau régime. Le Gouvernement, dit-il, a déjà fait en améliorations sociales plus que l'Empire pendant dix ans, plus que la Restauration pendant quinze ans, plus, enfin, que ces deux régimes n'eussent fait même dans le cours d'un siècle. Palois, président de la Société Académique, Robineau de Bougon, président de la Société Industrielle, Ursin, président de la Société d'Horticulture, prononcent successivement des discours. Billault, dans une brillante improvisation, explique le fonctionnement de l'Ecole Industrielle, puis des prix sont décernés aux élèves de cette école et de l'Ecole de dessin. Les membres de la Société des Beaux-Arts, avec le concours de quelques artistes du Théâtre et la musique du 32e, viennent rompre la monotonie de la séance. Un spectacle gratuit est donné au Théâtre, un ballon est lancé place Viarmes. Des jeux populaires sont organisés sur plusieurs points. Le soir, sur les bords du canal Saint-Félix, les soldats tirent des cartouches étoilées.

Le mardi, c'est le couronnement de la fête, c'est le jour de la grande manifestation militaire et patriotique. Les autorités, les troupes de la garnison, la garde nationale, les délégations des départements limitrophes, les groupes d'ouvriers, les membres des Sociétés savantes, les décorés de Juillet, les élèves de l'Ecole Industrielle et de l'Ecole de dessin se forment en cortège sur les Cours pour se rendre au cimetière de Miséricorde. Il y a, comme les années précédentes, quatre divisions militaires. Après la visite au cimetière, le cortège se fractionne et chaque division va rompre les rangs en des points différents : place Royale, cours Saint-André, quai Turenne, place Graslin. Le banquet a lieu au cours Henri IV. Tout se passe avec la solennité habituelle.

Comme l'année précédente, sont dressés sur les principales places des arcs de triomphe, des monuments avec drapeaux, trophées, statues, devises et inscriptions. Le souvenir de Napoléon occupe une large place en ce jour. Sur la place Delorme on voit sa statue. Sur la place du Commerce, le bivouac d'Austerlitz a un grand succès. Au banquet, un toast en son honneur est porté par le colonel de la garde nationale, Robineau de Bougon.

La journée se termine mal. Plusieurs personnes sont blessées par les fusées du feu d'artifice.

LA GARDE NATIONALE ET LA GARNISON.

Le Gouvernement, pour reconnaître les services rendus par la garde nationale, décore plusieurs officiers, parmi lesquels nous mentionnerons : Douillard, lieutenant-colonel ; Moriceau, commandant de l'artillerie ; Lafont fils, commandant des pompiers.

L'entrain des premiers jours tend à disparaître. Il n'est plus question de fraternisation comme les années précédentes. Toutefois, quelques délégués répondent à l'invitation qui est adressée par la garde nationale d'Angers pour la fête commémorative du 6 juin.

Certains commencent à trouver un peu lourdes les exigences du service, et le colonel doit prendre des mesures pour forcer les soldats-citoyens à être plus exacts aux convocations pour les gardes et autres ordres.

Les officiers de la garnison et ceux de la garde nationale vivent en vieux camarades. Lorsque le 32ᵉ reçoit l'ordre de quitter Nantes pour se rendre à Paris, la garde nationale lui offre un banquet au Théâtre. Le colonel de ce régiment, dans son toast, laisse déborder son cœur : « Vive à jamais la belle et brave garde nationale nantaise ! Vivent à jamais les généreux bretons de la Loire-Inférieure ! » Le lendemain, on se réunit sur le cours Saint-Pierre pour les derniers adieux. Les gardes nationaux et leurs officiers, confondus avec les soldats et les officiers du 32ᵉ, se mettent en route et conduisent ces derniers jusqu'à la distance d'une lieue.

Le 40ᵉ vient immédiatement tenir garnison à Nantes.

NOMINATION DU CONSEIL GÉNÉRAL.

Les Conseils généraux et d'arrondissements doivent être, aux termes de la loi du 22 juin 1833, l'objet d'un renouvellement intégral. Cette loi, s'inspirant des principes de la charte constitutionnelle, confère le droit de nomination à un collège d'électeurs payant un cens déterminé. 1,005 citoyens nantais se trouvent dans les conditions requises.

Le scrutin est ouvert successivement du 10 au 25 novembre.

Les électeurs sont convoqués à la Halle aux toiles, pour le 1ᵉʳ canton ; à la Préfecture, pour le 2ᵉ ; à la Mairie, pour le 3ᵉ ; rue Petit-Pierre, pour le 4ᵉ ; à la Bourse, pour le 5ᵉ ; au Sanitat, pour le 6ᵉ. La moitié des inscrits, à peine, prend part au scrutin.

Sont nommés : 1ᵉʳ canton, Thomas Chéguillaume ;

2⁣ᵉ, Louis de Saint-Aignan ; 3ᵉ, Billault ; 4ᵉ Ferd. Favre ; 5ᵉ, Ed. Goüin ; 6ᵉ, Soubzmain.

Les conseillers d'arrondissement sont : 1ᵉʳ canton, Gicquel ; 2ᵉ, Mathurin Chéguillaume ; 3ᵉ, Le Sant ; 4ᵉ, Guérin-Doudet ; 5ᵉ, Emile Cantin ; 6ᵉ, Allard aîné.

CHAMBRE DE COMMERCE.

Sont nommés pour le renouvellement du tiers sortant : Berthault aîné, F. Coquebert, F. Favre, A. Garnier, Mosneron-Dupin, Soubzmain, Wattier (13 juillet.)

TRIBUNAL DE COMMERCE.

Maës est nommé président ; Dechaille, Thomas Chéguillaume, Trenchevent, juges titulaires ; Braheix et Brousset, juges suppléants.

SOCIÉTÉ ACADÉMIQUE.

Le docteur Palois est de nouveau nommé président. La section de médecine publie un rapport trimestriel de ses séances.

SOCIÉTÉ D'HORTICULTURE.

Auguste Barrat est nommé président.

SOCIÉTÉ INDUSTRIELLE.

Le Gouvernement lui accorde un secours de 6,000 fr., destiné à faire instruire et entretenir en apprentissage 50 enfants pauvres. Robineau de Bougon est nommé président. Le 1ᵉʳ décembre, première réunion de la Caisse de secours mutuels fondée par Dechaille.

SALLE D'ASILE.

Un Comité se forme pour la fondation des salles d'asile.

Une première salle est créée dans la rue Sarrazin. La Reine envoie un don de 500 fr.

COLLÈGE ROYAL.

Le cours de commerce, qui y a été organisé, ne donne pas les résultats attendus. On lui donne une autre base. Les élèves sont réunis par groupes de cinq, représentant chacun une maison de commerce.

LE LYCÉE FRANÇAIS.

Cet établissement, dû à l'initiative d'Amondieu, professeur au Collège royal, a pour objet l'enseignement des sciences appliquées aux arts, au commerce, à l'industrie, et celui des langues modernes. Il est installé au n° 8 du Boulevard, au coin de la rue Pétrarque. Les cours commencent le 25 novembre.

ÉCOLE NORMALE PRIMAIRE.

L'école normale primaire se construit aux frais du département sur un terrain du bois des Coulées, appartenant à la ville de Nantes.

ÉCOLE PRIMAIRE SUPÉRIEURE.

Le Conseil municipal, dans sa séance du 3 septembre, pour se conformer à la loi du 28 juin 1833, décide l'établissement d'une école primaire élémentaire gratuite dans le quartier des Ponts et d'une école primaire supérieure. Le programme d'enseignement de cette dernière école est dressé par Billault. Une Commission permanente, composée de Billault, Mellinet, Marion de Procé, Robineau de Bougon, F. Favre, Bignon, Dechaille, est instituée pour présider à son organisation et à son fonctionnement.

ÉCOLE DE GRAND-JOUAN.

Une école primaire élémentaire est fondée à la ferme modèle de Grand-Jouan.

COURS D'ADULTES.

Le Ministre de l'Instruction publique accorde un secours de 3,000 fr. aux frères des Ecoles chrétiennes pour les cours d'adultes organisés par eux.

COURS DE SCIENCE SOCIALE.

Après deux séances publiques données à la Mairie, le professeur Lechevalier poursuit son enseignement dans le local de la Société Industrielle, quai Brancas, 8, trois fois par semaine.

COURS DE MUSIQUE.

Heugel fonde un cours de musique vocale.

DIVERS.

La Vouivre, journal hebdomadaire, littérature, modes, chroniques plaisantes, paraît en avril. Il est publié par la Librairie industrielle.

Le télégraphe aérien, établi sur l'une des tours de la Cathédrale, fonctionne pour la première fois le 16 janvier.

Vente du Sanitat. — Une première vente par lots a lieu le 4 mars, sur la mise à prix de 453,000 fr. La surface occupée par le vaste hôpital et ses dépendances représente 40,876 mètres. Les 41 lots montent à un total de 565,980 fr. Cette somme sert de base à l'adjudication définitive de la réunion des lots. Les adjudicataires des lots se réunissent en une société et l'adjudication est prononcée en leur faveur pour la somme de 500,000 fr.

Omnibus. — Une nouvelle ligne d'omnibus commence son service à partir du 1er juin. Les points terminus sont la place Royale et l'auberge de la Croix-Verte, sur la route de Paris.

Fontaine monumentale. — Le Conseil municipal, dans sa séance du 11 février, accorde à Constant la concession d'une fontaine monumentale, qui doit être construite place Neptune, pour approvisionner les porteurs d'eau, et plus tard alimenter les bornes-fontaines. Constant fait appel aux capitalistes pour exploiter sa concession.

Musiques. — Dans le courant du mois d'août, les musiques du 32e et du 56e reçoivent l'ordre de jouer, les mercredis et samedis, à tour de rôle, sur le cours Saint-Pierre. Cette innovation est accueillie très favorablement, tout particulièrement par les dames, qui adressent leurs remercîments aux deux colonels.

Cadastre. — Les travaux de triangulation et de sectionnement sont déjà terminés. Le levé des plans parcellaires va commencer. Le Maire invite les propriétaires, fermiers, à assister les géomètres de l'Administration dans ces opérations.

CHEMIN DE FER D'ORLÉANS A NANTES.

L'avant-projet d'un chemin de fer d'Orléans à Nantes est déposé, en octobre, à la Préfecture, pour être soumis à une enquête. Ce projet est dressé par la Compagnie Jucqueau Galbrun et Steinau qui est concessionaire de la ligne, en vertu d'une ordonnance du 28 février 1831. Le point de départ est au faubourg d'Orléans, situé sur la rive gauche. La ligne suit cette rive jusqu'à Tours où elle passe sur la rive droite. Aux Ponts de Cé, près d'Angers, elle traverse le fleuve pour se tenir de nouveau sur la rive gauche. Le point d'arrivée est au faubourg Pirmil. Cette solution ne donne pas une entière satisfaction à nos compatriotes, et une modification de tracé est demandée de manière que la gare soit située sur la prairie de Mauves ou au bas du Cours. Le devis des frais de construction et d'achat du matériel roulant s'élève à 31,500,000 fr.

LE BOUFFAY.

Le Conseil général, dans sa séance du 28 janvier, repousse le projet adopté en 1828 pour la reconstruction du Palais de justice. Il estime que le sous-sol du Bouffay n'offre pas une résistance suffisante et décide que les bâtiments de la Préfecture seront aménagés pour recevoir le Tribunal. Un hôtel de la Préfecture serait construit au bout du cours Henri IV, sur le terrain acheté par la ville pour l'édification d'un Musée. Les partisans de la reconstruction sur place s'émeuvent et font entendre leurs récriminations.

DIVERS.

La feuille commerciale et maritime rédigée par Mangin, ajoute à son titre, à partir du 1er janvier, celui de *Lloyd nantais*.

Le général Dermoncourt publie la *Vendée et Madame*.

Prix du pain. — Pain blanc : Il oscille entre 0 fr. 30 c. et 0 fr. 35 c. le kilogramme. Cours des vins : muscadet, 23 à 25 fr.; gros plant; 15 à 17 fr. la barrique; au cellier, hors Nantes.

La récolte du foin est presque nulle, par suite des grandes sécheresses. Il vaut 50 fr. les 1,000 livres rendues à Nantes.

Bertin, pharmacien, monte un établissement de bains chauds portatifs.

Les propriétaires de vignes à devoir et leurs colons ont des démêlés au sujet du payement de l'impôt foncier. L'opinion se prononce pour le payement par le propriétaire.

Concerts. — En janvier : Mme Ducret, cantatrice, et Rhein, pianiste. Février : Artot, 1er violon du roi des Belges, et Edmond Lhuillier, chanteur comique, puis, Mlle Brunet, harpiste. Mars : Leduc, flutiste et guitariste. Avril : concert d'amateurs, puis adieux de Ghys. Août : Mlle Boucault, pianiste et cantatrice. Novembre : concert des élèves de Ponchard.

Grand-Théâtre. — Il ne se soutient qu'en variant son répertoire à l'infini. On monte dans l'année la *Tour de Nesle, Lucrèce Borgia*, le *Pré aux Clercs, Robert le Diable*.

Cirques. — La troupe Tourniaire, à laquelle s'est réunie la troupe Vidal-Robba, occupe le manège Gachet, de décembre en mars. La troupe Loysset, avec le clown Auriol, lui succède en juin. Les écuyers Vidal et Robba reviennent en novembre inaugurer le cirque Olympique.

Le cirque Olympique est construit par l'architecte Chenantais, rue de l'Arche-Sèche, sur le terrain où l'établissement d'une usine à gaz avait été tenté. On l'appelle aussi cirque Paquer, du nom de son propriétaire.

Bosco donne, au Grand-Théâtre, quelques représentations de prestidigitation. Au manège Gachet, on exhibe une femme hercule, la Samson d'Asie. Conus y obtient un grand succès avec ses soirées de physique amusante, magie blanche, tableaux animés. Chaque dimanche, des amateurs s'y livrent aux exercices du carrousel, avec jeux de bague, de javelot de tête, comme à Saumur.

Dans une baraque, sur la Fosse, on montre une locomotive, une vraie, mais de dimensions réduites, roulant sur un chemin circulaire, au train de quatre lieues à l'heure.

Année 1834

Le canal de Bretagne. — L'exercice à domicile. — Les salles d'asile. — La fête du Roi. — Les légitimistes. — Élections de la garde nationale. — Cyclone. — Élections législatives. — Voitures arrêtées. — Les fêtes nationales. — Session du Conseil général. — Élections municipales. — L'église catholique française. — Services publics. — Sociétés savantes. — Enseignement. — Voirie et monuments. — Modes de transport. — Industrie. — Commerce. — Concerts, théâtre, spectacles divers.

LE CANAL DE BRETAGNE.

Le canal de Bretagne, dans la partie de Nantes à Redon, avait été ouvert à la navigation, le 28 décembre 1833.

Le 19 janvier, un bateau utilise pour la première fois cette voie pour atteindre Saint-Malo, en passant par la Vilaine et la Rance. Ce départ est l'objet d'une véritable solennité. Le bateau est chargé de pièces de fonte et de fer sortant des ateliers de Mesnil et destinées au bassin à flot de Saint-Malo. Au moment de lever l'ancre, il est amarré au quai Brancas. Des péniches décorées et pavoisées reçoivent à leur bord, le Général, le Préfet, le Maire, les Ingénieurs, etc. Un piquet du 56ᵉ se tient sur la berge. Le Préfet prononce un discours et la flottille s'ébranle. Les marins de la garde nationale s'avancent des deux côtés du canal. Lorsque le bateau arrive à l'écluse, l'étendard des marins le salue et la musique de la légion entonne l'air national. Malgré une pluie diluvienne, une foule nombreuse garnit les quais et suit les évolutions de la flottille. Le bateau, à Barbin, continue seul sa route ; il arrive à Saint-Malo le 3 février.

L'EXERCICE A DOMICILE.

Les débitants de vin s'étaient adressés au Conseil municipal pour obtenir la suppression de l'exercice de la régie à domicile. Le Maire se rend à leur demande et convoque, dans les conditions prescrites par la loi du 21 mars 1831, les membres du Conseil municipal, les marchands de vins et les débitants. A la suite de cette réunion, une pétition est signée. Elle est, le 22 mars, remise à la Chambre des Pairs. La Commission de la Chambre haute est très dure pour nos compatriotes et son Rapporteur conclut au renvoi de la pétition au Ministre de l'Intérieur, en l'invitant à sévir contre les pétitionnaires. Il les représente comme ayant manqué gravement aux règles constitutionnelles, en tenant une réunion qui n'avait pas été autorisée. Louis de Saint-Aignan plaide devant ses collègues la cause des débitants nantais, mais ne peut la faire triompher. Le Ministre des Finances félicite chaudement la Commission d'avoir, avec juste raison, hautement blâmé le langage factieux avec lequel les impétrants s'élèvent contre les impôts existants. La Presse indépendante de Paris et de province ne ménage pas ses approbations et ses sympathies à nos concitoyens pour leur courageuse initiative.

Salles d'asile — L'Administration municipale, dans le courant de l'année 1833, avait, de concert avec quelques personnes dévouées, jeté les bases d'une organisation de salles d'asile sur le plan de celles existant déjà à Paris. Un Conseil d'administration avait été constitué. La famille d'Orléans avait envoyé la somme de 2,500 fr. Une souscription s'était élevée au chiffre de 2,000.

Le 20 janvier, une première salle d'asile est ouverte rue Sarrazin. Le 13 mars, un Comité de dames est formé.

Il a pour présidente, Mme Dobrée, puis Mme Ducoudray-Bourgault.

La Fête du Roi. Les émeutes, qui viennent d'ensanglanter les rues de Paris et de Lyon, ont causé bien des misères. Le Roi manifeste le désir de voir consacrer à leur soulagement les sommes votées par les Conseils municipaux pour les réjouissances qui devaient être données à l'occasion de sa fête. Le Maire, accédant à son désir, lui adresse 2,000 fr. Le programme de la journée du 1er mai comporte seulement la distribution de pain aux indigents, la cérémonie religieuse et la revue.

LES LÉGITIMISTES.

Les partisans de la branche aînée, s'ils ont perdu tout espoir de renverser le Gouvernement de Juillet, n'abdiquent en aucune sorte leurs convictions intimes. Leur organe, *Le Rénovateur breton et vendéen*, a succombé. Un écrivain de talent, ancien rédacteur du *Vendéen*, de Niort, vient, dans le courant de mars, fonder le journal *L'Hermine*. La nouvelle feuille attaque vigoureusement le Gouvernement. Le parquet la surveille de près. Trois délits sont relevés contre elle dans le cours de l'année. Son défenseur, Besnard La Giraudais, obtient du jury un verdict favorable.

Quelques causes relatives à la prise d'armes de 1832 figurent encore aux rôles des assises. Deux acquittements sont prononcés, et un combattant, condamné à mort par contumace, encourt une peine de quatre mois de prison. Le Préfet, lors de la session du Conseil général, se plaît à constater l'apaisement des esprits. L'autorité militaire rappelle les détachements cantonnés dans les communes rurales.

Élections de la garde nationale.

L'année 1834 marque la date du renouvellement triennal des officiers de la garde nationale. Les élections commencent le 5 mai. On procède d'abord à la nomination des officiers, sous-officiers et délégués, puis à celle des chefs de bataillon et porte-drapeaux. Le 26 mai, le scrutin est ouvert pour dresser la liste de dix candidats à proposer au Roi pour les grades de colonel et de lieutenant-colonel. Ces candidats sont, par ordre de suffrages : Robineau de Bougon, colonel en exercice ; Douillard, lieutenant-colonel ; Brousset, Payac, Bouglé, Bernard, chefs de bataillon ; Moriceau, commandant de l'artillerie ; Lafont, des pompiers ; François, des marins ; Dupuis, major de la légion. Le Roi maintient dans leurs fonctions Robineau de Bougon et Douillard.

Cyclone.

Un cyclone d'une violence inouïe s'abat sur la région. Il ravage plus particulièrement le territoire compris entre les Couëts et les Sorinières. Les récoltes sont perdues ; des toits enlevés ; des murs abattus. Les pertes s'élèvent à un chiffre considérable. Une souscription est ouverte. Le Ministre envoie un secours de 6,000 fr. Le Bouffay, la Halle aux légumes, de nombreuses maisons de la ville éprouvent de sérieux dégâts.

LES ÉLECTIONS LÉGISLATIVES (1).

La date du 21 juin est fixée pour procéder au renouvel-

(¹) *Extrait de la loi électorale du 19 avril 1831.*

Tout français jouissant des droits civils et politiques âgé de 25 ans accomplis et payant 200 fr. de contributions directes est électeur, s'il remplit autres conditions fixées (art. 1er).

Si le nombre des électeurs d'un arrondissement électoral ne s'élève pas à 150, ce nombre sera compté en appelant les citoyens les plus imposés au-desus de 200 (art. 2).

Sont en outre électeurs en payant 100 fr. de contributions directes : 1° les membres

lement des membres de la Chambre des Députés. *Le Breton* ne patronne aucun nom et se borne à soutenir les candidats qui suivent sa ligne de conduite. *L'Ami de la Charte* se jette plus résolument dans la mêlée. Les légitimistes descendent pour la première fois dans l'arène.

Le premier collège, formé des 1er, 2e et 3e cantons, se réunit à la Mairie. Il compte 372 électeurs. Les votants sont au nombre de 280. Leurs suffrages se portent sur P.-F. Dubois, député sortant ; Ferd. Favre, maire ; Soubzmain, Maisonneuve (légitimiste). Au deuxième tour, Dubois est élu avec 144 voix.

Le scrutin du deuxième collège (4e, 5e et 6e cantons) s'ouvre à la Halle aux toiles. Nombre des inscrits : 549 ; des votants : 406. Bignon, Maës, Chaillou, député sortant, Janvier (légitimiste), sont sur les rangs. Au deuxième tour, Bignon obtient 238 voix et emporte le siège.

Le troisième collège (partie rurale de l'arrondissement de Nantes) se réunit dans la maison de Mme Pion, à Pont-Rousseau. Les candidats en présence sont : J. Laffitte, Hennequin, avocat à Paris; Colombel, président du Tribunal civil ; F.-J. Verger. Au troisième tour seulement, Laffitte l'emporte avec 134 voix.

Hennequin, candidat légitimiste, n'en recueille que 74.

Sont nommés : à Ancenis, Levaillant, président du Tribunal civil, député sortant ; à Châteaubriant, Robi-

---

et correspondants de l'Institut ; 2° les officiers des armes de terre et de mer jouissant d'une pension de retraite de 1,200 fr. au moins et justifiant d'un domicile réel de 3 ans (art. 3).

Les chefs d'institution, maîtres de pension, les fermiers à prix d'argent ou de denrées ayant bail d'au moins neuf ans, sont électeurs dans certaines conditions (art. 5 et 9).

Pour être éligible il faut être âgé de 30 ans accomplis et payer 500 fr. de contributions directes, sauf cas prévus par art. 33 de la charte et art. 7 de la loi du 19 avril 1831 (art. 59).

neau de Bougon ; à Paimbœuf, Maës ; à Savenay, Odilon-Barrot.

Dans le courant d'octobre, Laffitte et Odilon-Barrot viennent prendre contact avec leurs électeurs et les remercier de leurs suffrages. Un banquet intime leur est offert par les Nantais à l'Hôtel de France, puis un autre plus solennel au cirque Paquer.

Voitures arrêtées. La malle-poste de Paris est arrêtée près d'Ingrandes, dans la nuit du 20 mai, par huit malfaiteurs masqués. Ils tuent un cheval et fouillent la malle, comptant y trouver une grosse somme d'argent. Les voyageurs ne sont, de leur part, l'objet d'aucun mauvais traitement.

La berline du commerce, partie de Nantes le 7 septembre, est, dans la nuit suivante, attaquée dans les environs de Durtal, par neuf brigands armés. Une somme de 27,000 fr., envoyée à Paris par des négociants angevins, est enlevée par eux. Le conducteur est maltraité, mais aucune violence n'est exercée contre les voyageurs.

LES FÊTES NATIONALES.

Le programme des années précédentes n'est pas sensiblement modifié, mais l'enthousiasme s'est bien diminué. Les frères d'armes des départements voisins restent chez eux et leur absence cause un grand vide. Les fêtes durent trois jours, les 28, 29 et 30 juillet.

Le premier jour, le service funèbre est célébré.

Le deuxième jour, au cours de la séance traditionnelle des quatre Sociétés savantes, le Préfet remet aux industriels nantais les médailles qu'ils ont obtenues à l'Exposition de Paris : médaille d'argent à Guillemet, fabricant de tissus, et à Babonneau, fondeur-mécanicien ; médaille de bronze à Vallet, fabricant de tissus ; Drouault, fondeur-mécanicien ; Millet et Chereau, fabricants de conserves alimentaires ;

Bouscaren et C¹ᵉ, tanneurs ; Leydig et C¹ᵉ, fabricants de conserves alimentaires.

Le troisième jour a lieu la visite au cimetière de Miséricorde, mais avec moins de pompe que les années antérieures. Les corporations ouvrières ne font plus partie du cortège. Le banquet présente un caractère tout nouveau. Les patriotes d'opinion extrême l'accaparent en vue d'une manifestation ouvrière et républicaine. *L'Ami de la Charte* préside à son organisation. Il est tenu au cours Henri IV, où les tables sont disposées pour 2,000 convives. A l'extrémité ouest de la promenade se dresse un obélisque qui porte cette inscription : « *Aux manes des braves morts pour la liberté.* » De chaque côté est dressé un autel antique sur lequel un foyer est allumé. Les autorités sont mises à l'écart. Seuls le maire et ses adjoints viennent y passer quelques instants.

Luminais, ancien député, préside le repas. Il est seul à prendre la parole. Il porte un toast : « A la Révolution de
» juillet, à cette puissante manifestation de la souveraineté
» du peuple. » Puis il termine ainsi : « Otons tout prétexte
» au Gouvernement de retarder les améliorations, que depuis
» quatre ans, nous attendons toujours en vain. Laissons-le
» en face de lui-même et, s'il persévérait dans son funeste
» système, bientôt abandonné de toutes les opinions, demeu-
» rant sans appui, croulant sous le poids d'un despotisme
» sans motif que personne ne voudrait plus supporter, nous
» obtiendrions alors sans effort les institutions *républicaines*
» que Juillet nous avait si solennellement promises. »

Une presse est montée sur une estrade. Le discours est tiré devant les convives et des exemplaires leur en sont distribués à la sortie du banquet.

SESSION DU CONSEIL GÉNÉRAL.

Le Conseil général ouvre, le 12 juillet, sa première session. Une somme de 1,500 fr. est, sur la proposition de Jollan, conseiller de Blain, allouée à la Société académique, pour organiser des courses de chevaux à Nantes entre les chevaux élevés dans le département. Un prix de 300 fr. est proposé pour le meilleur mémoire sur les moyens de rendre la Loire navigable.

Diverses mesures sont proposées en vue de porter un remède à la fraude qui se pratique sur les engrais. Une somme de 500 fr. est mise à la disposition de chaque canton pour être distribuée en trois prix aux cultivateurs les plus méritants. Aucune détermination n'est prise au sujet de la reconstruction du Palais de Justice. Le Conseil montre une grande indépendance à l'égard du préfet Maurice Duval. Il laisse à sa charge une dépense montant à 4,000 fr. et qui n'était pas prévue au budget.

Gouin, conseiller du 5ᵉ canton, donne sa démission. Il est remplacé par Bignon, qui est nommé par 35 voix sur 66 votants et 275 inscrits.

ÉLECTIONS MUNICIPALES.

Aux termes de la loi du 21 mars 1831 ([1]), le Conseil municipal doit être, en 1834, renouvelé pour la moitié de

([1]) *Loi municipale du 21 mars 1831.*

Sont appelés à nommer les Conseillers municipaux :

1º Les citoyens les plus imposés au rôle des contributions directes de la commune âgés de 21 ans accomplis, dans les proportions suivantes : pour les communes de mille âmes et moins, un nombre égal au 1/10 de la population. Ce nombre s'accroîtra de 5 par 100 habitants en sus pour les communes de 1,000 jusqu'à 5,000 ; de 4 pour celles de 5,000 à 15,000 habitants, de 3 pour celles de 15,000 et au-dessus.

2º Les membres des Tribunaux, juges de paix et leurs suppléants, membres de la Chambre de Commerce et Conseil de Prud'hommes, membres des commissions administratives du collège, des hospices, du bureau de bienfaisance ; docteurs en médecine, en droit, sciences, lettres après trois ans de domicile, avocats inscrits au tableau, avoués, notaires ; fonctionnaires de l'ordre administratif et judiciaire et officiers ses membres. Un tirage au sort en séance publique (le public est représenté par deux personnes), désigne les membres sortants, qui sont : Soubzmain, A. Fleury, Varsavaux, F. Rozier, Robineau de Bougon, Gicquel, Le Sant, Gourdon, Bouché, Siffait, Epiph. Rozier, Guillemet aîné, Mathurin Chéguillaume, Greslé, Polo aîné, Deloches, Schweighauser, Regis, Guérin-Doudet. Deux membres démissionnaires non sortants, Thébaud et Colin, doivent, en outre, être remplacés.

Les élections ont lieu du 22 octobre au 14 novembre, dans l'ordre suivant pour les dix sections : (1)

de terre et de mer jouissant d'une pension de retraite ; employés des administrations civiles et militaires, jouissant d'une pension de retraite de 1,200 fr., anciens élèves de l'école polytechnique dans certaines conditions. (Nous nous bornons à citer les catégories d'adjoints susceptibles de voter à Nantes) (art. 11).

Les membres du Conseil municipal sont tous choisis sur la liste des électeurs communaux (art. 15). Ils doivent être âgés de 25 ans (art. 17).

(1) Les dix sections sont ainsi limitées :

Section A : Toute la partie rurale et urbaine du 1er canton limitée du côté de la ville par le chemin de Miséricorde, la place Viarmes, rue Menou, place Brancas, rue Mercœur, place Bretagne, escalier des Petits Murs, rive droite de l'Erdre.

Section B : Toute la partie rurale et urbaine du 2e canton limitée du côté de la ville par la rive gauche de la Loire, la rue Félix, place Louis XVI, place Saint-Pierre, Haute-Grand'Rue, rues de Briord, des Pénitentes, Port-Communeau, rive gauche de l'Erdre.

Section C : Bouffay, rue de la Poissonnerie, Haute et Basse-Grand'Rues, place Saint-Pierre, rue de l'Evêché, cours Saint-Pierre, Château, quai Port-Maillard.

Section D : Rue Arche-Sèche, côté ouest, rue Saint-Nicolas, côté sud, rue Casserie, Poissonnerie, quais Flesselles, Brancas, rues de la Fosse, côté sud, Guérande, Contrescarpe.

Section E : Port-Communeau, rues des Pénitentes, de Briord, Basse-Grand'Rue, Change, rues Casserie, Clavurerie, Saint-Nicolas, Arche-Sèche, quais Duquesne et du Marais.

Section F : Ile Gloriette et la partie sud du 4e canton jusqu'aux limites de la commune.

Section G : Ile Feydeau, rues Fosse, côté nord, Guérande, Crébillon, Cereste (Rameau), Suffren, Jean-Jacques Rousseau.

Section H : place Crébillon, rues Crébillon, Cereste, Suffren, Jean-Jacques, quai Fosse, rue de la Verrerie, place Saint-Louis, rue Voltaire.

Section I : Chemin de Miséricorde, place Viarmes, rue Menou, place Brancas,

Section H : 338 inscrits. Sont élus : au 1ᵉʳ tour, Mathurin Chéguillaume, par 51 voix sur 99 votants ; au 2ᵉ tour, A. Fleury, par 28 voix sur 58 votants.

Section J : 268 inscrits. Sont élus : au 2ᵉ tour, E. Verger, par 44 voix, et François Rozier, par 36 voix sur 65 votants.

Section B : 312 inscrits. Sont élus : au 1ᵉʳ tour, Le Sant, par 35 voix sur 68 votants ; au 2ᵉ tour, F.-A. Leroux, par 11 voix sur 51 votants.

Section A : 217 inscrits. Sont élus : au 1ᵉʳ tour, Gicquel aîné, par 56 voix sur 78 ; au 2ᵉ tour, J. Bruneau aîné, par 43 voix sur 56 votants.

Section C : 232 inscrits. Elus : au 2ᵉ tour, Polo aîné, par 52 voix ; Francheteau, par 28 voix sur 75 votants.

Section G : 318 inscrits. Elus : au 2ᵉ tour, Moriceau père, 47 voix ; Jules Gouin, 42 voix sur 70 votants.

Section K : 258 inscrits. Elus : au 1ᵉʳ tour, Saint-Amand Siffait, par 46 voix sur 83 votants ; Greslé, par 25 voix sur 59 votants.

rues Mercœur, Contrescarpe, Crébillon, Franklin, Boulevard, rues Bocage, Mondésir, Bastille, chemin des Dervallières.

Section K : Chemin des Dervallières, rues Mondésir, Bocage, Boulevard, rue Franklin, place Graslin, rue Voltaire, place Saint-Louis, rue de la Verrerie, quai de la Fosse et autres quais jusqu'à Chantenay.

Un tirage au sort détermine l'ordre dans lequel votent les dix sections.

Les électeurs se réunissent au jour fixé pour leur section dans la grande salle de la Mairie.

Deux jours sont consacrés à chacune des dix sections. La séance du vote commence à neuf heures. Le scrutin reste ouvert pendant trois heures au moins.

La cloche du Bouffay sonne de huit à neuf heures pour annoncer l'élection. Si la majorité absolue n'est pas acquise au premier tour par les candidats, un second tour a lieu le lendemain et la cloche du Bouffay le fait connaître aux électeurs. La majorité relative suffit pour ce second scrutin.

Comme le Conseil municipal est composé de 38 membres, chaque renouvellement comporte la nomination de 19 conseillers. Les neuf premières sections nomment deux conseillers et la dernière, un seul.

Section F : 272 inscrits. Elus : au 1er tour, Guillemet aîné, par 52 voix sur 103 votants ; au 2e tour, Auguste Barrat, par 33 voix sur 75 votants.

Section E : 316 inscrits. Elus : au 2e tour, Poilièvre aîné, par 33 voix, et Robineau de Bougon, par 21 voix sur 67 votants.

Section D : 352 inscrits. Elu : au 2e tour, Brousset, par 52 voix sur 79 votants.

Elections complémentaires : *Section C :* Mathurin Peccot est élu au 2e tour par 56 voix sur 96 votants ; *section K :* Epiph. Rozier, élu au 2e tour, par 25 voix sur 46 votants.

Le Conseil se compose de Ferdinand Favre, Th. Chéguillaume, L. Vallet, C. Mellinet, Marion de Procé, Dechaille, Aug. Garnier, Dezaunay, Billault, Douillard aîné, Rissel père, Fellonneau, Maës, Bignon, Bernard, Cantin, Prevel, E. Rozier, M. Peccot, sortant en 1837 ; M. Chéguillaume, Le Sant, Gicquel aîné, Guillemet aîné, Polo aîné, Brousset, Moriceau père, Saint-Amand Siffait, F. Verger, J. Bruneau, Jules Gouin, F. Rozier, Poilièvre, Barrat, Francheteau, A. Fleury, Greslé, Robineau de Bougon, Leroux sortant en 1840.

Une ordonnance du 24 novembre maintient Ferdinand Favre dans les fonctions de maire et nomme à celles d'adjoints Mathurin Chéguillaume, Le Sant, Th. Chéguillaume, L. Vallet, Polo.

L'ÉGLISE CATHOLIQUE FRANÇAISE.

Deux prêtres de l'église catholique française de Paris, les abbés Julien Le Rousseau et Noireau viennent établir la nouvelle religion à Nantes.

Ils s'installent dans la chapelle de l'ancien Sanitat. Le

pseudo-culte (1) y est inauguré le 14 août, en présence d'une nombreuse assistance.

La curiosité amène un public toujours croissant entendre les prédications des réformateurs. Les fêtes de l'Assomption, de Napoléon, de Saint-Vincent-de-Paul sont célébrées en grande pompe. Les mariniers qui, d'ordinaire, entendaient, à Sainte-Croix, une messe, le jour de la fête de Saint-Clément, leur patron, s'adressent aux prêtres français. Saint-Estève, régisseur du Théâtre, qui se prépare à recevoir la prêtrise, compose un *Eucologe* à l'usage des fidèles du nouveau culte.

L'imprimerie V. Mangin et W. Busseuil publie une brochure : *Profession de foi de l'église catholique française*, par Virgile Callaud et Julien Le Rousseau, vicaires généraux de l'église catholique française.

SERVICES PUBLICS.

Les commissaires de police commencent, le 20 juillet, le recensement général de la population.

A partir du 10 octobre, les voitures particulières suspendues sont, en vertu d'un arrêté du Maire, en date du 30 septembre, soumises aux mêmes visites des employés de l'octroi, que les voitures publiques et les charrettes qui, seules jusqu'à ce moment, subissaient ces visites.

Le lieutenant-général d'Erlon quitte le commandement de

---

(1) Symbole de l'église française :

Nous croyons en Dieu tout puissant, créateur de toutes choses, et dont la justice, immuable, punit et récompense.

Nous révérons Jésus-Christ, notre frère et notre législateur, qui, pour l'amour de la vérité, a été crucifié sous Ponce-Pilate. Nous croyons fermement qu'il jouit dans le Ciel de la béatitude éternelle dont nous espérons que Dieu récompense tous les hommes (quelles que soient leurs croyances) qui, par leurs vertus, se sont rendus utiles et chers à l'humanité.

Nous croyons à l'Eglise catholique et apostolique.

(Extrait de l'*Eucologe, prière du matin*).

la division pour remplir les hautes fonctions de gouverneur de l'Algérie. Le 8 août, il adresse ses adieux à la garnison. Le lieutenant-général Meunier le remplace.

L'escadron provisoire de gendarmerie à cheval, créé à l'occasion des troubles de 1832, est dissous. Un escadron du 3e hussards vient de Niort. Il est caserné dans les bâtiments de l'ancien Entrepôt, au quartier de Launay.

Tribunal de Commerce. — Sont nommés juges titulaires : A.-S. Bernard, ancien juge ; Garnier-Haranchipy et Levesque-Durostu, juges suppléants sortants. Sont nommés juges suppléants : G. Harmange et B. Goullin (1er septembre) (1).

Chambre de Commerce. — *La Société de prêts sur nantissement,* fondée pour aider le commerce au moment de la crise de 1830, dépose aux archives de la Chambre de Commerce les documents relatifs à ses opérations.

Sont nommés (29 août) pour 3 ans : Ed. Gouin, H. Braheix, P. Haranchipy, membres sortants, F. Vallée et Le Quen. Pour 2 ans : H. Ducoudray-Bourgault et Guillemet, en remplacement de Y. Berthault et Mosneron-Dupin, démissionnaires (2).

Bureau de Bienfaisance. — J.-C. Haranchipy est nommé administrateur, en remplacement de David, décédé (3). Les recettes s'élèvent à 79,468 fr. 38 c. et les dépenses à 74,841 fr. 02 c. Le Bureau secourt 3,185 familles correspondant à 7,910 personnes.

Caisse d'épargne. — Sont nommés directeurs : Le Pot, Law de Lauriston, E. Wack. Le montant des versements atteint 948,806 fr., celui des remboursements 236,178 fr. Le nombre des livrets

(1) La liste des électeurs comprend 80 notables commerçants environ. Elle est dressée par le Préfet et approuvée par le Ministre.

(2) Sont électeurs : les membres du Tribunal de Commerce, au nombre de 11 ; les membres de la Chambre, 15 ; 13 notables nommés par le Tribunal ; 13 notables nommés par la Chambre. Total : 52 électeurs.

(3) Les autres administrateurs sont : Ferd. Favre, maire, président-né ; Gouin, vice-président ; Marion, Roussin, Foucault, de Tollenare, trésorier.

en circulation est de 2,967. Le solde dû aux déposants s'élève à 1,390,779 fr.

Hospices civils. Sont nommés administrateurs : Ch. Chesneau et J.-B. Le Bidois (1).

Budget municipal. Les prévisions pour 1834 sont :

Recettes ordinaires et extraordinaires... 1.253.369 f 27
Dépenses ordinaires et extraordinaires.. 1.249.379 13

Excédent des recettes.... 4.490 f 14

L'octroi produit la somme de 1,161,795 fr. 47 c.

SOCIÉTÉS SAVANTES.

La *Société Académique* prend l'initiative de la création d'un musée commercial maritime et industriel. Une Commission nommée en son sein, et ayant pour président Bignon et pour secrétaire Billault, est chargée de recueillir des échantillons de produits bruts ou manufacturés, modèles de machines, etc. L'Administration municipale lui accorde son concours. Le Conseil général vote une allocation de 500 fr. Le docteur Palois est réélu président (2).

Société d'horticulture. — La fête annuelle de la distribution des prix est donnée au cirque Paquer, élégamment décoré pour la circonstance. Des corbeilles de fleurs et des assiettes de fruits sont tirées en tombola entre les dames. Aug. Barrat est nommé président.

La *Société Industrielle* est en pleine voie de développement. Elle patronne une cinquantaine d'écoliers. Près de cent apprentis suivent ses cours spéciaux. Pour se créer des ressources, elle organise, dans un bâtiment de la tannerie

---

(1) Les autres administrateurs sont : F. Favre, maire, président ; Linsens de Lépinay, Cottineau aîné, Boisteaux.

(2) Nous ne mentionnerons désormais la séance publique de fin d'année que pour en signaler certains faits saillants.

Bouscaren, rue des Catherinettes, une loterie-exposition qui est ouverte du 1er avril au 4 mai. Elle comprend les produits industriels les plus variés et des œuvres artistiques formant un total de 505 numéros. Les objets exposés sont ou seulement prêtés par leurs propriétaires, ou abandonnés à la Société pour être mis en loterie, ou enfin destinés à être vendus avec une redevance de un dixième à son profit. Cette initiative lui concilie les faveurs de la famille royale. Le Roi envoie 3,000 fr. Le duc d'Orléans 2,000 fr. Une demande de déclaration d'utilité publique est adressée au Ministre. Celui-ci exige une modification aux statuts. Robineau de Bougon est nommé président (1).

ENSEIGNEMENT.

Le Conseil municipal, sur la proposition de Billault, émet le vœu (séance du 6 janvier) de la création, à Nantes, d'une Faculté de médecine et d'une Ecole de pharmacie. Ce vœu est fortement appuyé par le Conseil général.

Le Collège royal réorganise ses cours de commerce.

L'Ecole primaire supérieure est installée provisoirement dans le local de l'ancienne retraite des femmes, rue Saint-Léonard, n° 49. Elle est inaugurée en grande pompe le dimanche 2 novembre. Le Maire préside la cérémonie et prononce un discours. « Désormais, dit-il en terminant, l'homme, quelle
» que soit sa position professionnelle, ne pèsera plus dans la
» balance de la considération que par sa propre valeur, que
» par son degré d'utilité sociale. » Leloup, directeur de l'école, et Billault, président de la Commission, prennent successivement la parole. Des morceaux d'harmonie sont exécutés sous la direction du professeur de chant de l'école.

Le Lycée français poursuit son développement. Son fonda-

---

(1) Désormais, à moins de faits méritant une mention particulière, nous ne parlerons plus de la séance publique de fin d'année.

dateur, Amondieu, tente d'y adjoindre un Athénée où toutes les connaissances humaines seraient enseignées. Il donne un cours de physique et de chimie. Waldeck-Rousseau enseigne le droit commercial.

Guépin ouvre un cours de chimie à l'Ecole de Médecine.

La ville cède gratuitement au département un terrain au bois des Coulées, pour y construire une école normale d'instituteurs.

MONUMENTS ET VOIRIE.

Le plan de la ville, dressé conformément à la loi du 16 septembre 1807, lequel avait été déjà soumis à l'examen du public en 1819, 1821, 1825, 1829, 1833 et 1834, est l'objet d'une nouvelle enquête. Les opérations du cadastre se poursuivent. Elles sont terminées pour les quartiers de Saint-Donatien, Saint-Pierre, Pirmil, Pont du Cens, Richebourg.

Les comptes du monument des victimes de Juillet à Miséricorde sont arrêtés. La dépense s'est élevée à 6,122 fr. A dater du 1er octobre, un marché est établi place de la Monnaie, et les marchés qui se tenaient places Royale, Graslin, Delorme, sur les boulevards, rues Franklin, de Launay, quai de la Bourse, sont supprimés.

Le terrain de l'ancien Sanitat commence à se couvrir de constructions.

Une enquête est ouverte relativement au prolongement de la rue Cambronne jusqu'à la Fosse, à la rencontre de la rue de Launay.

La place Sainte-Croix se transforme. Une rue est tracée pour relier la place à la rue de la Poissonnerie (rue de Beauregard).

Un industriel se charge, au prix de 0 fr. 75 c. par mois et par immeuble, de balayer les devants de maisons et de les maintenir en état de propreté, dans les conditions prescrites par les arrêtés municipaux.

Les peintures à fresque attribuées à Erard sont découvertes

à la Cathédrale, à la suite de travaux de grattage. Elles représentent les quatre docteurs de l'église et un tableau de la Transfiguration. Une somme de 6,000 fr. est accordée par le Ministre pour leur restauration.

COMMERCE ET INDUSTRIE.

Le voyage de Paris à Nantes par Le Mans s'accomplit, par les messageries et les berlines du commerce, sans changer de voiture.

Un nouveau service de bateaux à vapeur avec coque en fer, *Les Vulcains,* est organisé pour créer de nouvelles relations avec Angers et Orléans.

Le Gouvernement se décide à entreprendre l'amélioration du lit de la Loire. Une digue insubmersible est construite à Trentemoult; elle apporte un approfondissement sensible à la passe de Chantenay. Des travaux sont également exécutés dans le haut du fleuve. Un service spécial de la Loire est créé. L'ingénieur Lemierre qui, depuis plusieurs années, avait été chargé d'étudier la question, est mis à la tête de ce service.

L'industrie nantaise est entravée dans son développement par le droit de 1 fr. 10 c. par quintal, que supporte la houille anglaise. Le Gouvernement maintient ce droit pour protéger les houillères françaises. Toutefois, il réduit, à 0 fr. 15 c. le quintal, le droit de douane pour le charbon destiné aux bateaux à vapeur.

De nombreuses fabriques de noir animal et de poudrette, de nombreux dépôts d'engrais sont autorisés à Chantenay, Saint-Herblain, Rezé.

Une fabrique de céruse se monte aux chantiers Crucy, à Chantenay.

21 filatures de coton fonctionnent dans la ville et les environs. — Le *Vautour* et le *Styx*, bateaux à vapeur de la force de 160 chevaux, sont en construction à Indret.

Les courtiers de marchandises, se prévalant du privilège que leur confère la loi du 28 ventôse an XI, pour les opérations de courtage, attaquent, en 3,000 fr. de dommages-intérêts, un négociant qui leur faisait concurrence. Ils ne peuvent obtenir contre lui qu'une amende de 666 fr. 67 c. représentant le douzième du cautionnement des courtiers.

Notre ville est envahie par des déballages en toutes sortes de marchandises : soieries, nouveautés, coutils, indiennes, vêtements confectionnés, arbustes et graines, articles d'optique et de lunetterie, qui sont mises en vente au Jeu de Paume, au manège Gachet, à l'hôtel de l'Europe et dans les magasins des rues Jean-Jacques, Crébillon, etc.

Pour certains de ces déballages, les commissaires-priseurs prêtent leur concours.

Le commerce des chevaux de luxe, que l'on tire de Normandie, prend une grande importance.

Les blés oscillent entre 15 fr. 50 c. et 17 fr. 50 c. l'hectolitre ; le pain blanc varie de 0 fr. 32 c. à 0 fr. 35 c. le kilo ; le pain batelier, de 1 fr. 27 c. à 1 fr. 45 c. les 6 kilos ; le pain méteil, de 0 fr. 90 c. à 1 fr.

Les vins valent à la récolte : muscadet, 30 à 33 fr.; gros-plant, 20 à 22 fr. la barrique, à la campagne.

SPECTACLES ET DIVERTISSEMENTS.

Concerts. Des artistes étrangers viennent solliciter les applaudissements des amateurs nantais, Ce sont : le jeune pianiste, Ferville ; Peraut, flutiste, du Théâtre italien ; Mme Salmon Hantrite, chanteuse anglaise ; Ghys, violoncelliste ; Mme Vigano, chanteuse ; Rhein, pianiste, et Mme Georgette Ducrest, chanteuse ; Roberrechs, violoniste ; Sowinski, pianiste. Des concerts sont, en outre, organisés par des amateurs et les artistes du théâtre, au profit des inondés de Saint-Etienne et de la Société de charité maternelle.

Grand Théâtre. La campagne théâtrale se poursuit avec les représentations de *Robert le Diable.* Au dernier jour de la saison, le 19 avril, on joue cette pièce pour la 24e fois. La nouvelle campagne ouvre le 24 mai, sous la direction de Pourcelt de Baron. Bien que la subvention ait été portée à 20,000 fr., la troupe est médiocrement composée. Le public déserte le théâtre, et, pour l'attirer, une entrée à l'année est mise en loterie. Le Directeur, las de lutter contre la mauvaise fortune, donne sa démission en juillet, et les artistes s'organisent en société. Un autre directeur, Vaiembert, obtient la direction pour le reste de la campagne et fait débuter sa troupe le 11 septembre. Ses efforts sont appréciés du public. Lepeintre, des Variétés ; Damoreau, de l'Opéra-Comique et la famille Ravel, viennent en représentation.

Théâtre Paquer. Le théâtre du cirque Paquer, rue de l'Arche-Sèche, est inauguré le 30 juillet. Cette salle fait le plus grand honneur à Chenantais, son architecte. Quelques artistes, après le départ de Pourcelt de Baron, tentent de l'exploiter ; mais sous la pression de ceux de leurs camarades qui, de leur côté, jouent à la salle Graslin, le Maire leur retire l'autorisation provisoire qui avait été accordée.

La troupe équestre Vidal et Robba, puis Franconi et le dompteur Martin, viennent donner des représentations.

Les puces savantes, les mêmes *qui ont travaillé devant LL. MM.,* sont visibles pendant quelques jours dans un magasin de la rue Jean-Jacques.

Conus obtient un grand succès au manège Gachet, avec ses tours d'escamotage et ses tableaux pittoresques.

A l'entrée de la Fosse s'installe, en septembre, un Diorama représentant les monuments les plus remarquables d'Europe.

Année 1835.

Elections législatives complémentaires. — Bals de bienfaisance. — La Mi-Carême. — Construction de la route du Loroux par les troupes. — Les fêtes nationales. — Les courses de chevaux. — Session du Conseil général. — Les prêtres catholiques français. — Une cause politique. — Services publics. — Sociétés savantes. — Enseignement. — Journaux et publications. — Les processions. — Agriculture, commerce, industrie : les droits sur la houille, les fabriques de conserves, la navigation au long cours. — Bateaux à vapeur. — Travaux publics. — Spectacles et divertissements.

ÉLECTIONS COMPLÉMENTAIRES.

Deux de nos députés élus en 1834, Laffitte et Odilon-Barrot, l'un à Pont-Rousseau, l'autre à Savenay, avaient été en même temps nommés à Rouen et à Chauny (Aisne). Ils optent pour ces deux derniers sièges. Les arrondissements de Pont-Rousseau et de Savenay se trouvent, dès lors, privés de leurs représentants. De nouvelles élections ont lieu le 3 janvier.

A Pont-Rousseau, Laënnec aîné, candidat des légitimistes, Blanchard et Chaillou, candidats de l'opposition constitutionnelle, sont en présence. Trois tours de scrutin sont nécessaires (1). Blanchard, maire du Bignon, juge suppléant au

(1) *Extrait de la loi électorale du 19 avril 1831.*

Art. 54. — Nul n'est élu à l'un des deux premiers tours s'il ne recueille plus du tiers des voix de la totalité des membres du collège et plus de la moitié des suffrages exprimés.

Art. 55. — Après les deux premiers tours, si l'élection n'est pas faite, le Bureau proclame les noms des deux candidats ayant obtenu le plus de suffrages, et, au troisième tour, les suffrages sont valables seulement pour l'un d'eux et la nomination a lieu à la pluralité des voix.

Tribunal civil de Nantes, est élu par 119 suffrages ; Laënnec en obtient 115.

A Savenay, les légitimistes présentent, au premier tour, le duc de Fitz-James, puis, au deuxième, Sallentin. Nicod, avocat général à la Cour de Cassation, est porté par l'opposition constitutionnelle. Linsens de l'Epinay est le candidat ministériel. Au troisième tour seulement, Nicod l'emporte avec 81 voix. Sallentin en recueille 64.

Bals de bienfaisance. Deux bals par souscription sont organisés au Grand Théâtre, dans le cours de janvier, sous les auspices de la Municipalité (1), au bénéfice du Bureau de Bienfaisance et de la Société Industrielle. Le dernier de ces bals est particulièrement brillant. Le tirage d'une loterie, ne comptant pas moins de cent lots, lui donne une grande animation. Parmi ces lots figurent des objets confectionnés par les princesses de la famille royale. La recette nette de ces deux fêtes atteint la somme de 6,572 fr. 45 c.

La Mi-Carême. Le jeudi de la Mi-Carême est brillamment fêté. Les masques sont fort nombreux. Il y en a pour tous les goûts : personnages grotesques, héros historiques ou empruntés aux opéras en vogue. Une cavalcade, avec musique et calèche à quatre chevaux, parcourt la ville et obtient un grand succès. Les cavaliers qui la composent exécutent, sur le cours Henri IV, sous la direction de Gachet, organisateur de la fête, un carrousel avec courses de bague, de tête, de javelot, au milieu des acclamations de la foule qui couvre la promenade, et des nombreux spectateurs garnissant les terrasses et les fenêtres.

---

(1) La Commission d'organisation se compose de Mathurin Chéguillaume, adjoint, président ; Jules Gouin, vice-président ; Constant Verger, trésorier ; de Tollenare, secrétaire ; Portier, commissaire général de la marine, Marion aîné, Haranchipy aîné, Bertrand, Alex[re] Fleury, Anthus aîné, Brindejonc, Goullin, L[e] Ducoudray-Bourgault, Hamon de la Thébaudière, Delaire, Carié, Roussin fils, Chesnel aîné, Ch. Philippe, Just Fruchard, Brossard, membres.

Pendant toute la journée, la Fosse présente un interminable défilé d'équipages, de masques, de cavaliers. Le soir, il y a grand bal au cirque Paquer, rue de l'Arche-Sèche, au bénéfice de la Société maternelle et des salles d'asile. Les souscripteurs sont au nombre de 600. Des mesures de précaution sont prises pour éviter les accidents que rend possible le voisinage de l'Erdre. Des sergents de ville et des gendarmes surveillent le défilé des voitures. Les bords du canal sont garnis de balustrades et éclairés par des torches et des flambeaux.

CONSTRUCTION DE LA ROUTE DU LOROUX.

Les événements de 1832 avaient démontré au Gouvernement la nécessité de multiplier, dans la région de l'Ouest, les voies de communication. Tout un réseau de routes, dites stratégiques, avait été décidé et, pour ne pas grever le budget des dépenses que son établissement occasionnerait, on résolut d'employer les troupes à sa construction. La route de Nantes au Loroux avait été désignée pour être la première exécutée.

Le 7 juin, un bataillon du 40e de ligne, lequel venait de remplacer le 56e, quitte nos murs pour se rendre sur les chantiers de terrassement. Il est accompagné jusqu'au premier chantier par les autorités, des détachements de la garde nationale, un peloton de hussards. Au moment de la séparation, le Maire prend la parole et termine en s'écriant : « Honneur au brave 40e, le premier appelé à exécuter de si » utiles travaux. Nos enfants en conserveront la mémoire. » Vive le 40e. » L'exécution d'un monument commémoratif est décidée, et une souscription à 25 centimes est ouverte.

LES FÊTES NATIONALES.

Le programme comporte trois jours de fête. Les journées

du 28 et du 29 juillet se passent sans incidents, mais, le soir du 29 juillet, on apprend par le télégraphe l'attentat de Fieschi. Le Maire supprime les réjouissances prévues pour le 30 juillet et maintient seulement la distribution de pain aux indigents et la visite au cimetière, laquelle s'accomplit avec toute la pompe militaire accoutumée.

Les patriotes avaient organisé, pour ce dernier jour, un banquet populaire qui devait être présidé par le député Blanchard, et auquel avait été invité Raspail, rédacteur en chef du *Réformateur*.

Le cours Henri IV avait été mis à leur disposition par le Maire, mais celui-ci, en même temps qu'il décidait la suppression des réjouissances figurant au programme pour le 30 juillet, leur retirait l'autorisation qui avait été donnée. Les commissaires du banquet font une démarche auprès de F. Favre et, tout en protestant de leurs profondes sympathies pour les victimes de l'odieux attentat, insistent pour qu'il revienne sur sa décision. Ils ne peuvent obtenir satisfaction, mais n'en continuent pas moins leurs préparatifs. Le Maire est dans la nécessité d'avoir recours à la force pour faire respecter ses ordres. Un commissaire de police, escorté d'un détachement, se rend au cours Henri IV et somme les organisateurs de sortir. Ceux-ci refusent. La force armée intervient et les oblige à évacuer la promenade.

Une assignation est lancée contre le Maire, en payement de dommages-intérêts pour les frais occasionnés par les préparatifs du banquet.

Raspail était en route pour venir à Nantes, lorsqu'en arrivant à la Seilleraye, il fut mis en état d'arrestation et ramené vers la capitale.

L'action intentée par les commissaires vient devant le Tribunal, à l'audience du 20 novembre. Leur cause est soutenue par Waldeck-Rousseau. Les juges se déclarent incompétents et les condamnent aux frais et dépens.

LES COURSES DE CHEVAUX.

La Société Académique avait formé, en son sein, une Commission (¹) chargée d'organiser des courses de chevaux, conformément au vœu du Conseil général.

Plusieurs villes, Paris, Bordeaux, Nancy, Limoges, Aurillac, Tarbes, Saint-Brieuc, Le Pin, dans lesquelles des courses étaient déjà organisées, recevaient dans ce but des prix du Gouvernement.

La Commission charge Robineau de Bougon, l'un de ses membres, de faire une démarche en vue d'obtenir une semblable faveur pour notre ville. Cette tentative est couronnée de succès. Le Ministre accorde un prix *d'arrondissement* de 1,000 fr. et un prix *principal* de 2,000 fr.

Les courses ont lieu à la lande de la Pelée, sur la route de Clisson. Trois jours leur sont consacrés. Le dimanche 9 août est couru le prix d'arrondissement ; le lendemain, le prix principal. Le troisième jour, le mardi 11 août, est réservé aux courses pour lesquelles le Conseil général a voté 1,500 fr. et qui comprennent deux courses au galop et une au trot. Une foule nombreuse se porte sur l'hippodrome et prend le plus vif intérêt à ce spectacle tout nouveau pour notre population.

SESSION DU CONSEIL GÉNÉRAL.

Le Conseil général ouvre sa session le 18 septembre.

Le Préfet trouve en lui un juge sévère de ses actes. Plusieurs Conseillers lui reprochent d'avoir un peu cavalière-

---

(1) La Commission se compose de Ferd. Favre, maire de Nantes, président ; Mellinet, secrétaire ; Robineau de Bougon, Billault, Chaillou, Vigneron de la Jousselandière, Luminais, Lafont fils, Paquer.

ment traité les Maires au cours de sa tournée de révision. Un autre l'incrimine d'aller trop souvent à Paris. Le Conseil refuse de prendre à sa charge une dépense de 5,000 fr. occasionnée par le renouvellement du mobilier de la Préfecture, et lui laisse le soin de payer cette somme qui n'était pas prévue au budget.

La translation du Palais de justice, dans les bâtiments de la Préfecture, est décidée. Un hôtel de la Préfecture devra être construit dans le terrain appartenant à la ville, au bout du cours Henri IV.

Pour la première fois, les journaux reçoivent communication du compte-rendu des délibérations du Conseil.

LES PRÊTRES CATHOLIQUES FRANÇAIS.

Les prêtres français, en vue d'attirer les fidèles, multiplient les fêtes et les attractions. Le 15 janvier, c'est la célébration de l'anniversaire de la fondation de l'église française de Paris ; le 17, c'est, à l'occasion de l'anniversaire de la mort de Molière, un Service funèbre en l'honneur des artistes en tous genres qui ont illustré la scène française. Le jour de Pâques, la chapelle est insuffisante pour contenir tous les assistants.

Une fête en l'honneur du commerce et de l'industrie, qui a lieu le 25 avril, attire de nombreux curieux. De chaque côté du maître-autel, deux autres autels sont dressés, garnis, l'un des attributs de l'agriculture, de l'industrie et du commerce, l'autre des attributs des sciences et des arts.

Le 5 mai, il y a un Service funèbre en l'honneur de Napoléon. Le 20 juin, premier jour de l'été, est marqué par une cérémonie pour célébrer la renaissance de cette saison. Les maçons, les menuisiers, les tonneliers, viennent, le jour de leur fête patronale, entendre la messe au temple français. Le 29 juillet, un Service funèbre est célébré en l'honneur des victimes de Juillet, puis, on se rend en cortège au mausolée de Miséricorde.

Un petit catéchisme, à l'usage des églises catholiques françaises des départements de l'Ouest, est imprimé par Mangin et Busseuil.

Une cause politique. Le besoin de faire disparaître tout souvenir des discordes civiles se fait sentir d'une façon générale. L'un des chefs du mouvement carliste de 1832, qui avait été condamné à mort par contumace, vient se constituer prisonnier. Il comparaît devant les assises. Le ministère public le charge modérément. Les témoins à charge ne reconnaissent plus le prévenu. Les dépositions recueillies à l'audience ne concordent plus avec celles faites antérieurement. Son avocat, Besnard La Giraudais, invite le jury à se montrer conciliant, et un acquittement est prononcé.

SERVICES PUBLICS.

Garnison. Le 56ᵉ de ligne quitte Nantes pour aller à Courbevoie, et, le jour de son départ, il est l'objet d'une manifestation sympathique. Le 3ᵉ hussards et des détachements de la garde nationale l'escortent jusqu'aux limites de la commune où de chauds adieux sont échangés avec le Général, le Maire et ses adjoints.

Le 40ᵉ vient remplacer le 56ᵉ.

Le général d'Erlon est mis de nouveau à la tête de la 12ᵉ division. Il reçoit de la population le plus flatteur accueil.

Les escadrons de hussards, en garnison à Nantes et à Fontenay, permutent entre eux.

Moriceau, conseiller municipal, est, le 27 juillet, installé adjoint, en remplacement de Polo, démissionnaire.

Un arrêté du Maire, du 12 septembre, interdit l'extinction de la chaux, sur la cale du port Maillard, à partir du 1ᵉʳ mars 1836.

Les bureaux de la Mairie sont l'objet d'une réglementation. Leur ouverture est fixée de 10 heures à 4 heures.

La ville met en vente le terrain dit Montagne du Lest, à Couëron, dont elle prétend être propriétaire. Cette commune s'oppose à la susdite vente et l'affaire est portée devant le Conseil de préfecture.

Le Conseil municipal, usant de la faculté que lui donne la loi du 24 mai 1834, de supprimer les distilleries établies dans les limites de l'octroi, décide l'application de cette loi et vote une somme de 5,000 fr. pour indemniser les industriels à exproprier, lesquels sont au nombre de trois.

Le Ministre de la Guerre rappelle l'obligation dans laquelle la ville se trouve, pour se conformer au décret du 14 septembre 1810, de construire des écuries pour 166 chevaux de troupe.

Il y a, en 1835, 2,593 naissances, 2,116 décès, 686 mariages.

Les géomètres du cadastre terminent leurs opérations sur le terrain pour la commune de Nantes.

Les livres du *Comptoir d'escompte,* fondé en 1831, pour conjurer la crise commerciale, sont déposés aux archives de la Chambre.

Chambre de Commerce. — Sont nommés membres pour 3 ans : F. Bignon, Wattier, A.-S. Bernard, Lepertière, P. Levesque, membres sortants. (31 août), Le Quen est réélu président ; Ed. Gouin, vice-président.

Tribunal de Commerce. — Sont nommés : président, Jules Gouin ; juges titulaires, F. Queneau, ancien juge ; H. Braheix et J.-B. Brousset, juges suppléants sortants. Ces deux derniers sont remplacés par Ad. Bonamy et F. Talvande.

Caisse d'épargne. — Elle régularise sa situation, conformément à la loi du 5 juin 1835. Sont nommés directeurs : J.-C. Haranchipy, F. Rozier, Marion de Beaulieu. Le montant des versements s'élève à 1,186,331 fr. Celui des remboursements à 509,630 fr. Le solde dû aux déposants atteint la somme de 2,142,067 fr. pour 3,912 livrets.

<small>Bureau de bienfaisance.</small> Le chiffre des recettes est de 96,686 fr. (La subvention de la ville y figure pour 53,500 fr.) Celui des dépenses, de 77,565 fr.

J.-G. Pinard remplace Linsens de l'Epinay dans le Conseil d'administration.

<small>Budget municipal.</small> Les prévisions budgétaires, pour 1835, s'élèvent, pour les recettes, à............ 1.180.083 f 48
et, pour les dépenses, à.............. 1.178.912 23

Excédent.......... 1.171 f 25

Chapitres additionnels, suivant instruction ministérielle du 10 avril 1835 : recettes, 156,626 fr. 68 c. ; dépenses, 154,062 fr. 08 c.

L'octroi donne un produit brut de 1,043,651 fr.

R. Denis Crouan, agent consulaire de France au Para (Brésil), est décoré de la Légion d'Honneur pour sa courageuse conduite dans un moment de troubles.

SOCIÉTÉS SAVANTES.

<small>Société Académique.</small> Trois sections sont formées : section de commerce, industrie, agriculture ; section de médecine et de pharmacie ; section de lettres, sciences et arts. L'ingénieur Lemierre présente une communication importante sur un projet d'amélioration de la Loire. Au cours de la séance générale annuelle, le Maire décerne les récompenses votées par le Conseil général, en 1834, en faveur des personnes qui s'étaient plus particulièrement distinguées lors du choléra de 1832. Le docteur Palois est nommé président.

Société industrielle. La Société adresse un pressant appel pour se procurer de vieux vêtements, en vue d'habiller les apprentis qu'elle patronne. Robineau de Bougon est nommé président.

Société des Beaux-Arts. Elle quitte l'appartement occupé par elle place Royale, depuis cinq ans, et vient s'installer dans l'hôtel Chardonneau, rue du Calvaire. Ses membres sont au nombre de 300. Ils sont partagés en deux sections : peinture et musique.

ENSEIGNEMENT.

Ecole primaire supérieure. Le Maire, entouré du Conseil de l'école, remet solennellement, le 28 février, à Leloup, le diplôme de directeur et reçoit son serment.

Des cours supplémentaires sont institués en dehors des matières du programme. Les matinées du jeudi sont consacrées à des manipulations chimiques, et les après-midi à des excursions ayant pour objet l'étude de la botanique et de l'agriculture. Le musée industriel annexé à l'école reçoit du Ministère une allocation de 1,000 fr.

Lycée Français. Il ajoute à son enseignement normal celui de la gymnastique et de la danse ainsi que des exercices d'*orchestrique* et de *palestrique*. Dans ces exercices, les élèves chantent pendant qu'ils exécutent des mouvements gymnastiques.

Aux cours déjà professés par Amondieu et par Waldeck-Rousseau sont joints un cours d'histoire par Cazes et des leçons sur la science de l'homme par Guépin.

Plusieurs maîtres de pension, Derouin, Couteau, Flandrin, Orillard, Lambert, Monfort, Andouard, par une pétition adressée à la Chambre, réclament la liberté d'enseignement expressément promise par la charte de 1830, et protestent contre l'impôt universitaire auxquels ils sont soumis et qu'ils qualifient d'injuste et immoral.

Cours d'adultes. L'école communale des ponts inaugure cet enseignement.

Journaux et publications. *La Loire,* feuille commerciale, publiée par Forest, cesse de paraître.

Guépin et E. Bonamy publient *Nantes au XIXe siècle,* pour faire suite au *Progrès de Nantes.*

Victor Mangin est poursuivi pour avoir publié, sans cautionnement ni sans déclaration, un recueil d'articles intitulé *Almanach de tout le monde.* Il est acquitté par le Tribunal de Nantes, mais condamné par la Cour de Rennes.

L'Ami de la Charte ouvre des souscriptions dans ses colonnes pour le payement des amendes encourues par les gérants de *La Tribune,* du *Réformateur,* et par les avocats des prévenus d'avril à Paris.

Les processions. Un retour aux traditions religieuses se manifeste. Les processions de Saint-Marc, des Rogations et de la première communion sont autorisées à sortir. La population se porte en foule aux processions de la Fête-Dieu, qui ont lieu seulement dans les paroisses de Saint-Donatien et de Saint-Jacques.

Les messes de minuit sont, pour la première fois, depuis 1830, célébrées dans toutes les églises de la ville.

Les israélites, qui sont au nombre de 21, obtiennent l'ouverture d'un temple rue Franklin.

AGRICULTURE, COMMERCE ET INDUSTRIE.

Le Conseil général, dans sa session de 1834, avait voté une somme de 500 fr. par canton, pour être distribuée en prime aux agriculteurs. Le Préfet, à deux reprises, provoque, par des circulaires, la formation de comités pour s'occuper de cette distribution. L'appel est faiblement entendu. Toutefois plusieurs comices s'organisent, et les concours tenus à Frossay, Savenay, Blain, réunissent de nombreux concurrents.

Un haras de baudets est établi à la Grande Barbâtre, en Saint-Etienne-de-Corcoué, avec les subsides du Conseil général.

———

Un mécanicien de la flotte, Leroy, invente un locomoteur à vapeur. Une société se constitue par actions de 100 fr., pour en entreprendre la construction, qui est confiée à Drouault frères.

Faivre, constructeur-mécanicien, conçoit, pour mettre en activité ses ateliers, une machine d'un nouveau modèle, qui se recommande par la simplicité de ses organes.

Deux établissements, celui de Bertin et celui de la société Prevel, Boisteaux et Le Sant, se livrent à la fabrication des eaux minérales. La bouteille d'eau gazeuse se vend 0 fr. 70 c.

Le jeu de Paume, rue du Calvaire, qui n'était que temporairement occupé par des déballages, est aménagé pour installer définitivement le bazar Motté.

———

Les droits sur la houille anglaise. Une ordonnance royale du 10 octobre, modifie les droits de douane pour un certain nombre de produits, entre autres pour la houille importée par mer.

Sous prétexte que le droit existant de 1 fr. le quintal, lequel a pour objet la défense des houillères nationales, n'a plus sa raison d'être pour une partie de nos ports, la susdite ordonnance réduit à 0 fr. 30 c. (1) le quintal la taxe à payer par les ports de l'Océan situés au sud des Sables-d'Olonne et par ceux de la Méditerranée. Nantes continue donc à payer l'ancien droit de 1 fr. (2).

(1) 0 fr. 33 c. avec le droit de statistique.
(2) 0 fr. 10 c. avec le droit de statistique.

Une telle inégalité de traitement arrache à nos industriels un cri d'indignation. Ils se sentent d'autant plus gravement atteints que Bordeaux bénéficie du nouveau tarif. Nos chefs d'usine se réunissent à la Bourse, dès le 16 octobre, pour aviser aux mesures que la situation commande. Une Commission permanente est nommée. Elle est chargée de rédiger une protestation contre l'ordonnance, et de réclamer, par tous moyens légaux, le redressement de l'injustice qu'elle consacre. Une pétition rédigée par cette Commission et approuvée par la Chambre de Commerce, est, le 1er novembre, adressée au Ministre.

Notre commerce reçoit en partie satisfaction. Une ordonnance, en date du 28 décembre, modifie les zones établies par celle du 10 octobre. Notre ville est comprise dans une zone qui s'étend de Saint-Malo aux Sables-d'Olonne pour laquelle le droit de 0 fr. 60 c. [1] est établi. La zone au-dessous des Sables continue à payer celui de 0 fr. 30 c.

Cette concession ne paraît pas suffisante à nos chefs d'usine. Ils insistent pour être traités sur le même pied que Bordeaux.

———

Prix du pain : Pain blanc 0 fr. 32 c. à 0 fr. 35 c. le kilo; pain batelier 1 fr. 35 c. à 1 fr. 40 c. les 6 kilos; pain méteil 0 fr. 90 c. à 0 fr. 95 c. les 6 kilos.

Prix des vins : Muscadet 37 fr. à 40 fr. ; Gros-Plant 24 fr. à 26 fr. la barrique.

Cours des céréales : Blé de 15 à 17 fr. 35 c. l'hectolitre ; seigle, 10 fr. 65 c. à 12 fr.; orge, 8 fr.; sarrasin, 7 fr. à 11 fr. 80 c.; avoine, 10 fr.

La Compagnie nationale du gaz obtient, le 15 juin, l'autorisation de créer une usine, 11, rue du Bourgneuf, pour l'éclairage des particuliers.

[1] 0 fr. 66 c. avec le droit de statistique.

Les fabriques de conserves Millet et Chéreau, fabricants de conserves, rue Santeuil (¹), dont le travail est devenu assez important pour incommoder les habitants du quartier et les contraindre à porter plainte, reçoivent l'ordre de fermer leur établissement.

Les fabriques de conserves de sardines, dont l'origine ne remontait qu'à quelques années (celle de Colin, la première en date ne fut fondée qu'en 1828), n'étaient encore soumises pour leur installation à aucune formalité administrative.

Le Préfet, en présence de la mesure qu'il a dû prendre envers Millet et Chéreau, juge le moment venu de comprendre ces fabriques parmi les établissements industriels visés par la loi de 1810, et propose au Ministre de les classer parmi ceux de 2ᵉ catégorie. Celui-ci taxe d'arbitraire et d'abusive la demande de son Préfet, et, ne se rendant aucun compte de l'importance prise par les fabriques de sardines, déclare qu'elles doivent être tolérées au même titre que les cuisines d'hôtels et de restaurants. Maurice Duval insiste, entre dans des explications plus complètes. Le Ministre se laisse convaincre.

Les fabriques existant à Nantes, celle de Colin entre autres, sont immédiatement mises en demeure de se conformer aux stipulations de la loi de 1810.

Service d'eau. Constant obtient la concession d'un supplément de terrain place Neptune pour donner, au service d'eau qu'il projette, une plus grande importance. Le plan de son installation, qu'il fait dresser par un ingénieur de Paris, comporte une cheminée octogone de 130 pieds de hauteur pour que la fumée de son fourneau n'incommode pas le quartier.

La navigation au long-cours. La navigation au long-cours compte 187 bâtiments dont un tiers seulement sont des *trois-mâts*. Les autres sont des dogres, goélettes ou bricks. Son tonnage total atteint 38,407 tonnes, soit une moyenne de 206 tonnes par navire.

(1) Au fond de la cour dépendant aujourd'hui de l'hôtel du Commerce et des Colonies.

Les maisons d'armement sont au nombre de 80. La moitié d'entre elles ne possède qu'un navire. Parmi les autres, il en est qui ont jusqu'à 7 bâtiments. Celles dont le tonnage dépasse 1,000 tonnes sont les suivantes : Michel de la Brosse : 5 navires, 1,587 tonneaux ; J. François frères : 4 navires, 1,545 tonneaux, Z. Tharreau et Ch. Cibot, 6 navires, 1,245 tonneaux ; P.-J. Maës, 4 navires, 1,216 tonneaux ; L. Lepertière, 5 navires, 1,168 tonneaux ; B. Dufou et fils, 3 navires, 1,102 tonneaux ; Th. Carmichaël et Cie, 6 navires, 1,100 tonneaux. Celles ayant un tonnage de 500 à 1,000 tonneaux sont : veuve Bourcard et Philippe, J.-B. Couy, 6 navires ; F. Collet, Douaud, 7 navires ; Dubigeon, Th. Dobrée, Fonteneau, Garet, L. Levesque aîné, Liancourt, 7 navires ; F. Queneau, Soubzmain, F. Vallée et fils, P. Vince. Cette dernière maison possède un bâtiment de 495 tonneaux, celui ayant le plus fort tonnage du port.

Les sucres des colonies françaises valent de 59 à 66 fr. la bonne quatrième, les 50 kilos, droits acquittés. Cours des frets : Le Havre, 16 fr.; Lorient, 10 à 12 fr.; Marseille, 28 à 30 fr. en hiver ; 18 à 20 fr. pendant la belle saison ; Bourbon, 40 à 60 fr.; Cardiff et Bristol, 18 schell.

BATEAUX A VAPEUR.

Un bateau d'un modèle tout nouveau est construit par Thomson, sur la cale de la Madeleine. Il se compose de deux doubles cônes en tôle reliés par leur base et supportant, en leur milieu, la machinerie et les chambres pour voyageurs. Chaque double cône a une longueur de 116 pieds et présente un diamètre maximum de 6 pieds 6 pouces. Bien que les essais donnent des résultats satisfaisants, le nouveau bateau n'est pas mis en service.

Cinq compagnies de bateaux à vapeur pendant la belle saison desservent les rives de la Loire de Nantes à Angers,

Tours, Orléans : *Les Riverains du haut de la Loire, Hirondelles, Vulcains, Comète, Luxor.* Elles se font une grande concurrence. Les prix des places pour Angers tombent à 2 fr. les premières et 0 fr. 50 c. les secondes.

La Société de l'*Union de l'Erdre* met, le 29 mars, en service, un bateau pour Nort. Aucune communication régulière n'existait plus depuis l'incendie des *Riverains de l'Erdre*, survenu en 1832.

TRAVAUX PUBLICS.

L'Administration s'occupe activement de l'amélioration de la Loire maritime. L'approfondissement de la passe de Chantenay, obtenu par la construction de la digue de Trentemoult, décide les ingénieurs à entreprendre de semblables travaux pour l'amélioration de la passe de Haute-Indre.

L'entretien de la Loire fluviale figure au budget des travaux publics pour une somme de 700,000 fr. Le Gouvernement se montre peu généreux, car les droits de navigation et le fermage des bacs produisent une recette dépassant 800,000 fr.

Séguin frères, d'Annonay, proposent de construire, au bas du cours Saint-Pierre, un pont suspendu sur le modèle de ceux qu'ils ont déjà établis sur le Rhône et la Loire.

L'emplacement de l'ancien Sanitat continue à se couvrir de nouvelles constructions. — Des maisons sont édifiées sur la place Sainte-Croix et dans les rues adjacentes, suivant un plan qui vient d'être arrêté.

SPECTACLES ET DIVERTISSEMENTS.

Concerts. En janvier, Roberechts, violoniste, et Sowinski, pianiste, qui se fait aussi entendre sur le *physharmonica* ou *orgue expressif*. Février, Jacobowski, inventeur d'un nouvel instrument. Mars, Mme Feuillet-Dumas, harpiste belge ; Rhein et

Mme Ducrest. Avril, Mme Eckerlin, cantatrice. Septembre, Ernst, violoniste de la Chambre du prince de Hesse. Novembre, Mme Vigano. Le grand événement musical de l'année est le concert d'adieux de Rhein et de Mme Ducrest, avec une loterie, donné au cirque Paquer et pour lequel le prix des places est porté, exceptionnellement, à 4 fr., 3 fr., 2 fr. et 1 fr. 50 c.

Grand Théâtre. Le Maire prend un arrêté tendant à réformer certains abus, entre autres le jet des billets sur la scène. Valembert, qui a traité pour trois ans, mène sans incident sa deuxième campagne, mais se refuse à en tenter une troisième. Damoreau, Lherie, Lafond et autres artistes parisiens viennent en représentation. L'empressement du public à fréquenter la salle Graslin est encore en diminution, et, pour remédier à cette situation, on songe à diverses combinaisons : à des distributions de primes ou à des tirages de loteries entre les abonnés.

Cirque Paquer, etc. Plusieurs bals parés et travestis sont donnés dans la salle du cirque Paquer, du premier de l'an au mardi gras. Le cirque Paquer est occupé en juillet par la troupe équestre Bouthors ; en août, par celle de Garnier, élève de Franconi. Le cirque français Vidal et Robba s'installe au manège Gachet au moment de l'hiver. A la Petite-Hollande, les Graffina, alcides belges, construisent une case pour leurs exercices de gymnastique et d'acrobatie. Courtois, physicien de la Cour de Bruxelles, donne des séances dans une loge sur la Fosse. Une locomotive, d'un modèle réduit, avec chaudière marchant à très basse pression et roulant sur une voie circulaire de 13 pieds de diamètre, est montrée dans une salle de la Halle aux toiles.

Cédant aux sollicitations des habitants de la place Royale, le Maire interdit aux saltimbanques de monter leurs baraques sur cette place comme ils en avaient l'habitude depuis longtemps.

Année 1836

Sacre de Mgr de Hercé. — La Fête-Dieu. — Exposition de peinture et de sculpture. — Fêtes officielles. — Courses de chevaux. — Conseil général. — Emeute du 15 septembre. — Services publics : recensement, cadastre, etc. — Divers : troubles à Donges, Le Ray élu député à Paimbœuf, etc. — Enseignement, publications, journaux. — Agriculture, commerce, industrie. — Monuments et voirie, réorganisation du service de la voirie. — Concerts, théâtre, etc.

SACRE DE Mgr DE HERCÉ.

M. l'abbé de Hercé, nommé évêque de Botra *in partibus,* coadjuteur de Mgr Micolon de Guérines, avec future succession au siège de Nantes, reçoit la consécration épiscopale, dans la Cathédrale, le 17 avril. Cette cérémonie est l'objet d'importants préparatifs. Des estrades sont disposées pour recevoir les autorités, le clergé, le séminaire. Au bas de l'édifice, sous les orgues, est dressé un amphithéâtre avec places payantes (1).

Après la cérémonie, la procession traditionnelle parcourt les Haute et Basse Grand'Rues, les rues des Carmes, Saint-Léonard, du Port-Communeau, des Caves (2), d'Argentré, Tournefort et de l'Evêché. C'est la première fois, depuis 1831, qu'a lieu une manifestation extérieure du culte. Aussi les habitants montrent-ils un grand empressement à y prendre part. Le nombre des étrangers est tel que les hôtels ne peuvent suffire à les loger. Tout se passe dans le plus grand calme et au milieu d'une satisfaction générale. Toutefois, les affiches donnant le programme de la fête sont

---

(1) Prix de la place, 3 fr. Les chaises dans la nef sont payées 1 fr.
(2) Rue Maurice-Duval.

crayonnées par des annotations plus ou moins spirituelles et même quelque peu inconvenantes.

<small>La Fête-Dieu.</small> En présence de l'attitude tranquille de la population au cours de la fête du sacre, les autorités se rendent compte de l'apaisement qui existe dans les esprits et se décident à autoriser la sortie de la procession de la Fête-Dieu.

La procession de la Cathédrale suit l'ancien itinéraire : Haute et Basse-Grand'Rues, rues des Carmes, Saint-Léonard, du Port-Communeau, des Caves, Royale. Des reposoirs sont dressés au Pilori, au Change, rue Saint-Léonard, place de la Préfecture. Une escorte militaire est formée en conformité des règlements. — La procession du 15 août est également autorisée à sortir.

EXPOSITION DE PEINTURE ET DE SCULPTURE.

Une exposition de peinture et de sculpture, dont l'idée est due à J. Gouin, président de la Société des Beaux-Arts, est ouverte au Musée des tableaux, du 4 juin au 3 juillet. Une Commission (1), prise dans le sein de la Société des Beaux-Arts, s'occupe de son organisation. Les œuvres originales sont seules admises. Les exposants étrangers sont défrayés de toutes dépenses pour l'envoi et le retour de leurs ouvrages. Un expert parisien est désigné pour recevoir les tableaux des artistes de la capitale. Le public répond avec empressement à l'appel des organisateurs. L'exposition obtient un plein succès. De nombreuses acquisitions sont faites par les amateurs.

Cette exposition donne naissance à la création d'une association pour l'achat de tableaux. Cette association compte

<small>(1) Président, F. Favre, maire ; vice-président, J. Gouin ; secrétaire, Guenier ; secrétaire-adjoint, Baudoux ; membres : Bedert, conservateur du Musée ; Poirier, Defrondat, Deschamps, Turpin, Mellinet, C. Verger, Roussin fils, Chenantais, Grootaers.</small>

300 membres. 23 tableaux, acquis avec l'argent de leurs cotisations (au taux de 10 fr.), sont tirés au sort entre eux.

FÊTES OFFICIELLES.

Fête du Roi. Une pluie torrentielle, survenue au moment de la revue, retient chez eux un grand nombre de gardes nationaux, et 5 à 600 seulement se trouvent sur les rangs.

Fêtes nationales. Le programme officiel se développe pendant les journées des 28, 29 et 30 juillet, au milieu de l'indifférence générale. Les corporations ouvrières, pour la première fois, s'abstiennent de prendre part à la revue. Au spectacle gratuit, donné au Théâtre, en présence du refus des artistes de chanter la *Marseillaise,* l'orchestre se met à l'exécuter et les spectateurs, à l'entonner.

Les républicains organisent un banquet pour le 30 juillet. Le Maire les autorise à le tenir dans un chantier du quartier de Launay, mais, comme on ne peut le mettre à leur disposition pour le jour fixé, ils se trouvent dans la nécessité de choisir une salle voisine, qui est située en Chantenay. Le Maire de cette commune ne veut pas prendre la responsabilité de leur donner une autorisation. Ils s'adressent au Préfet. Celui-ci refuse, mais se dit prêt à leur permettre de se réunir à l'intérieur de la ville. Le voisinage des nombreux cabarets et guinguettes de la Ville-en-Bois lui donnait des craintes pour le maintien de l'ordre.

COURSES DE CHEVAUX.

La Commission d'organisation choisit, pour hippodrome, la prairie de Chantenay. L'affluence de la population, par suite de la proximité du nouveau champ de courses, est encore plus grande qu'en 1835. En prévision de cet empressement, les autorités avaient pris leurs mesures pour prévenir les accidents et les encombrements. Des gendarmes et des soldats de la ligne sont chargés de l'ordre. Les environs de l'hippodrome sont couverts de buvettes et restaurants, qui présentent la plus vive animation. Des tribunes sont construites par les communes de Nantes et Chantenay. Le produit des places de la tribune de Chantenay est destiné à la création d'un hôpital.

La fête ne dure que deux jours. Le dimanche 7 août, les deux prix du Gouvernement sont courus, et la journée du lendemain est réservée aux courses départementales.

CONSEIL GÉNÉRAL.

Les rapports de l'Assemblée départementale et du préfet Maurice Duval sont encore plus tendus qu'à la session de 1835. Le Préfet, ne tenant aucun compte des crédits portés au budget, présente, dans ses comptes, une note de 6,348 fr., pour réparations à l'hôtel de la préfecture. Le Conseil général ne veut reconnaître qu'une somme de 300 fr. et laisse le reste de la dépense à sa charge. Il ne s'en tient pas là, et, pour que le Ministre soit fixé sur les agissements de son représentant, il fait figurer, sur la liste de ses vœux, une plainte formelle contre lui.

Elections départementales.

Aux termes de la loi du 22 juin 1833 doit avoir lieu, en 1836, le renouvellement triennal (1) des conseillers généraux et des conseillers d'arrondissement. Bignon est réélu conseiller général du 5e canton par 110 voix sur 185 votants et 361 inscrits. — Clémansin-Dumaine est nommé au 2e canton, en remplacement de Louis de Saint-Aignan, par 17 voix sur 41 votants et 102 inscrits.

Le Sant, Guérin-Doudet et Cantin sont réélus conseillers d'arrondissement pour les 3e, 4e et 5e cantons.

(1) Les conseillers généraux sont élus pour 9 ans ; ils sont renouvelés par tiers tous les 3 ans et sont rééligibles. Les conseillers d'arrondissement sont élus pour 6 ans ; ils sont renouvelables par moitié, tous les 3 ans.

ÉMEUTE DU 15 SEPTEMBRE.

Plusieurs corps d'état, au cours de l'année, se mettent en grève. Ce sont, en août, les maçons et les charpentiers, puis, en septembre, les tailleurs de pierres.

La grève des maçons présente une grande gravité et est marquée par plusieurs actes de pression et de violence, pour lesquels une cinquantaine d'ouvriers sont poursuivis.

Le 15 septembre, une première série de 16 prévenus passe en police correctionnelle. Une grande agitation règne en ville. Des mesures militaires sont prises. Les troupes de la garnison et des détachements de garde nationale occupent les places du centre. Depuis juin, il n'y avait plus de garnison de cavalerie, et un escadron est envoyé de Niort pour la circonstance. Bien que la masse populaire soit très surexcitée, la journée se passe sans incident. Vers 5 heures seulement, les juges rendent leur jugement : sept ouvriers sont condamnés.

Le passage de ces sept condamnés à travers la ville, du Bouffay à la prison neuve (1), met le comble à l'irritation du peuple et provoque une véritable émeute.

Les gendarmes et les soldats de l'escorte sont insultés. Des pierres sont jetées contre eux. En même temps, des rassemblements tumultueux se forment sur divers points, et des hommes de désordre se livrent à des actes de violence. Des patrouilles sont lancées dans différentes directions pour disperser les attroupements ; elles doivent, à diverses reprises, s'ouvrir un passage, baïonnette au canon. Le Lieutenant général, le Préfet et le Maire se tiennent en permanence sur la place Royale. Avec la nuit, le calme se rétablit. Au cours de cette triste journée, deux hommes sont blessés : l'un rue d'Orléans, l'autre rue Jean-Jacques.

(1) Place Lafayette.

Le 22 septembre comparaît une autre série de treize accusés. Sept d'entre eux encourent une condamnation. Grâce à un déploiement considérable de forces militaires, l'ordre n'est pas troublé. Un bataillon d'Angers, un de Cholet et deux escadrons de chasseurs étaient venus renforcer la garnison.

Aucun incident ne signale une troisième et dernière comparution, à la suite de laquelle six condamnations sont encore prononcées.

Ces rigueurs laissent des traces profondes au sein des masses ouvrières, et l'on ne manque pas de prendre quelques précautions. La garnison de cavalerie est maintenue quelque temps à deux escadrons, et, lorsqu'en novembre, le 40e quitte nos murs pour être remplacé par le 25e, des dispositions sont prises pour qu'un effectif de trois bataillons ne cesse un instant de garder la ville.

SERVICES PUBLICS.

Recensement. Une ordonnance du 30 décembre fixe pour cinq années, à partir du 1er janvier 1837, le chiffre de la population. Nantes compte 75,895 habitants ; Guérande, 8,239 ; Paimbœuf, 3,872 ; Saint-Nazaire, 3,701 ; Ancenis, 3,667 ; Châteaubriant, 3,634. Il y a, à Nantes, 20,712 ménages et 2,527 électeurs censitaires. Le recensement constate l'existence dans notre ville de 4,868 personnes de 60 à 70 ans ; 2,472 de 70 à 80 ans ; 619 de 80 à 90 ; 41 de 90 à 100, et 3 dépassant le siècle.

Le mouvement de l'état-civil est représenté, en 1836, par 2,587 naissances, 2,216 décès, 698 mariages.

Budget municipal. Les prévisions budgétaires pour 1836 s'élèvent à 1,196,674 francs pour les recettes et les dépenses tant ordinaires qu'extraordinaires. Chapitres additionnels : recettes, 226,292 fr. 03 c.; dépenses, 132,873 fr. 74 c. L'octroi donne un produit brut de 1,038,385 fr.

Cadastre. Les opérations du cadastre se poursuivent. Le Maire convoque les 37 contribuables les plus imposés pour nommer les commissaires chargés de procéder à l'établissement provisoire des évaluations et au classement des propriétés. En tête de la liste se trouvent : R.-F. Lelasseur, payant 2,838 fr. 75 c. de contribution foncière ; J.-Ph. Doré-Graslin, 2,247 fr. 03 c.; A. Dubigeon, 1,936 fr. 46 c.; H.-F. Lefèvre, 1,863 fr. 72 c.; veuve Law de Lauriston, 1,604 fr.; E.-J.-B. Blon, 1,528 fr., etc.

Le poste de commissaire central de police, créé lors des événements de 1832, est supprimé.

Hospices civils. Thomas Chéguillaume et Alexandre Fleury sont nommés administrateurs en remplacement de Cottineau aîné et de Boisteaux aîné.

Chambre de Commerce. Sont nommés pour trois ans : F. Favre, Coquebert, membres sortants, Luther, Garnier-Haranchipy et Thomas Chéguillaume (1ᵉʳ août).

Tribunal de Commerce. Sont nommés juges titulaires : Eug. Trenchevent, ancien juge ; G. Harmange et B. Goullin, juges suppléants sortants. Ces deux derniers sont remplacés par Just Fruchard et Ad. François (25 juillet).

Caisse d'épargne. Les versements s'élèvent à 1,515,791 fr.; les remboursements, à 749,539 fr. Il est dû aux déposants 3,011,108 fr., représentés par 4,747 livrets. Le développement des opérations de la caisse nécessite des modifications dans son fonctionnement. Le dimanche est réservé aux versements, et les bureaux ouvrent un deuxième jour, le lundi, pour payer les remboursements. Sont nommés directeurs : Boubée fils, Jʰ Mosneron-Dupin, Trottier, P. Métois, Lamaignière. Lˢ Guérin est élu président du Conseil des directeurs.

Bureau de bienfaisance. Des secours sont donnés à 3,772 familles, représentant 9,260 personnes. Les recettes s'élèvent à 111,037 fr.; les dépenses à 88,080 fr.

F^{ic} Cailliaud est appelé au poste de conservateur du Muséum, en remplacement de Dubuisson, décédé. Il en était le conservateur-adjoint depuis 1826.

Le colonel d'état-major de Bréa est mis à la tête de l'état-major de la 12e division.

Le 40e de ligne quitte notre ville pour aller tenir garnison à Caen ; il est remplacé par le 25e, qui vient de Parthenay. Le 4e escadron du 3e hussards, de Fontenay, remplace le 5e qui s'en va à Niort. Il est appelé en juin pour aller avec le reste du régiment tenir garnison à Joigny, laissant notre ville sans troupe de cavalerie.

DIVERS

Les républicains font circuler une pétition demandant le retrait de la pension accordée, par les Chambres, à l'ex-préfet de Vanssay.

Le monument érigé en l'honneur du 40e, sur la route du Loroux, est inauguré en grande pompe le 8 septembre.

Des troubles éclatent à Donges. Les propriétaires des marais de la compagnie Debray, ayant procédé à un partage, avaient entouré de clôtures leurs terrains. Les paysans, vexés de ne plus pouvoir jouir du pacage, se livrent à des actes de violence. Un envoi de troupes est nécessaire pour rétablir l'ordre.

Les capitalistes nantais sont vivement émus par le non-paiement du coupon de la dette espagnole. Le banquier

Hignard met opposition sur des fonds du Gouvernement de la péninsule déposés dans une banque de Paris.

Maës, député de Paimbœuf, pour se consacrer entièrement aux affaires de sa maison de commerce, donne sa démission. Il est remplacé par le capitaine de vaisseau Le Ray, candidat ministériel, qui est élu (1) par 45 voix. Le candidat de l'opposition, Armand Carrel, directeur du *National,* en obtient 26.

Plusieurs chefs du mouvement carliste en 1832, condamnés par contumace, viennent se constituer prisonniers et comparaissent devant les assises. Un seul encourt une peine d'un an de prison. Tous les autres sont acquittés.

Les prêtres catholiques français imaginent de nouvelles fêtes : fête de l'Eternel, fête des Femmes, etc. Une école primaire est ouverte par eux.

Sont décorés de la Légion d'Honneur : Le Sant, adjoint, pour son dévouement au moment du choléra en 1832, et Rieffel, directeur de la ferme modèle de Grand-Jouan.

Le ministre israélite demande à la ville une subvention pour fonder une école pour les enfants de ses coreligionnaires. Il résulte d'une enquête pratiquée par l'Administration que ces enfants sont au nombre de 18, appartenant à 6 familles, et aucune suite n'est donnée à la requête du rabbin.

---

(1) Les électeurs sont convoqués le 7 février.

ENSEIGNEMENT, PUBLICATIONS, JOURNAUX.

Des subventions sont accordées par le Conseil général à la caisse d'épargne des instituteurs, à l'école mutuelle, à l'école primaire supérieure, à l'école d'équitation de Gachet, mais il repousse une demande de l'association des écoles chrétiennes, malgré l'avis favorable du Préfet.

Le 30 juin, est inauguré, en présence des autorités, le cours public et gratuit de botanique professé par le docteur Ecorchard.

Des leçons de philologie, ou science de l'unité des langues, sont données dans la salle du chapitreau de Saint-Nicolas.

Publications. L'*Histoire de la ville de Nantes* depuis son origine jusqu'à nos jours, suivie d'une *Histoire des guerres de la Vendée* (2 vol.), par A. Lescadieu et A. Laurant. — *Histoire civile, politique et religieuse de la ville et du comté de Nantes,* par Forest et A. Savagner, professeur au collège royal de Nantes, d'après le manuscrit de l'abbé Travers. Le premier volume est publié. — *Aperçu politique,* de Colombel. — 2ᵉ édition des *Veillées villageoises,* de Neveu-Derotrie.

Le Breton donne en prime à ses abonnés la *Revue de l'Ouest,* recueil scientifique, littéraire, paraissant tous les mois.

L'*Ami de la Charte,* à partir du 13 octobre, ajoute à son titre celui de *National de l'Ouest,* pour éviter toute confusion avec un *Ami de la Charte,* journal ministériel qui se publie à Clermont-Ferrand.

Mangin fils fait paraître la *Corbeille,* journal hebdomadaire, littéraire, mondain et théâtral.

L'*Hermine* éprouve les rigueurs du Pouvoir. Aux Assises

de juin, le journal légitimiste est reconnu coupable de trois délits de presse, et encourt un total de 8 mois de prison et 10,000 fr. d'amende. Les trois gérants se trouvent en même temps sous les verrous, et le journal est dans l'obligation de suspendre sa publication pendant plusieurs semaines. Aux Assises de décembre, il est poursuivi sur la plainte de Demangeat, procureur du Roi, et condamné à la prison, l'amende et 4,000 fr. de dommages-intérêts.

AGRICULTURE, COMMERCE, INDUSTRIE.

Les jurys d'agriculture de Châteaubriant, Savenay, Le Loroux, 4e canton de Nantes, Riaillé, Bourgneuf, Nozay, Varades, fonctionnent avec un plein succès. Le 6e canton de Nantes tient son premier concours à Chantenay. Les résultats en sont très satisfaisants, surtout au point de vue de la vente du bétail.

Prix du blé : 16 fr. 80 c. à 19 fr. 40 c. l'hectolitre ; seigle, 10 fr. 65 c.; orge, 8 fr.; sarrasin, 7 fr. à 11 fr. 30 c.; maïs, 10 fr. à 11 fr. 20 c.; avoine, 10 fr.

Prix du pain : pain blanc, 0 fr. 35 c. à 0 fr. 45 c. le kilo ; pain batelier, 1 fr. 40 c. à 1 fr. 60 c. les 6 kilos ; pain méteil, 0 fr. 95 c. à 1 fr. 15 c.

Le prix de la viande est augmenté et porté, le 10 mai, à 0 fr. 95 c. le bœuf ; 0 fr. 95 c. le veau, et le mouton, 1 fr. 10 c. par kilo.

Prix des vins : muscadet, 30 fr.; gros-plant, 15 à 16 fr. la barrique au cellier.

Le marché à la paille et à la balle, qui se tenait place Sainte-Croix et rue Belle-Image, est transféré place des Petits-Murs. Le marché aux légumes de la place Saint-Pierre se tient désormais place Dumoustier.

L'usine, pour l'éclairage par le gaz, commence ses travaux d'installation rue du Bourgneuf.

Les *Bretonnes,* voitures à quatre places et un cheval, sont mises en circulation. C'est une innovation très appréciée. Les diligences à cinq chevaux de l'entreprise Mazier et Cie parviennent à effectuer en 36 heures le voyage de Nantes à Paris par le Mans.

Les bateaux les *Vulcains* organisent un voyage pour Orléans, aller et retour chaque semaine.

Jollet jeune construit, pour desservir Angers, un bateau, l'*Eclair,* qui, grâce à l'emploi d'une machine à haute pression, peut effectuer le voyage d'aller et retour dans la même journée. Ce résultat, qui n'a pas encore été obtenu, inquiète les Compagnies rivales qui s'appliquent à répandre, dans le public, des bruits alarmants sur le danger qu'offrent les nouvelles machines de Jollet.

Une société en commandite, J.-V. et G. Lauriol, au capital de 200,000 fr., se fonde pour relier Nantes et Bordeaux par un service de bateaux à vapeur. — Luminais, ancien député et W. Le Ray, l'un des fondateurs des *Riverains,* sont les gérants d'une société en commandite, au capital de 1,300,000 fr., dont le siège est à Paris, et qui a pour objet la création d'une ligne de bateaux à vapeur entre Nantes, Bilbao, la Corogne, Lisbonne, Cadix.

La société F. Riant et Cie, de Paris, au capital de 300,000 fr., remet en activité les forges de Basse-Indre. — Vauloup, dans son usine de Launay, ajoute à sa fabrication du plomb laminé celle du minium. — J.-B. Etienne, G. et A. Say transfèrent, rue Grande-Biesse, la raffinerie qu'ils exploitaient à la Sécherie. — Voruz frères montent, à leur fonderie de Launay, des fourneaux à la Wilkinson pour fonte de fer, qui proviennent de l'usine de la côte Saint-Sébastien, et aussi un four à coke.

———

Les principales importations consistent en houille anglaise, 11,107 tonnes ; sucre, 8,931 tonnes ; coton, 1,541 tonnes.

Les recettes des douanes tombent à 5,599,000 fr. Depuis 1831, où leur montant atteignait 10,442,000 fr., elles ont subi, chaque année, une nouvelle diminution qui est due à l'établissement des entrepôts de douane à l'intérieur, au développement de la fabrication du sucre de betteraves, au mauvais état de la Loire, à la concurrence du Havre.

Le Grand Café (place Graslin et rue Crébillon) est l'objet d'une restauration par Picou, Denis, Chenantais, qui y déploient un luxe inconnu dans notre ville.

MONUMENTS ET VOIRIE.

La chapelle de l'hospice Saint-Jacques est inaugurée le 11 février. — La reconstruction du Palais de justice est réclamée plus impérieusement que jamais, tant est grand son état de délabrement. Chacun propose son quartier : cour Henri IV, près du pont de l'Ecluse, entre la rue Dubois et la rue du Port-Maillard, à la gendarmerie, près de l'Oratoire, au château (solution de *l'Ami de la Charte*), aux Pénitentes, au Port-Communeau, ancien Sanitat, entre la Monnaie et les Irlandais, place Delorme, place Lafayette. Les architectes Seheult et Douillard sont chargés, par le Préfet, de présenter, au choix du Conseil général, un emplacement convenable. Ils se prononcent pour le cours Henri IV ou le terrain des Pénitentes.

Les dégradations produites aux toits et tours de la Cathédrale par les nuées de corbeaux, sont telles qu'on se voit dans la nécessité de les éloigner du vieil édifice à coups de fusil. La tour du Bouffay leur sert de refuge.

Denéchaud fait donation à la ville d'un terrain lui appartenant, pour l'ouverture d'une rue sur l'emplacement de l'ancien Sanitat (1). — La ville fait l'acquisition de terrains et d'immeubles pour établir une communication entre la place Sainte-Croix et la rue de la Poissonnerie (2).

Le projet d'un pont suspendu sur le canal Saint-Félix est mis à l'enquête. — Une borne-fontaine, alimentée par deux sources, est construite route de Rennes. — Le quai des Tanneurs est prolongé depuis la rue Le Nôtre jusqu'au pont du Port-Communeau. — Le quai Cassard est nivelé. — Le quai de l'Hôpital est élargi. — Chaley et Bordillon proposent deux tracés pour une nouvelle ligne des ponts : l'un partant de la Fosse à l'hôtel des Doüanes et allant jusqu'à l'embouchure de la Sèvre; l'autre ayant son point de départ au bas de la rue Jean-Jacques, passant à la pointe de l'île Feydeau et se prolongeant jusqu'à Pont-Rousseau.

Le service de la voirie est réorganisé. Des bureaux sont aménagés à l'Hôtel-de-Ville pour le recevoir. Ogée, architecte-voyer, et Demolon, inspecteur-voyer, sont maintenus dans leurs fonctions et autorisés à continuer leurs fonctions d'agents d'assurances. Ils ont pour collaborateurs deux commis dessinateurs, deux conducteurs et un piqueur.

Le Conseil municipal, en présence de l'impuissance des efforts de Constant pour tirer parti de la concession qui lui a été accordée, décide qu'un concours sera ouvert pour l'établissement du service d'eau.

CONCERTS, THÉATRE, ETC.

Messes en musique. Les messes en musique jouissent d'une grande vogue : messe de Bordèse à Sainte-Croix, au profit des salles d'asile;

---

(1) Rue d'Alger.
(2) Rue Beauregard.

messe de Chérubini, le jour de Noël à la Cathédrale ; messe chantée le jour de la Sainte-Cécile, à Saint-Louis, par la Société des Beaux-Arts, au profit de l'école des filles de Sainte-Marie. La quête rapporte 2,000 fr.

Concerts. En février, les chanteurs tyroliens ; mars, Depas, violoniste ; Vogt, hautboïste (2 concerts) ; Bordèse, ténor Pantaleoni ; mai, Ernst ; décembre, concert d'amateurs au profit de la Société de charité maternelle.

Grand Théâtre. Ponchard et Guérin ont la direction avec une subvention de 25,000 fr., mais avec la charge d'exploiter le Grand Théâtre et le cirque Paquer, qui a été transformé et est devenu le théâtre des Variétés. Ils montent *Guillaume Tell*, le *Cheval de bronze* et *Gustave ou le bal masqué*. Ce dernier opéra est mis en scène avec un éclat inconnu jusqu'à ce jour et obtient un succès considérable.

Trois bals par souscription sont donnés au Grand Théâtre, en janvier et février, au profit des salles d'asile, de la Société de charité maternelle, de la Société industrielle et du Bureau de bienfaisance (1).

Au manège Gachet, le cirque Vidal et Robba. — Dans une case, à l'entrée de la Fosse, les chiens *Munito*. — Ascension aéronautique, le 18 septembre, de M. et Mme Margat, près du collège royal. — Dans une loge, vis-à-vis la douane, séances de physique et d'escamotage du professeur Leroux.

(1) La Commission de ces bals se compose de : Dechaille, président ; Th. Cheguillaume, vice-président ; Ch. de Tollenare, secrétaire ; La Thébaudière, secrétaire adjoint ; Chenantais, trésorier ; Lemaître, Neelz de Plancy, Ad. Bonamy, Jules Favre, Herbelin, Durand-Gasselin, Le Bidois fils, Eug. Van Neunen, Aug. Jégou, Halgan.

Année 1837

La grippe ou influenza. — La condamnation des ouvriers tailleurs. — Elections municipales. — Le mariage du duc d'Orléans. — Le Conseil général. — Les élections de la garde nationale. — Exposition industrielle régionale. — Elections législatives. — Le chemin de fer de Nantes à Orléans. — Services publics : les surveillants de nuit, salle d'asile, caserne de cavalerie, les plaques des rues et numéros des maisons, etc. — Divers : les pères jésuites, le *Philophane,* etc. — Enseignement, publications, journaux. — Agriculture, commerce, industrie : inauguration du gaz, les *Inexplosibles,* la Loire maritime. — Monuments et voirie. — Concerts, théâtre, etc.

LA GRIPPE OU INFLUENZA.

Une maladie inconnue de la génération, *la grippe* ou *influenza,* sévit fortement sur la population pendant les premiers mois de l'année. Peu de familles échappent à ses atteintes, et, vers le 15 mars, au moment où l'épidémie présente son maximum d'intensité, les trois-quarts des habitants subissent son influence. D'une façon générale, elle est bénigne. Les personnes bien constituées se rétablissent après quelques jours de traitement, mais bien des vieillards, les phthisiques, les asthmatiques sont frappés mortellement.

Cette maladie est occasionnée par la persistance du temps froid. Le 25 mars, veille de Pâques, la Loire est prise par les glaces, et, le 9 avril, la terre est encore couverte de neige. Le retour de la belle saison fait disparaître l'épidémie.

LA CONDAMNATION DES OUVRIERS TAILLEURS.

Les ouvriers tailleurs de Nantes, comme ceux de plusieurs grandes villes, s'étaient, en 1831, formés en associations, tant pour se prêter un secours mutuel que pour s'entendre en vue de combattre la baisse des salaires. Le Maire avait défendu ces réunions. Les ouvriers, n'ayant pas tenu compte de cette défense, avaient été condamnés à l'amende. Comme ils persistent dans leur résistance, la police, le 20 février, procède à une visite domiciliaire au siège de leur Société, Basse-Grand'Rue, saisit leurs papiers et registres, et, en pleine nuit, en emmène un certain nombre, sous l'escorte d'un détachement, à la prison, place Lafayette.

33 ouvriers comparaissent, le 10 mars, devant le Tribunal, sous l'inculpation d'association illicite. Pour parer à tout événement, des troupes à pied et à cheval occupent les environs du Bouffay, et l'ordre n'est pas troublé. Besnard la Giraudais et Waldeck-Rousseau défendent les prévenus. Des peines de 1 à 2 mois de prison sont prononcées contre quatre d'entre eux, et tous solidairement sont condamnés à des amendes de 5 à 10 fr. Le Tribunal se flatte de s'être montré très indulgent.

ÉLECTIONS MUNICIPALES.

La deuxième série des Conseillers municipaux nommés, en 1831, est arrivée au terme de son mandat. Les opérations du vote ont lieu dans les mêmes conditions que pour le renouvellement de la première série en 1834; elles commencent le 22 mai, et se poursuivent dans l'ordre suivant :

22 mai. Section I. 259 inscrits. Bignon et Douillard, conseillers sortants. 97 votants F. Favre est élu par 60 voix ; Bignon, par 58.

24 mai. Section B. 300 inscrits. Conseillers sortants : Th. Chéguillaume et Fellonneau. 63 votants. Sont élus : Th. Chéguillaume par 47 voix ; Clémansin-Dumaine par 41.

26 mai. Section A. Conseillers sortants : Vallet et Bernard. Inscrits 213. L. Vallet est réélu au 1er tour par 54 voix sur

71 votants. Bernard est élu au 2e tour par 15 voix sur 38 votants.

28 mai. Section C. 216 inscrits. Conseillers sortants : Prevel et Peccot. Ils sont réélus : Prevel au 1er tour par 66 voix sur 72 votants ; M. Peccot au 2e tour par 41 voix sur 101 votants.

30 mai. Section G. 280 inscrits. Conseillers sortants : Billault et Dechaille. Ils sont réélus : Billault par 79 voix, Dechaille par 60 voix sur 106 votants.

1er juin. Section K. 266 inscrits. Conseillers sortants : Rissel et Epiph. Rozier. Rissel est réélu au 1er tour par 49 voix sur 93 votants. Victor Mangin obtient 7 voix. Wattier est élu au 2e tour par 42 voix sur 64 votants.

3 juin. Section F. 231 inscrits. Conseillers sortants : F. Favre et Dezaunay (décédé). Trenchevent est élu au 1er tour par 49 voix sur 96 votants ; Derivas au 2e tour par 43 voix sur 72 votants.

5 juin. Section E. 304 inscrits. Conseiller sortant : Mellinet. Lebidois père est élu par 45 voix et Mellinet par 33 voix au 2e tour sur 72 votants.

7 juin. Section D. 330 inscrits. Conseillers sortants : Aug. Garnier et Cantin. Ils sont réélus : Aug. Garnier au 1er tour par 76 voix sur 103 votants, et Cantin au 2e tour par 58 voix sur 72 votants.

9 juin. Section H. 305 inscrits. Marion de Procé, conseiller sortant est élu par 79 voix sur 107 votants.

Mellinet donne sa démission. Il est remplacé par Barrien père qui est élu, le 13 juin, par 46 voix sur 66 votants.

Composition du Conseil municipal.

Le Conseil municipal, à la suite de ces élections, est composé comme il suit : Section A : L. Vallet, Bernard, Gicquel, Bruneau. Section B : Th. Chéguillaume, Clémansin-Dumaine, Le Sant, Leroux. Section C : Prevel, Peccot, Polo, Francheteau. Section D : Garnier, Cantin, Brousset.

Section E : Lebidois, Barrien, Robineau de Bougon, Poilièvre. Section F : Trenchevent, Derivas, Barrat, Guillemet. Section G : Billault, Dechaille, Moriceau, J. Gouin. Section H : Marion de Procé, Mathurin Chéguillaume, Fleury. Section I : Ferd. Favre, Bignon, Verger, Douillard. Section K : Rissel père, Wattier, Greslé, Siffait.

Une ordonnance royale du 28 août maintient F. Favre dans les fonctions de Maire, et nomme à celles d'adjoints : Mathurin Chéguillaume, Vallet, Clémansin-Dumaine, Derivas, Greslé.

L'installation de la nouvelle municipalité a lieu en grande pompe le 4 septembre.

LE MARIAGE DU DUC D'ORLÉANS.

Le Roi tient à signaler le mariage de son fils par un acte généreux. Il accorde une amnistie entière pour les crimes et délits politiques. La population manifeste sa satisfaction. Des feux de joie sont allumés. Des drapeaux sont arborés aux fenêtres. Les journés des 17 et 18 juin, consacrées à fêter le mariage, sont empreintes du plus vif entrain.

Le premier jour, la musique du régiment se fait entendre sur le cours Saint-Pierre, et, le soir, des détachements de la garnison postés à l'île Videment et sur la Fosse, offrent le spectacle d'un simulacre de combat par des tirs avec cartouches étoilées. Dans le port, les navires arborent toute leur série de pavillons.

Le lendemain, une distribution de pain est faite aux indigents. Les troupes de la garnison et la garde nationale sont passées en revue sur le cours Saint-Pierre. Les autorités, avant la revue, remettent à 350 enfants d'ouvriers des livrets de caisse d'épargne. Le duc d'Orléans avait, dans ce but, envoyé une somme de 10,000 fr. et le Conseil municipal avait répondu à cette largesse par un vote de 5,000 fr. destinés au même objet. Un ballon est lancé sur la place Bretagne. Des joutes nautiques sont organisées sur l'Erdre. Un feu d'artifice est tiré sur la place Louis XVI. Les édifices publics sont illuminés. Un orchestre, installé cours Saint-Pierre, entraîne les danseurs dans leurs joyeux ébats.

CONSEIL GÉNÉRAL.

Le Conseil ouvre sa session le 24 août. Il étudie plusieurs questions importantes : reconstruction du palais de justice, création d'un bassin à flot à Saint-Nazaire, curage de la Loire, établissement d'un chemin de fer. Le Préfet, Maurice Duval, montre toujours la même désinvolture à son égard. Le Conseil, de son côté, ne se laisse pas intimider, et il demande au Ministre de donner l'ordre à son représentant de réintégrer, dans la caisse du département, une somme de 11,804 fr. qu'il a dépensée sans autorisation.

ÉLECTIONS DE LA GARDE NATIONALE.

La milice citoyenne est, par mesure d'économie, l'objet d'une réduction dans son effectif. Le nombre des bataillons d'infanterie tombe de 8 à 4, et la 2ᵉ compagnie des marins est supprimée.

Les élections pour le renouvellement triennal des officiers, sous-officiers, etc., commencent le 10 septembre. Elles se passent moins paisiblement que d'habitude. La 2ᵉ compagnie des marins est rétablie, elle procède à ses élections. Le Préfet, qui n'a pas sanctionné son rétablissement, annule les résultats du vote et lui interdit de prendre part au scrutin pour les colonel et lieutenant-colonel. Ce scrutin a lieu le 29 septembre. Il est attaqué pour cause d'illégalité, et, en fin de compte, est déclaré nul. Le Préfet autorise le maintien de la 2ᵉ compagnie des marins, et, le 17 novembre, on procède au vote pour la liste des dix candidats à présenter au Roi pour les grades de colonel et lieutenant-colonel. Robineau de Bougon et Douillard, en présence des difficultés que leur ont créées ces conflits, déclarent ne pas solliciter un renouvellement de leur mandat. Viennent en tête de la liste Linsens de Lépinay, conseiller général, qui n'est qu'un simple garde national, et Payac, chef du 3e bataillon, ancien officier.

Le Roi nomme colonel Desperrois, chef de bataillon du génie en retraite, ancien directeur de la fonderie d'Indret, qui est porté le quatrième sur la liste, et Payac, lieutenant-colonel.

EXPOSITION INDUSTRIELLE RÉGIONALE.

Une exposition industrielle, organisée par la Société Académique, est ouverte à la halle aux grains, du 30 juillet au 14 août. Les cinq départements de Bretagne, et, en outre, la Vendée, Maine-et-Loire, Deux-Sèvres, Vienne, Indre-et-Loire, Loiret, Loir-et-Cher, Nièvre, Sarthe, Mayenne, sont appelés à y prendre part. Tous ces divers départements sont brillamment représentés, et l'exposition obtient un succès complet. La distribution des prix est l'objet d'une fête grandiose. Elle a lieu dans le cirque Paquer, magnifiquement décoré. Les exposants, les élèves de l'école primaire supérieure, les délégués des ateliers remplissent la vaste salle. La fête est présidée par Billault, président de la Société Académique. Leloup, secrétaire de la Commission, proclame les lauréats. Des chants sont exécutés par des amateurs et par les élèves de l'école primaire supérieure. La plus haute récompense, une médaille d'or, est décernée à Cosnier frères, fabricants de laine filée à Angers. 16 médailles d'argent, 31 de bronze et 57 mentions honorables sont, en outre, distribuées. Citons parmi les lauréats dont les noms sont parvenus jusqu'à nous : Mesnil, Voruz, Merson, Gâche, Lotz aîné, Rocher, Douaud, chamoiseur; Beaunez, chapeaux de paille; Polo, taillandier, Alliot, Guillemet, Blanchard, fabricant de papiers; Girard, Champenois, Jamet et Vauloup, Coignard, Van Neunen, Charpentier, Mangin et Busseuil, Suzer.

ÉLECTIONS LÉGISLATIVES.

Les collèges électoraux sont convoqués, le 4 novembre, pour nommer de nouveaux députés. La lutte offre peu d'intérêt. *Le Breton,* comme aux précédentes élections, se désintéresse de la lutte. *Le National de l'Ouest* mène, au contraire, une active campagne. Il fait appel aux électeurs de l'opposition patriote de toutes nuances pour former un comité électoral. Ses candidats sont : P.-F. Dubois, Laurent aîné, Billault, Merlaud, Nicod. Il les soutient vigoureusement. L'*Hermine* réunit dans ses bureaux les électeurs légitimistes.

1er Collège. — 419 inscrits ; 289 votants : P.-F. Dubois, député sortant, est élu par 222 voix. Son concurrent, Guérin-Doudet, n'en obtient que 36.

2e Collège. — 579 inscrits ; 410 votants : F. Bignon, député sortant, l'emporte par 305 voix. Laurent aîné recueille 75 suffrages.

3e Collège (Pont-Rousseau). — 458 inscrits ; 346 votants : Billault est élu par 192 voix. Berryer, candidat des légitimistes, en a 144.

Billault est également nommé à Ancenis contre Merlaud. — De la Haye-Jousselin à Châteaubriant, contre Robineau de Bougon. — Cossin à Paimbœuf, contre Le Ray. — A Savenay, Nicod, député sortant, et de Formon, légitimiste, sont en présence. Au deuxième tour, les voix se répartissent ainsi : Nicod, 104 voix ; de Formon, 101 ; divers, 3 voix. Le Bureau déclare qu'il y a lieu de procéder à un troisième tour. Les patriotes protestent contre cette décision et se retirent. Sur 101 votants, de Formon obtient 96 voix et le Bureau le proclame élu (1).

LE CHEMIN DE FER DE NANTES A ORLÉANS.

On apprend que le Gouvernement prépare cinq projets de chemin de fer : Paris à Rouen, Paris à Orléans, Paris à la frontière belge, Lyon à Marseille, Mulhouse à Thann. Nos compatriotes, en ne voyant pas la ville de Nantes figurer dans ce programme, sont vivement émus et le sont d'autant plus qu'un projet Paris-Le Havre doit être substitué au projet Paris-Rouen. Le maire Ferd. Favre, Billault, Jules Gouin sont délégués par le Conseil municipal et la Chambre de Commerce pour porter à Paris les doléances de leurs concitoyens. Ils rappellent les preuves d'attachement et de dévouement au Gouvernement que la population a données en 1830 et dont elle n'a pas été récompensée. Ils montrent Nantes déshéritée, alors que Marseille va être reliée à Lyon par une voie ferrée, alors que Bordeaux jouit d'un traitement de faveur pour l'introduction des charbons anglais, alors que Le Havre a obtenu, jusqu'à ses quais, le prolongement de la ligne de Rouen. Ils s'alarment en pensant que, grâce à la voie ferrée, les sucres de betterave vont venir à Orléans concurrencer les sucres coloniaux que les navires de Nantes vont chercher à 4,500 lieues.

Quelques vagues promesses leur sont données au sujet du prolongement de la ligne d'Orléans jusqu'à Nantes, mais le Ministre se refuse à prendre un engagement formel à cet égard.

---

(1) La Chambre, dans sa séance du 22 décembre, annule ce troisième tour et prononce l'admission de Nicod.

SERVICES PUBLICS.

En 1837, on compte 2,544 naissances, 2,475 décès, 696 mariages.

Suppression de la Monnaie.
Une ordonnance royale du 16 novembre supprime la Monnaie de Nantes. C'était la seule en Bretagne. Les Monnaies de Perpignan, Toulouse, Limoges, La Rochelle subissent le même sort.

Chambre de Commerce.
La maison De la Brosse reçoit en compte courant, au taux de 3 %, les fonds produits par les magasinages. Le compte de la Chambre de Commerce présente un solde créditeur de 169,630 fr. L'acquisition de la maison Terrien, quai des Constructions, 16, au prix de 100,000 fr., est décidée.

Soubzmain, E. Trenchevent, Jules Gouin, Ad. Berthault, Queneau, sont élus membres de la Chambre pour 3 ans (11 septembre). Le Quen et Ed. Gouin, membres sortants, ne sont plus rééligibles comme ayant siégé six années consécutives. Bignon est nommé président ; Soubzmain, vice-président.

Tribunal de Commerce.
Aug. Garnier est nommé président. A.-S. Bernard, juge en 1830-31 et en 1834-35, F. Talvande et Ad. Bonamy, juges suppléants sortants, sont nommés juges titulaires. Ces deux derniers sont remplacés par Adrien Berthault et Ad. Albert (7 août).

Caisse d'épargne.
La discussion du projet de loi qui modifie le régime des caisses d'épargne jette l'alarme parmi la clientèle de ces institutions, et les opérations de la caisse de Nantes qui, chaque année, prenaient une nouvelle extension, éprouvent un mouvement de recul. Les versements tombent de 1,515,791 fr. à 1,206,311 fr., et les remboursements augmentent de 749,539 fr. en 1836 à 1,689,251 fr. en 1837.

Le solde dû aux déposants se trouve réduit à 2,625,405 fr., en diminution de 385,713 fr. sur 1836. Le nombre des directeurs est porté de 25 à 40. Sont nommés directeurs : B. Dufou, F. Coquebert, L. Desmars, J.-A. Chabosseau, P. Van Neunen, L.-H. Ducoudray-Bourgault, F. Cardon, Goupilleau fils, F. Foucault, Edelin de la Praudière, Levesque-Durostu, Baron, Luther, Fruchard aîné, A. Bonamy, P.-B. Goullin, Talvande jeune.

Bureau de bienfaisance. Les recettes s'élèvent à 106,768 fr. et les dépenses à 85,789 fr. Des secours sont donnés à 10,030 personnes appartenant à 4,100 familles.

Budget municipal. Les prévisions budgétaires, pour 1837, sont fixées à 1,260,571 fr. pour les recettes, et 1,172,153 fr. pour les dépenses. D'où un excédent de 88,417 fr. Chapitres additionnels : recettes, 204,992 fr. 88 c.; dépenses, 179,751 fr. 49 c. L'octroi donne un produit brut de 1,111,143 fr.

Les surveillants de nuit. Les vols et les attaques contre les personnes, qui se produisent pendant la nuit, tendent à se multiplier. Un corps de surveillants de nuit est organisé et entre en fonctions le 1er octobre. Il est sous la direction d'un brigadier-chef et se compose de 4 brigadiers ou sous-brigadiers, 20 surveillants et 10 surnuméraires. Ils ont un costume spécial ; ils portent un sabre-briquet, et une plaque, avec l'inscription *surveillants de nuit,* est attachée au col de leur capote.

Le Préfet, pour mettre un terme aux démêlés continuels que soulevaient, entre les propriétaires et la ville, l'établissement et l'entretien du pavage des rues et places, prend, à la date du 30 mars, un arrêté qui réglemente la matière.

Des arrêtés municipaux sont rendus au sujet du balayage, nettoyage et arrosage de la voie publique (8 juillet) et au sujet des bannes et tentes faisant saillie sur la voie publique.

<small>Salle d'asile</small> Une troisième salle d'asile est fondée dans le quartier de Launay. Elle est inaugurée, le 11 avril, par Mgr le Coadjuteur, à la suite d'une messe célébrée à l'église Notre-Dame-de-Bon-Port.

Driollet, professeur de dessin à l'école primaire supérieure, est nommé architecte-voyer de la ville en remplacement de Ogée, décédé.

Les opérations du cadastre, qui se poursuivent, sont l'objet d'insinuations perfides. Les uns voient en elles une investigation de la police, les autres les considèrent comme devant amener une aggravation des impôts. Un avis du Maire rassure les esprits.

Des primes de 3,000 fr., 2,000 fr. et 1,000 fr. sont offertes aux projets pour le service d'eau. Le concours est clos le 1er août. Des plans ont été déposés par Jégou et Constant. Un jury est institué pour les examiner.

La Compagnie Jucqueau-Galbrun demande à la ville son appui moral pour le complément d'études que nécessite la création du chemin de fer de Nantes à Orléans.

<small>Caserne de cavalerie.</small> Le Ministre de la Guerre propose de donner à Nantes un régiment de cavalerie dont, toutefois, un escadron tiendrait garnison à Ancenis. Le Conseil municipal charge une commission spéciale de trouver un emplacement convenable à l'établissement d'une caserne et d'étudier les moyens financiers pour faire face à la dépense qui en résultera.

L'autorité militaire, pour le moment, réclame un manège couvert, dans lequel la troupe de cavalerie puisse manœuvrer. La construction d'un hangar provisoire, sur la place de la Monnaie, est proposée. Le Conseil se décide à passer un traité avec le manège Gachet, rue Lafayette, à raison de 100 fr. par mois.

Les plaques des rues et numéros des maisons. Les plaques indicatrices des numéros de maisons, et le nom des voies publiques, qui datent de 1818, sont dans un état de dégradation telle que leur renouvellement complet s'impose.

Le Maire dresse, à la date du 27 octobre, un tableau des modifications à apporter aux dénominations des rues et places. Par un arrêté du 18 novembre, il décide que le renouvellement total des numéros de maisons et des plaques indicatrices sera effectué aux frais de la ville. Ces plaques doivent être en faïence vernissée, de forme ovale, avec lettres ou numéros en noir sur fond blanc. Les numéros devront se succéder suivant la direction du cours du fleuve, c'est-à-dire de l'est à l'ouest ; le côté droit étant réservé aux numéros pairs, le côté gauche aux numéros impairs. Pour les rues perpendiculaires à la Loire, la série des numéros devra partir du point le plus rapproché de la Loire.

DIVERS.

La procession de la grande Fête-Dieu ajoute à son itinéraire habituel la rue de la Barillerie, le quai Jean-Bart, la rue des Halles.

Quelques semaines avant l'amnistie, un chef du mouvement carliste de 1832, condamné par contumace, vient se constituer prisonnier. Le Président des assises le félicite d'être ainsi venu rendre hommage à la loi. Le jury s'empresse de l'acquitter.

Les fêtes officielles se passent au milieu de l'indifférence générale. Aux fêtes de juillet, les républicains organisent plusieurs banquets.

Courses e chevaux. Elles ont lieu sur la prairie de Chantenay les 6 et 7 août. L'affluence est considérable. La moitié de la population semble s'être transportée sur l'hippodrome. Le Conseil général fonde un nouveau prix pour une course d'attelages.

Un bataillon de la garnison d'Angers est envoyé à Savenay pour pouvoir surveiller les marais de Donges, où les paysans renouvellent leurs actes de dépradation contre les propriétés des anciens associés de la compagnie Debray.

Les prêtres catholiques français, toujours à la recherche de quelque innovation pour piquer la curiosité du public, organisent une fête en l'honneur de la Presse. — Avec le concours financier de quelques-uns de leurs adeptes, ils fondent une revue mensuelle, le *Philophane*, recueil de morceaux de poésie, histoire, théologie, philosophie. Julien Le Rousseau quitte Nantes pour tenter l'établissement du nouveau culte à Bruxelles.

Un almanach de l'église catholique française est publié sous la direction de M. l'Evêque primat et du Conseil primatial.

Sont décorés de la Légion-d'Honneur: Robineau de Bougon ; Etiennez, secrétaire en chef de la mairie; Fouré, directeur de l'école de médecine ; Lemierre, ingénieur en chef de la Loire ; Marion aîné, vice-président du Tribunal civil.

A la séance annuelle de la distribution des prix de la Société Industrielle, une médaille d'or est remise, au nom du duc d'Orléans, président d'honneur de la Société, à un marinier pour son dévouement dans l'explosion du bateau le *Vulcain*.

En avril, deux pères de la Compagnie de Jésus, les P.P. Varlet et Laurent, s'installent dans la rue Saint-Clément, puis font l'acquisition d'une petite maison rue de Coutances. Trois autres pères (le P. Labonde) et deux frères viennent s'adjoindre à eux.

ENSEIGNEMENT, PUBLICATIONS, JOURNAUX.

Th. Le Cadre, avocat, fonde, rue de Gigant, 42 et 44, l'*Institut pratique*. On y enseigne le français, le latin, le grec, les langues vivantes, les sciences mathématiques, physiques et naturelles, le dessin, la comptabilité, la tenue des livres.

Un cours de dessin et de peinture est organisé par Baudoux, marchand de tableaux, sous la direction de Debay, élève de Gros.

Le peintre David vient à Nantes. Il visite les ateliers de Grootaers, Suc, Amédée Ménard, Thomas Louis.

La Société de bienfaisance des écoles chrétiennes expose, au Conseil municipal, que la subvention de 6,000 fr. n'est plus en rapport avec le nombre des élèves qu'elle reçoit et dont le nombre s'élève à 2,000. Elle demande un secours annuel de 10,000 fr. Le Conseil s'en tient à la somme de 6,000 fr. Certains de ses membres répondent que les frères doivent baser leurs admissions sur le montant de leurs ressources.

Des cours de musique sont ouverts par Schatz, Pusterle, Alphonse Leduc.

Une société se forme, sur l'initiative de Henri Heugel, pour fonder une école chorale, avec places gratuites pour les enfants de chœur et les ouvriers. Elle commence ses cours le 6 mars, rue Penthièvre, n° 10.

Heugel fils ouvre, le 2 novembre, au chapitreau de Saint-Nicolas, un cours normal destiné aux instituteurs et institutrices des classes de chant pour les jeunes enfants.

Journaux. Le journal politique de V. Mangin et W. Busseuil intervertit son titre et sous-titre. *L'Ami de la Charte, Le National de l'Ouest* (addition datant du 13 octobre 1836), devient, le 12 octobre 1837, *Le National de l'Ouest, précédemment L'Ami de la Charte.*

Crétineau-Joly quitte la rédaction de *L'Hermine* pour se consacrer entièrement à des travaux historiques.

La Revue du Breton cesse de paraître.

La Corbeille, de Victor Mangin fils, donne, chaque mois, des gravures de modes parisiennes.

Publications. La première livraison des *Archives curieuses,* de F.-J. Verger, paraît le 7 avril. — La première livraison de *L'Histoire de Nantes,* par Guépin, deuxième édition, avec gravures de Hawkes, est livrée aux souscripteurs le 1er juillet. — A. Lescadieu et A. Laurant terminent la publication de leur *Histoire de Nantes.* — Le deuxième tome de *L'Histoire de la Ville et du Comté de Nantes,* par Forest et Savagnet, d'après le manuscrit de l'abbé Travers, est édité. Paraissent, dans le cours de l'année : *Les Annales de Nantes,* par Meuret (deux volumes). — *Le Catalogue des plantes recueillies dans la Loire-Inférieure,* par J.-B. Pesneau. — *La Flore nantaise,* de Charles-Auguste Moisan.

AGRICULTURE, COMMERCE, INDUSTRIE.

Les jurys d'agriculture se développent et continuent à distribuer les primes allouées par le Conseil général. Ceux de Derval, 4e canton de Nantes, Saint-Philbert, Savenay, méritent une mention toute spéciale.—Le Conseil général vote une somme de 2,000 fr., pour organiser un bureau d'essai chargé de rechercher les fraudes qui se pratiquent dans la vente du noir animal. — La culture du chanvre s'implante dans les communes de la rive gauche limitrophes de Maine-et-Loire. — Des machines à battre et à vanner, marchant à bras, sont employées dans quelques fermes. — Le commerce du lait dans la banlieue de la ville prend un grand développement. Des charrettes légères sont employées pour servir la clientèle à domicile. — L'extension que prennent les fabriques de conserves alimentaires (1) rend difficile l'approvisionnement de la ville en produits maraîchers. Le Maire, pour remédier à cette situation, prend un arrêté aux termes duquel les gens de la campagne sont tenus d'apporter tous leurs légumes sur les marchés.

Blé, 17 fr. à 19 fr. 50 c. l'hectolitre ; seigle, 10 fr. 70 c. à 13 fr. 70 c.; orge, 8 fr. à 10 fr. 60 c.; sarrasin, 9 fr. à 12 fr.; maïs, 10 fr. à 10 fr. 60 c. ; avoine, 9 fr. à 10 fr. 60 c.

Le prix des trois espèces de viande est augmenté et porté à 1 fr. 05 c. le kilo. (Arrêté du 7 octobre.)

Le prix du pain présente les variations suivantes : pain blanc, 0 fr. 37 c. à 0 fr. 40 c. le kilo ; pain batelier, 1 fr. 50 c. à 1 fr. 65 c. les 6 kilos; pain méteil, 0 fr. 92 1/2 à 1 fr. 20 c. les 6 kilos.

Vin : muscadet nouveau, 26 fr. à 28 fr.; gros-plant nouveau, 18 fr. à 20 fr., pris en entrepôt.

Un établissement commercial d'un nouveau genre, dit *Bazar de l'industrie,* est ouvert rue d'Alger et passage de la Verrerie. Des boutiques y sont aménagées pour la vente

---

(1) On compte, à Nantes, cinq fabriques de conserves : Colin, Millet et Rondenet, Bertraud, Deffès, Bernaudeaux. Celle de Colin est de beaucoup la plus importante.

des diverses marchandises. Il y a une salle d'exposition, une salle de vente qui est mise à la disposition des commissaires-priseurs.

Cossé-Duval installe, rue des Olivettes, sa fabrique de sucre candi. — Péan frères s'associent pour monter une corderie. — Ch. Bonamy et Junot fondent, à la Morinière, sur la Sèvre, une fabrique de savon à l'huile de palme et au suif dont la société Ch. Bonamy, de Coninck et Dobrée poursuit l'exploitation. — Les maîtres mariniers s'entendent pour fixer à 12 fr. les 1,000 livres le transport par toues accélérées, de Nantes à Tours, avec engagement d'un délai de quinze jours.

Les banquiers Hignard frères font des démarches en vue d'obtenir à leur profit la prorogation du privilège de la banque de Nantes, qui arrive à son terme le 31 décembre 1839. Ils sollicitent l'appui du Conseil municipal et offrent de verser, dans les vingt-quatre heures de la concession, une somme de 100,000 fr. pour être distribuée aux pauvres ou employée au curage de la Loire.

L'éclairage au gaz, pour le service des particuliers, est inauguré le 20 septembre. Le mètre cube se vend 0 fr. 65 c. — Sicard entreprend la fabrication des pianos. — Rocher soumet, à l'examen de la Société Académique, un appareil distillatoire pour approvisionner d'eau douce les navires. — Une blanchisserie à vapeur est mise en activité rue Petit-Pierre. — Un filon de houille est découvert à Malabrit, en Vieillevigne. — Lotz aîné construit, pour les forges de Tredion, une machine soufflante. — Le bruit de la suppression des ateliers d'Indret jette une grande alarme. Ce bruit était sans fondement. C'était un ingénieur désigné pour prendre la direction de l'établissement, qui, désireux d'avoir un autre poste, avait demandé cette suppression.

Nos ateliers de constructions de bateaux prennent une

grande extension. Alliot construit, sur la berge de l'Erdre, près du cirque, un bateau destiné à un service de Rennes à Redon. Ce bateau se compose de deux parties pouvant se séparer pour le passage des écluses. La partie d'arrière, qui contient l'appareil moteur, porte le nom de *propellateur*. La partie avant est destinée à recevoir les marchandises.

Bateaux à vapeur. Gâche crée le type des *Inexplosibles*. Il trouve, dans le Mis de la Rochejacquelein, un concours précieux. « Osez faire, lui dit ce dernier, je paierai. » Le 27 octobre, notre habile constructeur remonte la Loire avec l'*Emeraude*, qui ne cale que 10 pouces et contient 70 personnes. La Compagnie des *Inexplosibles*, d'Orléans, lui commande onze bateaux dont sept pour le service de Nantes à Orléans et quatre pour celui d'Orléans à Nevers. — Une concurrence plus acharnée que jamais existe entre les *Riverains* et les *Hirondelles*. Les prix pour Angers tombent à 1 fr. 25 c. et 0 fr. 75 c. — Le 9 juillet est inauguré un service de voyageurs et marchandises pour Bordeaux, par le bateau à vapeur *Nantes-Bordeaux*, dont les armateurs sont Gabriel et J.-V. Lauriol. — La maison d'armement, Le Cour et Genevois, fait construire un bateau à vapeur l'*Elodie*, pour approvisionner la ville en sardines, poissons et coquillages. — Une Compagnie de remorquage à vapeur se fonde à Orléans avec trois bateaux devant effectuer le trajet de Nantes à Orléans en huit jours.

La Loire maritime. L'amélioration de la Loire maritime se poursuit, mais l'opinion ne croit pas à l'efficacité des digues qui ont été construites. L'établissement d'un bassin à flot à l'embouchure du fleuve semble être le seul remède à la situation. Des études sont entreprises par l'Administration à Paimbœuf et à Saint-Nazaire, pour trouver l'emplacement le plus convenable. Le Conseil général se prononce en faveur de Saint-

Nazaire. Le commerce nantais redoute cette solution et s'enthousiasme pour un projet d'approfondissement du fleuve conçu par François jeune. Le Gouvernement, en présence de l'état des esprits, hésite à prendre un parti et met à l'enquête les deux solutions : le bassin de Saint-Nazaire et le projet François. Les négociants, armateurs, industriels, portefaix et ouvriers viennent en masse déposer en faveur de ce dernier.

VOIRIE ET MONUMENTS.

Le choix des deux emplacements proposés par le Conseil général pour la reconstruction du palais de justice : terrain des Cadeniers, au bout du cours Henri IV, et terrain des Pénitentes, au Port-Communeau, est mis à l'enquête. Les deux emplacements ont de chauds partisans. L'emplacement du Bouffay trouve, dans les gens du quartier, d'ardents défenseurs. D'autres projets sont mis en avant. Le seul à mentionner est celui qui place le palais de justice sur le flanc du coteau de Saint-Similien, à l'intersection de deux grandes voies : l'une allant de la place Bretagne à l'abattoir, l'autre de Saint-Similien à la place du Cirque. Le Conseil général, dans sa séance du 28 août, sur le rapport de Billault, se prononce sur les résultats de l'enquête et adopte l'emplacement du cours Henri IV. Il vote la perception de 3 centimes pour la réalisation du projet.

Un boulevard de ceinture est projeté. Il partirait de Miséri et aboutirait à l'arche de Mauves. — Le pont suspendu du canal Saint-Félix est adjugé à Chaley et Bordillon, le 16 août, pour une concession ayant une durée de 28 ans et 5 mois. — La propriété de Château-Gaillard, dite tenue Camus, est mise en vente par lots, suivant le plan dressé par Seheult et Lalande.

Les dresseurs de chevaux viennent sur la place du Commerce, au moment de la retraite, familiariser leurs animaux avec le bruit du tambour. Des accidents se produisent et la police y met ordre.

CONCERTS, THÉATRE, ETC.

Concerts.   En janvier : Sainton, violoniste ; Ch. Delioux, pianiste, âgé de 11 ans. — Février : M. et Mme Thillon. — Mars : Bressler ; Loïsa Puget, chanteuse de romances. — Avril : Mlle Levy. — Août : Ghys. — Novembre : Alb. Sowinski, pianiste. — Décembre : Urso, flutiste ; Nicolaï, cor ; Franchomme, violoncelliste, et Stanaty, pianiste. Un concert historique, organisé au bénéfice de la Société Industrielle, annoncé d'abord pour le 28 février, n'est, par suite de l'épidémie de grippe, donné que le 9 avril. Ce concert est composé de morceaux d'orchestre et de chant des XVe, XVIe, XVIIe et XVIIIe siècles.

Théâtre.   Ponchard est seul en possession du privilège. L'exploitation du Théâtre des Variétés n'est plus que facultative pour lui. L'année est signalée par un incident regrettable. L'affiche porte *La Muette* avec un *nouveau dénouement*. Le public, intrigué, se rend en foule au théâtre. La suppression du 5e acte, tel était le nouveau dénouement. En présence de la mystification dont il est le jouet, le public se livre à un vacarme épouvantable, puis met la salle au pillage. La police, les gendarmes et la troupe doivent intervenir pour faire évacuer la salle.

Vito Mangiamele, le pâtre calculateur, donne quelques représentations.

Le Théâtre des Variétés ouvre ses portes principalement le dimanche, et, de temps en temps, dans le cours de la semaine, pour les représentations de la troupe de comédie. On y voit la troupe enfantine Castelli dans ses féeries, pantomimes, ballets. — Le manège Gachet reçoit le cirque Modeste. — On exhibe, dans une boutique de la rue de Gorges, un cannibale, Barnet-Burns, chef de tribu de la Nouvelle-Zélande. « Depuis son séjour en France, dit l'affiche, » il s'est assez civilisé pour respecter les personnes qui » viennent lui rendre visite. »

Année 1838.

La garde nationale. — Mort de Mgr de Guérines. — Election législative. — Naissance du comte de Paris. — Le Conseil général. — Les prêtres catholiques français. — La lutte entre les deux sucres. — Culte religieux. — Services publics. — Statistique industrielle. — Divers. — Arrêtés municipaux. — Enseignement. — Journaux et publications. — Agriculture. — Commission commerciale. — Commerce et industrie. — Les services de transport. — Le chemin de fer d'Orléans. — Monuments et voirie. — Bals, concerts, Grand Théâtre, etc.

La garde nationale. Le nouveau colonel Desperrois tente de réagir contre l'apathie qui règne dans les rangs de la garde nationale. Il recommande aux officiers rapporteurs des conseils de discipline, de se montrer plus sévères. En même temps il s'efforce d'alléger, dans une large mesure, le service des gardes, et, à partir du mois de mars, la milice citoyenne ne dessert plus que le poste de la mairie, et seulement pendant la nuit. Le Préfet, de son côté, invite les Maires de la banlieue à se montrer moins complaisants dans la délivrance des certificats de domicile que sollicitent les habitants de Nantes pour se faire rayer des contrôles.

Mort de Mgr de Guérines. Mgr de Guérines, qui occupe le siège épiscopal de Nantes depuis 1822, succombe, le 12 mai, à la suite d'une longue et douloureuse maladie. Ses obsèques ont lieu avec toute la pompe consacrée. La procession traditionnelle parcourt les Haute et Basse-Grand'-Rues, les rues des Carmes, Saint-Léonard, des Caves et Royale. Les cordons du poêle sont tenus par le lieutenant général d'Erlon, le Préfet, le Maire, le Colonel de la garde nationale et deux chanoines. Mgr de Hercé prend possession du siège.

Election législative. Billault, nommé, en 1837, député à Ancenis et à Pont-Rousseau, opte pour le premier de ces sièges. Les électeurs de Pont-Rousseau se réunissent le 17 février. La division existe dans les divers camps politiques. Victor Lanjuinais et le colonel Lamoricière sont présentés par l'opposition constitutionnelle ; Henri de Larochejacquelein et Aristide de Granville, par les légitimistes ; F. Favre est seul candidat ministériel. Au 3e tour, Lanjuinais et Larochejacquelein restent en présence. Le premier est élu par 182 voix. Le candidat légitimiste n'en recueille que 178. Il y avait 363 votants.

Dubois et Bignon sont nommés secrétaires de la Chambre.

Naissance du comte de Paris. Une salve de 101 coups de canon annonce, le 26 mars, la naissance du petit prince. Une somme de 2,000 fr. est envoyée par le duc d'Orléans à la Municipalité pour être distribuée aux pauvres. Une fête est donnée à cette occasion le 2 septembre. Salves le matin et le soir ; pavoisement des navires dans le port ; distribution de pain aux indigents ; *Te Deum* chanté à la Cathédrale, en présence des autorités, et pendant lequel une salve est tirée ; livrets de 100 fr. ouverts à la Caisse d'épargne au nom des enfants pauvres, nés le même jour ; courses en canot sur l'Erdre ; spectacle gratuit sur la place Royale ; ballon et feu d'artifice.

LE CONSEIL GÉNÉRAL.

Dès sa première séance et avant l'étude de toute question, le Conseil, par 23 voix sur 29, donne son approbation à une lettre de récrimination contre le Préfet et destinée au Ministre. Il décide que cette lettre sera jointe aux vœux émis au cours de la session. Une somme de 6,674 fr. représentant des dépenses non autorisées, est, en outre, laissée à la charge de Maurice Duval. Celui-ci, que la maladie empêche de siéger, adresse au Conseil général une vigoureuse protestation contre les insinuations dont il est l'objet. Le Conseil répond par une lettre non moins virulente, dont il ordonne l'insertion au procès-verbal, et dans laquelle il articule tous ses griefs. Il insiste particulièrement sur le sans-gêne avec lequel le Préfet agit envers lui en osant le braver jusque dans la salle des séances qu'il a fait réparer malgré sa défense formelle. Une ordonnance royale annule la lettre de blâme dont le Préfet a été l'objet. En présence du désaveu infligé au Conseil général, plusieurs conseillers, Billault, Simon, Plumard, Guillet, Moriceau et Linsens de l'Epinay donnent leur démission.

Billault est réélu au 3e canton par 124 voix sur 144 votants. Plumard, Simon sont également renommés à Vertou et à Guémené, mais Guillet est remplacé à Savenay par de Quehillac, Linsens de l'Epinay, à Carquefou, par de la Rochette, et Moriceau, par Gouin. Les trois nouveaux Conseillers appartiennent à l'opinion légitimiste.

LES PRÊTRES CATHOLIQUES FRANÇAIS.

Le philophane poursuit sa publication. Les adeptes de l'église française, au nombre de 200, organisent un banquet à Bellevue, sur la côte Saint-Sébastien, lors des fêtes de Juillet. — Le Conseil d'administration avait acheté, au cimetière de Miséricorde, un terrain pour y déposer les corps des Ministres décédés à Nantes. Une croix avait été préparée pour être plantée sur ce terrain. Elle portait cette inscription :

A la mémoire des Ministres de l'église française décédés à Nantes (1)

SAINT-ESTÈVE, BURTIN, NOIREAU, SANDRON

Les catholiques français reconnaissants.
Se confiant en Dieu quand le juste succombe
Il ne veut qu'un gazon fleurissant sur sa tombe.

(1) Cette tombe se trouve dans le carré TT, allée dite du Nord, 2e fosse. Elle est entourée d'une grille en fer sans aucune inscription. Des broussailles la recouvrent entièrement.

Le Maire, alléguant que le culte catholique français n'est pas reconnu par la loi, enjoint de faire disparaître l'inscription. Le primat, l'abbé Chatel, tente de faire revenir le Maire de sa décision. Il ne peut y parvenir et n'insiste pas davantage.

Une autre déception plus grave était réservée aux réformateurs. Le *National de l'Ouest* qui, jusque-là, ne leur avait pas ménagé son appui, publie, dans un de ses numéros, une protestation dans laquelle il les accuse de verser dans le Fouriérisme et le Saint-Simonisme. L'abbé Le Rousseau, le dimanche suivant, se livre en chaire à des divagations injurieuses contre le journal et l'accuse d'être vendu au clergé romain. De vains efforts sont tentés pour amener une réconciliation.

LA LUTTE ENTRE LES DEUX SUCRES.

Le sucre de betterave ne paye qu'un droit de 11 fr., alors que celui acquitté par le sucre colonial s'élève à 49 fr. L'abaissement du prix de vente du sucre de betterave, causé par les progrès réalisés dans sa fabrication et le développement de cette industrie dans le Nord, créent au sucre colonial une concurrence qui augmente chaque jour et tend à rendre de plus en plus critique la situation du commerce maritime. Les ports font entendre leurs plaintes et demandent un dégrèvement de 20 fr. sur le sucre colonial. Des délégués de Bordeaux et Marseille se rendent à Paris. Le commerce de Paris soutient la cause des ports ; il démontre au Ministre que, depuis l'abaissement des cours, les colonies ne donnent plus aucun ordre aux fabriques parisiennes. Le Gouvernement, très perplexe, prend l'avis du Conseil supérieur du commerce. Celui-ci se prononce en faveur du sucre colonial. Les fabricants du Nord, de leur côté, mènent une active campagne et, cédant à leurs efforts, le Gouvernement déclare vouloir laisser les choses en l'état. Les ports, sous le coup de cette décision qui va consommer leur ruine, se préparent à une lutte désespérée.

CULTE RELIGIEUX.

Les trappistes de La Meilleraye reprennent possession de leur abbaye dont ils avaient été expulsés en 1832.

L'abbé Cœur prêche la station du carême à la Cathédrale. Ses sermons sont très suivis. L'affluence est telle aux approches du jour de Pâques, que des mesures d'ordre doivent être prises

Un grand élan se manifeste à l'occasion des processions de la Fête-Dieu. Des souscriptions s'ouvrent spontanément. La procession de Saint-Nicolas se distingue par le nombre et la magnificence des reposoirs ou arcs de triomphe qui s'élèvent place Royale, cours Henri IV, place de la Bourse, rues Crébillon et Jean-Jacques, pont d'Orléans.

Le *National de l'Ouest,* peu suspect de partialité en cette occurrence, reconnaît que jamais la fête n'a présenté un tel éclat. Il constate qu'à la fête de l'Octave, il n'y a pas moins de 31 reposoirs grands ou petits. « Jadis, dit-il, et sous la Restauration même, les processions paroissiales de la Fête-Dieu se faisaient sans grande ostentation. La paroisse de Saint-Nicolas se contentait même d'un petit reposoir portatif. Aujourd'hui, ce n'est plus cela, on ne veut plus de quelques simples et modestes reposoirs, il faut, et en quantité, des monuments et des arcs de triomphe. C'est sur le cours Napoléon que se faisait le banquet national ; c'est là que le peuple introsina la presse, et c'est là qu'un monument-autel va remplacer les monuments élevés alors par l'enthousiasme des Nantais. C'est là que l'eau bénite va effacer la trace des enfants de Juillet. »

Les travaux de reconstruction du chœur de Sainte-Croix,

dont le devis monte à 29,629 fr., sont mis en adjudication.

Mgr de Hercé bénit la chapelle de l'établissement des demoiselles Van Goor, rue de Bel-Air.

Une souscription, dont la « forme, dit le *National de l'Ouest,* rappelle assez l'ancien carbonarisme », est ouverte pour l'achèvement de l'église de Chantenay.

SERVICES PUBLICS.

Chambre et Tribunal de Commerce.

La Chambre de Commerce entre en possession, au 24 juin, de la propriété Terrien, qu'elle se propose d'aménager pour emmagasiner les marchandises. Elle autorise les commissaires de l'entrepôt à traiter pour l'achat de l'immeuble dit cour Tessier, au prix de 120,000 fr. Les 7/8es en sont acquis dans le cours de l'année. Des pourparlers sont aussi entamés pour l'acquisition des magasins des Salorges. — Le Préfet, consulté sur l'utilité que la Chambre aurait à rendre ses séances publiques, déclare s'y opposer formellement.

Sont nommés membres pour trois ans : Betting de Lancastel, A.-H. Bonamy, Aug. Garnier, D. Lauriol (22 septembre), Th. Carmichaël (12 octobre). F. Coquebert est élu président ; Jules Gouin, vice-président.

Sont nommés juges titulaires : Aug. Garnier-Haranchipy, ancien juge ; Ad. François et J. Fruchard, juges suppléants sortants. Ces deux derniers sont remplacés par Th. Bossis et Ls Fouché (16 août).

Caisse d'épargne.

La confiance renaît et la caisse reprend sa marche normale. Les versements ne montent toutefois qu'à 1,196,266 francs, mais les remboursements tombent à 614,040 fr., et le solde dû aux déposants atteint 3,323,574 fr., correspondant à 5,350 livrets.

Sont nommés directeurs : A. Lorieux et Mahot. Jh Mosneron-Dupin remplace Ls Guérin comme président du Conseil

Bureau de bienfaisance. des directeurs. Le Conseil s'adjoint le Maire de Nantes et l'abbé Fournier, curé de Saint-Nicolas, comme directeurs honoraires.

Des secours sont donnés à 10,030 personnes, appartenant à 4,100 familles, et à 200 enfants. Les recettes s'élèvent à 106,934 fr. et les dépenses à 93,469 fr.

A.-S. Bernard est nommé administrateur en remplacement de Th. Chéguillaume.

Société industrielle. La médaille d'or de 300 fr. du duc d'Orléans, destinée à récompenser les actes de dévouement, est décernée, lors de la séance annuelle, à un ouvrier menuisier, qui a recueilli un vieillard.

Budget municipal. Les prévisions budgétaires pour 1838 sont fixées, tant pour les recettes que pour les dépenses, à 1,291,997 fr. L'octroi donne un produit brut de 1,125,843 fr.

Statistique industrielle. Le Maire dresse, en vue de la formation du Conseil des prud'hommes, un état du personnel en patrons, contre-maîtres, ouvriers et apprentis de diverses professions. D'après cet état, les 106 professions exercées en notre ville comprennent un total de 1,483 ateliers ou fabriques, avec 183 contremaîtres, 316 ouvriers patentés, 10,384 compagnons et 1,334 apprentis. Les industries les plus florissantes sont : la filature du coton, 25 fabriques avec 1,327 ouvriers ; la construction des navires, 12 chantiers avec 565 ouvriers ; la fabrication de la futaine et des tissus, 31 fabriques avec 480 ouvriers. Il y a 17 forges de marine avec 453 ouvriers ; 9 fonderies en cuivre et fer, avec 348. Les 13 raffineries occupent 310 hommes ; les 5 fabriques de conserves, 290 ; les 38 tanneries ou corroiries, 193. Les maçons sont au nombre de 830 ; les manœuvres du bâtiment, au nombre de 641 ; les menuisiers, ébénistes, au nombre de 473.

DIVERS.

Le fleuve est pris par les glaces pendant tout le mois de janvier. Les piétons et les charrettes traversent le canal Saint-Félix sur la glace. La navigation n'est rétablie qu'à la mi-février.

———

Les bouchers relèvent l'ancienne coutume du *bœuf gras*. Le mercredi saint, ils promènent, à travers la ville, avec musique et escorte, deux énormes bœufs gras.

———

Les fêtes nationales de Juillet sont marquées par l'inauguration, à la Mairie, d'un buste en marbre du Roi, par Suc. L'illumination du Grand Théâtre offre une innovation : sa façade est ornée d'une croix d'honneur haute de 5 pieds et formée de 2,000 becs de gaz.

———

Les commissaires du banquet de juillet 1835 sont déboutés, en appel, de leur action contre la ville et condamnés aux dépens. Le Conseil municipal, pour rentrer dans le montant des débours, qui s'élève environ à 700 fr., se voyant dans la nécessité de poursuivre isolément chaque commissaire, renonce à entamer une action judiciaire.

———

Les courses de chevaux ont lieu sur la prairie de Chantenay, les 5 et 6 août. Pour la première fois, la ville de Nantes offre deux prix.

———

Les deux escadrons du 9ᵉ chasseurs, qui sont casernés à l'entrepôt, sont envoyés à Niort. Aucun corps de cavalerie ne vient les remplacer. Le Ministre est dans l'intention de nous donner un régiment, mais quand une caserne sera construite.

Le 45° vient remplacer le 25°. Bien que la population soit calme, on croit devoir agir de prudence et des dispositions sont prises pour que l'effectif de la garnison soit constamment maintenu à trois bataillons, formés par l'un ou l'autre régiment.

Les gendarmes interviennent de nouveau à Montoir pour rétablir l'ordre. Les gardes particuliers des anciens associés de la compagnie Debray, ayant voulu saisir du bétail qui pacageait sur les terrains de l'ancienne compagnie, avaient été assaillis par toute la population d'un village. Quelques arrestations suffisent pour ramener la tranquillité. Cinq paysans comparaissent devant les assises comme prévenus de rébellion contre l'autorité ; un seul est reconnu coupable et condamné à une amende.

ARRÊTÉS MUNICIPAUX.

2 *février*. — Réglementation du stationnement et de la circulation des omnibus, des voitures de place et autres moyens de transport.

6 *février*. — Approvisionnement des halles et marchés. Le développement des fabriques de conserves rend difficile l'approvisionnement des marchés en denrées maraîchères et autres produits alimentaires. Défense est faite aux bouchers, charcutiers, fabricants de conserves et de salaisons, restaurateurs, traiteurs, etc., d'aller ou d'envoyer au devant des marchands sur les routes ou dans les auberges pour retenir ou acheter leurs marchandises, comme aussi de se présenter sur les marchés avant les heures fixées par les arrêtés de police. Défense est également faite, sous peine d'encourir les pénalités portées aux articles 419 et 420 du Code pénal, de se livrer à des accaparements ou à des coalitions pour faire hausser ou baisser les produits agricoles et maraîchers.

8 juin. — Arrêté pris en conformité de l'arrêté préfectoral du 30 mars 1837 relatif aux frais de confection et d'entretien du pavage des voies publiques. Les propriétaires, pour les rues ayant une largeur supérieure à 9^m,74, sont tenus de supporter les frais de pavage sur une largeur de 4^m,87 quand leurs terrains sont couverts de construction, et de 2^m,44 quand il n'y a pas de bâtisse, et, pour les rues inférieures à une largeur de 9^m,74, les frais sont partagés par moitié par les riverains. Défense est faite aux propriétaires de procéder eux-mêmes à la confection et à l'entretien du pavage. Ces travaux sont exécutés, sur les ordres de l'Administration, par l'entrepreneur adjudicataire, et la quote-part des dépenses incombant aux propriétaires est perçue comme en matière de contributions directes. — Cet arrêté fixe les conditions d'établissement des trottoirs.

20 août. — Défense de sonner du cor dans l'intérieur de la ville. — Défense aux serruriers, forgerons, chaudronniers et tous autres, qui emploient des marteaux ou machines bruyantes, de travailler en dehors de certaines heures.

26 novembre. — Réglementation de la vente des allumettes à friction dites phosphoriques dont l'emploi commence à se généraliser. Tout individu, ayant moins de 16 ans, ne peut en vendre ni en colporter. Les allumettes doivent être enfermées dans des boîtes de fer-blanc, bois ou carton. Tout vendeur est tenu de faire, au préalable, une déclaration au Maire.

18 décembre. — Police des domestiques. Obligation d'un livret. Défense d'avoir une chambre en ville ou une malle. Prévenir huit jours d'avance avant de quitter leur maître. Tout domestique sans place pendant un mois, traité en vagabond. Cet arrêté est pris pour porter un remède aux vols domestiques, qui tendaient à se multiplier.

21 décembre. — Inspection, par deux hommes de l'art,

des travaux de bâtisse. L'impossibilité de trouver des personnes voulant accepter cette mission empêche cet arrêté d'être mis en vigueur. — La place du Pilori est désignée pour la vente des champignons, cêpes, morilles. Deux experts sont nommés pour examiner ces produits et délivrer des certificats.

ENSEIGNEMENT.

Un cours gratuit de mécanique est ouvert à l'école primaire supérieure. — Des séances publiques de calligraphie sont données à la Bourse et à la Mairie par Favarger, breveté du Roi et professeur de l'Impératrice du Brésil. — Duquesnois, professeur d'éloquence parlée, se fait entendre à la Mairie. Une école de chant pour hommes et pour femmes est organisée par Lemonnier, directeur du Grand-Théâtre. Il leur enseigne le solfège, la vocalisation, le chant et la déclamation. Ses élèves prennent l'engagement de faire partie des chœurs du théâtre pendant trois ans.

— L'institution orthopédique de jeunes filles, fondée en 1829 dans la prairie de la Madeleine par Mme Jacob, est transférée dans l'ancien local de Tivoli, rue Bel-Air et route de Rennes. — Guépin ouvre, à l'amphithéâtre de l'Ecole de Médecine, un cours de chimie et de médecine légale.

— Le Musée industriel a pris un grand développement. Il compte, en modèles, ornements en plâtre, dessins, types d'instruments aratoires, 1,513 numéros et plus d'un millier d'échantillons de matières premières ou d'objets manufacturés.

— Un petit pensionnat payant est annexé à l'école des frères de l'hôtel Rosmadec, rue de la Commune. — La grande salle de la Mairie est mise, pendant deux jours, à la disposition des frères pour la distribution des prix de leurs élèves. Le premier jour, ce sont les élèves des paroisses

Saint-Similien et Notre-Dame ; le deuxième, ceux de Saint-Pierre, Sainte-Croix, Saint-Clément, Saint-Donatien.

JOURNAUX ET PUBLICATIONS.

L'Abeille nantaise, recueil d'articles pris dans des revues anglaises, fondée par Tremlett, paraît le 15 janvier pour être publiée tous les mois. — Un nouveau journal de théâtre, le *Vert-Vert,* est lancé.

V. Mangin, directeur de *La Corbeille,* et un artiste du théâtre se battent en duel. Les deux adversaires et les quatre témoins sont incarcérés, puis mis en liberté.

L'Histoire de Nantes, de Guépin, les *Archives curieuses,* de Verger, *L'Histoire de Nantes,* d'après l'abbé Travers, continuent à paraître par livraisons.

Suc obtient, au Salon, une médaille d'or pour sa statue *La petite mendiante.*

La souscription des œuvres littéraires de Ed. Richer ne réunit que 100 souscripteurs. L'ouvrage est tiré à 200 exemplaires. — *Les veillées villageoises,* ou entretiens sur l'agriculture, de Neveu-Derotrie, atteignent leur 4e édition. La Reine fait parvenir à la Société d'horticulture une somme de 100 fr. pour être employée à l'achat d'exemplaires de cette publication. — Un nouveau plan de Nantes, par Jouane, est édité par Forest.

AGRICULTURE.

Hetru et Bertin sont nommés aux postes de vérificateur du noir d'engrais créés par le Conseil général. — Le Conseil d'arrondissement invite le Conseil général à demander à Mgr de Hercé son concours pour contribuer au développement de l'agriculture en faisant donner, à ses séminaristes, un enseignement agricole théorique. — Le Conseil général réduit à 300 fr. l'allocation destinée aux 42 cantons ruraux, et qui était antérieurement de 500 fr. — La Société Académique modifie le mode d'emploi de la subvention départementale de 2,000 fr. et les primes, jusqu'alors décernées lors de la foire nantaise, sont transformées en prix de labourage et en récompenses aux vieux serviteurs. Le premier concours de labourage se tient, le 3 septembre, à la ferme de la Bouchetière, à l'embranchement des routes de Paris et de Châteaubriant. 21 concurrents entrent en lice. Six prix sont distribués. Des discours sont prononcés par Billault, président de la Société Académique, et par Favre-Couvel, conseiller de préfecture. — La culture maraîchère de la banlieue ne suffit plus aux besoins de la population par suite du développement qu'ont pris les fabriques de conserves. — Les jurys d'agriculture de Vertou, Derval, Bourgneuf, 6e canton de Nantes, se font remarquer par le succès de leurs concours.

Cours commerciaux Le blé, qui vaut 17 fr. l'hectolitre au début de l'année, suit une marche sans cesse ascendante et atteint le prix de 24 fr. à la fin de décembre. Le seigle monte de 12 à 14 fr. 50 c. — L'orge, 9 fr. 30 c. à 13 fr. — Le sarrasin 9 à 11 fr. — Le maïs, 10 à 11 fr.; l'avoine 9 à 11 fr. Vins en entrepôt : muscadet nouveau 32 à 36 fr.; gros plant nouveau 24 à 26 fr. la barrique. — Pain blanc 0 fr. 40 c. à 0 fr. 43 c. le kilo. — Pain batelier 1 fr. 65 c. à 1 fr. 92 1/2 les 6 kilos. — Pain méteil 1 fr. 20 c. à 1 fr. 45 c. les 6 kilos.

COMMISSION COMMERCIALE.

Le commerce nantais se plaint hautement de l'inertie de la Chambre de Commerce et du silence qu'elle garde sur ses délibérations et l'état de ses ressources. Certains veulent refuser le payement de la contribution perçue à son bénéfice. Les négociants, qui partagent cette manière de voir, tiennent une première réunion à la Bourse, le 18 janvier, et, au nombre de 237, ils procèdent, le 22, à la nomination d'une Commission permanente de 19 membres dont le rôle est de faire parvenir au Gouvernement les vœux du commerce nantais. Quatre sections sont formées : intérêts maritimes et commerce d'outre-mer ; commerce intérieur et travaux publics ; industrie ; législation commerciale. Le 7 février, un bureau est nommé. Il se compose de : Guérin-Doudet, président ; Maës, vice-président ; Fred. de Coninck, secrétaire. La salle des courtiers est, tout d'abord, mise à la disposition de la Commission par la Chambre de Commerce, mais celle-ci ne tarde pas à prendre ombrage, et retire l'autorisation accordée. La Commission en est réduite à aller tenir ses séances dans un magasin, au n° 7 de la rue Jean-Jacques. Les réunions sont très suivies. Elles ont lieu deux fois par mois et se poursuivent toute l'année. Les membres de la Commission déploient une grande activité ; de nombreuses et importantes questions sont mises à l'étude. La tâche assumée par eux, celle de présenter aux Pouvoirs publics les vœux du commerce nantais, est largement remplie, comme le démontre la liste des principaux d'entre eux : Organisation d'un Conseil de prud'hommes, vente à l'encan des marchandises, canal latéral de Nantes à Orléans, construction de hangars sur la Fosse, installation d'une grue aux Salorges pour la manutention des pierres, etc., construction d'un gril de carénage, curage et balisage du fleuve, achat d'une cure-môle à vapeur, fixation des usages de la place, unification des modes de payement et du taux de l'escompte, création d'un chemin de fer pour Paris, législation des sucres, etc. La Commission a la satisfaction de voir le Gouvernement prendre en considération plusieurs de ses *desiderata*. La presse des villes maritimes félicite les commerçants nantais de l'initiative dont ils ont fait preuve.

COMMERCE ET INDUSTRIE.

Hignard frères continuent leurs démarches en vue d'obtenir la concession de la Banque de Nantes, dont le privilège expire le 31 décembre 1839. Ils promettent maintenant, s'ils arrivent à leurs fins, de payer, sur leurs bénéfices, une redevance annuelle aux pauvres. Le Maire et le Préfet soutiennent leur cause, mais la Chambre de Commerce ne leur est pas favorable. — Une autre société, au capital de 3 millions, est en formation dans l'étude de M° Lallié pour se mettre sur les rangs en vue d'obtenir la concession.

L'industrie et le commerce prennent un grand essor. Parmi les sociétés qui se fondent, citons : Jamet, Vauloup et Cie, capital 100,000 fr., fabrication du plomb laminé, minium, et plomb de chasse. Ils font construire, par Blon et Amouroux, une tour destinée à cette dernière fabrication et dont la hauteur atteint 56 mètres.

Bouchaud et Cie, raffinerie. — A. Boquien et Cie, raffinerie. — Rissel frères et Tirel, raffinerie. — Delalande, Racin et Lemaître, raffinerie, 100,000 fr. — H.-F. Auger et A. Chauvet, opérations commerciales 200,000 fr. — Arnous-Rivière et L. Jollet, à Chantenay, construction de bateaux à vapeur. — Corroyer et Cie, mines des Touches, 1 million. — Cherot et Cie, filature de chanvre et lin et fabrication toiles à voiles. — Guichard et Cie, à Chantenay, fabrication de la céruse, 600,000 fr. — François aîné et Baudot Ducarray, affaires avec le Venézuéla. — Fornier et Cie, noir animalisé, 75,000 fr. — Villain frères et Cie, distillerie de vin et de pommes de terre à Chantenay, capital 150,000 fr., etc., etc......

Des bruits circulent de nouveau au sujet de la suppression des ateliers d'Indret. Ils sont causés par la décision que le Ministère a prise de faire construire, à Lorient et à Brest, des ateliers pour la réparation des machines des bateaux. Le Préfet rassure facilement la population, et le Ministre, par l'organe du *Moniteur Universel*, proteste formellement contre toute intention de toucher à l'établissement d'Indret.

Un arrêté du Maire supprime la Bourse du matin, qui se tenait en pleine Fosse, devant la douane, et fixe de midi à deux heures la tenue de la grande Bourse. — La création d'un Conseil de prud'hommes est vivement réclamée par les industriels de la ville. — Un article du *Breton,* du 8 avril, produit une profonde sensation et jette un jour nouveau sur les destinées de notre port, en montrant le développement que vaudrait à nos relations commerciales sa mise en communication avec la Suisse et l'Allemagne centrale par la Loire et les canaux de l'est. — Pour la troisième fois, la Chambre des Députés est saisie d'une pétition du commerce nantais, demandant avec instance la suppression des zones pour l'importation des houilles, ou un même droit pour toute la France. Le Ministère reste sourd à cette réclamation, et une ordonnance du 23 juillet maintient le *statu quo*. Notre industrie fait entendre des protestations indignées. — La vente à faux poids est pratiquée couramment par le commerce de détail. Le Procureur, voyant que les amendes infligées ne produisent aucun effet, se décide à appliquer la loi dans toute sa rigueur et livre à la publicité les noms des délinquants. L'affichage de la première liste suffit pour intimider les vendeurs à faux poids.

Un grand nombre d'industriels nantais prennent part à l'exposition régionale d'Angers. Une médaille d'or est décernée à Maugars et Laganry, pour leurs produits de la verrerie de Couëron ; des médailles de bronze à Bridon, lin mécanique; Bonraisin-Tillault et Cie, futaines ; Bertin, colle forte ; Merson, imprimeur ; Gallard, relieur ; Charpentier, graveur et lithographe ; des mentions honorables à Bonamy et de

Coninck, savons de palme ; Lepré, relieur ; Lesueur, cartes à jouer ; Sotta et Donné, peintres.

Joseph Colin, rue des Salorges, le fondateur de l'industrie des conserves, et dont la marque fait prime, voit un fabricant de la Ville-en-Bois se livrer envers lui à une concurrence déloyale, en mettant sur ses boîtes le nom d'un Joseph Colin, demeurant place du Pilori, qu'il s'est associé pour les besoin de la cause. Colin, rue des Salorges, entame un procès. Il obtient satisfaction. Le Tribunal de Nantes, puis la Cour de Rennes, enjoignent à Colin de la place du Pilori de mettre sur ses boîtes tous ses prénoms : Julien-Joseph-Marie.

LES SERVICES DE TRANSPORT.

Mazier-Verrier et Cte se concertent avec les Messageries générales pour organiser, à partir du 1er janvier 1838, un service journalier pour Paris et pour Le Mans, effectuant le trajet en 36 ou 40 heures, suivant la saison. — Quatre lignes d'omnibus desservent la ville : quai Brancas à Pirmil, Bourse à la Grenouillère, place Royale à la route de Paris, place Royale à la route de Rennes. — Trois compagnies : *Les Riverains, Les Hirondelles, les Vulcains,* se font concurrence dans le haut de la Loire. La Compagnie générale des *Bateaux inexplosibles de la Loire d'Orléans à Nantes* est constituée, le 17 mars, à Orléans. Le service de ces bateaux est inauguré le 21 septembre. Il y a quatre départs par semaine dans les deux sens.

La maison S.-A. et O. Siffait, Picard et Denery met un nouveau remorqueur en activité sur la basse Loire.

Plusieurs services de remorquage existent sur la haute Loire : L. Petit, pour Orléans, avec correspondance par la Seine et les canaux pour l'est et l'étranger ; Dugué et Saint-Quentin, pour Angers.

Une ligne de bateaux à vapeur fonctionne entre Nantes et l'Andalousie.

Un service est fait entre Nantes et Bordeaux, par le vapeur *Le Sylphe*. Il y a trois départs par mois.

Le chemin de fer. — Defontaine, ingénieur en chef des ponts et chaussées, termine le projet d'un chemin de fer de Nantes à Orléans, qu'il a dressé sur les ordres de l'Administration. Cette ligne, au départ d'Orléans, se tient sur la rive droite, elle traverse la Loire à Montlouis, passe à Tours, puis franchit le fleuve à Cinq-Mars et se poursuit sur la rive droite, jusqu'à Nantes, où, après avoir traversé le canal Saint-Félix, elle aboutit à l'extrémité de l'île Gloriette. Ce projet nécessite un approfondissement du bras de la Madeleine, pour permettre aux navires d'accoster. La gare des voyageurs est située à proximité du pont de la Belle-Croix. Ce projet est soumis aux formalités d'enquête. — Le projet Jucqueau-Galbrun est, en même temps, mis à l'enquête. Dans ce dernier, le chemin de fer se tient de Nantes à Orléans, sur la rive gauche, d'une façon constante.

MONUMENTS ET VOIRIE.

Palais de justice. — L'état lamentable du Bouffay excite un mécontentement général. L'aspect en est hideux. Le bruit du marché ne permet pas de s'entendre dans les salles d'audience. La fumée des boutiques du rez-de-chaussée passe à travers les planchers et remplit le bâtiment. Les archives entassées dans les greniers sont détruites par la pluie que le mauvais état des toitures laisse passer. Il règne dans le vieux Palais un froid glacial, et l'on n'ose allumer du feu par crainte de l'incendie.

Le Conseil général, dans sa séance du 29 août, reçoit, du Préfet, communication de trois projets pour la reconstruction du monument. Dans le premier, le Palais est construit dans l'axe du cours Henri IV, sur lequel il présente une façade de 36m,50. Il est isolé par deux rues latérales. Le deuxième projet place le monument dans l'axe de la rue Gresset. Le troisième projet rejette le Palais à gauche du terrain des Cadeniers, avec entrée sur la rue de l'Héronnière. La façade principale aspecte la Fosse, avec laquelle il est mis en communication par un escalier monumental. Tout le long de la façade règne une terrasse, sous laquelle les magasins peuvent être aménagés. Mais, comme aucun devis n'est annexé à ces divers plans, le Conseil général ne peut prendre aucune décision et ajourne, à une prochaine session, l'étude de la question.

Caserne de cavalerie. La Commission du Conseil municipal, qui avait été nommée pour choisir un emplacement convenable, adopte la prairie de la Madeleine. Elle évalue à 1,123,000 fr. la somme nécessaire pour construire une caserne pouvant loger 700 hommes et 600 chevaux. Le Conseil s'effraie de la dépense et refuse de voter la somme fixée. Des pourparlers sont alors engagés avec le Ministre de la Guerre, pour obtenir que l'Etat prenne à sa charge une partie des frais. Le Ministre consent à un concours de 200,000 fr. La question revient de nouveau devant le Conseil, et un subside de 500,000 fr. est offert par lui, pour toute participation, au Gouvernement, auquel il laisse toute liberté pour le choix de l'emplacement.

Voies nouvelles. Une nouvelle rue, débouchant sur la Fosse, est ouverte à travers l'ancien Sanitat. (Elle prendra ultérieurement le nom de rue Mazagran.) — Les travaux du quai des Tanneurs se poursuivent. — Le quai de l'Hôpital se termine. — Le pont du Cens se construit. — Les travaux du pont suspendu, sur le canal Saint-Félix, sont poussés avec activité. — La Municipalité offre une prime de 20,000 fr. à l'inventeur d'une machine pouvant tailler les pavés à un prix moins élevé que celui en cours.

Chaley et Bordillon proposent la construction de deux nouvelles lignes de ponts : l'une ayant pour points terminus la rue des Cadeniers prolongée et Pont-Rousseau, traversant le bras de la Fosse avec un pont à travées mobiles ; l'autre, passant à la tête de l'île Gloriette, comporterait la mise en communication du bras de la Fosse avec celui de Pirmil, et la construction de docks sur la Prairie au Duc. Le Conseil municipal rejette ces deux projets.

Emprunt pour travaux — Un emprunt de 2,100,000 fr. pour travaux de voirie est voté par le Conseil municipal, dans sa séance du 1er décembre. Jamais, dans notre ville, un semblable programme de travaux n'avait été conçu. Ce programme comporte les travaux suivants : construction d'une caserne de cavalerie, nivellement du bas de la rue du Calvaire, construction de deux ailes à l'Hôtel-Dieu, achèvement de l'hospice Saint-Jacques, construction ou acquisition d'un immeuble pour l'école primaire supérieure et le musée industriel, agrandissement de l'église Saint-Jacques, ouverture d'amorces sur le tracé des boulevards extérieurs, amélioration des chemins vicinaux, reconstruction de la Poissonnerie, établissement d'un service d'eau, agrandissement des cimetières, rectification d'alignement et nouvelles percées (rue Barillerie, rue Boileau, etc.), enfin, construction de quais dans le port fluvial et le port maritime.

La rue Penthièvre reprend le nom de rue Voltaire, qui avait subsisté de 1792 à 1816. — Le quai de l'Ecluse devient le quai Penthièvre. — Le nom de Ceineray est donné au quai Lebret.

BALS, CONCERTS, SPECTACLES, ETC.

Un bal paré et masqué, par *souscription,* est donné au Grand Théâtre. Les hommes seuls sont admis à souscrire et ont la faculté de présenter une dame travestie et masquée, qui ne pourra retirer son masque pendant toute la durée du bal. Le succès est médiocre. 241 billets seulement sont placés. Le bénéfice net ressort à la somme de 828 fr., qui est partagée entre le Bureau de bienfaisance, la Société de charité maternelle, les salles d'asile et les sœurs de Saint-Vincent-de-Paul.

Concerts. En mars : Mlle Mazel, pianiste, puis Bressler. — Avril : Ernst, au cirque Paquer. — Mai : M. et Mme Thillon, puis Giacomo Philippa. — Juin : Mme Melchior, puis Urso, flutiste. — Décembre : Mlle Bosc, puis Mme Vigano. — Un concert de Lagoanère, premier alto solo du Théâtre royal italien de Londres, inaugure la nouvelle salle de la rue Sainte-Catherine, qui se fait remarquer par son éclairage au gaz.

Grand Théâtre. La direction est confiée à Roux. La subvention est maintenue à 25,000 fr., mais la ville prend certaines dépenses à sa charge, et le vaudeville est seul exigé pendant l'été. Le jour de l'ouverture, le public, mécontent de cette combinaison, se livre à un vacarme qui empêche la représentation. Le directeur s'organise pour donner la comédie. Le public n'est pas satisfait, il veut l'opéra. La salle est même fermée pendant quelques jours. Une nouvelle subvention de 4,500 fr. permet d'avoir une troupe complète, et la campagne se poursuit sans grand entrain.. Le directeur ne tarde pas à se trouver dans l'impossibilité de continuer, et les artistes se forment en société, sous sa direction. Derivis, Lherie, Lepeintre, Philippe et Mme Dorval viennent en représentation.

Le cirque Modeste, puis la troupe Franconi, donnent des représentations équestres. On donne le spectacle de *La Prise de Constantine,* dans une baraque installée sur la Fosse. — Leroux, directeur des Lilliputiens, monte, dans un terrain vague, rue du Calvaire, près la maison Chrétien, son théâtre de Riquiqui, et, avec ses marionnettes, obtient un grand succès.

Année 1839.

La cherté du pain. — Elections législatives. — Le Conseil général. — Incendie de la caserne de l'Entrepôt. — Le navire-école « *L'Oriental-Hydrographe.* » — La lutte entre les deux sucres. — Divers : exposition de peinture, les courses. — Services publics. — Enseignement. — Journaux et publications. — Agriculture, commerce et industrie : mouvement du port, importations et exportations. — Monuments et voirie : palais de justice, Saint-Nicolas, travaux du port, les chantiers de Chézine. — L'établissement d'Indret. — Concerts, spectacles, etc.

La cherté du pain.

L'année débute dans de mauvaises conditions. La cherté du pain (1), dans le cours de janvier, provoque des troubles sur divers points de la région. A La Rochelle, des magasins sont pillés ; des maisons incendiées ; des troupes sont envoyées pour rétablir l'ordre. Notre ville est calme, mais, pour parer à toute éventualité, le Maire demande que la garnison de cavalerie soit rétablie, et deux escadrons du 6e hussards sont envoyés du Mans.

En mai, deux escadrons du 8e lanciers remplacent les hussards.

ÉLECTIONS LÉGISLATIVES.

La dissolution de la Chambre est prononcée à la suite d'un vote hostile au Ministère. Les électeurs se réunissent le 2 mars.

Le journal *Le Breton,* comme aux élections précédentes, se tient en dehors de la lutte. *Le National de l'Ouest,* dès la première heure, prend position. Il discute les actes des candidats sortants, et engage vivement les électeurs à main-

(1) Le blé vaut 36 fr. l'hectolitre.

tenir, sur leur siège, Dubois, Lanjuinais, Billault, Cossin et Nicod. Un appel est adressé par lui aux libéraux de toutes nuances sans distinction pour une réunion dans la rue Sainte-Catherine. Un Comité se forme. Une souscription s'ouvre. Des professions de foi sont distribuées. La campagne est activement menée. *L'Hermine* soutient les candidatures de Maisonneuve, de la Rochejacquelein et de Formon.

1er collège. — 396 inscrits. 330 votants. P.-F. Dubois est réélu par 228 suffrages. Garnier-Haranchipy, candidat ministériel, obtient 74 voix ; Maisonneuve, 23.

2e collège. — 570 inscrits. 463 votants. Bignon, candidat du Ministère, est réélu par 301 voix. Quesneau recueille 152 voix appartenant à l'opposition libérale.

3e collège. — 494 inscrits. 424 votants. Lanjuinais est réélu par 231 suffrages. De la Rochejacquelein en obtient 186.

A Ancenis, Billault est réélu par 104 voix sans concurrent. A Châteaubriant, de la Haye-Jousselin l'emporte sur de la Pilorgerie. A Paimbœuf, Benoit, candidat de l'opposition, est élu contre Le Ray. A Savenay, Nicod est maintenu par 126 voix ; de Formon en obtient 110.

P.-F. Dubois est nommé le 15 mai, membre du Conseil royal de l'instruction publique. Aux termes de la loi électorale, il doit, par suite du poste auquel il est appelé, demander à ses électeurs le renouvellement de son mandat. Il est réélu le 15 juin sans concurrent.

Bignon et Dubois sont, de nouveau, nommés secrétaires de la Chambre. Le poste de secrétaire général du Ministère de la Justice est offert à Billault qui le refuse.

LE CONSEIL GÉNÉRAL.

L'irritation du Conseil général contre le préfet Maurice

Duval n'a fait que grandir depuis la dernière session, et plusieurs Conseillers déclarent ne plus vouloir siéger tant que satisfaction ne leur sera pas donnée et que le Préfet sera maintenu.

Toutefois, pour que l'expédition des affaires ne soit pas entravée, des dispositions sont prises pour qu'à chaque séance il y ait seize membres présents (nombre requis pour rendre valables les délibérations) et pas un de plus.

Le Préfet se borne à faire acte de présence le premier jour de la session. Il reçoit le serment des Conseillers élus depuis la dernière session, dépose les dossiers et se retire.

Le Conseil est convoqué en session extraordinaire le 15 décembre pour prendre une détermination au sujet de l'emplacement du nouveau Palais de Justice.

Les Assemblées départementales sont l'objet d'un renouvellement triennal en novembre. Sont nommés Conseillers généraux : du 1er canton, Thomas Chéguillaume, par 22 voix sur 28 votants, et du 3e, Billault, par 87 voix sur 107 votants et 269 inscrits ; Conseillers d'arrondissement : du 1er, Gicquel ; du 2e, Mathurin Chéguillaume ; du 6e, Durand-Gasselin.

INCENDIE DE LA CASERNE DE L'ENTREPOT.

La caserne de l'Entrepôt est, dans la nuit du 21 au 22 septembre, dévorée par un violent incendie dont la cause est attribuée à une combustion spontanée du foin. Les lanciers qui occupent la caserne peuvent se sauver et faire sortir leurs chevaux. Les pompiers, les soldats et la population rivalisent de zèle pour combattre le fléau. Au moment où l'on commence à se rendre maître du feu, un mur s'écroule et ensevelit, sous ses débris, de nombreuses victimes. 6 personnes sont tuées, dont 4 pompiers, et

40 blessées dont 6 pompiers et 11 officiers ou soldats. Ce triste accident jette notre ville dans une grande consternation. La Municipalité fait célébrer à la Cathédrale un Service solennel. Des souscriptions sont ouvertes à la Mairie et dans les journaux. Un concert est organisé par la Société des Beaux-Arts, au cirque Paquer. Il produit une somme nette de 5,142 fr. Le Grand Théâtre et le théâtre des Variétés donnent des représentations au profit des victimes. Les journaux des autres villes font appel à la générosité de leurs compatriotes. Les pompiers de plusieurs localités envoient spontanément leurs offrandes. Une Commission est nommée par le Maire pour la répartition des secours.

LE NAVIRE-ÉCOLE « L'Oriental-Hydrographe ».

Un voyage d'études autour du monde est organisé par la maison d'armement Despecher et Bonnefin. Leur navire, le trois-mâts *L'Oriental-Hydrographe,* du port de 500 tonneaux, est aménagé pour recevoir 70 jeunes gens. Quatre professeurs, un médecin et plusieurs savants prennent place à bord. Le Gouvernement belge envoie quatre jeunes gens. La Chambre de Commerce de Lyon délègue un représentant ; la Société d'encouragement promet des médailles pour les renseignements qui lui seraient donnés sur les ressources offertes par les pays d'outre-mer, sous le rapport des produits qu'on pourrait en tirer ou du débouché qu'ils pourraient offrir. Le voyage doit durer 2 ans 1/2. Comme l'itinéraire comprend des parages encore infestés par les pirates, 10 caronades sont embarquées. Le navire quitte Nantes le 30 août. Il fait sa première escale à Lisbonne. La douane portugaise lui accorde la franchise comme à un navire de guerre. La reine Dona Maria accueille avec empressement les voyageurs. Elle est tout particulièrement curieuse de voir fonctionner un appareil de daguerréotype, alors complètement inconnu en Portugal. *L'Oriental* prend la direction de l'Amérique du Sud en passant par l'île Madère et Gorée.

LA LUTTE ENTRE LES DEUX SUCRES.

Le sucre de betterave, dont le prix de revient va sans cesse en décroissant et dont la fabrication prend une extension toujours nouvelle, vient concurrencer le sucre colonial d'une façon chaque jour plus redoutable. Les ports maritimes subissent une crise des plus aigues.

Le 4 février, un groupe de négociants se présente chez le Préfet et lui expose toute l'immensité du mal qui accable le commerce nantais.

Le Préfet fait parvenir au Ministre les doléances de ses administrés. Les plaintes qui arrivent aussi vives des autres ports mettent le Gouvernement dans une perplexité d'autant plus grande que l'on se trouve en pleine période électorale. Les fabricants du Nord, de leur côté, s'agitent et réclament impérieusement le maintien du *statu quo*.

Le Ministère ne ménage ses promesses ni aux uns ni aux autres, mais, dès que les élections sont terminées, il semble vouloir abandonner la cause des ports. Ceux-ci ne se découragent pas, ils mènent une campagne des plus vigoureuses et savent agir assez fortement pour que le Gouvernement consente à déposer, le 15 juin, un projet de dégrèvement du sucre colonial.

La lutte s'annonce comme devant être des plus vives au sein de la Chambre des Députés. Le projet de dégrèvement n'obtient qu'une voix de majorité dans le sein de la Commission. Dix-neuf orateurs (Bignon, Dubois, Billault sont de ce nombre) s'inscrivent pour le soutenir, et seize pour le combattre. Les fabricants du Nord déploient de nouveaux efforts et, par leurs intrigues, obtiennent l'ajournement dés débats. La Chambre aborde l'examen du budget. Une démarche est faite auprès du Préfet par nos commerçants. Billault présente une pétition conçue dans les termes les plus pressants. On tente, mais en vain, d'obtenir la mise à l'ordre du jour de la discussion, avant que le budget des recettes ne soit abordé. La session est close le 6 août.

On ne peut plus désormais que compter sur cette ordonnance. Les fabricants du Nord protestent hautement contre cette solution ; ils crient à l'illégalité et menacent de refuser le payement de l'impôt. Nos concitoyens ne perdent pas courage. Le désespoir leur donne de nouvelles forces. La situation est des plus alarmantes. Les usines ferment. Les navires désarment. Des maisons vont liquider.

Le 10 août, à l'issue de la Bourse, 3 à 400 négociants se portent en masse à la Préfecture. Maës parle en leur nom et réclame une solution définitive. *L'émeute*, dit Le Breton, journal ministériel, *est permanente dans les esprits des hommes les plus intéressés à l'ordre*. Cette manifestation semble avoir contribué à lever les dernières hésitations du Pouvoir. L'ordonnance, si impatiemment attendue, est rendue le 21 août.

Elle stipule qu'à partir du 10 septembre les droits suivants seront perçus sur le sucre colonial :

SUCRE BOURBON IMPORTÉ PAR NAVIRES FRANÇAIS.

Brut.. { Autre que blanc........ 26^f 50 les 100 kilos.
{ Blanc .... 33 10   —
Terré de toutes nuances....... 49 »   —

Les droits que l'on perçoit sont ceux de 38 fr. 50 c., 43 fr. 50 c., 61 fr.

Les sucres, provenant des autres colonies et des pays étrangers, sont réduits dans les mêmes proportions.

Le télégraphe annonce cette bonne nouvelle. Une foule

empressée se porte au devant de Bignon qui, à peine descendu de voiture, donne, en pleine rue, lecture du texte de l'ordonnance que l'assistance accueille par des acclamations enthousiastes et des cris de joie.

DIVERS.

Le Commissaire général de la Société des naufragés vient procéder à des essais de bombe porte-amarre qui ont lieu sur la Fosse, en présence des autorités. Ces essais obtiennent un plein succès.

Un généreux élan se manifeste dans toute la France en faveur des malheureux colons de la Martinique qui vient d'être bouleversée par un tremblement de terre. Notre population prend une large part à ce mouvement et verse d'abondants secours.

Une souscription s'ouvre en faveur de chrétiens persans persécutés par la Russie et venus à Paris pour y trouver un refuge.

Herschell, le célèbre astronome anglais, passe quelques jours à Nantes. La Société Académique organise, en son honneur, une séance solennelle au théâtre et lui décerne le titre de membre correspondant. Le Maire le reçoit au Collège royal au milieu des professeurs et des élèves.

Exposition de peinture. La Société des Beaux-Arts organise une exposition de peinture et de sculpture dans les salles de la Halle aux toiles qui ne sont pas occupées par les tableaux du Musée. Elle dure du 11 juin au 15 juillet. Les autorités l'inaugurent solennellement. 154 artistes ou amateurs, parmi lesquels on compte 38 Nantais et 102 Parisiens, ont envoyé 393 œuvres d'art. La Société des Amis des Arts, qui en est arrivée à compter 400 membres, fait l'acquisition de 26 tableaux.

Un Comité se forme en vue d'organiser le travail dans les prisons. Une souscription, ouverte dans ce but, est très favorablement accueillie.

Les registres de l'état-civil, pour 1839, constatent 2,575 naissances, 2,254 décès, 689 mariages.

Les fêtes de Juillet passent inaperçues. Les escadrons de lanciers qui, pour la première fois, figurent à la revue, excitent la curiosité de la population.

La discorde continue à régner parmi les fidèles de l'Eglise catholique française. Un procès est engagé entre la société du *Philophane* et les desservants de l'Eglise, et ceux-ci sont condamnés à payer à la Société le prix des quelques exemplaires de la Revue dont ils avaient disposé dans un but de propagande.

Courses. Les exigences des propriétaires de la prairie de Chantenay et les réclamations formulées par eux pour les prétendues dégradations dont leurs propriétés ont été l'objet les années précédentes, mettent la Commission d'organisation dans la nécessité de chercher un autre champ de courses. Celle-ci porte son choix sur la prairie de Mauves. Le nouvel hippodrome obtient le plus grand succès. Des cafés en plein vent, des guinguettes, des spectacles ambulants s'installent sur la vaste prairie et lui donnent un aspect des plus gais. La commune de Doulon construit une tribune sur son territoire. Les courses durent deux jours, les 4 et 5 août. En dehors des épreuves ordinaires, il y a des courses pour les chevaux de Doulon. Les habitants du quartier se cotisent pour donner un prix dit « de Richebourg ».

Le National de l'Ouest se met à la tête d'un pétitionnement pour demander la réforme électorale. Cette pétition réclame l'électorat politique pour tout électeur communal ou au moins pour tout officier de la garde nationale et, en outre, l'incompatibilité des fonctions publiques avec le mandat de député, l'abolition du cens d'éligibilité, la rétribution du mandat de député, etc.

SERVICES PUBLICS.

Chambre et Tribunal de Commerce. La partie restant à vendre de la cour Terrien est acquise le 23 février. Le prix d'achat de la propriété entière atteint 110,000 fr. — Une somme de 235,000 fr. est d'abord proposée aux propriétaires des Salorges. Cette première offre est rejetée. Une deuxième de 250,000 fr. est acceptée.

Sont nommés membres pour trois ans : Garnier-Haranchipy, Th. Chéguillaume, Luther, membres sortants, Bignon, Lepertière. — Pour un an : Ciret, en remplacement de Soubzmain, démissionnaire (7 octobre).

F. Bignon est élu président ; J. Gouin, vice-président.

Sont nommés : président, F. Queneau ; juges titulaires, Henri Toché, Hipp. Brabeix, anciens juges ; Ad. Berthault et Ad. Albert, juges suppléants sortants. Ces deux derniers sont remplacés par Jules Roux et J.-C. Renoul (10 septembre).

Caisse d'épargne. Les versements s'élèvent à 1,087,152 fr.; les remboursements, à 925,471 fr. Le solde dû aux déposants atteint 3,616,520 fr. pour 5,703 livrets.

Sont nommés directeurs : P. Crouan, A.-S. Bernard.

Plumard remplace Mosneron-Dupin à la présidence du Conseil des directeurs.

Bureau de bienfaisance. Un traité est passé avec les sœurs de la Sagesse, aux termes duquel trois sœurs doivent desservir le dispensaire des indigents du quartier Notre-Dame et deux autres le dispensaire de l'Hôtel-Dieu. Les recettes s'élèvent à 149,430 francs et les dépenses à 143,669 fr. Des secours sont donnés à 4,135 familles, représentant 10,171 personnes, et à 200 enfants.

Budget municipal Les prévisions budgétaires pour 1839 sont fixées, tant pour les recettes que pour les dépenses, à 1,348,232 fr. 97 c. Le chapitre additionnel des recettes s'élève à 175,173 fr. 62 c.; celui des dépenses, à 175,135 fr. 20 c.

Société d'horticulture Une médaille d'argent grand module est décernée à Ch. Mellinet père pour ses importations de plantes exotiques [1].

Société industrielle La médaille d'or du duc d'Orléans est donnée à un marin de Piriac pour actes de sauvetage.

Le 45ᵉ de ligne se rend à La Rochelle. Le 20ᵉ vient de Pontivy et Lorient prendre sa place en notre ville.

ENSEIGNEMENT.

Les industriels primés à l'Exposition nationale de Paris reçoivent leurs récompenses au cours de la distribution des prix du Collège royal. Des médailles d'argent sont obtenues par Bertrand, Philippe et Canaud, fabricants de conserves alimentaires, et par Baboneau, fondeur-mécanicien ; des

---

[1] Chaque année une exposition est organisée sur la promenade de la Bourse au moment des fêtes de la Pentecôte, et la distribution des prix a lieu au cirque Paquer

médailles de bronze, par Bonamy et de Coninck, fabricants de savon de palme, par Chéguillaume, filateur, et Guichard, fabricant de céruse à Chantenay.

L'école normale primaire du bois des Coulées est supprimée. Les élèves sont envoyés à l'école de Rennes. La ville reprend possession de son immeuble.

Les frères des écoles chrétiennes en demandent la jouissance gratuite pour y transporter leur école de la rue de la Rosière. Certains conseillers signalent le danger qu'il y aurait à leur donner de trop grands encouragements, et il est décidé que le local sera mis à leur disposition moyennant un loyer de 1,500 fr.

Plusieurs cours sont donnés à la Mairie : cours de littérature, par Boullault ; d'anglais, par Pipat ; d'histoire et d'archéologie, par Rousseau ; de physiologie comparée, par Tarade.

Peclet vient, en qualité d'inspecteur général, visiter les établissements scolaires. L'école primaire supérieure et l'école des apprentis de la Société Industrielle reçoivent ses félicitations.

A la Mairie, à l'école d'hydrographie, rue de Flandres, à l'école primaire supérieure, on enseigne le système métrique dont, aux termes de la loi du 4 juillet 1837, l'emploi va être obligatoire à partir du 1er janvier 1840.

Eug. Foucault monte un nouveau manège au bois des Coulées, puis il prend, avec son frère, la suite du manège Gachet.

Ant. Peccot est nommé bibliothécaire de la ville en remplacement de Chapplain, qui va habiter Paris.

JOURNAUX ET PUBLICATIONS.

Le 2 décembre commence la publication de *L'Ouest*, journal monarchique, religieux, littéraire et artistique paraissant tous les deux jours ; rédacteur en chef, Casimir Merson.

Suireau édite *La Loire historique et pittoresque,* de Touchard-Lafosse, dont la première livraison paraît en novembre.

Le National de l'Ouest est condamné à 300 fr. d'amende pour avoir diffamé le curé de Vallet.

L'Hermine ouvre une souscription pour les soldats de la cause de la légitimité en Espagne internés en France.

Jules Rieffel crée *L'Agriculture de l'Ouest,* recueil trimestriel.

Suc envoie au Salon de Paris la statue de saint Paul, les bustes de Billault et de Hawkes. Amédée Ménard fait, pour l'église de Chantenay, une statue de saint Martin.

La Corbeille et *Vert-Vert* agrémentent leurs colonnes de portraits-charges.

Le daguerréotype fait son apparition dans notre ville. Forest, libraire, en est l'initiateur ; il prend des vues de l'Ile-Feydeau et de l'Ile-Gloriette, qui sont lithographiées par de la Michellerie.

L'*Histoire de Nantes,* 2e édition, par Guépin, avec gravures de Hawkes, est complètement livrée aux souscripteurs. — Se poursuivent la publication des *Archives curieuses,* par Verger, et celle de l'*Histoire de Nantes,* d'après Travers.

AGRICULTURE.

Le Conseil supprime les deux emplois de vérificateurs d'engrais et décide la création d'un poste d'inspecteur d'agriculture, auquel est appelé Neveu-Derotrie. Un chimiste lui est adjoint pour procéder aux analyses d'engrais. Une somme de 1,000 fr. est donnée à la Société Académique pour organiser un concours de la race bovine, lequel a lieu le jour de la foire de la Saint-André, au 2 décembre. — Les Comités de Saint-Etienne-de-Montluc, Savenay, Le Croisic, 6e, 4e, 2e cantons de Nantes, Carquefou, Saint-Philbert, Bouaye, Vallet, Saint-Nazaire, Clisson, obtiennent des résultats sérieux. — Des serpettes d'honneur, des sommes d'argent, des exemplaires des *Veillées villageoises* sont donnés en récompense.

La Section d'agriculture de la Société Académique se procure en Angleterre une machine à battre le blé, et procède à un essai. Alliot, constructeur-mécanicien, s'inspirant de ce type, crée une machine plus perfectionnée, qu'une Commission de la Société Académique expérimente à la Halle-aux-Blés lors de la foire de Saint-André.

Les 15, 16, 17 mai, les vignes sont complètement gelées.

Cours du blé, 35 à 36 fr. l'hectolitre. — Prix du pain : pain blanc, 0 fr. 40 c. à 0 fr. 45 c. le kilo, 1 fr. 80 c. à 2 fr. les 6 kilos pain batelier et 1 fr. 30 c. à 1 fr. 52 c. pain méteil. — Prix du vin : muscadet, 45 à 50 fr.; grosplant, 30 fr. la barrique au cellier.

COMMERCE ET INDUSTRIE.

De nouvelles condamnations à la prison, avec affichage et insertion, et à l'amende sont prononcées contre une douzaine de boulangers pour usage de faux poids ou pour l'insuffisance de leur approvisionnement.

Les marchands de la ville se plaignent du tort qui leur est causé par la vente aux enchères publiques de marchandises neuves. Un arrêté du Maire, en date du 20 juin, décide que les marchandises ainsi mises en vente seront examinées par des experts désignés par le Maire, lesquels devront constater les tares et défectuosités et les signaler.

Les mesureurs de chaux et les mesureurs de charbon sont en compétition pour obtenir le pesage des charrées et poudrettes. Le Maire charge de ce travail les mesureurs de chaux.

Le mouvement général de la navigation du port de Nantes, pour l'année 1839, d'après les statistiques de la douane, est représenté :

A l'entrée : par 2,869 navires (2,724 navires français, 145 étrangers) jaugeant 161,183 tonneaux. Le cabotage y figure pour 1,605 navires et 58,943 tonneaux.

A la sortie : par 2,745 navires (2,624 français, 121 étrangers) jaugeant 146,072 tonneaux. Le cabotage y est compris pour 2,046 navires et 81,317 tonneaux.

539 bâtiments, jaugeant 59,005 tonneaux, sont attachés au port de Nantes.

Les importations représentent une valeur de 28,333,008 fr. Le sucre figure dans ce chiffre pour 12 millions. — Les exportations s'élèvent à 20,704,154 fr.

Les principaux articles d'importation sont : le sucre, 14,090 tonneaux ; la houille, 28,005 tonneaux ; le noir animal, 10,335 tonneaux ; les bois de construction, 8,851 tonneaux ; Nantes reçoit plus du cinquième de la totalité des sucres importés en France. Aussi la question des sucres cause-t-elle une vive préoccupation.

Les principaux articles d'exportation sont : les grains, représentant une valeur de 9 millions de francs; les tissus, 1,549,927 fr.; les viandes salées, 756,179 fr.

Les recettes des douanes de la direction de Nantes s'élèvent à 6,031,620 fr. (dont 5,974,681 fr. pour le port). Elles se tiennent à ce chiffre depuis cinq années.

L'industrie prend un grand développement et tend à se porter vers Chantenay. On réclame un prompt aménagement de la prairie au Duc, pour permettre aux chantiers de construction de s'y installer.

Les essais pratiqués sur les cuisines distillatoires de Rocher donnent de bons résultats, et le Ministère se décide à les employer pour le service des bateaux de la flotte.

Un Lyonnais, Xavier Frison, vient monter une cristallerie au n° 96 des Hauts-Pavés.

Louis Jollet forme, avec W. Arnous-Rivière et E. Toché, une société pour la construction des bateaux et des machines marines. Leurs ateliers et chantiers sont établis à Chantenay.

Les Inexplosibles reprennent le service d'Orléans en mars, avec quatre départs par semaine. Le service devient journalier en avril. La remonte s'opère en trois jours, avec coucher à Saumur et à Tours ; la descente en deux jours, avec arrêt à Tours. En juillet, par suite de la baisse des eaux, il faut quatre jours pour monter jusqu'à Orléans.

Le Sylphe fait, trois fois par mois, le trajet de Bordeaux à Nantes et *vice versa*.

Clément et Pilon fondent une fabrique de produits chimiques. — Cinq ouvriers de l'imprimerie Hérault sont condamnés à un et deux mois de prison, pour avoir fomenté une soi-disant coalition. — Une voiture à six roues est mise en service pour relier Nantes à Clisson. — Le macadamisage des routes permet des transports plus rapides. Le voyage de Nantes à Paris est effectué en 26 heures au lieu de 36 par les malles-postes, et en 86 au lieu de 48 par les diligences. Le roulage Mazier-Verrier ne demande plus que 4 jours au lieu de 7 pour les expéditions de Paris, et a deux départs par jour.

MONUMENTS ET VOIRIE.

Palais de justice. Le Conseil général, dans sa séance du 6 septembre, est appelé à se prononcer sur deux projets proposés par

Scheult, pour l'édification du Palais de Justice au bout du cours Henri IV. L'un place le monument entre le quai de la Fosse et le prolongement de la promenade ; l'autre le met dans l'axe de la promenade. Le Conseil général adopte le deuxième projet.

Le Conseil d'arrondissement et le Conseil municipal, au contraire, se prononcent pour le premier. Le Préfet tente une démarche auprès du Conseil municipal pour le rallier à la détermination prise par le Conseil général, mais ses efforts sont vains.

Le Conseil municipal, dans sa séance du 14 novembre, déclare maintenir sa décision première et ne pouvoir adopter l'autre plan, dont l'exécution s'oppose à l'ouverture d'une voie en prolongement du cours jusqu'à la Fosse. Il persiste dans son refus de céder le terrain sur lequel le Conseil général a jeté son dévolu, puis il signale le terrain des Pénitentes et la tenue Bruneau comme offrant les conditions requises pour l'établissement du monument.

En présence de ces tiraillements, les habitants du quartier du Bouffay reprennent courage et entrent résolument en campagne. Ils triomphent. La reconstruction du Palais sur l'emplacement du Bouffay est votée par le Conseil général, dans une réunion extraordinaire tenue le 16 décembre. Le projet de reconstruction doit être mis au concours.

Le Ministre de la Guerre insiste auprès de la ville pour qu'une détermination soit prise au sujet de la caserne de cavalerie. Le Conseil municipal, dans sa séance du 20 août, sur la proposition de Douillard, vote un crédit de 700,000 fr. pour sa construction et se prononce pour l'emplacement de la prairie de la Madeleine.

Les travaux de reconstruction de l'aile nord de la cathédrale Saint-Pierre sont mis en adjudication. — Un clocher est construit à l'église de Chantenay. — La tour de Pirmil est livrée aux démolisseurs. — Le pont suspendu du canal Saint-Félix est, en décembre, soumis aux épreuves de réception. — Le Conseil municipal renonce à créer une deuxième ligne des ponts, suivant les projets proposés par Chaley et Bordillon, et adopte le programme suivant : Elargissement de la ligne des ponts, reconstruction du pont Maudit, ouverture d'une rue à travers l'île Gloriette et construction, dans l'alignement de cette rue, d'un pont sur le bras de la Madeleine. — Les travaux de reconstruction du pont Rousseau sont mis en adjudication.

Des travaux de dragages sont exécutés sur les passes de la Haute-Indre, Indret, Couëron. Une somme d'un million est mise, par les Chambres, à la disposition du Ministère, pour la construction de quais.

Ch. de Tollenare, ancien élève de l'Ecole polytechnique, est nommé agent-voyer en chef, à la suite d'un concours qui réunit 17 concurrents.

Le parc aux fumiers, qui se trouve sur le tracé de la rue devant relier le pont suspendu au pont de la Madeleine, doit être déplacé. On cherche longtemps un emplacement, car son voisinage est redouté. Un endroit convenable est trouvé à la Moutonnerie, villa Orsini, sur le bord de l'étier de Mauves. — Un escalier, dit des Petits-Murs, est construit, dans le but de relier le quai d'Orléans à la place Bretagne. La pile de l'ancien pont des Petits-Murs, qui obstruait le quai, est démolie. — Les façades du cours Henri IV sont terminées. — La maison Guenerie, qui obstruait en partie la rue Boileau, est achetée par la ville pour faire communiquer librement cette rue avec celle du Calvaire. — L'avenue de Launay est, en partie, macadamisée. — On procède à la pose d'urinoirs publics et de cuvettes à la Deparcieux. — La ville met en vente divers terrains lui appartenant, quai de Barbin, quai Duquesne, près du pont de l'Ecluse, dans l'île de Barbin, au bois des Coulées, route de Rennes. — L'asphalte est, pour la première fois, employée pour la confection d'un trottoir, devant une maison rues Crébillon et Régnier.

Un arrêté municipal, en date du 10 juin, prescrit diverses mesures concernant la sécurité et la commodité des voies publiques, et entre autres la suppression des trappes d'encavement.

St-Nicolas. La reconstruction de l'église Saint-Nicolas donne lieu à de longs débats au sein du Conseil municipal. Le 3 mai, sur la proposition de Dechaille, il adopte un plan qui exige la démolition de plusieurs immeubles, dont la dépense s'élèvera à près de 200,000 fr. Ce plan place la façade sur la rue de l'Erail. Dans la séance du 2 juillet, une somme de 100,000 fr. est votée pour participer aux travaux. Elle est payable par annuités de 10,000 fr. Le 24 août, le Conseil examine les plans, il les estime comme pouvant occasionner de trop fortes dépenses et déclare que, s'ils ne sont pas conçus sur des bases plus modestes, il retirera sa subvention. La fabrique déclare posséder en caisse l'argent nécessaire pour construire la nef et les bas côtés et vouloir remettre pour plus tard l'édification de la façade et des deux tours.

Port de Nantes. Le 3 octobre, l'Administration procède à la mise en adjudication des travaux à exécuter dans le port de Nantes. Ce sont les premiers grands travaux qui aient été accomplis. Ils comprennent la construction des ouvrages suivants :

Cale en tablier en aval du pont de la Madeleine, rive droite.............	143.551ᶠ 60
Murs de quai et rampes, rive sud de l'île Gloriette................................	85.723 55
Cale basse, rampes, abreuvoir à la grève aval de l'île Feydeau....................	52.883 83
Murs de quai, place de la Bourse........	39.413 90
Quais et paliers sur la Fosse............	170.982 50
Gare pour canot près le Bureau du port.	13.317 80
Ouvrages projetés sur l'emplacement des chantiers de construction à la Chezine......	142.602 44
Quai d'Aiguillon......................	38.600 64
Quais et perrés île au Duc.............	49.904 »
Montant du devis................	736.991ᶠ 06
Somme à valoir..................	63.008 04
Total.............	800.000ᶠ »

La ville participe à ces dépenses pour un tiers.

Une somme de 660,000 fr. est affectée à ces travaux par la loi du 9 août 1839, qui consacre 40,660,000 fr. à l'amélioration des ports. Marseille obtient 7,200,000 fr.; Cette, 7 millions; Le Havre, 6 millions; le bassin de Redon, 4 millions; Dieppe, 2,300,000 fr., etc., etc.

Les chantiers de Chézine.
Un conflit s'élève entre le Préfet et la Municipalité, au sujet de l'abandon par celle-ci des chantiers de construction de la Chézine pour l'exécution des quais et cales projetés.

La ville s'était engagée à céder gratuitement à l'Etat l'emplacement de ces chantiers, qui étaient sa propriété, et aussi à lui fournir un concours financier, mais, craignant que les constructeurs expulsés n'allassent exercer leur industrie à Chantenay, elle avait stipulé, d'une façon expresse, qu'elle ne ferait l'abandon de cet emplacement que le jour où les rives de la prairie au Duc seraient aménagées pour recevoir les chantiers, et qu'elle seule serait juge du moment de ce déplacement.

Le Préfet, bien que l'Etat n'ait commencé aucun travail à la prairie au Duc, met en demeure le Maire de procéder à l'éviction de Jollet et de ses autres locataires, et de tenir les chantiers à la disposition des ponts et chaussées pour y établir un dépôt de matériaux.

Le Maire rappelle au Préfet les termes de l'engagement, démontre que l'Etat n'a pas rempli ses obligations et refuse catégoriquement de faire l'abandon du terrain.

Les négociants, de leur côté, insistent auprès de l'Administration pour qu'elle hâte la construction des cales et quais qui doivent être établis sur l'emplacement des chantiers, et dont ils disent avoir le plus pressant besoin pour leurs opérations d'armement. Ils mettent en circulation des pétitions. Des contre-pétitions se signent et soutiennent la Municipalité dans sa résistance. Les ingénieurs prennent le parti de presser la mise en état des terrains de la prairie au Duc, pour permettre aux constructeurs d'y installer leurs chantiers le plus promptement possible.

ÉTABLISSEMENT D'INDRET.

Un chantier de construction pour la marine de l'Etat avait été établi dans l'île d'Indret, au cours du XVIIe siècle. En 1767, on y installa une fonderie de canons. Une autre destination lui fut donnée en 1828. Le Gouvernement, comprenant la nécessité de posséder un établissement spécial pour la construction des bateaux à vapeur, jeta ses vues sur Indret. Les chantiers pour la construction des coques furent mis sous la direction des ingénieurs de la marine, et l'Etat passa avec l'ingénieur Gengembre, auteur de l'outillage mécanique de la Monnaie de Paris, un traité pour la création et la conduite, pendant dix ans, des ateliers destinés à la construction des chaudières et des machines. A la mort de ce dernier, survenue en janvier 1838, presque à la veille de l'expiration de son traité, le Ministre renonça au système de l'entreprise et se décida à remettre le service aux ingénieurs de la marine.

Une ordonnance royale du 30 mars 1839 consacre la situation et réunit les chantiers et les ateliers en un seul arsenal, sous le titre d'*Etablissement de la marine royale à Indret*. Le 16 mai, de la Morinière, ingénieur de 1re classe de la marine, est mis à la tête de l'établissement.

CONCERTS, SPECTACLES, ETC.

Concerts.   En mars : Ghys, violoncelliste. — Avril : Bressler-Arso, flutiste. — Juin : Schlecht, violoncelliste ; Mlle Rouchaud, harpiste ; les élèves du pianiste Mansini. — Septembre : Mlle Anaïs Bazin et Emile Prudent ; Roselen, pianiste, et Philidor, violoniste. — Décembre : Emile Prudent, pianiste.

Grand Théâtre.   Mme Dorval, Derivis fils, Philippe, Saint-Ange viennent en représentation. *Le Brasseur de Preston* et *Ruy Blas* sont montés. Le 21 mars, a lieu la première des *Huguenots*.

Lemonnier, le nouveau directeur, ouvre la campagne le 14 mai. Il a 50,000 fr. de subvention. *Lucie de Lamermoor* fait son apparition le 21 novembre. Pour attirer le public, des tombolas sont organisées, dont les gros lots sont de riches paravents. Les places des premières donnent droit à deux billets, celles des deuxièmes et du parterre à un billet.

Le Théâtre des Variétés est exploité par la troupe de drame et vaudeville du Grand Théâtre. Des acrobates et équilibristes y donnent des représentations.

On exhibe, rue Jean-Jacques, n° 7, un plan de Paris en relief, ayant 61 pieds de circonférence, et, rue du Calvaire, un plan du temple de Salomon. — Un ancien militaire montre son chien *Munito,* qui joue du piano, lit les lettres, danse, parle quatre langues. — Un squelette vivant est visible rue de Gorges. — Les *Lilliputiens,* de Leroux, avec leurs places à 0 fr. 20 c. et 0 fr. 10 c. ont un grand succès.

La route de Rennes, depuis qu'elle est macadamisée, devient la promenade à la mode. Le jeudi et le vendredi de la semaine sainte, les écuyers, les gens à équipages, les promeneurs, s'y donnent rendez-vous dans l'après-midi. C'est l'inauguration du *Longchamps* nantais.

Année 1840.

Les bateaux transatlantiques — La lutte entre les deux sucres. — Elections municipales. — Installation de la Mairie. — Départ du préfet Maurice Duval. — Le Conseil de prud'hommes. — Visite du Ministre des Travaux publics. — Menaces de guerre avec l'Angleterre. — Formation du 72e de ligne. — Divers : grève, société des courses, etc. — Services publics. — Enseignement. — Journaux et publications. — Agriculture, commerce et industrie : statistique industrielle, commerce maritime, chemin de fer. — Monuments et voirie. — Concerts, spectacles.

LES BATEAUX TRANSATLANTIQUES.

La Chambre des Députés est saisie d'un projet de loi relatif aux paquebots transatlantiques.

Betting de Lancastel est délégué, par ses collègues de la Chambre de Commerce, pour aller plaider la cause de notre port. Il remet au Ministre un long mémoire où sont consignés tous les avantages que présente Saint-Nazaire pour être le point d'attache d'une ligne. Ces avantages sont : bon marché des vivres pour l'approvisionnement des navires ; facilités qu'offre la Loire pour permettre aux marchandises d'outre-mer de pénétrer au cœur de la France ; sécurité que présente la Loire au point de vue militaire. Le Ministre lui donne l'assurance que le Gouvernement est dans l'intention de réserver à Saint-Nazaire la ligne du Brésil avec escales à Lisbonne, Gorée, Bahia, Rio-Janeiro.

La Chambre de Commerce s'empresse de former une société financière pour répondre aux vues du Gouvernement. Elle convoque, le 11 mai, le commerce nantais, et 14 commissaires [1], pris en dehors de ses membres, sont désignés

---

[1] J. Roux, J. V. Lauriol, F.-L. Goupilleau, L.-H. Ducoudray-Bourgault, A. Delaire, E. Toché, P. Bonamy, A. Bonnefin, C. Pabst, E. Rouaud, P.-B. Goullin, H. Pelloutier, F. Cardon, A. François aîné.

pour se concerter avec ces derniers afin de recueillir des souscriptions. Dès le lendemain, des listes sont mises en circulation, et, à l'issue de la bourse du jour suivant, les souscriptions atteignent la somme de 678,000 fr. Certaines souscriptions représentent de gros chiffres. J. Gouin, Betting de Lancastel, F. Quesneau donnent leur signature chacun pour 20,000 fr.; Bourcard et Luther, Carmichaël, Garnier, Bignon, Haranchipy, Bertrand, Toché et Nogues, C. Pabst, J. Roux, pour 10,000 fr., etc., etc.... Les listes circulent dans toute la ville et jusque dans les ateliers. L'entrain est général.

Le 16 mai, la Chambre vote le projet. Elle accorde une subvention annuelle de 1,200,000 fr. pour la ligne du Havre à New-York sous condition de la construction, par la Compagnie, des navires devant desservir la ligne. D'autres dispositions sont prises pour les autres lignes. 25 millions sont consacrés à la construction de 12 navires de 450 chevaux de force, et 4 de 220 chevaux pour desservir les deux autres lignes, celle de la Havane, Martinique et Guadeloupe, qui doit partir alternativement de Marseille ou de Bordeaux, et celle de Saint-Nazaire pour Rio-Janeiro, Gorée, Lisbonne. En présence de cette détermination qui dispense notre ville de tout concours financier, la Chambre de Commerce suspend la souscription.

LA LUTTE ENTRE LES DEUX SUCRES.

L'ordonnance du 21 août 1839, qui a dégrevé les sucres coloniaux, doit être sanctionnée par une loi.

Les délégués des ports sont reçus, le 19 février, par la Commission de la Chambre nommée pour étudier le projet de loi.

Notre concitoyen, Betting de Lancastel, est chargé par eux de porter la parole au nom du commerce maritime.

Il plaide chaleureusement la cause qui lui est confiée. Il s'attache à démontrer que le sucre de betterave ne contribue, en aucune sorte, à l'accroissement de la richesse nationale, et n'a pas, sur le développement de l'agriculture, l'influence sur laquelle on croyait pouvoir compter. La question de la suppression de la sucrerie indigène est posée par quelques délégués.

Le projet de loi relatif au dégrèvement est discuté dans les séances des 9, 11 et 12 mai. La Chambre de Commerce insiste auprès de la Chambre des Pairs pour obtenir une prompte mise à l'ordre du jour.

La loi est promulguée le 3 juillet.

ÉLECTIONS MUNICIPALES.

La série des 19 conseillers élus en 1834 est arrivée au terme de son mandat. Les élections se passent dans les conditions normales. Elles commencent le 25 mai et se terminent le 12 juin. Comme aux précédents scrutins, les journaux restent en dehors de la lutte, et les électeurs, abandonnés à leurs propres inspirations, tiennent bien plus compte de la notoriété des candidats ou des services qu'ils ont rendus que de leurs opinions politiques. Les élus, cependant, pour la presque totalité, sont des partisans plus ou moins militants du régime existant.

Les résultats sont les suivants :

Section B. (1) — Membres sortants : Le Sant et Le Roux. — Inscrits : 288. — Sont élus : Le Sant, au 1er tour, par 30 voix sur 54 votants; Aug. Jégou, au 2e tour, par 25 sur 47.

Section A. — Membres sortants : Gicquel aîné et Bruneau. — Inscrits : 214. — Sont élus : au 1er tour, Gicquel, par 51 voix ; Saint-Félix Scheult par 35, sur 68 votants.

(1) Voir les élections de 1834.

Section C. — Membres sortants : Polo et Francheteau. — Inscrits : 195. — Sont élus : au 1er tour : Polo, par 47 voix sur 61 votants ; au 2e tour, Renoul, par 26 sur 48.

Section G. — Membres sortants : Moriceau et J. Gouin. — Inscrits : 292. — Sont élus : au 1er tour, J. Gouin, par 50 voix sur 82 votants ; au 2e tour, Laënnec aîné, avocat, par 37 sur 65.

Section K. — Membres sortants : Saint Amand Siffait et Greslé. — Inscrits : 312. — Sont élus au 2e tour : H. Rissel, par 51 voix, et J.-B. Etienne, par 37 sur 96 votants.

Section F. — Membres sortants : Barrat et Guillemet. — Inscrits : 235. — Ils sont réélus au 1er tour : Barrat, par 62 voix ; Guillemet, par 57 sur 94 votants.

Section E. — Membres sortants : Robineau de Bougon et Poilièvre. — Inscrits : 315. — Sont élus : au 1er tour, C. Mellinet, par 74 voix sur 95 votants ; au 2e tour, Robineau de Bougon, par 37 sur 64.

Section D. — Membre sortant : Brousset. — Inscrits : 336. — Sont élus : au 2e tour, Brousset, par 87 voix ; Maugars, par 86 sur 152 votants.

Section H. — Membres sortants : M. Chéguillaume et A. Fleury. — Inscrits : 356. — Ils sont réélus au 2e tour : Chéguillaume, par 79 voix ; Fleury, par 66 sur 114 votants.

Section I. — Membres sortants : Verger et Douillard. — Inscrits : 263. — Douillard est réélu par 59 voix sur 87.

Les électeurs ont montré un peu plus d'empressement aux scrutins précédents. Le total des voix obtenues par les élus ne représente encore que 40 % du nombre des inscrits.

Trois élections partielles ont lieu ultérieurement :

Section K. — A. Delaire est élu par 49 voix sur 91 votants, en remplacement de Rissel père, décédé, sortant en 1843.

Section D. — Greslé est élu par 85 voix sur 157 votants, en remplacemement de Maugars, non acceptant.

Section G. — Caillé aîné est élu par 24 voix sur 63 votants, en remplacement de Laënnec, parent au degré prohibé de Marion de Procé, déjà membre du Conseil.

Après ces dernières élections, le Conseil a la composition suivante :

Section.	Sortants en 1843.	Sortants en 1846.
A	L. Vallet, Bernard.	Gicquel aîné, Scheult.
B	Th. Chéguillaume, Clémansin.	Le Sant, A. Jégou.
C	Prével, M. Peccot.	Polo aîné, J.-C. Renoul.
D	A. Garnier, Cantin.	Brousset, Greslé.
E	Barrien, Le Bidois.	C. Mellinet, Robineau de Bougon.
F	Trenchevent aîné, M. Derivas.	Barrat, Guillemet aîné.
G	Billault, Dechaille.	J. Gouin, Caillé aîné.
H	Marion de Procé.	M. Chéguillaume, A. Fleury.
I	F. Favre, Bignon.	Douillard aîné.
K	Wattier, Delaire.	H. Rissel, J.-B. Etienne.

INSTALLATION DE LA MAIRIE.

Installation de la Mairie. Une ordonnance royale du 19 juillet maintient F. Favre dans les fonctions de maire ; M. Chéguillaume, L. Vallet, Clémansin-Dumaine, M. Derivas, Greslé, dans celles d'adjoint. La Municipalité est installée le 6 août, au milieu d'un grand concours des fonctionnaires de tout ordre et des officiers de la garde nationale. Favre-Couvel, secrétaire général, qui préside la solennité en l'absence du Préfet, reçoit le serment du Maire et de ses adjoints.

La députation fait le plus grand honneur au département. Billault, Dubois, Lanjuinais, font partie de la Commission du budget. Le poste de Rapporteur allait être confié à Billault, lorsque l'avènement de M. Thiers lui vaut une situation autrement brillante. Il entre dans le Ministère du

1ᵉʳ mars, en qualité de Sous-Secrétaire d'Etat au Ministère du Commerce et de l'Agriculture. Dubois et Nicod tirent également profit de ce mouvement parlementaire. Dubois est nommé directeur de l'école normale, et Nicod, conseiller à la Cour de Cassation.

Nos trois députés, par suite de leur élévation aux hautes fonctions dont ils sont investis, doivent, aux termes de la loi électorale, demander à leurs électeurs un renouvellement de mandat. Ils sont réélus.

Billault obtient 97 suffrages sur 98 ; Dubois, 180 sur 227 (élections du 4 avril).

Nicod se retrouve aux prises avec de Formon. Il est nommé par 130 voix. Son adversaire n'en recueille que 98.

Billault, pendant son passage aux affaires, du 3 mars au 29 octobre, prend une part active à l'élaboration du traité de commerce avec la Hollande et reçoit, à cette occasion, la croix de la Légion-d'Honneur.

DÉPART DE MAURICE DUVAL.

La lutte qui, depuis plusieurs années, mettait à chaque session le préfet Maurice Duval aux prises avec le Conseil général, a enfin une issue.

Le Préfet est appelé à d'autres fonctions. Il est nommé Conseiller d'Etat en service ordinaire, et élevé à la dignité de Grand-Officier de la Légion-d'Honneur. Les hautes marques d'estime qui lui sont données par le Gouvernement ne lui semblent pas une compensation suffisante à l'échec moral qu'il subit. Il refuse, et le poste de Conseiller d'Etat, et le grade de Grand-Officier de la Légion-d'Honneur. Dans la lettre d'adieux qu'il adresse aux Sous-Préfets et aux Maires, il ne cache pas ses sentiments de dépit et reproche amèrement au Ministère la disgrâce déguisée dont il est l'objet et l'ingratitude dont il fait preuve à son égard.

Maurice Duval quitte son poste le 19 juin. Chaper, préfet de la Côte-d'Or, est nommé à sa place. Il ne prend possession de son poste que le 14 septembre pour cause de maladie. Favre-Couvel, secrétaire général, remplit les fonctions de Préfet.

LE CONSEIL DE PRUD'HOMMES.

Une ordonnance du 31 juillet institue un Conseil de prud'hommes. Il se compose de sept membres, dont quatre patrons et trois ouvriers. Les filateurs de coton, chanvre, lin, les fabricants de futaine, de draps, indiennes, toiles, nomment deux patrons et un ouvrier. Les constructeurs de machines, taillandiers, armuriers, fondeurs, constructeurs de navires, un patron et un ouvrier. Il en est de même pour les fabricants de produits chimiques, de conserves, raffineurs, tanneurs. Le Conseil comporte, en outre, deux prud'hommes supplémentaires, un patron et un ouvrier, lesquels sont nommés par les trois catégories réunies.

Un certain nombre d'industries n'est pas compris parmi celles admises à jouir du bénéfice de l'institution. Les chefs d'usine intéressés à cette extension font parvenir leurs réclamations au Préfet.

Le Ministre, saisi de ces réclamations par le Préfet, estime que les industries qui en sont l'objet ne représentent que des intérêts de peu d'importance et refuse de modifier son arrêté.

Visite du Ministre des Travaux publics. — Le comte Jaubert, ministre des Travaux publics, passe à Nantes la journée du 19 août. Il descend à l'hôtel de France. Dès la première heure, il visite les travaux des quais, puis descend la Loire dans le canot de la marine jusqu'au chantier Jollet, à Chantenay, où il s'embarque sur le bateau à vapeur *Le Concurrent*, qui le conduit à Indret. A midi, il est de retour, et à une heure, en compagnie du député Bignon, du Maire et des Ingénieurs, il inspecte les travaux des quais de la Fosse, des Ponts, de la route de Rennes, etc. La Chambre de Commerce le reçoit à la Bourse et lui expose les besoins de notre port. Le lendemain matin il part pour Saint-Nazaire.

MENACES DE GUERRE AVEC L'ANGLETERRE.

Une rupture avec l'Angleterre est imminente.

Le Gouvernement, en vue de cette éventualité, se décide à faire appel au concours de la garde nationale pour participer à la défense du territoire. On dresse la liste des citoyens compris dans les six séries mobilisables, aux termes de la loi du 22 mars 1831, et désignées pour contribuer à la défense des places fortes, des côtes, des villes frontières.

Des mesures énergiques sont, en outre, prises pour rétablir la discipline dans les rangs de la milice citoyenne. L'indifférence en était venue au point que les officiers prenaient le service en tenue civile. En même temps, le colonel Desperrois procède à de nouvelles incorporations. Il porte de quatre à six le nombre des compagnies de chaque bataillon d'infanterie et, pour stimuler le zèle, forme dans chaque bataillon deux compagnies d'élite (une de grenadiers et une de voltigeurs).

D'autre part, les canonniers vétérans casernés au château sont dirigés sur les forts de la côte. Les marins au-dessous de 50 ans sont appelés à servir sur la flotte. Des canons et des projectiles sont envoyés dans les places fortes du littoral.

Une grande activité est déployée à Indret pour le développement de l'outillage mécanique.

Ces dispositions éveillent, au sein de la population nantaise, les sentiments d'un vif patriotisme. Au théâtre, le moindre incident soulève des manifestations anti-anglaises, et, à plusieurs reprises, le public réclame la *Marseillaise* et la chante avec enthousiame. La pièce *Napoléon à Schœnbrun et à Sainte-Hélène* est, pour la circonstance, terminée par une apothéose avec ode patriotique, chœurs célestes. Elle est, à certains passages, signalée par des cris de vengeance et de malédiction contre les Anglais.

Dans la nuit du 11 au 12 octobre, des groupes se rendent sous les fenêtres du Consul anglais, qui demeure quai Ceineray, et y entonnent l'hymne de Rouget de l'Isle. L'excitation grandit à mesure que les menaces de guerre se précipitent. Le dimanche 18 octobre, à la sortie du théâtre, une manifestation s'organise et descend la rue Crébillon et se dirige vers la demeure du Consul anglais. Elle trouve, sur la place Royale, un barrage formé par les gardes de ville, les surveillants de nuit, auxquels le piquet du théâtre vient prêter main-forte. Quelques arrestations sont opérées. Une patrouille se rend quai Ceineray pour protéger la maison du Consul anglais, mais les manifestants dispersés place Royale ne s'y présentent pas.

FORMATION DU 72ᵉ DE LIGNE.

Le Gouvernement décide la création de douze régiments d'infanterie et de quatre de cavalerie ([1]), et notre ville est désignée pour être le berceau du 72ᵉ. Dans le courant de septembre, 2,600 conscrits arrivent des divers points du territoire pour former le nouveau régiment et viennent occuper la caserne de la Visitation. Le 20ᵉ de ligne, qui y tenait garnison, ne conserve en ville qu'un seul bataillon qui est logé dans les bâtiments de la Sécherie, au bas de la

---

(1) Régiments *léger* nᵒˢ 22 à 25 ; régiments de ligne nᵒˢ 68 à 75, 7ᵉ, 8ᵉ et 9ᵉ hussards, 13ᵉ chasseurs.

Fosse, pris en location par la ville pour la circonstance. Les deux autres bataillons sont envoyés en cantonnements à Guérande, Savenay, Saint-Nazaire, Châteaubriant, Pontchâteau, Ancenis, Varades, Le Loroux, puis sont dirigés sur Blois. La compagnie hors-rang s'installe dans l'ancienne *Retraite des hommes,* rue du Moulin, dont la Mairie a récemment fait acquisition. Un appel est adressé aux habitants par la Municipalité pour la fourniture, moyennant une indemnité, des lits et objets de literie nécessaires pour ces nouveaux casernements. Le 24 décembre, le lieutenant général d'Erlon procède à l'organisation définitive du nouveau régiment, lui présente son colonel et reçoit le serment des jeunes soldats.

DIVERS.

Les obsèques de Louis Levesque, ancien Maire de Nantes, de 1819 à 1830, décédé à Paris, ont lieu le 9 février, au milieu d'un concours imposant des autorités et de la population. Les honneurs militaires lui sont rendus au titre d'Officier de la Légion-d'Honneur. L'absoute est donnée par Mgr de Hercé. Le colonel de Bréa, chef d'état-major de la division, lui adresse les derniers adieux. Les habitants avaient gardé un profond souvenir de sa grande bienfaisance.

L'Association typographique, dont la fondation remonte à l'année 1833, célèbre sa fête annuelle du 6 mai avec une pompe inaccoutumée. Deux délégués angevins viennent y prendre part. Un banquet est organisé à Launay, dans la salle Robinet, brillamment décorée pour la circonstance. Sous un portique de verdure, on voit les bustes de Guttenberg, de Faust et de Schæffer. Ils sont entourés d'inscriptions. D'un côté, ce sont les noms de Molière, Voltaire, Rousseau, Elisa Mercœur, Ed. Richer, Emile Souvestre ; de l'autre, ceux des premiers imprimeurs nantais : Larcher, Desmarets, etc.

Le lendemain a lieu un bal auquel sont conviés les maîtres imprimeurs et quelques ouvriers des autres corps d'état.

———

Les Nantais sont fiers des succès militaires de leur compatriote, le général Lamoricière. Ses amis profitent d'une journée qu'il vient passer à sa propriété de Tourneron, sur l'Erdre, pour aller en cortège lui porter leurs félicitations. Le Maire et deux des adjoints se joignent à eux. Une souscription est ouverte pour lui offrir une épée d'honneur.

———

Deux esturgeons, l'un pesant 150 kilos, l'autre ayant une longueur de $2^m,33$, sont pêchés dans les environs d'Indret. Il y avait 60 ans qu'il n'avait été fait une capture de ce poisson.

———

Les trois journées des 1er, 2 et 3 août sont consacrées aux courses. La population se montre de plus en plus enthousiaste de ce spectacle. On évalue à 60,000, dont 20,000 étrangers, le nombre des curieux qui, le dimanche 2 août, envahissent l'hippodrome de la prairie de Mauves.

———

Le navire-école l'*Oriental-Hydrographe* continue son voyage de circumnavigation. Il touche à Rio-Janeiro, Montevideo. Les élèves reçoivent partout le meilleur accueil. Un naufrage, survenu le 29 juin, les arrête dans leur voyage. Tous ont la vie sauve. Les élèves, loin d'être découragés, demandent à poursuivre leur programme de voyage.

———

Une assemblée extra-municipale, formée des conseillers municipaux et des citoyens les plus imposés, est convoquée par le Préfet, le 27 novembre, pour entendre les propositions des classificateurs, des experts et du contrôleur qui ont procédé à l'expertise cadastrale. Elle donne son approbation à leurs opérations et adopte le tarif de l'évaluation cadastrale.

Grèves

Plusieurs grèves éclatent au cours de l'année. — En mai, ce sont les menuisiers ; puis les cordonniers et les bottiers qui suspendent leurs travaux. — En juin, les garçons boulangers se mettent, à leur tour, en grève, et, pour assurer la subsistance des habitants, le Maire a recours aux ouvriers de la manutention militaire. — En juillet, les ouvriers en chapeaux vernis quittent leurs ateliers.

Ces diverses grèves sont éphémères et ne donnent lieu à aucun incident. Il n'en est pas de même de celle des tisserands calicotiers qui, au nombre de 400, abandonnent les ateliers. En 1837, un tarif avait été arrêté ; il accordait aux ouvriers une journée de 1 fr. 75 c. Ce prix était tombé à 1 fr. 35 c. et 1 fr. 40 c. Plusieurs semaines se passent en pourparlers avant que la reprise du travail ne soit générale. Deux ouvriers, signalés comme meneurs, passent en police correctionnelle ; l'un d'eux est condamné à un mois de prison comme coupable d'avoir montré un grand zèle pour la propagation de la grève ; l'autre est encore plus sévèrement puni. Il encourt une peine de trois mois. C'était lui qui avait rempli le poste de secrétaire de la grève et rédigé le nouveau tarif.

Le Parquet poursuit deux notaires : l'un à Nantes, l'autre à Clisson, pour dissimulation du prix de leur office. Besnard la Giraudais et Ev. Colombel prennent leur défense et obtiennent un acquittement.

Société des Courses.

Une société de courses se fonde. Son organisation est élaborée par une Commission ayant pour président Robineau de Bougon et pour membres : Vte de Cornulier, Mazier-Verrier aîné, Duchaffault, Cte V^{or} d'Estrées, C. Mellinet, Vte Dufou, F. Crucy, F. Maisonneuve, Petibon-Bochardière, Ch. Saint-Amour. La première réunion des souscripteurs se tient, le 27 avril, au manège Foucault. On y adopte les statuts et on procède à la constitution définitive de la société. Un Conseil d'administration est nommé ; il a pour président F. Favre, maire de Nantes ; vice-président trésorier, Vte de Cornulier ; trésorier adjoint, Pommeraye ; secrétaires, Caro-Lavech et C. Mellinet.

SERVICES PUBLICS.

Les élections pour le renouvellement triennal des officiers de la garde nationale ont lieu du 18 octobre au 5 novembre, dans les conditions normales et sans incident. Une ordonnance du 20 décembre maintient Desperrois et Payac dans leurs fonctions de colonel et de lieutenant-colonel.

Chambre et Tribunal de Commerce. Les délégués de la Chambre de Commerce d'Orléans viennent pour se concerter au sujet de l'établissement d'un remorqueur. — La canalisation du Loir est étudiée en vue de relier la Maine et la Loire au canal d'Orléans. — L'acquisition des Salorges est conclue le 17 août. — La Chambre de Commerce liquide le compte-courant qu'elle avait chez Michel de la Brosse pour payer des acomptes aux propriétaires de la cour Terrien et des Salorges, auxquels il reste encore dû la somme de 283,598 fr.

Le nouveau préfet, Chaper, prend au sérieux ses fonctions de président-né et assiste régulièrement aux séances.

Les membres sortants, Queneau, Ad. Berthault, E. Trenchevent, Ciret, J. Gouin, sont réélus (18 août). — Bignon et J. Gouin sont également réélus président et vice-président.

Sont nommés juges titulaires : A.-S. Bernard, juge en 1830-31, 1834-35, 1837-38 ; Th. Bossis et L⁸ Foucher, juges suppléants sortants. Ces deux derniers sont remplacés par Th. Hardouin et P. Crouan.

Caisse d'épargne. Montant des versements : 1,232,592 fr.; des remboursements : 1,035,534 fr. Solde dû aux déposants, 3,961,992 fr. correspondant à 6,134 livrets.

Sont nommés directeurs : Pelloutier aîné, Hipp. Braheix, J. Roux.

Bureau de bienfaisance. Les recettes s'élèvent à 99,897 fr. La subvention de la ville est portée de 53,500 fr. à 59,500 fr. Les dépenses atteignent 94,126 fr. Le Bureau secourt 4,135 familles, 10,170 personnes, 200 enfants.

Budget municipal. Les prévisions budgétaires pour 1840 sont établies ainsi qu'il suit : 1,446,416 ᶠ 07 en recettes ordinaires et extraordinaires ;

1,444,263 73 en dépenses ordinaires et extraordinaires.

Excédent. 2,152 ᶠ 94.

Le chapitre additionnel des recettes s'élève à 115,438 fr. 66 c.; celui des dépenses, à 114,229 fr. 15 c. L'octroi produit une somme brute de 1,121,642 fr.

Société d'horticulture. La fête florale annuelle est marquée par une innovation. Pour la première fois, on dresse une tente pour recevoir les plantes plus délicates. — Le prix d'honneur, médaille d'or, est décerné à Robert Demangeat, pour son parc (1) de la rue Mondésir.

Arrêtés municipaux. 11 *mai*. — Règlements relatifs aux bacs, bateaux de

---

(1) Parc des dames religieuses de Chavagnes.

passage et embarcations quelconques de louage servant aux promenades sur l'eau.

20 *juillet*. — Police des exhumations, formalités et frais.

30 *octobre*. — Mesures concernant les cafés, billards, cabarets, guinguettes, gargottes et logements en garni.

ENSEIGNEMENT.

Le Ministère présente aux Chambres un projet dotant Rennes d'une Faculté de Médecine. La Société Académique et le corps médical qui, dès 1832, avaient tenté des démarches en vue d'obtenir pour Nantes cette faveur, se mettent en mesure de combattre le projet proposé. Une délégation est envoyée à Paris. Le projet du Gouvernement est repoussé par la Chambre, qui se borne à donner à la ville de Rennes une Faculté des Sciences.

L'école primaire supérieure, à la fin du bail passé avec le propriétaire du local qu'elle occupe rue Saint-Léonard, est transportée dans l'immeuble communal de la rue des Coulées, devenu libre depuis le départ de l'école normale. La rentrée des cours a lieu le 5 octobre dans le nouveau logement. Le Conseil municipal, avant de se décider pour le local de la rue des Coulées, avait songé à demander les bâtiments de l'hôtel de la Monnaie, qui étaient devenus disponibles depuis la suppression du service monétaire. L'Etat avait fixé à 94,184 fr. le prix de vente à la ville de l'hôtel de la Monnaie. Il avait également pensé à édifier, pour cet objet, une construction dans les jardins de l'Hôtel-de-Ville. L'association des écoles chrétiennes avait été un moment en instance pour établir des classes à la Monnaie.

JOURNAUX ET PUBLICATIONS.

L'*Abeille nantaise* cesse de paraître faute d'abonnés. —

Un nouveau journal de théâtre, *Le Diable*, paraît le 1er janvier 1840.

La Corbeille a l'ingénieuse idée d'offrir à ses abonnés une matinée musicale, dont les artistes font tous les frais, et qui se termine par une tombola avec lots heureux et malheureux.

Le National de l'Ouest poursuit la campagne commencée en vue d'obtenir la réforme électorale. Il fait circuler des exemplaires de la pétition du comité Laffitte.

L'Hermine fait un appel chaleureux en faveur de la loterie organisée à Paris, dans le but de secourir les Espagnols réfugiés en France à la suite de la chute de la royauté légitime.

Jules de la Gournerie publie chez Forest une brochure : *Nécessité d'un bassin à flot à Saint-Nazaire*. — Les deux premiers volumes de *La Commune et la Milice de Nantes,* par C. Mellinet, sont livrés aux souscripteurs.

La Commission liturgique du diocèse intente un procès en contrefaçon à Suireau, libraire, pour l'impression du paroissien nantais. Suireau est condamné à l'amende et à la restitution des 12,000 exemplaires du paroissien qu'il a édités et dont le Tribunal fixe à 1 fr. 10 c. le prix auquel la Commission liturgique doit lui payer chaque exemplaire.

Les Archives curieuses, de Verger ; *La Loire historique*, de Touchard-Lafosse ; *L'Histoire de Nantes*, d'après Travers, poursuivent leur publication.

AGRICULTURE.

La Société d'encouragement pour l'industrie nationale décerne à Rieffel une médaille d'or. — Le département de la Loire-Inférieure est signalé comme ayant, le premier, procédé à une organisation officielle de l'agriculture. — Le

Conseil général demande que de nouvelles et plus sévères mesures soient prises pour mettre un terme à la fraude des engrais. — Un concours de chanvre, organisé par la Société Académique, se tient sous le péristyle de la Bourse. Une somme de 500 fr., envoyée par le Ministre, est répartie entre les exposants les plus méritants.

<small>Cours commerciaux</small> Le blé débute à 23 fr., monte à 25 fr. et tombe à 21 fr. l'hectolitre après la récolte. Le seigle suit les mêmes oscillations que le blé et vaut 14 fr. 15 c. et 13 fr. Il en est de même de l'orge, qui oscille entre 10 fr., 13 fr. et 8 fr. L'avoine monte de 10 fr. à 11 fr.; le blé noir, de 10 fr. à 13 fr. l'hectolitre.

Prix du pain : Pain blanc, 0 fr. 37 c. à 0 fr. 50 c. le kilo ; pain batelier, 1 fr. 65 c. à 2 fr. 05 c. les 6 kilos ; pain méteil, 1 fr. 55 c. à 1 fr. 20 c.

Le prix de la viande est, à partir du 15 juillet, réduit à 1 fr. le kilo les trois espèces. Cette diminution a pour cause le manque de fourrages. A partir du mois d'avril, la sécheresse se fait sentir et se continue jusqu'en août.

Par contre, c'est une année d'abondance pour la vigne. Le vin de l'année se vend : muscadet, 25 fr. à 30 fr.; gros-plant, 16 fr. à 17 fr.

COMMERCE ET INDUSTRIE.

La Banque de Nantes est, par ordonnance du 25 novembre 1839, prorogée dans son privilège pour une nouvelle période de 20 années, à partir du 1er janvier 1840. Sa fondation remonte à l'année 1818. Elle augmente son capital et le porte à 3 millions de francs.

———

Un arrêté préfectoral du 2 janvier règlemente le mesurage des matières sèches.

———

Un arrêté municipal est rendu le 4 janvier, portant défense d'employer les matières minérales pour colorer les bonbons, pastilles, dragées, sucreries, et donnant la liste des matières colorantes dont les confiseurs peuvent faire usage.

Statistique industrielle. D'après le tableau des évaluations cadastrales, notre ville compte, en 1840, 5 établissements de bains, 84 bateaux à laver, 17 blanchisseries, 6 brasseries, 8 chamoiseries, 2 établissements d'eau filtrée, 1 usine à gaz (évaluation cadastrale 10,013), 8 fabriques de chandelles, 4 ateliers de chaudières et machines (Babonneau, évaluation cadastrale 3,236), 2 fabriques de colle forte, 7 corderies, 1 fabrique de coton, 1 cristallerie, 1 huilerie, 1 fabrique d'indiennes, 1 fabrique de noir animal, 1 fabrique d'ocre, 3 fabriques de plomb minium, 1 fabrique acide sulfurique et produits chimiques, 1 fabrique de vermicelle, 1 faïencerie, 13 filatures laine et coton (Guillemet, 2,889 ; M. Bureau, 2,182), 2 filatures de lin, 3 salons de glace, 5 établissements de forges et fonderies (Mesnil, 1,938 ; Voruz, 1,382), 1 moulin à vapeur (Dagault, 3,596), 42 moulins à vent, 15 raffineries (Etienne et Say, 2,876 ; Gouté, A. et J. Massion-Rozier, 2,640 ; Rissel frères et Tiret, 2,458 ; Saint-Omer et Barré, 1,547), 15 teintureries, 32 tanneries (Pineau-Pion, 1,138 ; Chéguillaume, A. et Th., 1,013).

Le daguerréotype obtient toujours un grand succès de curiosité. *Le National de l'Ouest* ouvre une souscription au prix d'un franc par séance. Chaque souscripteur reçoit un numéro pour le tirage de quatre belles vues de Nantes.

A partir du 1er septembre, un service de malles-postes dessert Nantes et Bordeaux. Le trajet s'accomplit en 25 heures.

La construction du bateau à vapeur *Le Concurrent,* par Louis Jollet, fait le plus grand honneur à notre industrie nantaise. Toutes les pièces de la coque et de la machine ont été fournies par nos ateliers : fontes de Voruz, chaudière de Rocher, arbres forgés et tournés par Babonneau, montage de la machine par Bertrand-Fourmand.

Le bateau à vapeur le *Pilote Quimperois,* construit par Guibert, est mis en service pour le remorquage sur la basse Loire, et l'approvisionnement en poissons du marché du vendredi.

Le bateau dragueur *Cyclope* n° 1, dû à Babonneau, travaille au curage du port. Il extrait 25 mètres cubes à l'heure.

Alliot monte ses ateliers sur la prairie de Mauves. Il est chargé du dragage des passes de Haute-Indre, Indret, Couëron, à raison de 300 mètres cubes par jour. — Le 18 janvier, l'entreprise des dragages entre Nantes et Paimbœuf est mise en adjudication, sur la base de 320,000 mètres cubes comme minimum et 400,000 mètres cubes comme maximum.

Commerce maritime.

La navigation au long-cours compte 243 bâtiments (110 trois-mâts et 133 dogres, goélettes, bricks-goélettes, bricks), représentant un tonnage total de 49,676 tonneaux. Les maisons d'armement sont au nombre de 112. La moitié d'entre elles ne possède qu'un seul navire.

La maison P.-J. Maës occupe le premier rang, avec 8 navires, d'un tonnage total de 2,947 tonneaux. Viennent ensuite François et Baudot-Ducarrey : 9 navires, 2,243 tonneaux. — François frères : 4 navires, 1,562 tonneaux. — B. Dufou et Ciret : 4 navires, 1,463 tonneaux. — Mercier et Lafargue : 4 navires, 1,417 tonneaux. — G. Chauvet et A. Berthault : 4 navires, 1,360 tonneaux. — R. Soubzmain : 5 navires, 1,322 tonneaux. — F. Collet : 5 navires, 1,310 tonneaux. — L. Lepertière : 5 navires, 1,207 tonneaux. — Th. Carmichaël : 5 navires, 1,048 tonneaux.

Les maisons ayant un tonnage supérieur à 500 tonneaux sont les suivantes : Baillergeau et Naudin, Bourcard, Chantrelle, Chauvet et Couat, Cornillier, de la Brosse, d'Allens, Despecher, Douaud, 7 navires ; Dubigeon, Fonteneau, Garet, Gicquel, Haranchipy frères, Hardy, Lauriol, Le Cour et Genevois, Lemerle, Liancour, Perchais et Meade, Roux, Taffu, Talvande, Trenchevent, Vallée et fils, A. Viot.

La Cérès, de la maison Mercier et Lafargue, présente le plus fort tonnage du port : 551 tonneaux. Il y a dix navires dépassant 400 tonneaux.

<small>Chemin de fer.</small> Jucqueau-Galbrun, en présence du peu d'espoir que l'on fonde sur le Gouvernement pour obtenir la construction du chemin de fer d'Orléans à Nantes, poursuit ses démarches en vue d'obtenir la concession de cette ligne. Plusieurs gros volumes, contenant ses plans, calculs, documents, statistiques, sont remis par lui au Maire. Dans son projet, la ligne se tiendrait sur la rive gauche de la Loire, et viendrait aboutir à la prairie au Duc. La gare serait construite vis-à-vis la douane. D'après ses évaluations, les dépenses s'élèveraient à 125 millions, et à 130 avec un embranchement sur Angers. Une concession à perpétuité lui serait accordée. Des capitalistes belges, anglais, hollandais sont disposés à avancer les sommes nécessaires aux travaux, moyennant la garantie, par l'Etat, d'un intérêt de 4 %. Les députés de l'ouest et du centre s'emploient activement auprès du Ministre pour que la demande de Jucqueau-Galbrun soit présentée aux Chambres.

MONUMENTS ET VOIRIE.

<small>Cathédrale</small> Le 3 septembre, a lieu la bénédiction, par Mgr de Hercé, de la première pierre du bras nord de la croix. Le bras sud remonte à l'année 1657. Le lieutenant-général Cte d'Erlon,

Favre-Couvel, remplaçant le Préfet, le Maire, le Président et plusieurs membres du Conseil général, assistent à la cérémonie. Une plaque commémorative, à laquelle sont jointes des pièces de monnaie, est scellée dans un pilier.

Le 3 mai, bénédiction de l'église des Sorinières.

Un concours est ouvert pour la reconstruction du Palais de Justice, sur l'emplacement du Bouffay. Huit concurrents se présentent : Bodichon, Chenantais (deux plans), Demangeat, Robineau, V. Delépine, Farouilh, de Paris (deux plans), Garnaud et Bourgerel, Gengembre. La Commission porte sa préférence sur l'un des plans de Farouilh. Le Conseil général évalue la dépense en terrain et en construction à la somme de 600,000 fr. Il annule sa décision du 16 décembre 1839 et vote une perception de 2 centimes pendant 9 ans.

Les habitants du quartier des Ponts sont autorisés, par le Conseil municipal, à construire, de leurs deniers, une église et un presbytère.

Le terrain de la Mitrie est désigné pour la construction d'une caserne de cavalerie. — La construction d'une poudrière en dehors de la ville est proposée au Gouvernement. — L'ouverture d'une rue de 8 mètres devant relier la rue Menou à la rue Félibien, est décidée par la ville. On donnerait à cette voie le nom de Louis Levesque. — Une Société, dont Pommeraye, ancien notaire, est le gérant, entreprend, sur les plans de l'architecte Buron aîné, la construction d'un passage entre la rue de la Fosse et la rue Santeuil. Les travaux entrent en voie d'exécution. — La chaussée de Versailles est macadamisée. — Le pavé de la route de Rennes est remplacé par du macadam. — La rue Boileau débouche complètement dans la rue du Calvaire. — On commence à poser des bouches d'égout en fonte, sortant des fonderies de Voruz.

La ville engage un procès avec le propriétaire de la maison qui occupe le fond du boulevard, pour le forcer à l'abattre. — Des fonds sont votés, par le Conseil municipal, pour l'allumage des reverbères, par temps noir, les jours de lune. — Les propriétaires du cours Henri IV mettent opposition à la vente par la ville du terrain des Cadeniers, sous prétexte que la non-ouverture de la rue projetée jusqu'à Launay causera une dépréciation à leurs immeubles. Le Maire passe outre et la vente a lieu, sur la mise à prix de 84,294 fr. La superficie est de 3,681 mètres. — Le terrain communal du bois des Coulées est vendu, et aussitôt il se recouvre de constructions.

Les travaux des quais et cales de Richebourg, de la Tremperie, de la Maison-Rouge, de la Fosse, etc., sont entrepris. Les ouvriers manquent. Des soldats du 20e sont mis à la disposition de l'adjudicataire pour certains travaux urgents.

L'évacuation des chantiers du bas de la Fosse donne lieu à de nouveaux conflits entre la Mairie et l'Administration. La Mairie soutient les constructeurs contre les Ponts et Chaussées, qui veulent s'emparer de leurs terrains pour commencer la construction des quais projetés. Cette résistance est motivée par la crainte que l'on a toujours de voir les constructeurs s'en aller s'établir à Chantenay. — L'appropriation des rivages de la prairie au Duc, pour y installer les chantiers de construction, est mise en adjudication le 20 juillet. Un premier navire y est mis en chantier par Bedois, en face l'hôtel des douanes.

Le pont suspendu est soumis, le 14 juillet, aux épreuves définitives. La chaussée (¹) qui le relie au quai Magellan est terminée. — Les travaux d'un pont en fonte à l'embouchure de l'Erdre sont adjugés, le 30 mars, à Mesnil, avec un

---

(1) Rue Fouré.

rabais de 15 1/2 % sur une mise à prix de 57,000 fr. — La construction du pont Rousseau avance. — L'élargissement des rues Dos-d'Ane et Vertais se poursuit. Une ordonnance du 26 septembre 1837 fixe à 10 mètres la largeur de cette voie. 180 maisons sont atteintes par cet alignement. Une somme de 20,000 fr, doit être consacrée chaque année à des acquisitions de maisons. — Le quai Magellan se construit. — La reconstruction en pierre du pont Maudit est mise en adjudication le 23 octobre, sur une évaluation de 125,000 francs.

Plusieurs séances du Conseil sont consacrées à l'étude des projets d'une nouvelle ligne de ponts. Il y en a trois : 1° ligne suivant l'axe du pont Maudit reconstruit ; 2° ligne ayant pour point de départ l'hôtel de la Douane ; 3° ligne dans l'axe de la rue Jean-Jacques. Dans la séance du 14 février, le projet dit de la Douane est adopté, avec pont suspendu à travées mobiles pour la partie entre la Fosse et la prairie au Duc.

L'opinion publique s'émeut de voir les travaux, entrepris pour améliorer la haute Loire, ne donner aucun résultat. Le Conseil municipal, sur la proposition du Maire, nomme une Commission pour rédiger une requête ayant pour objet la demande de la construction d'un canal latéral de Combleux, près Orléans, à Candes à l'embouchure de la Vienne. Dechaille rédige cette requête. Le Conseil, dans sa séance du 25 septembre, lui donne son approbation et en décide l'envoi au Président du Conseil et au Ministre des Travaux publics.

Le Maire prend, le 22 janvier, un arrêté de voirie très important : alignements, mesures de sûreté et salubrité publique, prescriptions contre les incendies, empiètements sur la voie publique, saillies, trottoirs, bornes, balcons, tentes et auvents, dalles de descente, plaques indicatrices, police des constructions.

CONCERTS, SPECTACLES, ETC.

Concerts. Janvier : Mlle Anaïs, professeur de chant à Paris ; puis Richelmé, professeur de chant, et Le Corbeiller, violoniste. — Mars : le violoncelliste Houel ; puis Mlle Caremoli, chanteuse ; puis Thérésa et Maria Milanollo, violonistes, l'une âgée de 7 ans, l'autre de 11. Un concert est donné par ces jeunes artistes au Grand Théâtre au profit de la Société de charité maternelle. Le Maire, pour les remercier, leur envoie un cadeau à Angers. — Avril : Urso, flutiste, puis G. Foignet, harpiste de l'Opéra, et demoiselles Cundell, chanteuses. — Juillet : Mlle Honorine Lambert, pianiste. — Novembre : Mme Picard, harpiste ; puis Artot et Honorine Lambert.

Grand Théâtre. Lemonnier, qui a le privilège pour trois ans, s'en tient à une seule première année. Lafeuillade, artiste de talent, ouvre la campagne le 31 mai. La subvention de 50,000 fr. est maintenue, mais avec l'obligation d'avoir une troupe complète en tous les genres pendant onze mois. — Bouffé et le mime Klischnie viennent en représentations.

Au manège Gachet, tenu maintenant par Foucault, représentations du cirque Colombier jusqu'à la fin de mars. — Le *Cosmorama* de l'Univers, le même qui a eu tant de succès rue Vivienne, s'installe au n° 7 de la place du Commerce. Le Directeur donne des leçons de daguerréotype. — Séances à la Mairie et au théâtre de H^{ri} Mondeux, le pâtre calculateur de la Touraine. — Séances de magnétisme par le professeur Lafontaine. — Diorama de Mme Kennebel au salon de glace Guillet, rue de la Fosse. — A la salle de la rue Sainte-Catherine, expériences du microscope à gaz avec un grossissement de 500,000 fois. — Emile Foucaut court sur la route de Rennes plusieurs paris qui attirent une foule considérable.

Année 1841

Le chemin de fer de Nantes à Orléans. — La lutte entre les deux sucres. — Les cloches de la Cathédrale. — La capture du « Marabout. » — Le recensement à domicile. — Divers : élections, fêtes publiques, etc. — Services publics : conseil des prud'hommes, service vicinal, etc. — Enseignement. — Journaux et publications. — Agriculture, commerce, industrie, bateaux à vapeur. — Monuments et voirie : Cathédrale, Saint-Nicolas, palais de justice, jardin des plantes, etc. — Concerts et spectacles.

LE CHEMIN DE FER DE NANTES A ORLÉANS.

La Société d'études du chemin de fer de Nantes à Orléans convoque les Maires des villes riveraines de la Loire à une réunion qui a lieu le 1er mars, à son siège social, 29, rue Tronchet (1). Le fondateur de la Société, Jucqueau-Galbrun, donne connaissance des travaux exécutés par elle : achat des terrains, tracé, renseignements statistiques. D'après ses calculs, le devis des dépenses s'élèverait à 130 millions, et la recette brute atteindrait le chiffre de 28 millions. En défalquant les dépenses courantes, les intérêts à servir et la formation d'un fonds de réserve, le bénéfice ressortirait à 11 % du capital.

Alexis de Jussieu, préfet de l'Ain et président du Conseil d'administration, annonce qu'une société de capitalistes s'est engagée à fournir les capitaux nécessaires si l'Etat assurait une garantie d'intérêt. Il fait connaître qu'une demande en concession est déposée.

Les fondateurs et les délégués, accompagnés des députés et pairs de la région de la Loire, se présentent successive-

(1) A Paris.

ment chez les Ministres des Travaux publics, de l'Intérieur, des Finances, de la Justice, et demandent instamment que la demande en concession soit soumise aux Chambres dans un bref délai.

Un chaleureux appel est adressé aux Conseils généraux et municipaux des départements riverains du fleuve. Une garantie d'intérêt à 4 % leur est demandée. Blois vote cette garantie pour 1 million ; Tours, également pour 1 million ; Saumur, pour 1 million 500,000 fr.; Nantes, pour 1 million 500,000 fr.; le Conseil général du Loir-et-Cher, pour 1 million 200,000 fr.; celui d'Indre-et-Loire, pour 2 millions.

LA LUTTE ENTRE LES DEUX SUCRES.

La législation de 1840 n'a profité qu'au sucre de betterave. Sa fabrication prend toujours une nouvelle extension et les cours se dépriment de plus en plus. La situation devient chaque jour encore plus grave pour les ports. La Chambre de Commerce de Nantes, à la date du 28 octobre, expose ses doléances au Ministre. Elle s'attache à lui faire comprendre que l'industrie du sucre de betterave n'est pratiquée que dans cinq départements, et que les intérêts autrement importants des ports, des colonies et du commerce maritime lui sont sacrifiés. Au nom de la justice, elle demande que le sucre de betterave soit soumis au même droit que le sucre colonial.

Les fabricants du Nord font entendre de vives réclamations. Ils protestent énergiquement contre l'augmentation de droit qui menace leurs produits et qu'ils ne peuvent supporter. Ils déclarent préférer à cette augmentation l'expropriation de leurs usines avec, toutefois, le payement d'une indemnité qu'ils prétendent leur être légitimement due en raison de la protection dont ils ont joui et sur la foi de laquelle d'importants capitaux ont été engagés par eux.

LES CLOCHES DE LA CATHÉDRALE.

La sonnerie de la Cathédrale, avant la révolution, se composait de douze cloches et jouissait d'une renommée méritée. Lors du rétablissement du culte en 1802, il n'en restait qu'une seule, celle qui servait de timbre pour l'horloge. En 1825, deux autres cloches avaient été fondues.

Le Chapitre de la Cathédrale prend la résolution de doter le vieux monument d'une sonnerie dont il put être fier et fait appel à la générosité des habitants. Une Commission composée de Maurice Durostu, de la Rochette, Ch. de Commequiers, C. Mellinet, J.-C. Renoul et Viot lui prête son concours et organise une souscription. La somme nécessaire ne tarde pas à être recueillie et l'on décide que la sonnerie se composera de huit cloches (1), en y comprenant les deux cloches de 1825, qui seront refondues pour être mises à l'unisson.

Le travail est confié à Guillaume Besson, maître fondeur à Angers. Il s'exécute dans un atelier temporaire établi sur la terrasse de l'abattoir. Les autorités et une brillante société assistent à l'opération de la coulée.

(1) 1º *Jeanne-Antoinette*, pesant 5,650 kilos, présentée au nom du département, a pour parrain le lieutenant général Cte d'Erlon, et pour marraine Mme Chaper, épouse du Préfet ; — 2º *Françoise-Thérèse*, 4,010 kilos, au nom de la ville. Parrain, F. Bignon, député. Marraine, Mme Th. Favre, nièce du Maire ; — 3º *Joséphine*, 2,945 kilos, au nom des propriétaires. Parrain et marraine, J^{h} de la Tullaye et Mme J. de Villetreux, marquise des Dorides ; — 4º *Julie-Félicité*, 2,431 kilos, au nom des négociants armateurs. Parrain et marraine, Jules Gouin, vice-président de la Chambre de Commerce, et Mme veuve Colas ; — 5º *Marie-Françoise*, 1,675 kilos, au nom des commerçants. François Maurice et Mlle Marie Bonhomme ; — 6º *Perrine-Marie*, 1,200 kilos, au nom des corps d'états et de métiers. Pierre Baranger et Mme Garreau. Les deux dernières ont pour parrains et marraines les descendants de ceux qui les avaient présentées en 1825 ; — 7º *Emilie*, 870 kilos. Cl.-M.-R. de Sesmaisons, âgé de 5 ans, et demoiselle Juliette de Menou, âgée de 9 ans ; — 8º *Louise*, 690 kilos. Ch. Espivent de la Villesboisnet et demoiselle Henriette de Monti.

La bénédiction a lieu en grande pompe le 7 décembre. Mgr de Hercé préside la cérémonie. Le Préfet, le Lieutenant général, le Maire, les principales autorités y assistent. La Société des Beaux-Arts chante la messe de Cherubini.

CAPTURE DU « MARABOUT ».

Notre commerce maritime, dans les derniers jours de décembre, est vivement impressionné par la façon vexatoire avec laquelle les Anglais interprètent les clauses du traité pour la répression de la traite des noirs passé en 1833 entre la France, l'Angleterre, la Russie, l'Autriche et la Prusse.

Le brick de 172 tonneaux, Le Marabout, capitaine Dejoie ; armateur, L. Lepertière, qui, depuis dix-huit mois, faisait le commerce de la troque entre Bahia et la côte d'Afrique, est, à la sortie de ce port, capturé par la corvette anglaise La Rose, sous prétexte qu'il se livrait à la traite des noirs. Ce prétexte était fourni par la mise à bord de 72 planches qui, dans l'esprit des Anglais, étaient destinées à établir un entrepont pour loger des esclaves. Bien que cette mise à bord eût été autorisée par notre consul à Bahia, en vue d'aménager le bateau pour le transport de 26 passagers, la capture est déclarée valable. Une grande partie de l'équipage français est transportée sur le navire anglais et Le Marabout est conduit à Cayenne.

La Cour royale de Cayenne, par arrêt du 2 décembre 1841, déclare que Le Marabout n'a pas contrevenu aux stipulations du traité du 22 mars 1833, relatif à la répression de la traite des noirs et que la saisie opérée par la corvette anglaise est illégale. Le capitaine français assigne le capitaine anglais devant le Tribunal de première instance de Cayenne, en payement de 274,863 fr., pour dommages-intérêts et, en outre, des gages de l'équipage et frais. Le Tribunal, par sa décision du 28 décembre, condamne le navire anglais à des dommages-intérêts montant à 253,283 fr. 84 c. et, en outre, au payement des gages et des frais.

L. Lepertière et la Chambre de Commerce s'empressent de faire parvenir au Ministère leurs plus vives réclamations.

On croit voir dans cet acte inqualifiable un moyen des Anglais pour intimider nos armateurs et les contraindre à cesser le commerce de l'huile de palme, commerce dont ils avaient le monopole et auquel, le premier des navires français, *Le Marabout,* se livrait sur une grande échelle. Ce navire devait, en effet, revenir de la côte d'Afrique avec une cargaison de 200,000 kilos de ce produit dont le placement à Paris était déjà assuré.

LE RECENSEMENT A DOMICILE.

Le ministre des finances Humann, estimant que les impôts existants n'ont pas le rendement qui pourrait leur être demandé, charge les contrôleurs des contributions de procéder à un recensement à domicile pour rechercher la matière imposable qui n'est pas encore atteinte. Les conditions dans lesquelles il est procédé à ces investigations jettent une vive agitation sur la plus grande partie du territoire et provoquent à Toulouse, à Bordeaux, Clermont-Ferrand, etc., des troubles et même des collisions sanglantes.

Tout se passe dans notre ville avec un grand calme. Les agents du fisc, d'ailleurs, agissent avec une certaine réserve. Ils se bornent à poser des questions aux propriétaires ou aux concierges et enregistrent leurs déclarations sans les vérifier. A la Fournillère, cependant, un incident se produit. Les contrôleurs sont, dans l'exercice de leurs fonctions, invectivés et menacés par des femmes. La force armée intervient, dissipe l'attroupement, procède à quelques arrestations et l'ordre n'est pas autrement troublé.

DIVERS.

Benoit, député de Paimbœuf, donne sa démission pour cause de santé. Le collège électoral se réunit le 20 mars. Il y a 120 votants. Le capitaine de vaisseau Le Ray, originaire de Pornic, est élu par 70 voix ministérielles. Luminais, candidat de l'opposition constitutionnelle, n'en obtient que 41.

———

Clemansin-Dumaine, conseiller général du 2ᵉ canton, remet sa démission. Le Sant, conseiller d'arrondissement du canton, est élu au 2ᵉ tour (16 août) par 23 voix sur 41 votants et 90 inscrits. Urvoy de Saint-Bedan obtient 12 suffrages. — Louis Vallet, adjoint au Maire, est nommé conseiller d'arrondissement.

———

Un prédicateur en renom, l'abbé Combalot, prêche la station de carême à la Cathédrale. Une affluence considérable se presse pour l'entendre. Il inaugure des conférences spéciales pour les hommes et leur consacre deux soirées par semaine. Des comptes-rendus détaillés de ses discours sont imprimés et mis en vente sous forme de brochure.

———

La fête du Roi est marquée par l'inauguration de l'éclairage public par le gaz. Le nouvel éclairage n'existe encore que dans certains quartiers du centre : quai des Tanneurs, rue de l'Arche-Sèche, place Royale, rue de la Fosse, quai de la Fosse jusqu'à la rue de Launay, rue Crébillon et place Graslin, mais des canalisations sont déjà posées dans d'autres directions pour les besoins des particuliers qui jouissent du gaz depuis 1837. La Cathédrale et l'église Saint-Clément possèdent déjà le nouvel éclairage.

———

Les fêtes nationales subissent un nouveau déclin. Le programme officiel est toujours maintenu. Mais, sous prétexte d'économie, on réduit les dépenses, et le feu d'artifice est supprimé. Pour la première fois depuis 1830, la Bourse ne ferme pas ses portes le 30 juillet et les administrations tiennent leurs bureaux ouverts au public. Les républicains mettent un entrain toujours nouveau à célébrer l'anniversaire des journées de juillet et organisent des banquets en plusieurs endroits.

Les courses ont lieu le dimanche 1er août et le lundi 2. Notre population y trouve un attrait toujours croissant. Pour la première fois, on se rend à l'hippodrome par le quai de Richebourg et le pont de la Seille.

La journée du 24 octobre est marquée par une double solennité militaire.

Sur le cours Saint-Pierre, c'est la remise solennelle par le Maire, au Colonel de la garde nationale, du drapeau qui représentait la Loire-Inférieure aux funérailles de Napoléon, à Paris, en décembre 1840.

Sur le cours Saint-André, le 72e de ligne, de nouvelle formation, reçoit son drapeau avec toute la pompe d'usage.

SERVICES PUBLICS.

Chambre de Commerce. La Chambre étudie l'établissement d'une entreprise de remorquage sur la basse Loire. Les bateaux que le commerce a à sa disposition, le *Sylphe,* le *Trim,* la *Bretagne,* n'ont pas une force suffisante. La concession d'un monopole est décidée. Un tarif est adopté et le privilège sera mis en adjudication sur la base d'un rabais sur ce tarif. Une loi devra être sollicitée pour l'établissement de cette entreprise. — Des réclamations sont adressées à la ville pour le remboursement des 3,604 fr. dépensés par la Chambre lors des événements de juillet-août 1830. — Le tarif des magasinages est l'objet d'un examen en vue de réduire certains articles, mais on craint de ne pas retrouver la somme de 64,000 fr. qui est perçue en moyenne depuis plusieurs années. — Le capitaine J.-B. Le Cour dépose un rapport sur Madagascar et les ressources qu'offre cette île. — Un règlement pour le régime intérieur des entrepôts réels et fictifs est adopté le 16 novembre pour entrer en vigueur à partir du 1er janvier 1842. — De Lancastel et Garnier-Haranchipy sont élus membres du Conseil général du commerce. — Le Préfet assiste aux séances, mais moins assidûment qu'en 1840. — La Chambre commence la publication du compte-rendu de ses délibérations et de ses vœux.

Les membres sortants : de Lancastel, D. Lauriol, A.-H. Bonamy, Th. Carmichael, Aug. Garnier, sont nommés pour 3 ans. F. Bignon et J. Gouin sont élus pour la troisième fois président et vice-président.

Tribunal de Commerce. Sont nommés : président, Aug. Garnier-Haranchipy ; juges titulaires, Ad. Bonamy, Félix Talvande (anciens juges), J. Roux (juge suppléant sortant) ; juges suppléants, L. Guérin, H. Auger.

Caisse d'épargne. L'institution est toujours en voie de progrès. Les versements s'élèvent à 1,443,842 fr.; les remboursements à 780,617 fr. Le solde dû aux déposants atteint 4,742,177 fr. répartis entre 6,951 livrets. De nouveaux statuts sont adoptés.

Bureau de bienfaisance. Le Ministre envoie un secours de 3,500 fr. Les recettes s'élèvent à 106,783 fr.; les dépenses à 97,917 fr.

Budget municipal.

Les prévisions budgétaires pour 1841 sont fixées à :

1,500,542 ᶠ 67 pour les recettes ordinaires et extraordinaires;
1,500,542   31 pour les dépenses ordinaires et extraordinaires.

0 ᶠ 36 d'excédent.

Le chapitre additionnel des recettes s'élève à 87,813 fr. 45 c.; celui des dépenses à 87,649 fr. 82 c.

L'octroi produit une somme brute de 1,162,968 fr.

On procède aux élections pour la première formation du Conseil des Prud'hommes, institué par l'ordonnance du 31 juillet 1840. Trois scrutins sont nécessaires (31 janvier, 21 février, 14 mars) pour nommer les sept conseillers titulaires et les deux suppléants. Le Préfet, pour vice de forme, casse ces laborieuses élections. Un nouveau vote a lieu le 22 août. J. Voruz aîné est nommé président du Conseil.

Coignard, fabricant de brosses, renouvelle la demande tentée sans succès par lui en 1840, pour obtenir l'extension de la juridiction des prud'hommes à une quarantaine d'industries que l'ordonnance de fondation prive du bénéfice de l'institution et se met à la tête d'un mouvement de pétitionnement.

Le Conseil général, par sa délibération du 1ᵉʳ septembre, réorganise le Service vicinal et porte de 12 à 25 le nombre des agents-voyers. Ce service doit désormais comprendre 1 agent-voyer en chef, 4 agents-voyers d'arrondissement et 19 agents-voyers cantonaux chargés chacun de deux cantons et 1 agent-voyer aspirant. Un concours est ouvert pour les treize postes qui sont à remplir.

Le bataillon du 20ᵉ de ligne, qui est encore en garnison dans nos murs, va en mars rejoindre à Blois la portion principale du régiment. — Le 72e quitte notre ville en novembre pour aller à Bordeaux, il est remplacé par le 21e léger qui vient de Bourbon-Vendée.

Le colonel Gérard, inspecteur de l'artillerie des gardes nationales, vient passer l'inspection du matériel de l'artillerie de notre milice citoyenne.

Société industrielle. Pour la première fois, on distribue des diplômes d'anciens élèves. La médaille d'or du duc d'Orléans pour actes de vertu et de dévouement est décernée à Brieugne, secrétaire de la Société, l'un de ses fondateurs, le créateur et directeur de l'école des apprentis. Cette récompense obtient l'approbation générale. Quelques mois auparavant il avait été nommé chevalier de la Légion-d'Honneur au titre de directeur de l'école des apprentis.

Société d'horticulture. Le prix d'honneur, médaille d'or, est obtenu par Ferdinand Favre pour ses acclimatations et semis de Camellias.

ENSEIGNEMENT.

L'école primaire supérieure est citée par un rapport du Ministre comme tenant le premier rang avec l'école du 7e arrondissement de Paris.

L'école secondaire de médecine de Nantes est constituée en école préparatoire de médecine et de pharmacie par l'ordonnance du 31 mars 1841. Dubois, député du 1er collège et inspecteur général de l'Université, est délégué par le Recteur de Rennes pour présider à son inauguration et recevoir le serment des professeurs. Le Dr Fouré, directeur de l'école depuis 25 ans, est maintenu dans ses fonctions. Sont nommés professeurs : Cochard, Delamarre, Guépin, Hélie, Lafond, Legouais, Marchand, Sallion, Thibaud.

Le local occupé par les frères, rue de la Rosière, est insuffisant pour recevoir les élèves dont le nombre augmente chaque année. De nouveaux bâtiments sont construits. Les classes y sont ouvertes le 25 octobre. MM^{grs} de Rennes et de Nantes président la cérémonie d'inauguration. — La musique du 72e prête son concours à la distribution des prix de l'hôtel Rosmadec. — Une marque de sympathie autrement touchante est donnée aux frères. Au moment du départ du régiment, un sergent, au nom de ses camarades, adresse une lettre de remercîments aux frères qui leur ont fait la classe. — La propriété de Tivoli, rue de Bel-Air, est achetée pour y installer un pensionnat.

Concone, compositeur de musique, ouvre un cours d'harmonie théorique et pratique, et Martineau un cours de chant simultané.

JOURNAUX ET PUBLICATIONS.

Le journal *L'Hermine* continue à déployer un grand zèle pour porter secours aux officiers espagnols, défenseurs malheureux de la cause légitimiste, auxquels le Gouvernement a assigné notre ville pour lieu de résidence. Une souscription permanente est ouverte dans ses colonnes. Des loteries sont organisées. La répartition des secours est pratiquée par un comité dont font partie le colonel Arthur Duris, Cte R. de Sesmaisons, abbé Guibout, François aîné, colonel de Laubepin, Merson père, Joseph Bascher, Danet, Cte Olivier de Sesmaisons, Cte Ch. de Kersabiec. Depuis l'arrivée des espagnols jusqu'au 25 juin 1841, une somme dépassant 10,000 fr. a été distribuée. Un nouvel et plus chaleureux appel est adressé par le journal au moment où tous les soldats internés en Bretagne passent par notre ville pour retourner dans leur pays. Dans les six derniers mois de l'année, plus de 8,000 fr. sont employés au payement de pensions mensuelles à 15 officiers supérieurs, 46 officiers et sous-officiers, et en secours temporaires à 232 officiers, sous-officiers et soldats.

Une société en commandite au capital de 180,000 fr. se forme pour continuer la publication de *La Loire Historique*, de Touchard-Lafosse. — Le tome III et dernier de *L'Histoire de Nantes*, d'après Travers, est livré aux souscripteurs. — C. Mellinet poursuit la publication de *La Commune et la Milice de Nantes*.

AGRICULTURE, COMMERCE, INDUSTRIE.

Rieffel est appelé à faire partie du Conseil supérieur de l'agriculture. — Le Conseil général change son mode d'allocation pour l'agriculture. Au lieu d'attribuer comme auparavant une somme fixe par chaque canton, il vote une somme de 6,000 fr. destinée à être répartie entre les divers comités qui se formeront quelle que soit la circonscription embrassée par eux. — Le Préfet, à la date du 19 mai, prend, conformément au vœu émis par le Conseil général, un arrêté réglementant la mise en vente des engrais. Les prescriptions en sont fort rigoureuses. Des réclamations s'élèvent de toutes parts. Une circulaire est adressée aux Maires pour leur faciliter l'application des mesures prescrites. — Bertin, pharmacien, chimiste, vérificateur des engrais publics, publie le *Manuel des fabricants d'engrais*. C'est le premier ouvrage qui est écrit sur ce sujet. Il est acheté pour figurer dans la collection de l'*Encyclopédie Roret*.

Cours des céréales. — Blé, 17 à 20 fr. l'hectolitre ; seigle, 10 à 13 fr.; orge, 8 fr.; blé noir, 10 à 11 fr.; avoine, 10 à 13 fr.

Vins. — Le muscadet vaut, lors de la récolte, de 28 à 30 fr.; le gros-plant 16 à 18 fr.

Viande. — Elle est l'objet de deux augmentations successives. Le prix de trois espèces est porté en octobre à 1 fr. 05 c. et en novembre à 1 fr. 10 c. le kilo.

Un arrêté du Maire, en date du 20 avril, modifie les conditions de vente du pain établie en 1818. Il stipule qu'à partir du 1er juin, la vente du pain se fera au kilo et non au 6 kilos comme cela se pratiquait pour le pain batelier et le pain méteil. Aux termes dudit arrêté, chacun des 87 boulangers de la ville doit avoir un numéro, et ce numéro doit, au moyen d'une plaque, être marqué sur tous les pains de leur fabrication. — Le pain blanc oscille entre 0 fr. 35 c. et 0 fr. 40 c. le kilo ; le pain batelier entre 0 fr. 23 3/4 et 0 fr. 28 1/3 ; le pain méteil entre 0 fr. 16 1/4 et 0 fr. 21 c.

Les affaires commerciales se développent. Des sociétés se fondent : banque L.-P. Croquevielle, au capital 300,000 fr. — Maisons d'armement : J.-Y. Berthault et P. Fiteau, 140,000 fr.; A. et J. Hignard frères, 400,000 fr.; Leboyer, 200,000 fr. — F. Coquebert, assurances maritimes et prêts à la grosse, 1 million. — Saint-Amand et Oswald Siffait, 180,000 fr. par actions de 5,000 fr., pour une ligne de Nantes à Bordeaux, etc.

A la Chambre des Pairs à l'occasion d'une discussion sur le tarif des douanes, Maurice Duval, notre ancien préfet, tente un effort en faveur de la suppression des zones de houille. Le Ministre paraît être bien décidé à ne rien accorder. Il établit que ce système est nécessaire à la protection de nos houillières nationales, car malgré le droit que payent les charbons anglais à leur entrée dans le port de Nantes, ces charbons peuvent remonter jusqu'à Angers et concurrencer en cette ville ceux provenant des houillières du centre.

Le Sylphe abaisse ses prix de passage pour Bordeaux

à 20 et à 15 fr. — Un bateau à vapeur de la force de 4 chevaux est mis en circulation entre Pont-Rousseau et Vertou. — Un nouveau bateau à vapeur, *Le Trim,* dessert toutes les semaines, à partir du 19 juillet, Belle-Ile, Lorient, Pornic, et approvisionne de poisson le marché du vendredi. — Deux inexplosibles de la force de 60 chevaux, construits par Gâche, sont mis en circulation entre Nantes et Angers. Ils peuvent accomplir dans la même journée le voyage d'aller et retour. — Le 7 décembre un inexplosible de Gâche, après avoir remonté la Loire et suivi les canaux de l'est, arrive à Heilbronn. C'est le premier bateau à vapeur qui pénètre dans ce pays, aussi son arrivée est-elle saluée par des acclamations enthousiastes de la population. — Un arrêté préfectoral, en date du 4 février, réglemente les conditions d'établissement des bateaux à laver.

Le Ministre de la Marine satisfait des essais pratiqués sous la direction de Chevreul sur les cuisines distillatoires de Rocher, commande à notre compatriote deux appareils d'une production de 100 litres à l'heure. — F. Bertrand, Ch.-G. Philippe et Henri Canaud, fabricants de conserves alimentaires, sont nommés fournisseurs du Roi. — La société des forges de Basse-Indre, J. Riant et Ad. Langlois est prorogée jusqu'au 1er janvier 1860, et le capital porté de 700,000 à 910,000 fr. — La maison de santé du Dr Valin, route de Paris, est ouverte. — Le nombre des mesureurs de charbon de terre est porté, par arrêté du Maire, de 15 à 25. — Un artiste en daguerréotype tire des portraits au prix de 15 fr. — Des omnibus à six roues ou hexacycles sont mis en service sur la ligne de la place Royale à Pont-Rousseau.

MONUMENTS ET VOIRIE.

Cathédrale. Sur la demande de Mgr de Hercé, et suivant en cela l'exemple donné par le Conseil général, le Conseil municipal, dans sa séance du 15 novembre, émet à l'unanimité le vœu que le Gouvernement fournisse les fonds nécessaires pour entreprendre la construction de l'abside en même temps que celle de l'aile nord, à laquelle on travaille maintenant, et pour ne pas laisser plus longtemps inachevé le plus bel édifice religieux de notre ville.

<small>Saint-Nicolas.</small> Le Conseil des bâtiments civils refuse d'approuver le plan dressé par l'architecte Piel. Son devis s'élevait à 1,600,000 fr. Un autre projet, dont la prévision des dépenses atteint seulement 1 million, est présenté par l'architecte Lassus. Le Conseil municipal, que les proportions grandioses du premier plan avaient quelque peu effrayé, accueille favorablement le nouveau projet. En 1839, le Conseil avait décidé que la façade du monument donnerait sur la rue de l'Erail. Le projet de Lassus dispose cette façade sur la place Saint-Nicolas. Le Conseil reconnaît les avantages qu'offre ce changement et s'engage à contribuer pour la somme de 50,000 fr. dans la dépense qu'occasionne la démolition d'un îlot de maisons et qui s'élèvera à 138,000 fr.

<small>Palais de justice.</small> Le Conseil des bâtiments confirme le jugement du Jury nantais et adopte le plan Farouilh, mais il estime que ce plan doit être remanié sur des points de détail. Grillon, inspecteur des bâtiments civils, vient à Nantes, sur l'ordre du Ministre, pour donner son avis sur l'emplacement du Bouffay. Il condamne ce choix. Il estime que le terrain n'offre pas les garanties suffisantes pour l'établissement des fondations et indique, comme pouvant donner toute sécurité, l'emplacement du boulevard Delorme ou celui du Port-Communeau.

<small>Eglise Sainte-Croix.</small> Le chœur est reconstruit sur les dessins de Nau. Il est inauguré le 10 juin en grande solennité. Les vitraux peints qui le décorent sont très remarqués. Ce sont les premiers qui aient été montés dans le diocèse depuis deux siècles.

Monnaie. On poursuit son aménagement pour y installer le Tribunal civil et la Cour d'assises.

Le Conseil municipal, dans sa séance du 25 novembre, décide l'acquisition d'un terrain sur la prairie de Mauves pour y créer un hippodrome permanent. Le projet est soumis aux formalités d'enquête.

Le lieutenant-général Oudinot, inspecteur de cavalerie de passage à Nantes, visite le manège Foucaut et le déclare un des plus beaux de France.

Huette et Thomas (Louis) établissent un méridien sur la façade méridionale de l'hôtel-de-ville.

Des circulaires sont adressées par le curé de Saint-Clément à ses paroissiens pour leur annoncer son projet de reconstruction de l'église.

La Retraite des hommes (1) acquise par la ville au prix de 65,000 fr. et qui sert momentanément de caserne doit être aménagée pour recevoir l'école industrielle, l'école de dessin, une quatrième salle d'asile, le marché aux toiles et aux fils.

Le Jardin des plantes n'est ouvert au public que pendant la semaine. Le Conseil municipal insiste pour que la population puisse y être admise le dimanche. Le directeur Ecorchard propose tout un plan d'embellissement pour le quartier, consistant en l'établissement de l'entrée principale sur la rue du Lycée et en l'ouverture de deux rues y aboutissant, l'une au nord allant jusqu'à Barbin, l'autre au sud jusqu'à la Seille. Il réclame en même temps la réunion au jardin dans un seul monument de toutes les collections botanique, minéralogique, zoologique, disséminées dans la ville. L'opinion se prononce contre cette prétention.

---

(1) Rue du Moulin.

La prolongation de la rue Gresset jusqu'à la rue de Flandres est réclamée par les habitants du quartier. Cette percée demanderait une dépense d'environ 80,000 fr. Le Conseil refuse d'entreprendre ce travail ; mais sur la proposition de Jégou, il engage les intéressés à se former en une société qui se substituerait aux droits de la commune pour procéder aux expropriations qui pourraient être nécessaires et, en outre, s'engage à verser à cette société une somme de 20,000 fr. lorsque les travaux de la percée seraient achevés.

Le Conseil municipal, dans ses séances des 12 février et 18 mars, accepte la cession par Duvignaux et Charrier d'une bande de terrain de 10 mètres, à travers la tenue des Gatineaux, pour créer une voie de communication (rue Bonne-Louise), entre la place Gigant et la rue du Boccage, contre l'abandon par la ville d'un terrain communal.

Une enquête est ouverte en août pour la création d'une voie charretière dans le prolongement de la rue du Calvaire jusqu'au canal et son raccordement avec les rues de la Boucherie et de la Clavurerie. Cette création est impatiemment attendue.

Les travaux de reconstruction du pont Maudit sont de nouveau mis en adjudication le 6 juillet. Le devis s'élève à 130,000 fr. Le pont doit être construit en pierre. — Une enquête est ouverte sur un projet de percée à travers les terrains Berthou, pour relier le boulevard au théâtre. — La carrière de Miseri est acquise par la ville au prix de 50,000 fr. — Le quai de Richebourg et le pont de la Seille sont livrés à la circulation. — 50,000 fr. sont alloués pour l'achèvement des chantiers de la prairie au Duc.

Le Maire, en présence du lotissement dont la tenue Camus est l'objet et des inconvénients que des lotissements semblables peuvent avoir pour l'exécution ultérieure des voies publiques, prend deux arrêtés en date des 23 avril et 21 mai, aux termes desquels les propriétaires qui se proposent de provoquer dans leurs enclos la construction de maisons par des particuliers, sont tenus de remplir certaines formalités.

CONCERTS ET SPECTACLES.

Concerts. Prudent, pianiste, et Simon violoniste. — Loïsa Puget, chanteuse et compositeur de romances. — Huerta, le *Paganini* de la guitare. — Le jeune Bernardin, violoniste. — Dohler, pianiste. — Mme Laure Brice, chanteuse et auteur de romances. — Mlle Mattmann, pianiste. — Mlle Clara Loveday, pianiste. — Ponchard, professeur au conservatoire de Paris. — A. et L. Batta, violoncelle et piano. — Mme Georgette Ducrest, chanteuse. — M. et Mme Félix Simon, piano et violon. — Franchomme, violoncelle. — L'événement musical de l'année est le concert donné par la société des Beaux-Arts à l'occasion de l'inauguration de sa coquette salle de concerts, laquelle fait le plus grand honneur à l'architecte Chenantais.

Grand-Théâtre. Le directeur Lafeuillade, malgré tous ses efforts, lutte difficilement contre la mauvaise fortune. Les habitués et les abonnés tentent de lui venir en aide et chargent plusieurs d'entre eux, G. Chauvet, J. Derrien, P. Bonamy, Hervouet, G. Lauriol, Abat et F. Cohu de s'entendre avec lui. Une souscription réunit 20,000 fr. Mais les souscripteurs demandent que la ville ajoute à sa subvention de 50,000 fr. le payement de l'éclairage. La ville refuse et la combinaison échoue.

Lafeuillade consent à entreprendre une deuxième campagne. Les artistes s'associent avec lui pour un cinquième de leurs appointements. La ville porte la subvention à 60,000 fr. Le théâtre ouvre le 4 mai, avec troupe d'opéra et troupe de comédie. — Le directeur, usant de la faculté qui lui est donnée par le cahier des charges, ferme le Grand-Théâtre du 19 août au 16 septembre et donne, pendant ces quelques jours, des représentations dramatiques au théâtre des Variétés. — Plusieurs pièces importantes sont montées au cours de l'année : *La Favorite,* 13 avril. *Le Verre d'Eau. La Calomnie.* Viennent en représentations : Serda, de l'Opéra ; Ponchard, ex-sociétaire de l'Opéra comique ; Bouffé. — Le Maire, à la date du 24 septembre, prend un arrêté interdisant l'emploi des allumettes chimiques dans l'intérieur du théâtre et même dans les logements qui en dépendent.

Théâtre des Variétés. En juin et juillet, représentations du *Dernier vœu de l'Empereur,* panorama en 5 tableaux, peints par Philastre et Cambon et présentant en un déroulement de 250 mètres : le retour des cendres de Napoléon, tombeau de Napoléon à Sainte-Hélène, départ de Sainte-Hélène, côtes de France, Cherbourg, Rouen, Courbevoie, défilé du cortège des obsèques dans les Champs-Elysées, chapelle des Invalides. — En septembre et en octobre, le gymnase Castelli, composé de 26 jeunes artistes et danseurs de 5 à 12 ans : pantomimes, pièces adaptées, ballets, féeries ; — octobre et novembre : séances d'escamotage par Linski.

Dans la salle de la rue Sainte-Catherine, de janvier en avril, microscope à gaz oxygène et hydrogène, d'un grossissement de 500,000 fois, avec polyorama donnant avec le retour des cendres de Napoléon 20 tableaux de l'épopée impériale.

De février à mai, dans la case du bas de la rue du Calvaire, séances de Conus, prestidigitation, magie blanche, diorama, tableaux pittoresques.

Année 1842.

Fondation du Comice agricole. — La lutte entre les deux sucres. — Elections législatives. — Le chemin de fer de Paris à l'Océan par Nantes. — Le canal latéral à la Loire de Nantes à Orléans. — Divers : obsèques de Cambronne, mort du duc d'Orléans, exposition de peinture, élections départementales, courses, etc. — Services publics. — Enseignement et publications. — Agriculture, commerce, industrie. — Monuments et voirie. — Concerts, Grand-Théâtre, etc.

FONDATION DU COMICE AGRICOLE.

L'honneur de la fondation du Comice agricole de Nantes revient à Neveu-Derotrie, inspecteur départemental d'agriculture. Ce fonctionnaire réunit, le 1er février, dans la grande salle de la mairie, les agriculteurs dont il a recueilli l'adhésion. Un bureau provisoire est formé, il se compose de Ferd. Favre, maire de Nantes, président ; Olivier de Sesmaisons, vice-président ; Neveu-Derotrie, secrétaire ; Leloup, secrétaire adjoint. Le 23 février est tenue une 2ᵉ réunion dans laquelle les statuts sont adoptés et le Comice définitivement fondé.

Un premier concours est organisé, le 2 août, à la Chauvinière sur la route de Rennes. Le concours de labourage réunit vingt-quatre concurrents. Six prix sont décernés. Les valets de ferme reçoivent des livrets de caisse d'épargne de 30 à 60 fr. Des têtes de bétail sont données en récompense dans les concours d'animaux. Une exposition d'outils, d'instruments et de produits agricoles ajoute un nouvel intérêt à la réunion. Nau et Bourgeois obtiennent une médaille d'argent pour une machine à battre construite d'après le type de celle importée d'Angleterre par la Société

Académique. Cette machine d'une valeur de 300 fr. est donnée en récompense au 1er prix de labourage ; Alliot reçoit une médaille de bronze. On voit figurer à ce concours un superbe échantillon d'anthracite provenant de la mine de Malabrit, en Saint-Lumine-de-Coutais, et aussi la soie et les cocons obtenus par Félix Cornu dans sa propriété de Gorges.

LA LUTTE ENTRE LES DEUX SUCRES.

Les doléances des ports, et aussi le préjudice causé au Trésor par le traitement de faveur dont jouit le sucre indigène, finissent par impressionner le Gouvernement. Le Conseil supérieur du commerce, saisi de la question, se prononce pour l'égalité des droits entre les deux sucres. Le Nord élève d'énergiques protestations et réclame l'expropriation de ses fabriques. Cette solution semble un instant devoir être adoptée par le Gouvernement, mais on se trouve à la veille des élections, et le maintien du *statu quo* est décidé. Les Chambres de Commerce du Havre et de Nantes, en présence de ce déni de justice, donnent en masse leur démission. Les députés et les délégués des ports multiplient leurs instances pour gagner le Ministère à la cause du sucre colonial, mais Guizot est inébranlable. Il déclare que le Cabinet se refuse à jouer son existence sur cette question. Les Chambres sont donc saisies d'une demande de prorogation de la loi de 1840. La discussion devant la Chambre des Députés est très chaude. Les députés des ports luttent vaillamment. Billault et Dubois prennent une vive part aux débats. Malgré leurs efforts la prorogation est adoptée.

A peine la nouvelle Chambre est-elle réunie que la question se pose aussitôt. L'expropriation de l'industrie betteravière est mise en avant par les ports. Le Ministère semble disposé à étudier cette mesure extrême.

ÉLECTIONS LÉGISLATIVES.

Le scrutin est ouvert le 9 juillet. Les censitaires montrent moins d'indifférence qu'aux précédentes élections. *Le Breton,* faisant abstraction de ses préférences pour le centre gauche, invite à maintenir sur leur siège les députés sortants qui font honneur au département et qui représentent fidèlement l'opinion de leurs collèges respectifs. *Le National de l'Ouest* déclare ne vouloir patronner que des candidats anti-ministériels quelle que soit leur nuance d'opinion libérale, et en tête de ses colonnes recommande à ses lecteurs au titre de candidats *nationaux :* Dubois (qu'il qualifie de centre gauche), Laffitte, Lanjuinais, Billault, de la Pilorgerie (qui est un constitutionnel indépendant), Maës, Cormenin. Ce sont ces deux derniers qu'il reconnaît comme étant avec lui en parfaite conformité d'idées et d'opinions.

Les légitimistes présentent dans le premier collège de Nantes, Emm. Halgan ; dans le troisième, Betting de Lancastel, et à Savenay, De Genoude, le publiciste parisien. Les résultats sont les suivants :

Premier collège de Nantes (1, 2 et 3e cantons), 420 inscrits, 339 votants. Dubois est élu par 220 suffrages contre 106 obtenus par Halgan.

Deuxième collège (4, 5 et 6e cantons), 539 inscrits, 371 votants. Bignon est nommé par 301 voix contre 63 données à Laffitte.

Troisième collège (Pont-Rousseau), 530 inscrits, 444 votants. Lanjuinais est élu. Il obtient 241 voix. Lancastel n'en recueille que 193.

Billault est élu à Ancenis par 103 voix sur 146 inscrits. Il est en outre nommé à Paris par le troisième collège, mais il opte pour Ancenis. De la Haye-Jousselin, à Châteaubriant, par 86 voix sur 164 inscrits. Le Ray, à Paimbœuf, par 72 sur 162 inscrits. Jollan, à Savenay, par 165 sur 341 inscrits. Tous faisaient partie de l'ancienne Chambre.

LE CANAL LATÉRAL DE NANTES A ORLÉANS.

Le commerce nantais, en présence des efforts infructueux tentés pour améliorer la Loire au moyen des digues, épis, chevalages, etc., ne voit plus qu'une solution possible : celle de la construction d'un canal latéral. Il remet, par l'intermédiaire de Bignon, une pétition au Ministre des Travaux publics, pour lui exposer l'état de la question. La Compagnie concessionnaire du canal, en vertu de la loi du 17 juin 1836 et dont le Gouvernement a approuvé les projets, vient de trouver les ressources suffisantes pour entreprendre le travail. Sur les 42 millions, montant du devis de l'entreprise, 39,200,000 fr. sont mis à sa disposition par des capitalistes étrangers (30 millions, par des Anglais ; 8 millions par des Hollandais ; 1,200,000 fr. par des Allemands), lesquels mettent comme condition expresse à leur concours le vote par les Chambres de la garantie d'un minimum d'intérêt de 4 % pendant 25 ans, payable seulement au moment de la livraison du canal à la navigation.

Les pétitionnaires prient instamment le Gouvernement de déposer, dans le plus bref délai, un projet de loi stipulant ces engagements de la garantie d'un minimum d'intérêt. Les députés multiplient leurs démarches dans ce sens.

Le Conseil municipal est vivement sollicité par plusieurs de ses membres de souscrire un minimum d'intérêt. Une Commission spéciale chargée d'étudier la question, sans fixer un chiffre, conclut à la nécessité des plus grands sacrifices si l'Etat consent à prendre des engagements.

Le vote par les Chambres du nouveau réseau de chemins de fer ne fait pas abandonner l'idée de la construction du canal, car on estime que le chemin de fer ne pourra fournir, pour le transport des marchandises, les avantages offerts par la voie d'eau. Le transport d'une tonne de marchandises de Nantes à Orléans coûtera 53 fr. par le chemin de fer et 30 fr. seulement par le canal.

LE CHEMIN DE FER DE PARIS A L'OCÉAN, PAR NANTES

La question des chemins de fer est étudiée par le Conseil général du commerce. C'est à Betting de Lancastel, délégué de notre Chambre de Commerce, qu'est réservé l'honneur d'en présenter le rapport.

Le projet de loi relatif à la création du nouveau réseau de voies ferrées, lequel est si impatiemment attendu par nos concitoyens, est enfin déposé par le Ministère le 7 février. Il vient à l'ordre du jour de la Chambre le 26 avril. La Commission le modifie quelque peu. Le Gouvernement n'avait fixé aucun tracé, et la Commission assigne comme villes à desservir : Orléans, Blois, Tours, Angers. Un amendement demande que la ligne passe par Versailles, Chartres, Le Mans, Angers. Le parcours serait ainsi réduit de 54 kilomètres. Bignon démontre que cette réduction de parcours n'est pas compensée par l'isolement dans lequel ce tracé mettrait notre ville par rapport à la riche vallée de la Loire, les contrées du centre et les villes de Lyon et de Bordeaux. La Chambre écarte l'amendement et se range à l'avis de la Commission. L'ensemble du projet est voté, le 12 mai, par la Chambre des Députés, et, le 3 juin, par celle des Pairs. La loi est promulguée le 11 juin.

Le réseau adopté comprend les lignes de Paris : — aux côtes de la Manche vers l'Angleterre — à la frontière belge par Lille — à la frontière allemande par Strasbourg — à Marseille — à l'Océan par Nantes et Bordeaux.

Les études de la partie du réseau qui traverse notre département sont confiées à Cabrol, ingénieur en chef, ayant sous ses ordres Aug. Jégou, ingénieur ordinaire.

DIVERS.

Le général Cambronne rend le dernier soupir le 28 janvier. Ses obsèques sont célébrées à Saint-Nicolas. Son grade de grand-officier de la Légion d'Honneur lui vaut les honneurs réservés aux lieutenants généraux.

Des discours sont prononcés sur sa tombe par le lieutenant général d'Erlon, le général Gemeau, le capitaine Wack, de la garde nationale, et le sous-intendant Collette.

La mort tragique du duc d'Orléans, qui se tue à Neuilly le 13 juillet en descendant de voiture, cause une vive impression en notre ville. Des lettres de condoléances sont adressées au Roi par les autorités, les corps constitués, la garde nationale, la Société industrielle, dont le Prince est président honoraire. Un service funèbre est célébré, le 25 juillet, à son intention à la Cathédrale. Les autorités, des détachements de la garde nationale et de la garnison y assistent.

Sur le désir exprimé par le Roi, la Fête nationale se réduit à la distribution de pain aux indigents et à un service funèbre pour les victimes de 1830.

Une exposition publique de peinture, sculpture et gravure est ouverte, du 5 juillet au 10 août, dans les salles du Musée. Elle est organisée par la Commission du Musée à laquelle s'adjoignent plusieurs membres de la Société des Beaux-Arts (1). L'œuvre la plus remarquable est un tableau de Leullier représentant « les chrétiens livrés aux bêtes dans un amphithéâtre romain. »

L'association des *Amis des Arts,* fidèle à ses traditions, achète plusieurs tableaux destinés à être tirés au sort entre ses membres.

Le prince de Joinville et le duc d'Aumale viennent visiter les domaines qu'ils possèdent dans le département. Ils arrivent à Nantes, le 10 octobre, par le bateau à vapeur d'Angers et descendent incognito à l'Hôtel de France. Joinville, en compagnie de de la Haye-Jousselin, son intendant, se rend dans ses propriétés du château de Blain et de la forêt du Gâvre; d'Aumale séjourne à Nantes, visite les monuments, le port et l'établissement d'Indret. Le lendemain, d'Aumale, accompagné de de la Haye-Jousselin, inspecte ses domaines de Châteaubriant et des forges de Moisdon pendant que Joinville visite la fabrique de conserves de Bonhomme-Colin et se rend à Indret sur le bateau à vapeur *Le Phoque*. Le soir, un dîner est offert aux autorités et, le 13, les deux princes partent pour Brest.

Louis Vallet, adjoint au Maire, conseiller d'arrondissement du 1er canton, est nommé conseiller général de ce canton en remplacement de Thomas Chéguillaume, par 14 voix sur 24 votants et 58 inscrits (8 mai). Ad. François est nommé conseiller d'arrondissement.

---

(1) Président, Ferd. Favre; vice-président, Ad. François, président des Beaux-Arts; secrétaire, Ernest Cherot; secrétaire adjoint, J. Baugé ; membres: Poirier, Deschamps, Henri Baudoux, Guénier, Douillard jeune, Turpin, Bedert, Just Fruchard, Nau, J. Moriceau, Leroux, Coicaud, Jules Gouin, Roussin.

Les électeurs des 4e et 6e cantons sont convoqués, le 4 décembre, pour procéder au renouvellement normal de leurs représentants au Conseil général. Au 4e canton, Ferd. Favre, conseiller sortant, est réélu par 39 voix sur 51 votants et 148 inscrits. Au 6e canton, P.-R. Soubzmain, conseiller sortant, est réélu par 32 voix sur 34 votants et 94 inscrits.

———

Une souscription pour l'établissement d'une école de natation est ouverte chez Sébire, libraire, et au *National de l'Ouest*. Les 50 premiers souscripteurs se réuniront pour établir les statuts d'une société.

———

Les courses de chevaux ont lieu les 31 juillet, 1er et 3 août ; un prix de 1,000 fr. est donné par le duc d'Aumale. Un bal par souscription devait être organisé, mais la mort du duc d'Orléans fait renoncer à ce projet. La fête populaire de la prairie de Mauves prend un grand développement. Plusieurs jours avant les courses, une cinquantaine d'établissements s'y installent : ménageries, salle de bal, théâtre de marionnettes, cafés, guinguettes, étalages. L'orchestre du Grand-Théâtre, que la fermeture de la salle Graslin rend disponible, y donne plusieurs concerts.

———

La souscription ouverte pour secourir les victimes de l'incendie de la ville de Hambourg trouve un accueil des plus sympathiques. Une somme d'environ 6,000 fr. est recueillie.

SERVICES PUBLICS.

Chambre de Commerce. — Une Commission, composée de A. Le Cour, J. Gouin, de Lancastel, est chargée d'étudier les relations à établir avec

Madagascar. — Ad. Le Cour propose de créer une école des mousses.

Le 13 mai, est ouvert le scrutin pour le renouvellement intégral de la Chambre, à la suite de la démission en masse qu'elle a donnée, le 19 mars, à l'occasion de la question des sucres. Les électeurs (1), contrairement à ce qui se passe en semblable circonstance, discutent les membres sortants. Treize d'entre eux : Bignon, Garnier-Haranchipy, Aug. Garnier, Th. Chéguillaume, A.-H. Bonamy, Lepertière, D. Lauriol, de Lancastel, Queneau, E. Trenchevent, Luther, Carmichael, Ciret et un nouveau membre, Ad. Le Cour, qui remplace Ad. Berthault, sont seulement élus au premier tour. Le plus favorisé, Bignon, obtient 36 voix sur 39 votants et le dernier de la liste, Ciret, n'en recueille que 20. Le quinzième membre, J. Gouin, n'est élu que le lendemain. Bignon et J. Gouin sont maintenus dans leurs fonctions de président et de vice-président.

Tribunal de Commerce. Sont nommés juges titulaires : Ad. Albert, ancien juge ; Th. Hardouin et P. Crouan, juges suppléants sortants. Ces deux derniers sont remplacés par Ad. Le Cour et P. Roy.

Caisse d'épargne. Trenchevent aîné est nommé directeur. Les versements sont encore en progrès, ils montent à 1,584,454 fr. Les remboursements atteignent 955,993 fr. Le solde dû aux 7,943 livrets des déposants s'élève à 5,570,797 fr.

Bureau de bienfaisance. Forgeot est nommé administrateur en remplacement de J.-B. Gouin, décédé. Gouin était vice-président (2). Il n'est pas remplacé dans ses fonctions et l'on convient qu'elles

---

(1) Les électeurs, pour ce renouvellement intégral, sont au nombre de 44, savoir : les 11 membres du Tribunal de Commerce, les 9 membres du Conseil des Prud'hommes, 14 notables délégués par le Tribunal de Commerce, 10 notables délégués par le Conseil municipal.

(2) Le Maire est président-né.

seront remplies pendant trois mois par chaque administrateur, à tour de rôle. Les recettes s'élèvent à 104,272 fr., les dépenses à 94,694 fr. Des secours sont donnés à 4,210 familles, 10,250 personnes et 200 enfants.

Budget municipal. Les prévisions budgétaires pour 1842 sont fixées à 1,619,843 fr. 51 c. pour les recettes, et à 1,619,405 fr. 66 c. pour les dépenses, d'où un excédent de recettes de 437 fr. 85 c. Le chapitre additionnel des recettes s'élève à 333,903 fr. 50 c., celui des dépenses à 333,903 fr. 25 c., d'où un excédent de 25 centimes. Les recettes brutes de l'octroi, toujours en progression croissante, montent à la somme de 1,190,542 fr.

Le 8e chasseurs quitte Commercy, pour remplacer dans l'ouest le 8e lanciers, qui part pour Saint-Germain. Deux escadrons, ayant un effectif de 247 hommes, viennent tenir garnison à Nantes, un escadron s'arrête à Ancenis et les deux autres vont à Pontivy.

La Municipalité crée un emploi d'archiviste municipal. Armand Lefrançois est nommé à ce poste. Une Commission de surveillance des archives est en même temps instituée, sous la présidence de Favre-Couvel, secrétaire général de la préfecture.

Le chiffre officiel de la population pour cinq années, à partir du 1er novembre 1842, est, d'après le recensement opéré en 1841, fixé, par une ordonnance royale du 25 octobre, pour Nantes, à 83,389 habitants, comme population totale, et à 76,947, comme population municipale ou normale. — Guérande, 8,404. — Chantenay, 3,935. — Paimbœuf, 3,900. — Ancenis, 3,736. — Saint-Nazaire, 3,771. — Châteaubriant, 3,676. — Savenay, 2,181 habitants.

A l'occasion d'une demande de traitement présentée par le Ministre du culte israélite, on relève que 154 habitants seulement appartiennent à ce culte.

Une 3ᵉ chambre est temporairement instituée au Tribunal civil par ordonnance du 29 novembre.

Arrêtés municipaux rendus à la date du :

17 janvier. — Police des voitures, omnibus et autres moyens de transport. Défense aux omnibus de dépasser les limites assignées.

9 août. — Mise en fourrière des animaux. Trois fourrières : Grande-Biesse, rue Saint-Clément, place Viarme.

16 septembre. — Inspection des viandes mortes au marché du Port-Communeau.

9 novembre. — Etalages sur la voie publique limités à 16 centimètres de saillie à partir du nu du mur.

Arrêtés préfectoraux en date du :

3 mai. — Règlements relatifs aux dimensions des bateaux à laver.

26 novembre. — Vente des huîtres.

Société d'horticulture.

Le prix d'honneur est décerné à un professionnel, Prosper Nerrière. Neveu-Derotrie, dans son rapport de fin d'année, consacre une mention toute spéciale aux capitaines Le Torzec, Vince, Harmange, pour leurs apports en graines et plants exotiques.

La *Société des Beaux-Arts* crée, à côté des sections de musique et de peinture déjà existantes, une section d'archéologie dont Nau, architecte, est le commissaire.

ENSEIGNEMENT ET PUBLICATIONS.

Une école primaire élémentaire est annexée au Collège royal. Cette création amène l'établissement d'un omnibus spécial, qui a pour point de départ la Ville-en-Bois et gagne le collège après avoir parcouru les rues centrales de la ville. Une salle est aménagée galerie d'Orléans, pour permettre aux enfants d'attendre son passage.

Boullault, ancien professeur de rhétorique, ouvre un cours payant de grammaire et de littérature. Il donne d'abord ses leçons dans la salle de la rue d'Alger, puis, sur la demande qui lui en est faite, il choisit un local plus central, le salon de glaces de Guillet.

C. Mellinet livre à ses souscripteurs les 7, 8 et 9e volumes de son ouvrage : *La Commune et la Milice de Nantes.* — *La Loire historique et pittoresque,* de Touchard-Lafosse, continue à paraître par livraisons chez Suireau. — Forest met en vente : *La Loire-Inférieure prise au daguerréotype,* 10 livraisons de 2 planches chacune, en gravure sur acier, par les premiers artistes de la capitale. — Sébire publie : *Le guide de l'agriculteur et du fabricant d'engrais.*

AGRICULTURE, COMMERCE, INDUSTRIE.

Police des engrais. L'arrêté préfectoral du 19 mai 1841 sur la police des engrais répondait à un véritable besoin. Sur 312 échantillons analysés, 172 sont reconnus être plus ou moins sophistiqués.

La nouvelle organisation des comices agricoles, résultant des instructions préfectorales en date du 30 novembre 1841, semble devoir amener de féconds résultats. Les 6,000 fr. alloués par le Conseil général sont répartis entre les divers comices avec un maximum de 500 fr. pour chacun d'eux.

Des concours d'animaux et de produits agricoles sont tenus : A Nozay (18 juillet), 10,000 personnes y assistent ; des courses sont organisées ; — à Carquefou (8 septembre), une timbale d'argent est donnée en premier prix aux valets de ferme, 950 fr. de primes sont distribués ; le Préfet et le député Bignon prennent part à la fête ; — à Guémené (20 septembre), concours de labourage, banquet et bal ; — à Montrelais (8 novembre), banquet offert aux lauréats, présidé par le Sous-Préfet d'Ancenis ; — à Saint-Etienne-de-Montluc ; — à Chantenay ; — à Saint-Philbert ; — à Saint-Mars-la-Jaille.

Le concours de chanvre, organisé par la Société Académique, se tient le 30 novembre, sous la colonnade de la Bourse, en présence du Préfet et du Maire.

Le blé descend, en avril, à 16 fr. 50. c.; il augmente de prix et atteint, en octobre, le maximum de 19 fr. 10 c. — Les autres denrées agricoles suivent la même marche. — Seigle : 9 fr. 40 c. à 10 fr. 65 c. — Orge : 8 fr. 30 c. à 10 fr. 60 c. — Blé noir : 7 fr. 60 c. à 9 fr. 65 c. — Maïs : 10 fr. 20 c. à 14 fr. — Avoine : 8 fr. 25 c. à 9 fr. 25 c.

Pain blanc : 0 fr. 55 c. à 0 fr. 375 le kilo. — Pain batelier : 0 fr. 25 c. à 0 fr. 275. — Pain méteil : 0 fr. 175 à 0 fr. 20 c.

La taxe de la viande est modifiée et portée, à partir du 1er mai, à 1 fr. 05 c. le kilo pour le bœuf ; — 1 fr. pour le veau ; — 1 fr. 10 c. pour le mouton ; — 1 fr. 05 c. les trois espèces.

Guillemot et Cie, quai Cassard, fondent la Compagnie nantaise des bouillons gras à domicile. Des dépôts de leurs produits sont établis Haute-Grand'Rue, quai de la Fosse, rues Jean-Jacques, du Marchix, Bon-Secours, de Gigant, Franklin et Saint-Léonard.

J.-A. Baboneau installe une chaudière pour la galvanisation, dans ses ateliers du quai des Constructions. Il est l'initiateur à Nantes de cette industrie qui, étant encore à ses premiers débuts en France, n'est pas encore l'objet d'un classement au point de vue de la loi de 1810.

Une cuisine distillatoire de Rocher fonctionne avec succès sur une frégate à vapeur du port de Rochefort.

Des sociétés d'assurances maritimes sont fondées : par P.-B. Goullin, au capital de 240,000 fr. ; — par Murphy, 500,000 fr., par action de 10,000 fr.

Bressler ouvre, place de la Monnaie, maison Verger, un magasin de pianos, avec un grand salon disposé pour les concerts, comme chez les premiers facteurs de la Capitale.

La vexation dont le Marabout a été l'objet, la plus grave depuis la conclusion du traité de 1833, émeut le monde parlementaire. Le Ministère est, à la Chambre des Pairs, vivement pris à partie par le Mis de Boissy, qui l'interroge sur la conduite qu'il compte tenir dans la circonstance. Billault, lors de la discussion du budget du Ministère des Affaires étrangères, obtient un grand succès en mettant au jour le manque d'énergie que le Gouvernement a montré dans cette affaire. Les Anglais ont en partie atteint le but qu'ils se proposaient. Nos armateurs, en présence des formalités minutieuses qui doivent être prises, pour éviter leurs molestations, hésitent à développer leurs affaires avec la côte d'Afrique.

———

Une nouvelle pétition, la septième, est déposée par le commerce nantais, à la Chambre des Pairs, pour demander la suppression des zones pour l'introduction de la houille étrangère. Rouen et Amiens ont présenté une semblable requête. Le Rapporteur conclut au renvoi pur et simple de ces pétitions au Ministre du Commerce.

Deux nouvelles lignes d'omnibus sont établies : les *Favorites,* qui vont de la place Royale au bas de Chantenay, et les *Bretonnes,* qui ont pour points terminus la place Louis XVI et la Ville-en-Bois, en passant par les quais de la Fosse et la rue de Launay.

Des omnibus à six roues sont mis en circulation.

———

Un nouveau bateau, l'*Etoile,* tente de lutter avec les *Riverains du bas de Loire* et, avant de cesser son service, en arrive à prendre des voyageurs pour Paimbœuf aux prix de 0 fr. 50 c. et 0 fr. 25 c.

Les Courriers de la Loire, bateaux d'une vitesse supérieure, mettent les *Riverains du haut de la Loire* et les *Inexplosibles* dans la nécessité de réduire à 3 fr. et 1 fr. le prix des places pour Angers. — Alliot met en circulation sur la Loire, tantôt en amont, tantôt en aval, un bateau, le *Soleil,* qui est muni de quatre roues. — Le 27 janvier, une terrible explosion se produit à bord d'un *Riverain* à l'escale d'Ancenis. Un des chauffeurs est tué sur le coup. La vapeur envahit la chambre des secondes, et dix-huit personnes meurent des suites de leurs brûlures.

Les armateurs du *Sylphe* mettent en service, sur leur ligne de Bordeaux, un deuxième bateau, le *Comte d'Erlon*. Le Général, très flatté de cette délicate attention, offre un banquet aux armateurs et aux constructeurs. Avec ces deux bateaux, un départ a lieu tous les cinq jours. — Le *Trim* dessert chaque semaine Belle-Ile et Lorient. De retour le vendredi, il part durant l'été chaque samedi alternativement pour Le Croisic ou pour Pornic et Noirmoutier et revient le dimanche. — Le remorqueur *La Bretagne* est utilisé pour un service entre Nantes et Quimper.

MONUMENTS ET VOIRIE.

Palais de justice. L'Hôtel des Monnaies reçoit, à partir du 5 septembre, les divers services du Tribunal civil et de la Cour d'assises. L'installation est des plus défectueuses.

Le Conseil général, malgré toutes ses préférences pour la reconstruction du Palais de Justice sur l'emplacement du Bouffay, est obligé de renoncer à son projet. Le Préfet, dans la séance du 16 septembre, lui fait connaître l'importance que le Gouvernement attache à voir grouper sur un même emplacement le Palais de Justice, la Gendarmerie et la Prison. Dès lors, toute hésitation doit cesser et le terrain de la tenue Bruneau, dite du Pavillon, est tout indiqué, vu sa proximité de la Prison et sa surface, qui est amplement suffisante, pour permettre l'édification du Palais et de la Gendarmerie, et plus tard la reconstruction de la Prison sur un plan plus vaste. Le Conseil se rend sans difficulté à ces raisons et décide qu'un projet, avec devis pour la construction du Palais de Justice, à la tenue Bruneau, lui sera soumis à la prochaine session.

Cathédrale. Les cloches, qui avaient été montées dans la tour Nord, sont déplacées et installées dans la tour Sud, où elles sont restées jusqu'à ce jour. Les trépidations occasionnées par leur mise en branle inspiraient des craintes pour la solidité de cette première tour.

La Fabrique de Saint-Nicolas, impatiente de commencer les travaux de reconstruction, propose à la ville de lui avancer les sommes nécessaires pour le payement du prix des maisons dont elle s'est engagée à faire l'acquisition, et sur l'emplacement desquelles l'église doit être édifiée et les deux rues latérales projetées doivent être tracées. Le Conseil accepte l'offre, mais décide qu'il ne payera aucun intérêt pour les sommes ainsi avancées.

L'église de Saint-Paul, à Pont-Rousseau, est inaugurée le 6 février.

Le Conseil municipal fixe à 10,000 fr. la souscription de la ville pour l'érection de la statue de Cambronne.

L'hôtel qui obstruait le boulevard Delorme est démoli. — L'acquisition d'un terrain rue du Calvaire, 28, et des hôtels n° 9 et n° 11 de la rue Dugommier est faite par cinq pères jésuites pour y construire une maison de communauté et une chapelle. — La pente de la rue Boileau, à sa jonction avec la rue Crébillon, est adoucie et cette partie de rue devient carrossable. — La romaine de la Petite-Hollande, pour le pesage des foins, est transportée sur le quai Moncousu, au fer à cheval du pont de la Madeleine. — Les bureaux de la poste sont transférés rue Boileau.

L'emprunt de 2,100,000 fr., voté par le Conseil municipal, dans sa séance du 11 décembre 1838, pour l'exécution de divers travaux de voirie, n'avait pas reçu l'approbation ministérielle. Le Conseil, dans sa séance du 3 mai, réduit le programme de ses travaux et limite son emprunt à la somme de 914,000 fr. qu'il est autorisé à contracter.

Des enquêtes sont ouvertes pour l'établissement d'un tir à la cible pour la garnison dans la lande de la Jaunelière, route de Rennes, — pour l'établissement, par la société Arnous-Rivière et Carié, de bassins et docks dans la prairie au Duc, au sud des nouveaux chantiers de construction, — pour l'ouverture, par Pelloutier, d'un bassin à travers les terrains qu'il possède sur la même prairie.

BALS, CONCERTS, SPECTACLES.

Un bal de bienfaisance par souscription est donné au Grand-Théâtre le 4 février. Les membres de la Commission d'organisation sont : A. Fleury, de Cornulier, de la Rochette, J. de la Roussière, E. du Champ-Renou. La fête obtient un plein succès. Elle produit une somme nette de 5,856 fr. 10 c. Les officiers et soldats espagnols, internés à Nantes, touchent près de 4,000 fr. Le Bureau de bienfaisance prélève un millier de francs. La Société de charité maternelle, celle de Saint-Vincent-de-Paul, les salles d'asile et l'école des filles de Sainte-Marie se partagent le reste.

Avril : les chanteurs des Alpes. — Mai : Urso, flûtiste ; le pianiste Prudent. — Juillet : Mlle Loveday, chanteuse ; Pitet, violoniste, et Urso. — Août : Mlle Loveday; Pitet, et morceaux de poésie débités par Cresp, lecteur du Roi des Belges ; concert donné par la Société des Beaux-Arts et les artistes du théâtre au profit d'Hasselmans, chef d'orchestre.

— Novembre : Déjazet, pianiste, et Bessems, violoniste. — Décembre : M. et Mme Iweins d'Hennin, chanteurs.

Mme Vigano et Tamburini se font entendre au Grand-Théâtre le 22 avril. Le prix des places pour cette soirée extraordinaire est plus que doublé. Pour le parterre et les secondes, il est porté à 5 fr.

Grand-Théâtre. Plusieurs bals parés et masqués sont organisés par souscription. Ils sont annoncés comme fête vénitienne avec éclairage *a giorno*. Le directeur Lafeuillade monte *Norma, Les Diamants de la Couronne, Une Chaîne*. Il termine sa campagne le 30 avril en laissant les meilleurs souvenirs.

La subvention est supprimée pour l'exercice 1842-43. La ville se borne à payer les frais d'éclairage et les appointements de divers employés.

Le nouveau directeur, Prat, ouvre la campagne, le 2 juin, avec une seule troupe, une troupe de comédie. Dès le premier jour, le public manifeste tout son mécontentement. Les acteurs sont obligés de quitter la scène sous les huées et les sifflets. Le régisseur est criblé d'oranges. On entonne *Marlborough, La Boulangère*, des cantiques de mission, etc. On réclame à grands cris : *Opéra ! Opéra !* Des pupitres sont cassés, des banquettes enlevées. Au bout de trois heures de ce vacarme, l'autorité intervient. Un piquet d'infanterie, avec tambour battant la charge, force le public à évacuer la salle. Le lendemain, le théâtre est fermé par ordre du Maire. Une partie de la troupe se rend en représentations à Bourbon-Vendée. Les artistes de l'orchestre s'organisent pour donner des concerts deux fois par semaine dans un jardin rue de Gigant, 40, qui reçoit le nom d'Elysée nantais. Lors des courses, ils se transportent sur la prairie de Mauves, où ils se font entendre.

Le Conseil municipal se décide à rétablir la subvention et

vote une somme de 40,000 fr. La salle est ouverte, le 15 septembre, avec une troupe lyrique, mais les artistes qui la composent sont médiocres et le directeur ne fait aucune diligence pour la compléter. Les représentations se passent au milieu des cris et du désordre. On finit par en venir aux coups et, le 24 novembre, la salle est de nouveau fermée par ordre du Préfet.

Le 9 décembre, le directeur peut justifier qu'il a entre ses mains une troupe complète et choisie. La permission d'ouvrir les portes de Graslin lui est accordée. L'année se termine sans incidents.

Variétés. Des bals, dits bourgeois, se succèdent en janvier chaque semaine. — En février et mars, la troupe dramatique de Paul-Ernest obtient un véritable succès avec le répertoire du Gymnase. — La troupe Lemonnier lui succède, puis on y voit le chien savant, *Emile,* du Cirque olympique. — Lors de la fermeture du Grand-Théâtre, des représentations y sont données et le public les suit avec empressement.

Dans la case du bas de la rue du Calvaire se tient, vers la fin de l'année, un musée statuaire comprenant 140 personnages grandeur naturelle.

Les docteurs Laurent et Alexandre donnent, en novembre et décembre, des séances de somnambulisme et de magnétisme animal dans le salon Guillet, rue de la Fosse, 36, puis à leur domicile, rue Jean-Jacques, 8.

Année 1843.

L'Emeute « légumineuse et laitière ». — La lutte entre les deux sucres. — Elections municipales. — Le voyage du duc et de la duchesse de Nemours. — Inondations. — Fermeture de l'église catholique française. — Le Congrès scientifique de France. — La Société pour la conservation des monuments. — La mort de Camille Mellinet. — Divers. — Services publics. — Enseignement et publications. — Agriculture, commerce, industrie. — Monuments et voirie. — Concerts et spectacles.

EMEUTE « LÉGUMINEUSE ET LAITIÈRE ».

Un nouveau tarif du droit de places sur les voies publiques entre en perception au 1er janvier. La ferme, qui ne rapportait annuellement que 6,000 fr., avait trouvé adjudicataire à 50,000 fr. par suite des taxes nouvelles qui avaient été créées, et de l'augmentation dont les anciennes avaient été l'objet.

Ces mesures ne pouvaient manquer de provoquer une vive émotion. En effet, dès le premier jour, un mouvement se dessine. Certains marchands payent en murmurant. D'autres refusent catégoriquement d'acquitter les droits réclamés par les employés de la ferme. Le mécontentement est général. La résistance s'organise. Des meneurs interviennent, intimident les marchands, se portent aux entrées de la ville, arrêtent les charrettes, versent le lait et foulent aux pieds les légumes.

La garde nationale est appelée à prendre les armes. Sur divers points, les soldats citoyens sont insultés et désarmés par les femmes. La garnison est mise à contribution, et le 21e léger fournit, chaque jour, un bataillon pour occuper les places et organiser des patrouilles. Un escadron vient d'Ancenis renforcer ceux qui tiennent garnison dans notre ville.

Les routes sont occupées militairement pour permettre l'approvisionnement de la ville et s'opposer au pillage des charrettes des maraîchers. On pense un instant être dans la nécessité d'envoyer dans les campagnes des détachements de chasseurs et de gendarmes pour escorter les paysans qui viennent apporter à Nantes leur lait et leurs légumes.

Les marchands exposent leurs doléances à l'Administration municipale. Celle-ci fait droit à quelques-unes de leurs réclamations, modifie certaines taxes et en supprime d'autres. Il est tenu compte de ces changements à Perraudeau et Lafond, fermiers des droits de place, et le prix de leur bail est l'objet d'une réduction de 15,000 fr. Ces mesures donnent satisfaction aux intéressés, et, après une semaine de troubles, le calme se rétablit. Au cours de ces journées tumultueuses, de nombreuses arrestations avaient été opérées. Plusieurs condamnations sont prononcées pour violences, vols, coups et blessures.

LA LUTTE ENTRE LES DEUX SUCRES.

L'expropriation de la fabrication du sucre indigène semble, au Ministère, le moyen le plus efficace pour sauvegarder les intérêts du Trésor et porter un remède à la crise du sucre colonial.

Un projet de loi en ce sens est déposé le 10 janvier. Il stipule que cette expropriation aura lieu moyennant le payement d'une indemnité aux fabricants, mais seulement à partir du 1er août 1844, et ouvre pour cet objet un crédit de 40 millions payables en cinq annuités. Ces dispositions ne donnent qu'une demi satisfaction aux ports. Ils auraient désiré une solution plus immédiate. Notre compatriote, de Lancastel, est désigné par les délégués du Havre, de Dunkerque, Granville, Saint-Brieuc, Morlaix, Bordeaux, Marseille pour être leur porte-paroles près des Pouvoirs publics.

La Commission de la Chambre repousse le projet d'expropriation présenté par le Ministre. Elle lui substitue un projet qui porterait le droit, sur le sucre indigène, progressivement aux taux de 30, 35, 40 et 45 fr. lorsque la production de ce sucre atteindrait les chiffres de 30, 35, 40 et 45 millions de kilos.

La discussion s'ouvre le 10 mai devant la Chambre et occupe neuf séances.

La loi votée par les Chambres est promulguée le 6 juillet.

Elle s'inspire du principe posé par la Commission, mais dispose qu'à partir du 1er août 1844, le sucre indigène sera frappé d'une augmentation de 5 fr. par an pendant quatre ans et acquittera de la sorte, au bout de ce terme, la même taxe que le sucre colonial, soit le droit de 50 fr.

FERMETURE DE L'ÉGLISE FRANÇAISE.

Dans les derniers mois de 1842, sur l'ordre du Ministre de l'Intérieur, le temple français de Paris, qui était le siège de l'évêque-primat Chatel, et celui de Bettaincourt (Haute-Marne) avaient été fermés.

L'église française de Nantes est la seule qui soit encore ouverte. Le Ministre acquiert la certitude qu'elle est, comme l'étaient les deux autres, surtout un lieu de réunion pour les républicains, et ordonne qu'il soit procédé à sa fermeture.

Le Préfet, le 12 janvier, prend un arrêté interdisant à l'association dite de l'Eglise française, association de plus de vingt personnes non autorisées, de se réunir dans le local habituel de ses séances ou dans tout autre lieu. Le lendemain, deux commissaires de police, escortés d'agents, se présentent au temple. Ils y trouvent le desservant et l'huissier. Le desservant, tout en faisant ses réserves en vue d'une protestation ultérieure, déclare se soumettre à l'arrêté, et, pour couvrir sa responsabilité, demande qu'il soit procédé à la mise des scellés, comme le porte l'arrêté. Les scellés sont d'abord apposés sur une armoire qui se trouve dans la sacristie et qui renferme les registres de baptêmes, mariages, enterrements, puis sur les ouvertures de la chapelle. Le sacristain est constitué gardien des scellés.

L'opération se passe à 3 heures de l'après-midi, au milieu de l'indifférence des gens du quartier. Un piquet de cavalerie se tenait dans la caserne de l'Entrepôt, prêt à porter main forte en cas de résistance, mais on n'eut aucun besoin de faire appel à son concours.

INONDATIONS.

La Loire, grossie par des pluies persistantes, commence à envahir la ville le 14 janvier. Les quais disparaissent sous les eaux. La caserne de l'Entrepôt est inondée, et les chevaux sont emmenés dans les manèges de la rue Pétrarque et de la rue des Coulées. Le poste central du Port-au-Vin est abandonné par les soldats. Les bas quartiers sont couverts par l'inondation pendant plusieurs semaines. Le 20 février, la cote maximum de 6 mètres est atteinte. Après quelques jours de baisse, une nouvelle crue se fait sentir et, le 5 mars, atteint un maximum de $5^m,79$. Une souscription est ouverte pour soulager les victimes du fléau.

ÉLECTIONS MUNICIPALES (1).

La série des Conseillers nommés en 1857 est arrivée au terme de son mandat. Les électeurs se réunissent du 26 mai au 14 juin pour pourvoir à leur remplacement. Tout se passe dans les conditions ordinaires, mais pour la première fois les passions politiques sont mises en jeu. Le *National de l'Ouest* seul entre en ligne. Il déploie une grande acti-

(1) Voir pages 111 et 112.

vité. Il imprime et fait distribuer la liste électorale et aussi des brochures de propagande. Des Comités se forment à son instigation dans chacune des dix sections.

Les résultats sont les suivants :

Section A. — Conseillers sortants : L. Vallet et Bernard. — Inscrits : 226. — Sont élus au premier tour: F. Favre par 137 voix, L. Vallet par 135, sur 151 votants

Section C. — Conseillers sortants: Prevel et Peccot. — Inscrits : 194. — Prevel est réélu au premier tour par 55 voix sur 97 votants ; Evariste Colombel élu au deuxième tour par 58 sur 85 votants.

Section G. — Conseillers sortants: Billault et Dechaille. — Inscrits : 292. — Sont élus au deuxième tour: Th. Chéguillaume par 90 voix et Huette par 54, sur 147 votants. Billault et Dechaille avaient décliné toute candidature.

Section K. — Conseillers sortants : Delaire et Wattier. — Inscrits : 321. — Au deuxième tour, Wattier est réélu par 53 voix, H^{rt} Thebaud est élu par 106, sur 148 votants. — V^{or} Mangin père obtient 45 voix.

Section F. — Conseillers sortants : Trenchevent et Derivas. — Inscrits : 232. — Sont réélus : Trenchevent par 79 voix, Derivas par 57, sur 108 votants. — V^{or} Mangin père obtient 15 voix.

Section E. — Conseillers sortants : Lebidois et Barrien. — Inscrits : 324. — Sont élus : au premier tour, Marcé par 72 voix sur 124 ; au deuxième, Aug. Cherot par 35 voix sur 82 votants. — Urvoy de Saint-Bedan obtient 22 voix, V^{or} Mangin père, 7.

Section D. — Conseillers sortants : Aug. Garnier et Cantin. — Inscrits : 327. — Au premier tour, Garnier est réélu par 131 voix sur 189 votants ; au deuxième, Moriceau est élu par 77 sur 155. — V^{or} Mangin père obtient 22 suffrages.

Section H. — Conseiller sortant : Marion de Procé. — Inscrits : 249. — Sont élus : au premier tour, Jules Roux par 101 voix sur 182 votants ; au deuxième tour, F. Talvande par 72 sur 186. — Mangin obtient 64 voix.

Section I. — Conseillers sortants : F. Favre et Bignon. — Inscrits : 290. — Au deuxième tour, Bignon est réélu par 91 voix sur 173 ; Chenantais élu par 88 sur 159. — Mangin a 52 voix.

Section B. — Conseillers sortants : Th. Chéguillaume et Clemansin-Dumaine. — Inscrits : 292. — Au deuxième tour, Biclet est élu par 89 voix. — De la Rochette obtient 62 suffrages.

Trois membres, élus en 1840 et sortants en 1846, sont, en outre, à remplacer : Guillemet, décédé, Douillard aîné et H. Rissel, démissionnaires. (*Sections K, F, I.*)

Section K. — La lutte est chaude. Au premier tour il y a 135 votants. V^{or} Mangin père arrive en tête avec 60 voix. Goullin a 30 voix ; Delaire, 27 ; Charrier, 16. Les partis en présence font un nouvel effort, et, au deuxième tour, 161 bulletins sont déposés. Goullin est élu par 85 voix. Mangin a 75 suffrages.

Section F. — Clemansin-Dumaine est élu par 53 voix sur 103 votants. Mangin obtient 36 voix.

La *section I* nomme Cuissart par 83 voix sur 156 votants et donne 48 voix à Mangin.

Les efforts tentés par le *National de l'Ouest,* s'ils n'ont pas réussi à obtenir un siège pour son Rédacteur en chef, ont puissamment contribué à gagner des voix aux candidats républicains ou d'opposition avancée, parmi lesquels on peut compter Ev. Colombel, Moriceau.

D'un autre côté, l'opposition de droite a grandi, comme l'indiquent les fortes minorités obtenues par Urvoy de Saint-Bédan et la Rochette. Par suite de cette entrée en campagne des partis politiques, l'électeur censitaire s'est réveillé et, dans certaines sections, le nombre des votants a atteint le double de celui constaté aux élections de 1840.

La composition du Conseil est la suivante :

Sections.	Sortants : en 1846.	En 1849.
A :	Gicquel, Seheult ;	F. Favre, L. Vallet.
B :	Lesant, Jegou ;	Biclet.
C :	Polo, Renoul ;	Prevel, Colombel.
D :	Brousset, Greslé ;	Moriceau, d.-m., A. Garnier
E :	Robineau de Bougon, Mellinet ;	Marcé, d.-m., Aug. Cherot.
F :	Barrat, Clemansin-Dumaine ;	Trenchevent, Derivas.
G :	J. Gouin, Caillé ;	Th. Chéguillaume, Huette.
H :	M^{in} Chéguillaume, Fleury ;	Jules Roux, F. Talvande.
I :	Cuissart ;	Bignon, Chenantais.
K :	J.-B. Etienne, Goullin ;	H^{d} Thébaud, Wattier.

Une ordonnance du 2 août maintient F. Favre dans ses fonctions de maire et M^{in} Chéguillaume, L. Vallet, Clemansin dans celles d'adjoint. Thomas Chéguillaume et Ev. Colombel sont nommés adjoints en remplacement de Derivas et Greslé.

LE VOYAGE DU DUC ET DE LA DUCHESSE DE NEMOURS.

Le duc et la duchesse de Nemours, au cours de leur voyage dans l'Ouest, accordent à notre ville un séjour de quatre jours, du 13 au 17 août. Une somme de 15,000 fr. est votée par le Conseil municipal pour les recevoir. La garnison, qui ne comprend que deux bataillons, est renforcée par un troisième envoyé d'Angers. Deux escadrons de dragons viennent de Niort pour la circonstance.

Journée du 13 août. — Leurs Altesses royales arrivent d'Angers sur le *Courrier de la Loire* qui, à 3 heures, accoste la cale de Richebourg, au son des cloches et au milieu des détonations de l'artillerie. Des harangues leur sont adressées par le Maire, le Président du Tribunal civil, le

Procureur, le Président de la Chambre de Commerce, le Président de la Société Académique. Le Préfet était allé leur présenter ses hommages à Ancenis. Le cortège officiel se dirige vers la Préfecture, où des appartements sont préparés pour recevoir leurs Altesses. La garde nationale et les troupes de la garnison forment la haie sur leur passage. A son arrivée à la Préfecture, la Duchesse est complimentée par un groupe de gracieuses jeunes filles qui lui offrent des fleurs. Les autorités, les corps constitués, les fonctionnaires sont reçus par le Duc. Le soir, un dîner, auquel 60 convives prennent part, est offert par le Préfet. La journée se termine par un feu d'artifice tiré sur la place Louis XVI.

Dans la matinée, la Municipalité avait procédé à une distribution de pain aux indigents. Des rations extraordinaires avaient été données aux détenus nécessiteux.

Journée du 14 août. — Le Duc, à 7 heures du matin, monte à bord d'un des *Riverains,* pour descendre la Loire. Il s'arrête à Indret et voit couler une plaque de fondation pour une machine de 450 chevaux. A Paimbœuf, il visite l'Hospice et le Collège. A Saint-Nazaire, douze couples du bourg de Batz, vêtus du costume traditionnel, lui sont présentés.

La duchesse consacre cette journée aux établissements de bienfaisance. Pour se rendre à la salle d'asile qui se trouve au vieux chemin de Couëron, elle traverse les ateliers de Babonneau, à travers une haie formée par les ouvriers, qui l'acclament avec enthousiasme.

Journée du 15 août. — Leurs Altesses entendent la messe à la Cathédrale. Les autorités civiles et militaires y assistent. A midi, le Duc passe en revue, sur la prairie de Mauves, la garde nationale et les troupes de la garnison. La Duchesse, les autorités et les invités se tiennent dans des tribunes. La foule, désireuse de voir de plus près le Duc, force la ligne des factionnaires et s'attache à ses pas. Malgré les efforts des gendarmes et des piquets de service, le champ de manœuvre est promptement envahi. Toute évolution de troupes devient impossible et le défilé s'accomplit au milieu des flots confus de la population.

Leurs Altesses visitent ensuite l'hôpital Saint-Jacques et l'Hôtel-Dieu, puis se rendent à la Bourse, où une exposition des produits nantais a été improvisée en leur honneur. Bignon, président de la Chambre de Commerce, entouré de ses collègues, les reçoit. Leloup est désigné pour accompagner le prince et répondre à ses questions. La promenade de la Bourse est transformée, par les soins de la Société d'horticulture, en un charmant jardin. Son président, Barrat, les conduit à un kiosque élégamment décoré, et quinze jeunes filles, portant les couleurs de la duchesse, viennent lui offrir des fleurs. Le poète menuisier Secheresse leur débite des vers de sa composition.

Le soir, leurs Altesses assistent à la représentation du Grand-Théâtre.

Journée du 16. — Le Duc préside la distribution des prix du Collège, puis, avec la Duchesse, se rend sur les chantiers de la Cathédrale. Seheult, architecte des travaux, et Garreau, entrepreneur, leur sont présentés. Dans l'après-midi, le duc parcourt la ville. Les ateliers ou usines de Bosset, Mesnil, Cherot, Babonneau, Jamet et Vauloup, Voruz reçoivent sa visite. On le conduit au passage Pommeraye. Les architectes, Buron et Durand-Gasselin, qui l'ont construit, lui en font les honneurs.

Le soir, un grand bal est donné au Théâtre.

Pendant tout le séjour de leurs Altesses, des réjouissances populaires sont organisées sur divers points : joutes nautiques sur l'Erdre, mât de cocagne cours Saint-André, bal avec orchestre sur le cours Saint-Pierre, etc.

Le 17, au matin, le Duc et la Duchesse partent pour Vannes.

CONGRÈS SCIENTIFIQUE DE FRANCE.

Les membres du *Congrès scientifique de France,* qui tient à Angers sa onzième session, viennent en excursion à Nantes par le bateau à vapeur (9 et 10 septembre).

Les quatre Sociétés savantes, sous la présidence d'Emmanuel Halgan, président de la Société Académique, reçoivent les congressistes en une séance solennelle, tenue au Grand-Théâtre, et au cours de laquelle les présidents des Sociétés sœurs : Palois, Neveu-Derotrie, Cuissart prennent successivement la parole. Des réunions particulières sont tenues par les Sections d'agriculture, la Section des sciences médicales, etc. Neveu-Derotrie et Braheix exposent un plan de banque agricole. Wolski présente un travail sur les terrains houillers de Maine-et-Loire et donne une description de son appareil plongeur. L'hôpital Saint-Jacques, l'école primaire supérieure, le musée industriel, la collection des pièces anatomiques Auzoux du docteur A. Libaudière, la Tour à plomb reçoivent la visite des savants étrangers. La Société des Beaux-Arts organise en leur honneur une exposition de tableaux et d'antiquités, et, dans la salle des concerts, on procède devant eux à l'ouverture d'une momie d'Egypte, rapportée par Frédéric Caillaud. L'excursion se termine par une réunion dans la grande salle de la mairie.

LA SOCIÉTÉ POUR LA CONSERVATION DES MONUMENTS.

Au cours de septembre, la *Société pour la conservation des monuments* vient à Nantes et organise une réunion dans la grande salle de la mairie. Cette société a pour but de signaler au Gouvernement les édifices qu'il importe de signaler à sa sollicitude pour en obtenir la conservation.

D'intéressantes communications sont présentées par nos concitoyens : Travaux en cours de la Cathédrale, projet de la nouvelle église de Saint-Nicolas, tombeau de Pornic, porte romane de Sainte-Marie de Pornic, prieuré de Saint-Jacques, chapelle de Saint-Jean-de-Boiseau, église de Rougé, château de Goulaine, chapelle du Murier, à Batz.

Une somme de 200 fr. est remise par la Société pour être répartie entre l'église de Saint-Jacques et la chapelle du Murier.

MORT DE CAMILLE MELLINET.

C. Mellinet, frappé de paralysie le 2 août, meurt le 8. Il est âgé de 48 ans. Ses obsèques sont très solennelles. Les cordons du poele sont tenus par le Préfet, l'adjoint Vallet, en remplacement du Maire, le colonel Desperrois, Emmanuel Halgan, président de la Société Académique. Les honneurs militaires lui sont rendus, au titre de chevalier de la légion d'honneur. Les derniers adieux lui sont adressés par Halgan, au nom de la Société Académique, dont il avait été président ; par Palois, au nom de la Société Industrielle, dont il fut le véritable initiateur ; par le docteur Gely, au nom de l'escadron de cavalerie dont il avait été le commandant ; par Lorieux, ingénieur des mines, son camarade d'enfance. L'opinion publique est unanime pour reconnaître le grand dévouement qu'il a déployé pour le bien public comme conseiller municipal, comme membre de la Société Académique, de la Société Industrielle, de la Société des Courses, etc., comme historien et écrivain. La ville lui accorde une concession gratuite au cimetière.

DIVERS.

Le 8 février, un tremblement de terre vient désoler notre colonie de la Guadeloupe. La ville de La Pointe-à-Pitre n'est plus qu'un monceau de ruines. Nantes, par suite des relations commerciales existant avec cette île, ne se montre pas la moins empressée pour répondre à l'appel qui est fait par le Gouvernement. Des listes de souscription sont ouvertes. Un service funèbre est célébré à la Cathédrale. A la fin d'avril, les offrandes centralisées au bureau de la Marine dépassent 32,000 fr.

Les sœurs garde-malades ou de la Sainte-Famille fondent une maison rue du Bocage, 8.

Le voyage du duc de Bordeaux à Londres excite de vives inquiétudes au Gouvernement. Des ordres très rigoureux sont donnés par le lieutenant-général Trezel et par le Directeur général des douanes, pour que les côtes soient l'objet d'une grande surveillance, car on craint que le prince ne veuille y tenter un débarquement. La police a l'œil sur les agissements des légitimistes nantais.

Emmanuel Halgan, trésorier des Invalides de la Marine, est nommé chevalier de la légion d'honneur.

Le lieutenant-général Cte d'Erlon est élevé à la dignité de maréchal de France. Il quitte le commandement de la division. Un vase en argent massif ciselé lui est offert par les autorités et les habitants. Le lieutenant-général Trezel vient le remplacer.

Une troisième Chambre civile est créée. Elle entre en fonctions le 21 avril.

La France porte toujours le deuil du duc d'Orléans. Les fêtes nationales se passent sans réjouissances et sont seulement signalées par une distribution de pain aux indigents et par la revue.

Les courses ont lieu dans de bien mauvaises conditions, par suite du mauvais état du sol détrempé par une longue série de pluies. On dut tracer une piste différente de celle qui avait été suivie les années précédentes. Le Gouvernement ajoute un prix royal de 4,000 fr. à ceux déjà accordés par lui.

Une ordonnance royale du 3 juin institue à Nantes une foire pour les chevaux de luxe, selle ou cabriolet. Un arrêté du Maire, rendu le 1er août, en fixe la date au 9 août, le lendemain du dernier jour des courses sur la prairie de Mauves.

On procède, le 13 février, à l'élection d'un conseiller général pour le 6e canton, en remplacement de Soubzmain décédé. Au 2e tour seulement, Wattier est élu par 18 voix sur 41 votants. Pour la première fois, la politique intervient dans les élections départementales, en la personne de Laurent aîné, candidat de l'opposition démocratique, patronné par le *National de l'Ouest.*

Le mouvement d'opinion qui, à Paris, se prononce contre l'armement des forts détachés, trouve un écho dans le *National de l'Ouest.* Ce journal propose à la signature des patriotes une pétition « invitant les députés à repousser par
» un vote énergique et péremptoire toute proposition d'arme-
» ment, même partiel, des fortifications de la Capitale. »
L'Hermine prend part à ce mouvement de protestation. Les partis hostiles au Gouvernement voient, dans cet armement, un acte de défiance envers les Parisiens.

Des *regatta* ou joutes à la voile sont organisées, le 24 juillet, dans la baie de Bourgneuf, par de Fontenillat, receveur général, Casimir-Perier et les baigneurs de Pornic. Il y a trois courses : bateaux de Pornic, *chattes* de La Bernerie, bateaux de tous autres pays. Des montres d'or et d'argent sont données en prix aux patrons. Le soir, un feu d'artifice est tiré.

SERVICES PUBLICS.

Chambre de Commerce.

Un rapport sur l'organisation de l'école des mousses est présenté par Ad. Le Cour. Une gabare sera demandée à l'Etat pour y installer l'école. Un riche colon de Bourbon promet 60,000 fr. pour contribuer aux dépenses. — L'établissement d'un railway est proposé pour transporter les marchandises des bateaux aux magasins de l'Entrepôt. — On songe à monter une grue de 30 tonnes pour l'embarquement ou le débarquement des chaudières et machines. — Les relations à créer avec Nossi-Bé sont étudiées. — Le Maire paye un premier acompte sur les sommes avancées par la Chambre en juillet-août 1830. — Le Préfet est très assidu aux séances.

La Chambre se propose de procéder à son renouvellement partiel, en tenant compte de l'ordre de sortie suivi avant le renouvellement intégral de 1842. Le Préfet, après avoir pris l'avis du Ministre, en décide autrement et fait procéder à un tirage au sort des trois séries sortantes. Sont nommés, 4 novembre, pour trois ans : de Lancastel, A.-H. Bonamy, Lepertière, Queneau, membres sortants, Félix Talvande, qui remplace Garnier-Haranchipy; pour deux ans : Jules Roux, en remplacement de Luther, décédé, qui fait partie de la 2ᵉ série. Ce scrutin n'est pas approuvé et il sera procédé à de nouvelles élections en 1844.

Tribunal de Commerce.

Sont nommés, président : Hippolyte Braheix ; juges titulaires : Th. Bossis, ancien juge ; Henri Auger et Louis Guérin, juges suppléants sortants. Ces deux derniers sont remplacés par E. Toché et Y. Berthault.

Caisse d'épargne. — Sont nommés directeurs : Louis Levesque fils aîné, Ch. Laënnec fils, Steph. Dezaunay, P. Roy, Rolland de Lisle, Ant. Chauvet, G. Le Quen d'Entremeuse, J. Mosneron-Dupin fils. Montant des versements : 1,691,570 fr.; des remboursements, 1,275,834 fr. Le solde dû aux déposants continue sa marche ascendante ; il atteint 6,220,581 fr. pour 9,256 livrets.

Bureau de bienfaisance. — Roussin quitte la ville ; il est remplacé au Conseil par Pitre Melois. Les dames de charité sont invitées à employer des formes plus administratives dans la présentation des indigents, et plusieurs donnent leur démission. Les recettes s'élèvent à 104,123 fr. et les dépenses à 97,874 fr. Une enquête sanitaire est demandée par les dames de charité des quartiers de la Madeleine et des Olivettes.

Budget municipal. — Les prévisions, pour 1843, sont arrêtées à 1,859,383 fr. 21 c. pour les recettes, et à 1,859,307 fr. 17 c. pour les dépenses, d'où un excédent de 76 fr. 04 c.

L'octroi faiblit ; il ne rapporte que 1,189,990 fr.

Arrêtés municipaux. — *16 mai.* — Règlementation de la profession de commissionnaires, crocheteurs et gens de peine stationnant sur la voie publique : obligation d'une déclaration, obligation de porter une médaille en cuivre avec inscription, défense de se coaliser.

30 juin. — Vente du bois de chauffage. Publication d'un tableau des hauteurs que doivent avoir, pour former un stère, les tas de bois des diverses longueurs empilés entre deux montants verticaux placés à un mètre de distance.

4 juillet. — Emploi des poitrails en charpente. Ils doivent être en chêne. Une autorisation est exigée pour les établir.

1er *août*. — Porteurs d'eau : obligation d'employer des seaux de 10 litres. Des clous rivés à l'intérieur doivent indiquer la contenance.

27 *septembre*. — Défense aux voitures publiques de prendre des voyageurs en route, pour ne pas causer d'embarras sur la voie publique et ne pas faire concurrence aux omnibus.

28 *septembre*. — Police des passages et galeries couvertes. Interdiction d'établir des étalages. Défense de fumer, de cracher, de traverser avec des fardeaux. Dispositions spéciales au passage Pommeraye.

20 *décembre*. — Police du Jardin des Plantes.

Une caserne de passage est établie par la Municipalité dans l'immeuble n° 11 de la rue Menou. Elle est ouverte le 1er octobre.

Mme Pradelan fait donation à la ville de l'établissement de Sainte-Marie, fondé par elle pour l'éducation des jeunes filles. La ville accepte cette donation.

Les archives départementales sont ouvertes de midi à 4 heures pour le public et de 9 heures à 4 heures pour les fonctionnaires publics (arrêté préfectoral du 24 novembre).

Les élections pour le renouvellement triennal des officiers de la garde nationale ont lieu en octobre et en novembre. La liste des dix candidats à présenter au Roi, pour les grades de colonel et de lieutenant-colonel, contient, par ordre de suffrages, les noms suivants : Mery, chef du 3e bataillon ; Desperrois, colonel en fonctions ; Payal, lieutenant-colonel ; Bouglé, Molinier, Thebaud, Briand, Cardon, Linsens de l'Epinay, François. — A la Sainte-Barbe, les artilleurs de la garde nationale terminent la fête par un lancement de pétards et de fusées sur la place Graslin.

<small>Société Académique</small> Emmanuel Halgan est, une deuxième fois, nommé président.

<small>Société d'horticulture.</small> Le grand prix, une médaille d'or, est décerné au capitaine Armange pour ses importations de plantes exotiques. Un vase d'argent est donné à Noisette comme prix de culture générale.

ENSEIGNEMENT. — PUBLICATIONS.

L'Association de la Providence est inscrite au budget communal pour une allocation de 6,000 fr. Elle reçoit dans ses écoles plus de 2,000 enfants et près de 400 adultes. Ses dépenses s'élèvent à 25,000 fr. et ses ressources n'atteignent que 18,000 fr. Certains conseillers, prétendant que les écoles chrétiennes sont affiliées à une société *dont on ne se croit plus obligé de nier l'existence,* demandent, mais en vain, la suppression de l'allocation.

— Une séance de *téléphonie* ou *télégraphie musicale* est donnée, dans la grande salle de la mairie, par Sudre, inventeur de la langue musicale universelle.

— Bertin publie *la statistique des os,* en vue de la chimie et des arts industriels.

— *L'Hermine* est poursuivie en cour d'assises pour un article relatif au voyage du duc et de la duchesse de Nemours, et dont certains passages n'ont pas plu au Pouvoir. Le procureur général Plougoulm vient en personne soutenir l'accusation. L'auteur de l'article et le gérant sont l'un et l'autre condamnés à 1,500 fr. d'amende et trois mois de prison.

— Un cours d'archéologie en 20 leçons est ouvert par Georges Olivier, membre de la Société française pour la conservation des monuments.

— Un cours d'histoire, comprenant 24 leçons, est donné par Wautier d'Halluin.

— Les frères construisent la chapelle de leur pensionnat de la rue de Bel-Air.

— Leloup propose de fonder un cours pour former des mécaniciens conducteurs de locomotives.

— L'Institut pratique de l'abbé Bouyer est transféré rue du Calvaire, dans le local occupé par l'abbé Coquet.

— La population scolaire de la ville comprend 4,141 garçons, répartis dans 31 établissements, et 3,874 filles, appartenant à 94 écoles.

Une souscription est ouverte pour la publication de l'*Histoire et de la statistique du département*, par J.-J. Verger et Chevas. — La publication de l'*Histoire de Nantes*, d'après l'abbé Travers, est terminée : la ville souscrit pour dix exemplaires. — Le 4ᵉ volume de la *Loire historique* est livré aux souscripteurs. — Le 11ᵉ volume de la *Commune et Milice de Nantes* paraît au moment de la mort de C. Mellinet. Le 12ᵉ et dernier volume est édité en décembre.

La cause de la liberté d'enseignement trouve, dans le marquis de Regnon, un fougueux défenseur. Il repousse la solution acceptée par les royalistes ses amis, il la considère comme insuffisante et comme n'étant qu'une simple modification du monopole universitaire. Il réclame une liberté plus large et plus complète, la liberté telle qu'elle est pratiquée en Belgique. De nombreux articles sont, sur ce sujet, publiés par lui dans l'*Hermine*. Il compose des brochures. Il adresse, au nom des pères de famille, un chaleureux appel aux membres de l'épiscopat pour leur demander la tenue d'un Concile national.

Le *National de l'Ouest* poursuit sa campagne d'invectives contre le clergé. Il renouvelle ses protestations et diatribes annuelles contre les processions de la Fête-Dieu. Un article intitulé: *Fête des fous,* dans lequel il tourne en ridicule les enfants costumés en saints ou personnages de l'Ancien Testament qui ont pris part aux processions, lui vaut une comparution devant le juge d'instruction.

A l'occasion de la tenue des Conseils généraux, il demande aux Conseils de la région de prendre des mesures contre l'empiètement du clergé et l'envahissement du parti prêtre et de ses adhérents. Le Conseil général de la Loire-Inférieure passe à l'ordre du jour. Celui de la Vendée réserve un meilleur accueil à son vœu et l'adopte.

AGRICULTURE, COMMERCE, INDUSTRIE.

Le Comice agricole central tient son concours annuel, le 31 août, dans le *Champ des Belles-Epines,* sur la route de La Rochelle. Les lauréats du concours de labourage reçoivent des instruments. Des bestiaux de choix sont donnés en récompenses aux cultivateurs qui présentent les plus beaux animaux. Les primes distribuées aux valets de ferme les plus méritants consistent en montres d'argent et d'or et en timbales d'argent avec leur nom gravé. Le Préfet préside la fête. Le Conseil général abrège sa séance pour y assister.

Le Comice de Nozay-Derval est organisé par le député de la Haye-Jousselin et Rieffel. Des courses, un banquet, un bal ont lieu à la suite du concours. Le lendemain, une chasse à courre est donnée. — Le Comice du 6ᵉ canton de Nantes tient son concours annuel à Chantenay, sous la présidence de Hervouet, juge de paix. Neveu-Derotrie dirige les opérations du Jury. — Le concours de Guémené est suivi d'un bal. — Les Comices de Carquefou, Blain, Saint-Etienne-de-Montluc, Saint-Philbert fonctionnent avec un plein succès.

Rieffel reprend la publication de sa revue, l'*Agriculture de l'Ouest de la France,* qui avait cessé de paraître depuis deux ans.

Le blé, jusqu'à la récolte, varie entre 18 et 19 fr. Dès juin, un mouvement de hausse se produit; à la fin d'août, le cours maximum de l'année, 22 fr. 20 c., est atteint. Le prix se maintient ensuite entre 19 et 20 fr. — Les autres céréales suivent les mêmes alternatives. Seigle, 10 fr. 75 c.; maximum en juillet, 14 fr. 65 c., et 13 fr. 50 c. en décembre. — Orge, 9 fr. 25 c.; maximum, 11 fr. 50 c. en août-septembre; 12 fr. 25 c. fin décembre. — Avoine, 8 fr. 25 c. à 9 fr. 85 c.; en août, maximum 11 fr.; fin décembre, 8 fr. 55 c. — Le blé noir suit une autre marche; il débute à 8 fr., est en hausse continue et atteint 10 fr. 20 c. en fin décembre.

Pain blanc : en janvier, minimum 0 fr. 3625 le kilo ; en septembre, maximum 0 fr. 4125 ; en décembre, 0 fr. 40 c. — Pain batelier aux mêmes époques : 0 fr. 2625, 0 fr. 3125, 0 fr. 30 c. — Pain méteil : 0 fr. 1875, 0 fr. 2375, 0 fr. 2250.

Viande : la taxe, rétablie à 1 fr. les trois espèces, au 1er janvier, est portée à 1 fr. 05 c. à dater du 1er février.

Vins de la récolte : muscadet, 50 fr.; gros-plant, 30 à 32 fr.

La maison Harmange fait connaître le *guano* du Pérou et en commence l'importation.

— M. Derrien est autorisé à établir une école de natation dans le bras de l'île Feydeau, rue Duguesclin. — Un établissement de bains pour dames est installé sur la rive droite de la prairie de Mauves. On y accède par le quai de Richebourg et le pont de la Seille.

— Une société d'armements, Chauve jeune, se fonde, au capital de 600,000 fr., par actions de 5,000 fr.

— Babonneau installe une chaudière, pour la galvanisation du fer, dans ses ateliers du quai des Constructions. Il est le premier à pratiquer, dans notre ville, ce travail encore peu connu en France, car, au moment de sa demande en autorisation, cette industrie n'était pas classée.

— La société des *Riverains du bas de la Loire,* qui dessert Paimbœuf et Saint-Nazaire depuis 1828, entre en liquidation. Une nouvelle société se forme pour continuer le service de la basse Loire, la compagnie des *Pyroscaphes,* A. Le Boyer et Prebois, gérants, capital 500,000 fr., par actions de 1,000 fr. — Un service spécial pour le Pellerin est établi avec trois départs par jour et escales à Roche-Maurice, Haute et Basse-Indre, Indret et Couëron.

— J^h Metois et Cuissart, gérants des *Riverains du haut de la Loire,* sont traduits en police correctionnelle comme civilement responsables des morts et blessures causées par l'explosion de janvier 1842 à Ancenis. — Deux expertises sont constituées : l'une attribue l'accident à un amincissement de la tôle ; l'autre, à un dépôt de sédiments. L'affaire occupe quatre audiences. Les prévenus sont défendus par Waldeck-Rousseau ; ils sont condamnés à 300 fr. d'amende. Ils vont en appel.

— La société des *Paquebots de la Loire,* Edel et Cie, se fonde à Orléans. Ces bateaux sont destinés à correspondre avec le chemin de fer ; ils présentent une vitesse qui leur permet d'effectuer en deux jours le trajet de Nantes à Orléans, avec coucher à Tours.

— La *Compagnie générale des remorqueurs,* Morel et Cie, entreprend le transport des marchandises de Nantes à Paris et *vice-versa* au prix de 4 fr. 50 c. les 100 kilos.

— Les *Inexplosibles* sont autorisés à établir un service de nuit pour la remonte de Nantes à Angers. Les Préfets de la Loire-Inférieure et de Maine-et-Loire prennent des arrêtés prescrivant des mesures pour prévenir les accidents.

MONUMENTS ET VOIRIE.

<small>Palais de justice.</small> Le Conseil général, dans sa séance du 30 août, adopte, par 16 voix contre 12, les projets présentés par le Préfet pour la construction, dans les terrains Bruneau, du Palais de Justice, de la Prison et de la Gendarmerie. Le devis de construction des trois bâtiments s'élève à 1,400,000 fr. On évalue à 700,000 fr. le produit de la vente du terrain et des matériaux tant du Palais de Justice que de la Gendarmerie et de la Prison. Le déboursé nécessaire n'atteindrait qu'une somme de 700,000 fr. Le Préfet est autorisé à contracter un emprunt montant à ce chiffre, et, pour en payer le remboursement, le Conseil vote une perception de 4 centimes 5/10es pendant cinq années, de 1846 à 1850.

Une enquête est ouverte à partir du 2 décembre sur la mise à exécution du projet.

— L'installation du Tribunal à la Monnaie donne lieu à de nouvelles plaintes. Le bruit des voitures trouble les délibérations. La place est trop exiguë. Les Présidents des assises en emportent la plus désagréable impression.

— La question de la propriété du Bouffay est agitée. Ev. Colombel, chargé de l'étudier, établit que la ville n'a aucun droit sur le vieux monument.

<small>Hôtel Dieu.</small> Le Conseil municipal, sur les conclusions du docteur

Marcé, vote la reconstruction de l'Hôtel-Dieu, mais sur tout autre emplacement que celui qu'il occupe actuellement. L'opinion accueille cette détermination avec la plus grande faveur. Il n'y a actuellement que 450 lits. Les malades indigents n'ont pas à leur disposition le quart des lits qui existaient avant la Révolution. L'état des bâtiments est lamentable. Les murs sont pleins de crevasses. Les planchers fléchissent. Une salle s'est récemment effondrée entraînant dans sa chute malades et infirmiers. On en est réduit à mettre les malades dans les greniers ou dans des réduits infects. Il n'y a qu'un avis unanime sur la question du principe, mais une grande divergence d'opinions existe au sujet du choix de l'emplacement. On propose la prairie au Duc, la prairie de la Madeleine, le dépôt de mendicité, le collège royal, les Hauts-Pavés, Gigant.

Les habitants réclament la démolition du bureau du port, qui masque la vue du fleuve, et demandent que l'administration installe les officiers du port soit dans un magasin de la Fosse, soit à la pointe de l'île Gloriette. Aussi le mécontentement est-il général lorsqu'on voit les ouvriers travailler à la construction d'un étage.

La ville se décide à accorder une subvention de 20,000 fr. à Maurice pour le forcer à reconstruire, conformément au plan de la ville, la maison qu'il possède place Royale avec retour sur les rues de Gorges et de la Fosse.

Le passage Pommeraye est ouvert dans les premiers jours de janvier. Cette construction, qui est due aux architectes Hippolyte Durand-Gasselin et Buron aîné, est très admirée. Les statues lumineuses sont dues au ciseau de Debay. Les renommées et médaillons de la galerie du haut sont l'œuvre de Grootaers. Les fontes artistiques de l'escalier sortent des ateliers de **Voruz**.

———

La ville tente des démarches pour prolonger la petite rue de Launay jusqu'à la rue Daubenton, mais elle se heurte à de grandes exigences de la part des propriétaires. Le Conseil municipal ne dissimule pas son indignation en voyant les propriétaires comprendre si peu leurs véritables intérêts.

———

L'arche en maçonnerie du pont de l'Ecluse est estimée présenter un poids trop considérable pour les fondations, qui reposent sur un mauvais sol. Elle est remplacée par une poutre en fonte fournie par Voruz.

———

Saint-Nicolas. Les maisons de la rue de l'Erail, qui appartiennent à la ville et à la Fabrique de Saint-Nicolas, sont démolies. L'ancien cimetière est défoncé, et les ossements qu'on y trouve sont portés à Miséricorde. La mise en état de viabilité de cette voie, depuis longtemps si impatiemment attendue, est terminée à la fin de décembre.

Les travaux de reconstruction de l'église Saint-Nicolas sont mis en adjudication le 25 avril. Le devis s'élève à la somme de 1,002,089 fr. Les lots de plomberie, couverture, serrurerie, peinture et vitrerie sont les seuls qui trouvent preneurs. La maçonnerie, la charpente et la menuiserie sont l'objet d'une nouvelle adjudication qui a lieu le 31 août. Aucune soumission n'est acceptée pour les travaux de charpente. Des prix de série plus élevés avaient été cependant établis pour ce lot. Il en avait été de même pour le lot de la maçonnerie. Le devis, par suite de ces augmentations, monte à 1,090,916 fr. Pour se maintenir dans les limites du devis primitif, on se voit forcé d'ajourner la construction des deux flèches. Le bazar organisé pour créer des ressources se tient dans une salle du Musée des tableaux.

Le Curé de Notre-Dame-de-Bon-Port, le jour de Noël, annonce à ses paroissiens que la reconstruction de l'église est décidée et qu'il a reçu l'autorisation d'aller quêter à domicile. — Une enquête est ouverte pour l'acquisition d'une maison rue Dobrée, 1, en vue, par la Fabrique, d'y installer le presbytère.

L'architecte Liberge est désigné pour prendre la direction des travaux de reconstruction de l'église Saint-Clément.

Le Conseil municipal donne un avis favorable à l'érection d'une nouvelle paroisse destinée à desservir la partie rurale de la paroisse Saint-Similien, sous condition que les intéressés prendront à leur charge les frais de construction de l'église et du presbytère, ceux d'acquisition du terrain des rues avoisinantes et du cimetière. Certains Conseillers ne voient dans cette érection qu'un moyen, pour les propriétaires du quartier, de donner une plus grande valeur à leurs terrains.

Canal maritime. La Chambre des Députés est saisie d'une pétition de Ph. Greslé de Paris, demandant la construction d'un canal de grande navigation entre Nantes et Saint-Nazaire. Ce canal aurait une longueur de 60 mètres, une largeur de 45 mètres, une profondeur de 7 mètres. Il coûterait une trentaine de millions et permettrait aux navires de 500 tonneaux de remonter jusqu'à Nantes. Le renvoi de la pétition au Ministre est décidé.

— Les terrains de la Prairie-au-Duc destinés aux chantiers sont entourés de clôtures.

— Des quais et cales commencent à s'élever sur l'ancien emplacement des chantiers de la Chezine.

— Les travaux de l'île Gloriette amènent la suppression du bain public pour femmes qui existait de temps immémorial sur la rive sud.

— Un avant-projet du bassin à flot de Saint-Nazaire a été dressé. Le montant du devis s'élève à 6,000,000 fr. Ce plan n'est pas adopté. Le Conseil général, dans sa séance du 31 août, demande que l'on procède à bref délai à l'exécution de ce travail.

— Les dragages pratiqués dans le port de Nantes ont amélioré sa profondeur. A basse mer, il y a $3^m,50$ d'eau.

— Auguste Jégou, ingénieur ordinaire de 1re classe, prend, à partir du 1er juin, la direction du service de la Loire, 3e section, en remplacement de Lemierre, admis à la retraite.

Chemin de fer.
Une compagnie, qui se propose de demander la concession du chemin de fer de Tours à Nantes, sollicite le bienveillant appui du Conseil municipal. Communication lui est donnée de la délibération par laquelle une garantie d'intérêt de 4 1/2 % sur 1,500,000 fr. est offerte à la compagnie qui entreprendrait la construction de cette ligne. Le Conseil décide, en même temps, la nomination d'une commission spéciale pour étudier de nouveau la question, et examiner s'il ne conviendrait pas que la cité témoignât ses sympathies pour cette ligne d'une façon plus énergique et par le vote d'une somme plus considérable.

BALS, CONCERTS, THÉÂTRE, ETC.

Un bal par souscription, donné au Grand-Théâtre, en février, produit une somme nette de 6,699 fr., qui est partagée entre le Bureau de bienfaisance et les réfugiés politiques.

Bressler inaugure, le 19 mars, ses salons de la place de la Monnaie, par une matinée musicale. Un concert d'amateurs, organisé au profit des victimes du tremblement de terre de la Guadeloupe, obtient un grand succès. M. et Mme Joseph de Bouteiller s'y font particulièrement applaudir.

En avril, le pianiste Demarie. — En mai, Mme Clara-Margueron. — En août, malgré une chaleur étouffante, et au prix de 5 fr. la place, une assistance nombreuse se presse à la Mairie, pour entendre le violoniste Artot et Mme Cinti-Damoreau. — En décembre, le pianiste Louis Lacombe.

Grand-Théâtre.

La seconde moitié de la campagne se traîne péniblement. Aucune nouveauté marquante n'est montée pour piquer la curiosité. Le directeur Prat a recours aux attractions les plus variées : troupes de Marocains, danseurs espagnols, tableaux vivants en « costume marbre ». Mlle Marteleur, de la Comédie française, Renault, de l'Opéra Comique, viennent en représentations. Molière est mis à contribution. On donne *Tartuffe, Monsieur de Pourceaugnac, les Femmes savantes, les Précieuses ridicules.* Tous les efforts sont vains pour conjurer la mauvaise fortune, et la direction est mise en faillite quelques jours avant la clôture de la campagne.

Laffitte, l'un des administrateurs du théâtre de Bordeaux, obtient le privilège des deux théâtres, avec une subvention de 40,000 fr. Dans le cours de l'été, il fait paraître sur les scènes nantaises M. et Mme Taigny, du Vaudeville ; Ligier, de la Comédie française ; Mme Halley, du 2e Théâtre français. Le 4 août, la troupe d'opéra fait ses débuts ; elle est complétée par un corps de ballet. Laffitte n'est pas récompensé du soin qu'il a mis à composer son personnel, et, à la fin du mois, il disparaît, laissant ses artistes dans l'embarras.

Le 10 septembre, un nouveau directeur, Vautrin, ouvre le Théâtre des Variétés, et, le 7 octobre, présente une troupe d'opéra. L'année se termine sans incidents. Des spectacles monstres, qui commencent à 5 heures, composés de la *Juive* et de la *Tour de Nesle,* de la *Muette* et d'*Andromaque,* etc., sont offerts au public.

En présence de ces insuccès successifs, le Conseil municipal étudie les moyens de remédier à la situation. Diverses combinaisons sont proposées. On se décide à augmenter le nombre des places. Un crédit de 30,000 fr. est voté pour aménager le théâtre en vue de cette modification.

Spectacles. Sur la place Bretagne viennent, en juin, s'installer l'*Astéorama* de Paris, avec 460 vues pittoresques, puis le cirque Lustre, qui, profitant de la fermeture du Grand-Théâtre, continue ses représentations jusqu'à la mi-septembre.

Dans la case du bas de la rue du Calvaire, le grand Musée statuaire est, en juillet, remplacé par le nouveau et véritable *Diorama,* d'après le système Daguerre.

De juillet à août, l'aéronaute Kirsch se livre, dans les chantiers Chauveau, quai Fosse 98, à plusieurs ascensions. Celle du 16 juillet est très émouvante. La montgolfière, battue par le vent, s'échappe avant que toutes les précautions ne soient prises. Le grappin, qui termine la corde de sauvetage, accroche par son pantalon le jeune Guérin, qui se trouve parmi les spectateurs, et l'entraîne dans les airs. Un cri d'épouvante s'élève de toutes les poitrines. Une catastrophe est imminente. Guérin ne perd pas son sang-froid, il saisit la corde et sa position est tellement naturelle, que maintenant on se demande si cet enlèvement n'est pas compris dans le programme. Le ballon tombe sur les ponts, dans un pré voisin de la filature Guillemet. Le Préfet, accompagné du docteur Libaudière, se transporte sur le point de la chute et y trouve l'enfant sain et sauf.

Année 1844.

Le chemin de fer de Paris à Nantes. — La liberté de l'enseignement. — La fête nationale. — Élection complémentaire de Savenay. — Divers. — Services publics. — Enseignement. — Le Conservatoire de musique. — Publications : *Le Phare de la Loire* et *Le Courrier de Nantes*. — Agriculture, commerce, industrie, bateaux à vapeur. — Monuments : Cathédrale, Saint-Nicolas, etc. — Voirie. — Loire maritime et fluviale. — Concerts, Théâtre, Spectacles.

LE CHEMIN DE FER.

Nos concitoyens ne mettent pas un grand empressement à profiter des dispositions de la loi du 11 juin 1842, qui a décidé la création de la ligne de Paris à Nantes.

Pour les faire sortir de leur inertie, il faut que la réalisation des stipulations de cette loi, en ce qui concerne Bordeaux, fasse un nouveau pas. Le 30 mars, en effet, le Gouvernement dépose un projet de loi affectant un crédit de 54 millions à l'établissement de cette ligne. Dès le lendemain, nos députés et ceux des départements voisins s'empressent d'aller présenter leurs doléances au Ministre des Travaux publics. Celui-ci leur expose qu'une Compagnie sérieuse est formée pour construire la ligne de Bordeaux et qu'aucune proposition ne lui a été encore remise pour celle de Nantes. Il se déclare d'ailleurs tout disposé à s'entendre avec le Ministre des Finances pour leur donner satisfaction.

Robineau de Bougon, A. Cherot et Ev. Colombel, membres du Conseil municipal ; J. Gouin et A. Garnier, membres de la Chambre de Commerce, sont délégués pour aller à Paris se concerter avec les députés du département, en vue d'obtenir une prompte solution. Ils trouvent le meilleur accueil auprès des Ministres des Travaux publics, des

Finances, du Commerce et de la Marine. Guizot, président du Conseil, reconnaît la légitimité de leurs réclamations et se plaît à déclarer que Nantes, le boulevard de la Révolution contre la Vendée, a droit à un traitement de faveur. Le Roi leur accorde une audience et les assure de tout son appui. Malgré toutes ces promesses et ces marques d'intérêt, le Ministère ne semble pas pressé de passer des paroles aux actes. Des pétitions sont lancées pour réclamer au Gouvernement l'exécution de ses engagements. Trois Sociétés se forment en vue d'obtenir la concession de la ligne : la Société Seguin frères, dont la banque Gouin est le représentant à Nantes ; la Société Caillard, qui a pour agents les banquiers Baillergeau et Naudin ; la Société nantaise, qui se constitue sous le patronage de Maës, de Lancastel, Louis de Monti, Victor de Cornulier, Ed. Bouché, etc.

Le projet de loi si impatiemment attendu est enfin déposé. La Chambre l'adopte dans sa séance du 25 juin.

La nouvelle loi affecte à l'exécution de la partie de la ligne de Paris à l'Océan, entre Tours et Nantes, un crédit de 28,800,000 fr. Le Ministre procède sans tarder à l'organisation du service pour l'exécution des travaux. La ligne est partagée en trois sections, correspondant aux trois départements intéressés. Jegou, ingénieur en chef de la Loire, est cha gé de la partie comprise dans le département. Il a sous ses ordres les ingénieurs Wattier et Richard.

LA LIBERTÉ DE L'ENSEIGNEMENT.

Une pétition réclamant la liberté de l'enseignement est signée par un groupe de catholiques. Elle est déposée, le 15 février, sur le bureau de la Chambre.

Le Ministre Persil, le 14 mai, au cours des discussions à la Chambre des Pairs, sur la liberté d'enseignement, avait prétendu que l'épiscopat n'était pas soutenu dans ses revendications par le clergé paroissial. Les prêtres en résidence à Nantes et dans les environs, sous la conduite de l'abbé Delamare, doyen du chapitre et doyen d'âge du clergé, viennent, le 14 juin, assurer Mgr de Hercé de leur attachement et déposer une protestation contre les allégations du Ministère, laquelle est signée par la totalité des 507 prêtres du diocèse.

Le marquis de Regnon, toujours plus ardent, fonde le journal hebdomadaire *La liberté comme en Belgique,* dont il est le rédacteur en chef, et qui est lancé le 30 janvier. Il s'y montre catholique intransigeant.

Quelques lignes du second numéro donnent la note de son opinion : « Jamais, dit-il, la religion catholique, qui se
» dit et qui est la seule vérité, ne pourra reconnaître le
» principe gouvernemental de l'égalité des cultes, c'est-à-dire
» le principe de l'indifférence des dogmes. Comment la
» vérité pourrait-elle s'unir intimement à un gouvernement
» qui protège les erreurs de toutes sortes? Comment la
« lumière ferait-elle alliance avec les ténèbres, l'affirmation
» avec la négation, la logique avec l'absurde? »

Le journal cesse sa publication à Nantes en décembre, mais continue de paraître à Paris.

LES FÊTES NATIONALES.

Les fêtes nationales, dont la mort du duc d'Orléans avait rompu la tradition, sont relevées, mais réduites à un modeste programme. Le samedi 27 juillet a lieu le service funèbre à la Cathédrale. Les autorités s'y rendent en corps. L'escorte d'honneur est formée par les grenadiers et les voltigeurs du 4e bataillon de la garde nationale. Une salve est tirée pendant la cérémonie. — Le dimanche 28 juillet, à 11 heures, la légion et les troupes de la garnison sont passées en revue sur le cours. Le soir, un feu d'artifice est tiré sur le cours Saint-Pierre et les édifices publics sont illuminés. Les salves traditionnelles ont lieu. — Le mardi 30, le programme se borne à une distribution de pain aux indigents, au pavoisement des navires dans le port et aux salves réglementaires. — La population reste en dehors de la fête. La Bourse, comme les administrations, ouvrent leurs portes comme d'habitude.

Les républicains reprennent les traditions du programme primitif. Ils se rendent, le 30 juillet, en pèlerinage au tombeau de Miséricorde. Leur nombre atteint 1,200. Le soir, des banquets sont tenus par eux en plusieurs points de la ville.

ÉLECTION COMPLÉMENTAIRE DE SAVENAY.

Le collège de Savenay est convoqué, le 14 septembre, pour nommer un député, en remplacement de Jollan, démissionnaire.

Les inscrits sont au nombre de 364.

Ternaux-Compans, ancien diplomate, patronné par Jollan, est le candidat de l'opposition constitutionnelle. — Les légitimistes ont deux candidats : De Genoude, rédacteur en chef de la *Gazette de France,* et Ernest de la Rochette. — Dubois (Aymé) représente la nuance Odilon-Barrot. Enfin David d'Angers est mis en avant par les républicains.

Deux tours de scrutin sont nécessaires. Après le 1er tour, de la Rochette se retire. Le 2e jour de scrutin, les candidats sont invités à venir développer leur programme dans une réunion qui se tient chez Pavec, avoué, et puis chaque électeur va déposer son bulletin.

Ternaux-Compans l'emporte avec 145 voix. De Genoude

en recueille 115 et Dubois (Aymé) 10. Il y avait 272 votants.

Nos députés Bignon et Billault, au début de la session 1844-1845, reçoivent de leurs collègues une nouvelle preuve de l'autorité et de la confiance qu'ils ont acquises.

Bignon est nommé 2e vice-président. Le 1er vice-président de Salvandy n'obtient son siège que grâce au bénéfice d'âge. Il ne manque que quelques voix à Billault pour être nommé 4e vice-président.

DIVERS.

La Société des courses, dans son rapport annuel, constate les heureux résultats obtenus. En 1835, lorsque les courses furent instituées, il n'y avait pas un seul pur sang dans le département. Aujourd'hui, le nombre de ces chevaux dépasse 50.

La 3e journée de courses, le 11 août, est signalée par un pénible accident. Un cheval, après s'être débarrassé de son cavalier, se dérobe et blesse six personnes. L'une d'elles, meurt du tétanos.

De la Rochejacquelein, député de Pontivy, l'un des quatre pèlerins de *Belgrave-Square,* contre lesquels la Chambre a cru émettre un vote de flétrissure, passe à Nantes. Ses amis politiques tiennent à lui témoigner toutes leurs sympathies. Un banquet, auquel assistent 250 convives, lui est offert. Foulon, doyen du corps médical, le préside. Des toasts sont portés par de Lancastel, Vte de Cornulier, Lemerle, doyen du barreau ; Mis de Regnon, chevalier de Melient, Mis de Monti.

A l'occasion de la fête du Roi, Ferd. Favre est promu

officier de la légion d'honneur ; Julien, proviseur du Lycée, et Aug. Jegou, ingénieur en chef des ponts et chaussées, sont nommés chevaliers.

Un esturgeon, pesant 100 kilos, est pris, le 3 juillet, près de Bellevue, à 4 ou 5 kilomètres au-dessus de Nantes. Il est amené à la Poissonnerie pour être mis sous les yeux des curieux.

SERVICES PUBLICS.

Une ordonnance royale du 22 janvier maintient dans ses fonctions Desperrois, colonel de la garde nationale, et nomme à celles de lieutenant-colonel, Mery, chef du 3e bataillon. Le Maire, le 25 février, en présence des autorités civiles et militaires, procède, sur le cours Saint-Pierre, à la reconnaissance des officiers et reçoit leur serment. La milice citoyenne et les troupes de la garnison (11e compagnie de canonniers sédentaires, 21e léger et deux escadrons du 8e chasseurs), sont passées en revue par le lieutenant-général.

Le Conseil municipal prend une décision aux termes de laquelle le procès-verbal ne portera pas le nom des conseillers qui prennent part aux délibérations, en vue d'éviter les critiques trop souvent injustifiées de la presse quotidienne, et dont la perspective peut gêner la liberté d'action des membres. Il ne sera fait mention au procès-verbal que des noms des auteurs de propositions ou d'amendements.

Un arrêté municipal du 15 février porte création d'une brigade de sûreté qui se composera d'un brigadier, trois garde-ville et un trompette. Elle sera chargée de la recherche des crimes et délits, de l'exécution des mandats d'amener, de l'arrestation des mendiants, des vagabonds, des filles publiques, de la surveillance des maisons de prostitution, de prêter son concours aux autres gardes pour les patrouilles.

Une 4ᵉ salle d'asile est inaugurée le 2 mai dans le bâtiment communal de la rue du Moulin.

Les deux escadrons du 8ᵉ chasseurs, qui tiennent garnison à Nantes, permutent avec ceux qui se trouvent à Pontivy. Leur effectif comprend 7 officiers, 251 hommes, 226 chevaux.
Le 21ᵉ léger quitte nos murs pour aller à La Rochelle. Le 5ᵉ léger vient de Versailles pour le remplacer. Au moment de ce mouvement de troupes, les postes du Port-au-Vin et de la Préfecture sont, pour quelques jours, confiés à la garde nationale.

Arrêtés municipaux en date du :

4 avril. — Règlement relatif à l'exercice de la profession de portefaix, cubeurs, jaugeurs et mesureurs jurés ; au mesurage de la houille, des noirs d'engrais et des engrais de toute espèce.

30 avril. — Règlement relatif au dépôt, transport, chargement et déchargement de la poudre à feu. Lieux de dépôt : pour les transports par eau, au nord de la prairie de la Madeleine, en face du quai de Richebourg ; pour les transports par terre, dans le pré Giffault attenant au moulin de la Sauzinière, au bord de la route de Vannes.

Chambre de Commerce.

Les élections, qui ont été ajournées en 1843, ont lieu le 26 janvier. Sont nommés pour trois ans : de Lancastel, Bonamy, Lepertière, Queneau, membres sortants, et J. Roux, qui remplace Garnier-Haranchipy. Pour deux ans : Th. Bossis, en remplacement de Luther, décédé, faisant partie de la 2ᵉ série. Pour un an : F. Talvande, en remplacement de Th. Chéguillaume, démissionnaire. Bignon et J. Gouin sont élus président et vice-président pour la cinquième fois.

Monteix, secrétaire de la Chambre, résigne son poste pour cause de santé. Une retraite de 1,200 francs lui est accordée. D. Lauriol, membre sortant de la Chambre, est nommé pour le remplacer. Ses appointements sont fixés à 4,000 et il peut continuer son travail de *dispatcher*. — La Chambre est saisie, par Paul Jollet et Collet, d'un projet d'une sorte de ponton à vapeur pour le remorquage des navires ; par Peccot, d'un projet de bassin entre l'île Lemaire et la prairie au Duc. — L'établissement du railway et de la grue, dont la Chambre s'est déjà occupée, est ajourné. — On décide la construction d'un hangar devant les Salorges pour mettre les marchandises à l'abri. — La promesse d'un concours de 60,000 fr. pour la création de l'école des mousses est retirée, et la nécessité s'impose de réduire à de plus modestes proportions le programme primitivement élaboré. — Le tarif des opérations de courtage, de marchandises et d'assurances maritimes est révisé. — La Chambre se libère envers les vendeurs de la cour Tessier.

Le renouvellement normal de la Chambre a lieu le 14 octobre. Sont élus pour trois ans : Bignon, A. Le Cour, F. Talvande, membres sortants ; P.-B. Goullin et Hipp. Braheix. Pour un an : Germeuil Chauvet, en remplacement de Cirel, démissionnaire. F. Bignon et J. Gouin sont maintenus dans leurs fonctions de président et vice-président.

Tribunal de Commerce.
Sont nommés juges titulaires : J. Fruchard, ancien juge ; P. Roy et Ad. Le Cour, juges-suppléants sortants. Ces deux derniers sont remplacés par Ad. Desloges et J.-B. Etienne.

Caisse l'épargne.
Sont nommés directeurs : H. Bourcard, Carmichaël, M. Laënnec. Les versements ne s'élèvent qu'à 1.631,816 fr. Les remboursements atteignent 1,294,602 fr. Le solde dû aux 9,256 porteurs de livrets est de 6,838,115 fr. La

moyenne du livret monte à 738 fr. 77 c. C'est la plus haute qui ait été obtenue jusqu'à ce jour (1).

Bureau de bienfaisance. Les inondations occasionnent un surcroît de dépenses qui force le Conseil à vendre un titre de 605 fr. de rente. Les recettes s'élèvent à 104,511 fr.; les dépenses à 100,044 fr. Les dames de charité sont réparties en 18 sections.

Budget municipal. Les prévisions budgétaires pour 1844 atteignent en recettes 1,664,500 fr. 53 c. et en dépenses 1,664,474 fr. 70 c., d'où un excédent de 25,83. L'octroi donne un produit brut de 1,141,784 fr. en diminution sur celui des trois dernières années.

ENSEIGNEMENT. – PUBLICATIONS.

L'Ecole de Médecine est définitivement constituée en école préparatoire. Elle compte 134 élèves.

— Monseigneur de Hercé bénit la chapelle du pensionnat des Frères de Bel-Air.

— Les notaires mettent à la disposition du professeur Mousnier leur salle de réunion pour y donner un cours de droit appliqué au notariat.

— Wautier d'Halluin continue son cours d'histoire universelle, et Duquesnois, ses séances littéraires.

— Levy, ministre du culte israélite, donne des leçons d'hébreu.

— L'école municipale de dessin quitte la rue du Calvaire pour s'installer dans l'immeuble communal de la rue du Moulin.

— Le Conservatoire de musique, fondé par Bressler, est inauguré le 10 décembre, par une matinée musicale donnée

---

(1) Cette moyenne n'a pas été dépassée dans la suite.

dans son local de la place de la Monnaie, devant un nombreux public d'amateurs.

Une pétition contre l'armement des forts détachés de Paris, dont *Le National de l'Ouest* a pris l'initiative, est adressée à Lamartine, pour être déposée sur le bureau de la Chambre. Elle est couverte de 800 signatures.

La presse d'opposition, pour protester contre le désaveu infligé à l'amiral Dupetit-Thouars dans la question des îles Tahiti, ouvre une souscription pour lui offrir une épée d'honneur. Le *National de l'Ouest* et l'*Hermine* prennent part à cette souscription.

L'*Hermine* déploie un grand zèle comme les années précédentes pour venir en aide aux réfugiés espagnols. Une adresse des catholiques français à O'Connell, libérateur de l'Irlande, se signe dans ses bureaux. Elle ouvre ses colonnes sur l'appel du prince de Montmorency à une souscription en faveur d'une association dite de Saint-Louis, pour secourir les infortunes royalistes.

La société V. Mangin et W. Busseuil, formée le 5 juin 1833, est dissoute à partir du 24 juin 1844. V. Mangin reste propriétaire du *National de l'Ouest* et du titre de l'*Imprimerie du Commerce*. Il s'installe rue Neuve-des-Capucins, 10 et quai Fosse, 25. W. Busseuil a en partage le *Lloyd nantais* et le *prix légal des courtiers*. Il conserve les bureaux et le matériel de l'imprimerie de l'ancienne société, rue Santeuil, 8.

Cette dissolution donne naissance à deux nouvelles feuilles périodiques. W. Busseuil transforme le *Lloyd* en un journal politique et commercial, le *Courrier de Nantes*, qui paraît le 15 août, et dont la ligne politique est celle du centre gauche. — Le *Phare de la Loire* est fondé par V. Mangin. Ce journal ne doit contenir aucun article politique. Il s'occupera exclusivement des questions commerciales et maritimes, et porte comme sous-titre : *Bulletin commercial et maritime de la petite bourse de Nantes.* Il doit, en effet, paraître pour l'heure de la bourse du matin. Le premier numéro est mis en vente le 26 août.

Le docteur Perrussel publie l'*Observateur homéopathe*, revue hebdomadaire.

Le *National de l'Ouest* publie une série d'articles sous ce titre : *Richesses matérielles du Clergé*. Il passe en revue, canton par canton, tous les établissements religieux de la ville : églises, chapelles, couvents, écoles et maisons d'éducation ; il en compte 42 et en porte l'estimation à environ douze millions.

Le dernier article : *Considérations générales*, attire l'attention du Parquet, qui y relève trois délits : insultes à la religion catholique, excitation à la haine des citoyens les uns contre les autres, atteinte à la paix publique. V^{or} Mangin est assigné à comparaître devant les assises de décembre. Le procureur général Plougoulm vient soutenir l'accusation. Ev. Colombel défend le journal. Le Jury prononce son acquittement.

Le journal l'*Hermine* s'en tire moins bien. Il comparaît aux mêmes assises. Six chefs d'accusation sont relevés contre lui : excitation des citoyens à s'armer contre l'autorité royale, excitation à la haine du Gouvernement, adhésion à une autre forme de Gouvernement, attaque contre le respect dû aux lois ; attaque contre les droits que le Roi tient de la nation, attaque contre l'autorité constitutionnelle du Roi.

Comme Berryer, le défenseur du journal, est retenu à Poitiers, une remise de l'affaire est demandée. La Cour passe outre. Le journal fait défaut et il est condamné à 3 mois de prison et 3,000 fr. d'amende. Le défaut est relevé au cours de la session. Malgré une brillante plaidoirie de Berryer, le Jury se prononce pour les trois premiers chefs d'accusation. Le gérant est condamné à 3 mois de prison et 1,000 fr. d'amende.

La Loire historique, de Touchard-Lafosse, ainsi que *L'Histoire de la ville et du comté de Nantes,* par Travers, arrivent au terme de leur publication.

AGRICULTURE, COMMERCE, INDUSTRIE.

Le Comice agricole fait procéder, dans l'établissement de roulage de Mazier-Verrier, rue Mercœur, à l'essai d'un rouleau, dit hérisson, pour le battage des grains.

— Le Préfet, dans son rapport au Conseil général, signale l'existence de 12 Comices agricoles.

— Le Comice central tient, le 5 septembre, son concours annuel sur la route de Vannes, près l'avenue de Carcouet. Le Préfet, le Maire y assistent. La musique du régiment prête son concours.

Un Comice est fondé à Machecoul. — Le concours de Nozay-Derval se termine par des courses au galop, au trot, en tilbury, avec sauts de barrières, puis par un banquet, un bal, une loterie pour les pauvres. — Au concours du Comice de Guémené-Blain, il y a banquet, bal, chasse au loup. — Le concours du Comice de Carquefou est tenu à Sainte-Luce. — Le concours du 6e canton de Nantes est présidé par Hervouet, juge de paix du canton.

Blé: oscille entre 21 et 19 fr. avant la récolte. A ce

moment jusqu'à la fin de l'année, il varie entre 18 et 19 fr.
— Le seigle débute à 14 fr. 70 c.; il baisse, arrive en
octobre à 11 fr. 85 c., pour se relever ensuite et atteindre
13 fr. 50 c. — L'orge est en baisse continue, elle tombe de
13 fr. à 10 fr. — Le blé noir débute à 9 fr. 70 c. et finit
à 7 fr. 65 c., ayant eu comme maximum 12 fr. 05 c. en
juin. — Le maïs atteint 12 fr. en juin et finit comme il a
commencé, au prix de 9 fr. 75 c. — L'avoine présente un
maximum de 9 fr. 50 c. en avril; elle commence à 8 fr. 50 c.
et finit à 8 fr.

Pain blanc : en janvier, 0 fr. 40 c.; en mai, 0 fr. 4125
(maximum); en décembre, 0 fr. 375 le kilo. — Pain batelier aux mêmes époques : 0 fr. 30 c., 0 fr. 3125 (maximum), 0 fr. 275 c. — Pain méteil : 0 fr. 225, 0 fr. 2375
(maximum), 0 fr. 20 c.

Vins : muscadets : 48 à 45 fr.; gros-plants : 25 à 22 fr.

Les fabricants de conserves sont vivement impressionnés
par un jugement du Tribunal du Havre. Ce Tribunal, en
vertu de la loi sur la chasse, condamne des détenteurs de
conserves de gibier fabriquées par une maison de Nantes.
La Cour de Rouen réforme ce jugement. Le Procureur
général se pourvoit en cassation. Il n'obtient pas gain de
cause. La Chambre de Commerce porte ces faits à la connaissance du Ministre et montre tout le préjudice que cette
application abusive de la loi sur la chasse peut causer à
notre industrie des conserves.

Les négociants nantais avaient pris, de temps immémorial, l'habitude de tenir tous les matins *une petite bourse*
sur la Fosse, vis-à-vis l'hôtel de la Douane. Ils entravaient

ainsi la circulation et tous les efforts tentés par les sergents de ville pour les empêcher de stationner étaient restés inutiles. La police veut avoir le dernier mot. Un commissaire, un beau jour, se présente et, sur le refus de circuler qui lui est opposé, procède à une quarantaine d'arrestations. Le Maire, de son côté, prend un arrêté interdisant tout stationnement en cet endroit.

Le Gouvernement anglais avait formé opposition au jugement du Tribunal de Cayenne qui condamnait le capitaine de la corvette *La Rose* à une indemnité envers l'armateur du *Marabout*. Il paraît consentir à s'exécuter. Un navire amène à Cayenne des jurisconsultes anglais pour terminer l'affaire.

L'introduction des houilles anglaises augmente dans de grandes proportions. De 1,100 tonnes en 1834, elle est montée à plus de 36,000 tonnes en 1841 et 43,000 en 1842. La situation est très lourde pour les industries nantaises, surtout depuis qu'un droit, à la sortie d'Angleterre, de 2 fr. 60 c. par tonne est venu s'ajouter au droit de 5 fr. 50 c. perçu par la douane française. La Commission nantaise des houilles, pour la huitième fois depuis neuf ans, adresse une nouvelle pétition pour obtenir une réduction du droit de douane.

Harmange continue ses importations de guano. Cet engrais commence à devenir un élément important de trafic, et une ordonnance du 3 septembre le frappe d'un droit d'entrée de 0 fr. 10 par navire français et 2 fr. par navire étranger. On en trouve le placement au prix de 25 fr. les 100 kilos. Le Conseil général invite le Gouvernement à prendre des renseignements sur la véritable valeur de cet engrais, le premier qui soit tiré des pays d'outre-mer.

Duflos et Serpette, originaires d'Amiens, montent, rue de l'Entrepôt, une savonnerie. — Lotz aîné transporte ses ateliers de mécanique de la rue Deshoulières à la prairie au Duc — Saint-Omer et Barré quittent leur raffinerie de Richebourg pour venir travailler dans l'ancienne raffinerie Rissel rue de la Brasserie. Ils forment une société au capital de 1,200,000 fr. par actions de 5,000 fr. — L'industrie du raffinage compte huit établissements produisant 10,000 tonnes de sucre raffiné et occupant 350 à 380 ouvriers. — Trumelle et Koch montent, sur la prairie au Duc, un fourneau Wilkinson et un four à coke. — Gache continue à recevoir de nombreuses commandes, il étudie un chevaleur à vapeur pour améliorer les passes de la haute Loire. Il obtient l'entrée en franchise de ses machines sur le territoire autrichien.

— La société F^ic Bertrand, Ch.-G. Philippe et Canaud (conserves alimentaires) se dissout par suite de la retraite de Bertrand. La société se reforme sous la raison Ch.-G. Philippe et Canaud au capital de 200,000 fr. dont 66,000 fr. fournis par un commanditaire.

— La société Millet et Rondenet (conserves alimentaires) se transforme en la société Rondenet et Bonnefin, capital 200,000 fr.

Les *Inexplosibles* ont des départs journaliers pour Angers, Saumur, Châtellerault, Tours, Blois, Orléans, Nevers, Moulins, Digoin. — Les *paquebots de la Loire* remontent de Nantes à Orléans en 40 heures. Ils établissent une correspondance avec l'*Inexplosible* de Châtellerault, et transportent à Nantes les voyageurs de cette ville dans la journée — L'entreprise de remorquage Morel et Cie correspond avec la *Compagnie des transports accélérés* d'Orléans à Roanne et à Lyon.

Le service sur Bordeaux est assuré par six départs par

mois. La traversée ne demande que 24 heures. — Un nouveau bateau, *La Reine,* dessert Belle-Ile, Lorient, Brest. Il met 19 heures pour aller à Brest, soit 13 heures de moins que le courrier de terre. Ce service a pour objet l'approvisionnement des côtes de Bretagne en denrées coloniales importées par nos négociants, et concurrencer les bateaux du Havre qui se livrent au même commerce.

MONUMENTS ET VOIRIE.

L'enquête relative à la construction du palais de justice, de la gendarmerie et des prisons à la tenue Bruneau ne donne lieu à aucune réclamation sérieuse. Le sous-sol est reconnu offrir toutes les garanties. Le Conseil des bâtiments civils approuve les plans. Les Chambres votent l'emprunt de la somme demandée pour la construction.

Rien n'est encore décidé au sujet de l'emplacement pour la construction de l'Hôtel-Dieu. Le Conseil municipal, sur la proposition de la Commission spéciale, repousse l'emplacement de la rue de la Bastille, celui de la prairie de la Madeleine, et se prononce pour la prairie au Duc.

Le chœur de Saint-Nicolas se construit. L'architecte Lassus reconnaît la nécessité d'augmenter l'épaisseur des murs et, par là même, d'empiéter sur le sol des rues latérales. Le Conseil municipal donne son approbation à ces modifications du plan primitif. La pose de la première pierre a lieu le 1er août. Une médaille commémorative en bronze est frappée à cette occasion. Les terres provenant des excavations pour aplanir le sol sont employées à la plantation des arbres du quai de Richebourg.

Seheult et Chenantais sont chargés de la reconstruction

de l'église de Notre-Dame-de-Bon-Port. Leur plan reçoit l'approbation du Conseil municipal.

Mgr de Hercé propose au Préfet la création d'une succursale dans le quartier de l'Hermitage, dont la population est desservie par le clergé de Chantenay. Le Préfet transmet au Conseil municipal le plan de l'église et le tracé des rues qui doivent y aboutir. Ce projet, conçu par Seheult et Chenantais, reçoit l'approbation du Conseil, mais sous la condition que la ville n'entrera dans aucuns frais, et que les voies publiques figurant au projet lui seront livrées conformément au plan de nivellement dressé par l'architecte voyer.

Les travaux de la Cathédrale avancent. L'édification du bras nord de la croix se poursuit conformément au plan de 1838, et l'on se dispose à construire un mur de 2 mètres d'épaisseur qui doit terminer le chœur roman. Malgré les efforts de Seheult qui, se basant sur les vestiges d'anciennes fondations, avait démontré que l'édifice avait été conçu sur un plan beaucoup plus grandiose, le Ministère, par raison d'économie, s'était arrêté à cette solution. Mgr de Hercé, à la pensée que la construction de cette épaisse muraille rendra impossible tout agrandissement ultérieur et condamnera le monument à rester indéfiniment inachevé, veut tout tenter pour empêcher l'exécution du plan arrêté. Le pair de France Maurice Duval, ancien préfet, et Bignon multiplient leurs démarches et obtiennent que le plan adopté soit annulé. Le Ministre donne des instructions pour qu'un projet soit établi d'après les indications autrement grandioses du plan ancien, et un devis en est dressé le 30 juin.

Le dimanche 25 février, Mgr de Hercé bénit l'église de

Saint-Félix et installe comme curé l'abbé Bruneau, vicaire de Saint-Similien.

L'église de la Madeleine est inaugurée le 10 mars. Le quartier est en ce moment couvert par les inondations.

Le Conseil municipal ne peut arriver à s'entendre avec le Ministre de la Guerre au sujet de la construction de la caserne de cavalerie et finit par refuser toute participation. Il estime que le Gouvernement ne peut se dispenser de mettre une garnison de cavalerie à Nantes, et espère qu'il prendra à sa charge toute la dépense.

La Commission du monument Cambronne est à la recherche d'un emplacement convenable. Après avoir pensé successivement à la place Royale, à la place Graslin, à la place Launay, elle se décide pour le cours Henri IV, mais à la condition que les arbres soient abattus et que la promenade soit l'objet de quelque embellissement.

L'ouverture de la rue Descartes est résolue. — Six rues nouvelles sont tracées dans la prairie au Duc. — Une maison se construit rue du Calvaire sur l'emplacement de *Riquiqui*. — La petite rue de Launay est élargie à 10 mètres. — La rue Daubenton est prolongée jusqu'aux rues Rollin et Fulton. — Le quai de la Maison-Rouge se termine. — L'ouverture d'une avenue entre les routes de Vannes et de Rennes, à travers la Sauzinière, est décidée.

Les dragages opérés dans la Loire maritime ont donné des résultats sérieux. Le rapport de l'Ingénieur en chef au Conseil général constate que la Loire présente jusqu'à Nantes aux marées de vives eaux un tirant d'eau de 4 mètres.

La situation n'est pas aussi satisfaisante pour la partie du fleuve en amont de la ville. Il n'y a au-dessus de Nantes que 0^m,60 de profondeur, et, pour obtenir 0^m,80 entre Nantes et l'embouchure de la Maine, il a fallu de grands efforts. Les dragages à bras d'homme qui y ont été pratiqués sont regardés comme absolument insuffisants, et l'Administration étudie pour cette section l'emploi de moyens mécaniques.

La Chambre de Commerce adresse ses plaintes au sujet des droits de péage du canal de Nantes à Brest. Ces droits, bien qu'ils ne soient pas portés au maximum autorisé par la concession, sont encore trop lourds. Ils entrent pour un tiers et même pour moitié dans la totalité des frais de transport. La Chambre demande le rachat des canaux par l'Etat.

CONCERTS, GRAND-THÉATRE.

En mars : J. Concone, maître de chapelle du roi de Sardaigne, concert historique, musique du XVIe, XVIIe et XVIIIe siècle, et musique moderne. — En août : Emile Prudent, pianiste, et Mme Sabatier. Septembre : dans les salons Lété, Mlle J. Martin. — Octobre : Hurteaux.

Grand-Théâtre. Le directeur Vautrin fait connaître plusieurs œuvres nouvelles. Le *Stabat mater*, de Rossini ; les *Martyrs*, de Donizetti ; *Lucrèce*, de Ponsard.
La campagne est terminée le 30 avril et la salle est livrée aux ouvriers pour y pratiquer des aménagements nouveaux. Le nombre des places est augmenté aux premières, aux secondes et aux troisièmes ; la salle est en même temps l'objet de quelques restaurations et embellissements. La subvention est réduite à 10,000 fr. pour les six mois (de novembre à avril) dont se composera la campagne 1844-1845. On trouve difficilement un directeur et, au dernier moment, la ville met la main sur Tilly, ancien artiste de l'Opéra-Comique.

Cette campagne est marquée par une innovation. L'Administration, jusqu'à ce jour, s'inspirant de l'accueil fait aux artistes, lors de leurs débuts, par le public, prononçait sur leur admission ou sur le rejet. Elle renonce à cette prorogation et décide que, dorénavant, le sort des artistes sera réglé par un vote des abonnés et de quarante spectateurs du parterre « qui, toujours, dit l'arrêté, a été considéré » comme le juge naturel des acteurs ». Le public, par contre, ne peut, au cours des débuts, se livrer à aucune marque d'approbation ou de désapprobation. Ces dispositions nouvelles ne soulèvent aucun incident.

Le théâtre des Variétés ouvre ses portes pendant le chômage du Grand-Théâtre. Dejazet vient s'y faire applaudir à deux reprises, du 25 juillet au 19 août, puis du 20 septembre au 7 novembre.

La troupe équestre Franconi frères et Bastien donne des représentations dans une case sur la place Bretagne.

Un petit théâtre s'installe dans la galerie basse du passage Pommeraye.

Année 1845.

Rixe entre compagnons et ouvriers. — Le chemin de fer. — L'emplacement de la gare. — Le bassin de Saint-Nazaire. — Congrès de l'Association bretonne. — Fondation de la Société archéologique. — Garde nationale. — Divers. — Services publics. — Enseignement. — Publications. — Agriculture. — Commerce et industrie. — Bateaux à vapeur. —!Monuments et voirie. — Concerts, Bals, Théâtre.

RIXE ENTRE COMPAGNONS ET OUVRIERS.

Les compagnons et ouvriers en venaient fréquemment aux mains pour les motifs les plus futiles.

La fête de Saint-Honoré, que les compagnons boulangers célèbrent pour la première fois, est signalée par une véritable bataille. Les compagnons boulangers se rendent à la Cathédrale, précédés par une escouade de sergents de ville. Ils ne portent aucun insigne, conformément aux instructions du Maire, mais ils ont des cannes. Dans la Haute-Grande-Rue, ils sont insultés par des ouvriers des autres corporations qui leur crient : A bas les cannes ! Des invectives on en vient aux coups, et une mêlée générale s'engage. Les sergents de ville sont impuissants à rétablir l'ordre. Les boutiques se ferment. C'est une panique générale. L'intervention des gendarmes et d'un piquet de ligne met fin à la bataille. Il est procédé à 27 arrestations. 18 ouvriers ou compagnons passent en police correctionnelle ; ils sont tous condamnés à l'amende et à une peine de un à quatre mois de prison. Des mesures militaires sont prises en vue d'empêcher, le jour du jugement, tout mouvement populaire. Le Maire prend un arrêté sévère interdisant toute manifestation compagnonnique sur la voie publique.

LE CHEMIN DE FER.

La loi rendue en 1844 n'avait que décidé le principe et arrêté le tracé de la ligne de Tours à Nantes.

Une nouvelle loi, en date du 20 juillet 1845, vient achever l'œuvre et détermine les conditions de la concession.

Neuf sociétés se forment successivement en vue de soumissionner. Elles ne tardent pas à fusionner, et, au jour de l'adjudication, le 25 novembre, deux Compagnies sont seulement en présence : la compagnie Mackensie et la compagnie des Maîtres de Poste.

Le rabais des soumissions devait porter sur une réduction de durée de l'exploitation. Cette durée était fixée à 35 ans.

La compagnie Mackensie propose un rabais de 350 jours. L'autre compagnie s'en tient au terme de 35 ans.

La compagnie Mackensie est déclarée adjudicataire. Elle compte parmi ses administrateurs Maës et de Lancastel.

Une ordonnance royale du 28 novembre homologue les résultats de l'adjudication.

L'EMPLACEMENT DE LA GARE.

L'enquête relative au choix de l'emplacement de la gare est ouverte le 28 août.

Trois emplacements sont proposés : l'Entrepôt, la prairie au Duc, la prairie de Mauves.

Dans le projet de l'*Entrepôt,* la ligne, arrivée au Blottereau, se dirige vers le nord, traverse la route de Paris, puis franchit l'Erdre sur un pont de neuf arches. Au chemin du Croisic, elle passe dans un tunel de 660 mètres de longueur, lequel se dirige vers l'ouest et débouche au Douet-Garnier. La ligne, à cet endroit, s'infléchit vers le sud et atteint la Fosse à la maison Chaurand, aux environs de laquelle la gare doit être construite. Le devis des dépenses s'élève à 6,550,000 fr.

Le projet de la *prairie au Duc* présente le tracé suivant : La ligne quitte la prairie de Mauves pour franchir la Loire à l'île Beaulieu, sur un pont de 290 mètres de longueur, coupe la chaussée des Ponts à la boire de Toussaint et se termine à la prairie au Duc. La gare doit être construite en face de la rue de Flandres, à proximité des docks et bassins projetés. Les dépenses sont évaluées à 6,360,000 fr.

Le projet de la gare à la prairie de Mauves offre une grande économie. Il ne coûterait que 3,090,000 fr.

La population est très hésitante ; toutefois, le projet de l'*Entrepôt* est le moins en faveur. La presse prend position. *Le Breton* donne ses préférences à la *prairie de Mauves*. *Le Courrier de Nantes* se prononce pour la *prairie au Duc*. *Le National de l'Ouest*, par la plume de Guépin, propose, comme quatrième solution, l'emplacement de l'*Hôtel-Dieu*, dont la reconstruction semble devoir, pour le moment, s'exécuter sur un autre point de la ville.

Les Angevins interviennent dans le débat et écartent le projet de l'*Entrepôt*.

Le Conseil général, dans sa séance du 1er septembre, adopte, à une grande majorité, le projet de la prairie de Mauves, mais sous la condition que la gare soit mise en relations avec le port, soit à la Fosse par l'addition de rails noyés dans le pavé, soit à la prairie au Duc par un prolongement de la ligne.

La Chambre de Commerce consacre plusieurs longues séances à l'étude de la question. Le 4 octobre, elle prend une résolution. La gare à la prairie de Mauves est votée par 8 voix contre 5. Ces dernières se décomposent ainsi : 3, pour la prairie au Duc ; 1, pour l'Entrepôt ; 1, pour l'Hôtel-Dieu.

Le Conseil municipal, dans sa séance du 30 octobre, après de laborieux débats, fixe son choix. Les trois projets sont successivement mis aux voix. L'*Entrepôt* est rejeté à l'unanimité. La *prairie au Duc* est repoussée par 22 voix contre 3. La *prairie de Mauves* est adoptée par 22 voix contre 3, mais à la condition expresse qu'une voie ferrée, à traction de chevaux, destinée à desservir les quais de la Fosse, fasse partie intégrante du projet.

C'est également la *prairie de Mauves* qui est demandée par la presque totalité des dépositions reçues à l'enquête. La *prairie au Duc* ne recueille que quelques suffrages. Personne ne demande la gare à l'*Entrepôt*. La grande faveur, dont la prairie de Mauves est l'objet, s'explique facilement. Les propriétaires n'ont pas à craindre une dépréciation de leurs immeubles, dépréciation qui se produirait forcément avec la gare, soit à l'Entrepôt, soit à la prairie au Duc, par suite de l'activité que prendraient ces quartiers neufs. Puis, avec la gare à la prairie de Mauves, le prolongement de la ligne jusqu'à Saint-Nazaire n'est pas à craindre, car on sait pertinemment que le Ministre, s'il autorise sur la Fosse des voies ferrées à traction de chevaux, est absolument opposé à l'emploi des locomotives pour ce trajet.

BASSIN DE SAINT-NAZAIRE.

La création d'un bassin à flot à Saint-Nazaire fait partie du programme des travaux publics dont le Gouvernement a décidé l'exécution.

Les Nantais ne peuvent songer à empêcher la réalisation de ce projet, qu'ils regardent comme leur portant un grave préjudice, mais ils tentent d'en atténuer l'importance. Une pétition est adressée au Ministre des Travaux publics. Elle demande que le bassin à flot de Saint-Nazaire ne constitue qu'un port militaire et de refuge, et serve d'entrée à un canal maritime qui permettrait aux navires de fort tonnage de monter jusqu'à Nantes. Elle proteste également contre tout établissement à Saint-Nazaire d'entrepôts et de magasins. Cette pétition ne trouve pas une approbation générale. Le *Courrier de Nantes* et le *Breton* la combattent. *Le National de l'Ouest,* au contraire, plaide en sa faveur. La question est l'objet de nombreux et vifs débats, et les articles publiés par les trois journaux sont réunis en brochures et distribués en ville.

Les Chambres, en fin de session, votent un crédit de 5 millions pour la construction du bassin.

CONGRÈS DE L'ASSOCIATION BRETONNE.

L'Association bretonne tient, à Nantes, du 2 au 9 août, son 3ᵉ Congrès annuel. La ville participe aux dépenses pour une somme de 3,000 fr.

La grande salle de la mairie est mise à la disposition de l'Association pour y tenir ses réunions. Plusieurs questions importantes sont traitées par les congressistes : enseignement agricole, moyens de s'opposer au développement de l'alcoolisme en Bretagne, urgence d'obtenir une réduction de l'impôt sur le sel, organisation de banques agricoles, etc.

Une fête florale est organisée sur la promenade de la Bourse par la Société d'horticulture. Les plantes d'origine asiatique, importées par le capitaine Harmange, sont très remarquées.

Une exposition d'instruments et produits agricoles est ouverte à la Halle aux blés du 5 au 10 août.

Le Comice central procède, sur la prairie de Mauves, à un concours de labourage auquel 18 concurrents prennent part, et aussi à un concours de bestiaux.

La distribution des prix a lieu avec une grande solennité dans la salle de la mairie, sous la présidence de la

Haye-Jousselin, député, assisté du délégué du Ministre de l'agriculture, du directeur de l'Association normande, du délégué du Congrès central d'agriculture de Paris.

Les congressistes se donnent rendez-vous pour 1846 à Quimper.

FONDATION DE LA SOCIÉTÉ ARCHÉOLOGIQUE.

La tenue, dans notre ville, du Congrès de l'Association bretonne lui vaut une nouvelle institution.

Le samedi 9 août, M. le Cte Aymar de Blois, président de la classe d'archéologie du Congrès, réunit, dans une salle de la préfecture, quelques-uns de nos compatriotes, et jette les bases d'une *section d'archéologie départementale* pour Nantes et la Loire-Inférieure.

Des statuts sont adoptés. Ils sont calqués sur ceux des sections de Vannes et de Rennes [1]. Le 19 novembre, la société naissante tient sa première séance. Le bureau est ainsi composé : président, Th. Nau, architecte ; président d'honneur, Bizeul ; secrétaire, G. Demangeat ; secrétaire-adjoint, l'abbé Rousteau ; trésorier, Huette aîné.

GARDE NATIONALE.

L'artillerie de la garde nationale est l'objet d'un rapport des plus flatteurs de la part du colonel Chenin, inspecteur du matériel. « Ce corps, dit-il, est très beau, sa tenue est » des plus belles et aussi régulière que brillante. » Il met l'artillerie de Nantes au premier rang, avec celles de Rouen et de Caen, et expose au Ministre que l'importance de son effectif demande une augmentation de son matériel, lequel se borne à 6 pièces de canon.

[1] Ce fut seulement en 1855 que la Société eut une vie autonome et prit le titre de *Société d'archéologie de Nantes et de la Loire Inférieure.*

Des mesures sont prises pour procéder à de nouvelles incorporations dans la garde nationale. L'effectif porté sur les contrôles compte 4,161 hommes, répartis comme suit : sapeurs porte-haches, 11 hommes ; musique, 54 ; artillerie, 4 compagnies, 297 ; pompiers, 5 compagnies, 284 ; marins, 2 compagnies, 110 ; infanterie, 4 bataillons, 3,325 ; cavalerie, 113. Il est procédé à un recensement, et 8 à 900 hommes fournissent un nouveau contingent.

Chenantais, architecte, est nommé commandant des pompiers.

DIVERS.

Une première crèche est fondée dans la rue Sarrazin. Elle est ouverte le 15 janvier et aménagée pour recevoir 20 enfants. Cette utile création est due presque entièrement à l'initiative et à la générosité de la famille Cherot.

La dernière journée des courses, le 10 août, se termine d'une façon bien triste.

Les chevaux entraient en lice pour la première course de barrières, lorsque soudain une tribune, construite par un particulier, s'effondre, entraînant dans sa chute les trop nombreux spectateurs qui s'entassaient sur ses bancs. La course est arrêtée, et chacun se précipite pour porter secours aux victimes. Une centaine de personnes sont blessées ou contusionnées. Deux meurent des suites de leurs blessures. Une souscription est immédiatement ouverte ; elle produit une somme de 3,000 fr.

Le Procureur assigne en police correctionnelle l'architecte voyer, l'agent voyer et le maître charpentier qui a construit la tribune. Ils sont acquittés. Le Ministère public porte la cause en appel devant la Cour. Celle-ci maintient l'acquittement.

Une épidémie de fièvre typhoïde sévit, avec une grande violence, au Grand-Séminaire. Dans l'espace de 4 à 5 jours, une quarantaine d'élèves sont atteints et cinq succombent. Le séminaire est évacué; les jeunes gens sont envoyés dans leurs familles. On procède à l'incinération des paillasses et objets de literie.

La filature Bertin, place du Martray, l'une des plus importantes de notre ville, devient, dans la matinée du 10 décembre, la proie des flammes. Le feu ne peut être éteint qu'à midi. Cet incendie met en chômage les 140 ouvriers de la fabrique et 160 autres travaillant chez eux à la pièce ou à façon. La population ayant pu, vu l'heure de la journée, se rendre compte de l'insuffisance du service de secours, réclame l'organisation d'un corps de pompiers salariés.

Une société, dite *Société française de l'Océanie,* avait été fondée au Havre. Cette société a un double but : un but religieux (transport des missionnaires dans les îles de l'Océanie, îles Marquises, Tahiti, leur rapatriement, la mise en relations des missions entre elles), et également un but commercial. Un comité de surveillance existe à Paris. Des comités de propagande fonctionnent dans les grands centres, Lyon, Lille, Amiens, etc. Celui de Nantes compte dans son sein : Cte O. de Sesmaisons, président; Lallié, vice-président ; Hippolyte Haranchipy, Thibeaud, D. M., A. Baron, Métois, Gabriel Benoist, Ch. H. de Buron, du Boisguehenneuc, trésorier.

Un premier navire, *L'Arche d'alliance,* est construit à Nantes. La bénédiction en a lieu le 30 août. Elle est très solennelle. Mgr de Hercé préside la cérémonie et prononce un discours. Les élèves de l'école de musique religieuse, récemment fondée par Simon, maître de chapelle à la

Cathédrale, groupés sur le gaillard d'arrière, chantent en chœur plusieurs morceaux appropriés à la circonstance.

L'*Arche d'alliance* est commandée par le lieutenant de vaisseau Marceau, neveu du général des guerres de la Révolution.

SERVICES PUBLICS.

Une ordonnance royale du 21 mai accorde, à la *Société Industrielle*, la reconnaissance d'établissement d'utilité publique.

———

Nos députés Bignon et Billault sont toujours en possession de la confiance de leurs collègues. Bignon est nommé premier vice-président de la Chambre pour la session 1845-1846. Il ne manque à Billault, comme en 1844, qu'un petit nombre de voix pour être porté au siège de 4e vice-président.

———

Le Conseil général et le Conseil d'arrondissement sont, conformément à la loi, renouvelés dans le courant de décembre.

Olivier de Sesmaisons est élu conseiller général du 2e canton par 37 voix. Le conseiller sortant, Le Sant, n'en recueille que 30. Les inscrits étaient au nombre de 168. De Sesmaisons doit son succès à l'appoint de quelques voix républicaines.

Bignon est réélu au 5e canton par 139 voix.

Sont nommés au Conseil d'arrondissement : pour le 1er canton, Gicquel aîné, réélu par 38 voix sur 40 votants ; — pour le 2e, Crespel de la Touche ; — pour le 6e, Ev. Colombel.

———

Chambre de Commerce. Un règlement est arrêté pour le remorquage par les bateaux *Reine* et *Bretagne*. — La Chambre, faute de ressources suffisantes, se voit dans la nécessité de demander une prorogation de terme pour le payement des Salorges. — Les magasinages lui rapportent environ 60,000 fr. — Une subvention de 300 fr., demandée par le *Veritas*, est refusée. — La Commission de l'école des mousses fixe à 50 le nombre des élèves qu'elle pourra recevoir. La gabare *La Louise*, primitivement offerte par l'Etat, est regardée comme ne permettant pas un aménagement convenable, et la bombarde *l'Eclair* est proposée.

— Le Gouvernement forme le projet d'envoyer un navire de guerre explorer la côte orientale de l'Afrique, depuis la baie de Lagoa jusqu'au cap Guardafui, la côte occidentale de Madagascar et aussi les îles Mayotte, Nossi-Bé. Il demande à la Chambre de lui présenter un capitaine ou un négociant de la place pour être adjoint à l'expédition, en vue de prendre des renseignements utiles au commerce. Le capitaine Loarer, à la suite d'un concours, est désigné au Ministre qui l'agrée en qualité de délégué commercial de la mission d'exploration. Sur la demande du Gouvernement, des échantillons de produits nationaux sont réclamés aux manufacturiers de Nantes et de la région pour être confiés à la mission.

— A.-H. Bonamy est nommé délégué au Conseil général du commerce en remplacement de Garnier-Haranchipy. — Un nouveau rapport de la Chambre, sur Madagascar, est envoyé au Ministre. — Sur la demande de nos délégués Lancastel et A.-H. Bonamy, le Conseil général du commerce étudie la question de la colonisation de Madagascar.

Une première élection, qui a lieu le 1er octobre, pour le renouvellement annuel, n'est pas sanctionnée par le Ministre.

A la suite d'un deuxième scrutin, qui est ouvert le 10 décembre, sont nommés pour trois ans : J. Gouin, Aug. Garnier, Th. Bossis, E.-G. Trenchevent, G. Chauvet ; pour deux ans : J.-S. Voruz, en remplacement de P.-B. Goullin, démissionnaire. L'installation des nouveaux membres est reportée à l'année 1846.

Tribunal de Commerce. Sont nommés : président : Aug. Garnier ; juges titulaires : J. Roux, ancien juge ; Y. Berthault et E. Toché, juges suppléants sortants. Ces deux derniers sont remplacés par Fréd. Braheix et J.-B. Chalot.

Caisse d'épargne. Les bureaux sont transférés de l'hôtel de la Bourse, où ils étaient installés depuis la fondation, en 1821, dans l'immeuble municipal de la rue du Moulin. — H. Lagarde est nommé directeur. — Montant des versements : 1.403,584 fr.; des remboursements : 1,881,575 fr. Le solde dû aux déposants tombe à 6,578,007 fr.

L'augmentation anormale des remboursements et la diminution du solde sont occasionnées par l'application de la loi du 22 juin 1845, qui abaisse à 1,500 fr. le maximum des versements et à 2,000 fr. celui de la capitalisation au moyen des intérêts. Par contre, les achats de rente qui, depuis 1833, avaient complètement cessé, recommencent à être pratiqués, et les rentes acquises en 1845 par les déposants s'élèvent à 11,568 fr.

Bureau de bienfaisance. Un secours de 2,000 fr. est envoyé par le Ministre de l'Intérieur. — Deux bals par souscription donnent une recette nette de 7,590 fr. — Les recettes s'élèvent à 115,884 fr., les dépenses à 109,515 fr. — Quatre dames de charité donnent leur démission. Elles sont remplacées par des sœurs, au grand regret des administrateurs, qui auraient préféré des dames laïques mais qui n'avaient pu en trouver.

Hospices. P.-J. Litou est appelé à remplacer J.-G. Pinard comme administrateur.

Budget municipal. Les prévisions budgétaires pour 1845 sont fixées à 1,595,247 fr. 18 c. pour les recettes et à 1,595,179 fr. 12 c.

pour les dépenses, avec un excédent de 68 fr. 06 c. — Les recettes brutes de l'octroi sont en voie de progrès ; elles montent à 1,174,398 fr. 76 c.

<small>Arrêtés municipaux en date du :</small>

15 février : concessions dans les cimetières, tarifs.

8 septembre : convois funèbres et police des inhumations.

23 septembre et *26 décembre :* mesurage, cubage, pesage et jaugeage. Tarif et nombre des titulaires : grains : 21 mesureurs ; houille, noir, engrais : 22 ; chaux, charrée, poudrette : 8 ; bois de chauffage et charbon de bois : 6 ; bois de menuiserie : 4 ; liquides : 4 ; sels : 48.

Mathurin Chéguillaume, 1er adjoint, est nommé chevalier de la Légion d'Honneur.

Le colonel baron de Bréa, colonel d'état-major de la 12e division militaire, est promu maréchal de camp et nommé au commandement du département de la Loire-Inférieure.

ENSEIGNEMENT.

— Le Collège royal de Nantes est élevé à la 1re classe.

— L'école primaire supérieure, la première en date pour toute la France, continue à tenir le premier rang des établissements du même genre.

— Les adjoints Vallet et Brousset assistent, à l'hôtel Rosmadec, à la distribution des prix des écoles d'adultes des frères.

— On signe, à la librairie Mazeau, une pétition à la Chambre des Députés pour demander la liberté de l'enseignement.

— Un cours public et gratuit de chimie, subventionné par le Conseil général, est professé par Audibert, ingénieur des mines, dans une salle de la rue du Moulin. Il ouvre le 18 janvier, et a lieu deux fois par semaine.

— Un cours de droit commercial et de notariat est ouvert par Mousnier, sous le patronage de la Chambre et du Tribunal de Commerce. Les leçons sont données dans une salle du Tribunal ; elles commencent le 10 novembre.

— Cours de linguistique par l'abbé Latouche, d'Angers, et cours d'histoire, de Wautier d'Halluin, à la mairie. Une première séance publique et gratuite est donnée pour ces deux cours en vue de l'exposition du programme.

— Une subvention de 300 fr. est accordée par le Conseil général au docteur A. Libaudière pour un cours public et gratuit d'anatomie et de physiologie comparée à l'usage des gens du monde, auquel il consacre vingt séances et qui est ouvert dans la salle de la mairie.

— Cours de botanique appliqué aux arts, à la médecine et à l'agriculture, par le docteur Ecorchard. Ouvert le 30 avril, il est donné, au Jardin des Plantes, trois fois par semaine, et le dimanche sur la promenade de la Bourse.

— Le 28 juin, le cours d'économie rurale professé par Neveu-Derotrie est inauguré en présence des autorités. F. Favre ouvre la séance et remercie le préfet d'avoir obtenu l'approbation ministérielle pour la création de cette chaire, la quatrième qui existe en France. Ce cours est donné tous les jeudis, d'abord à la mairie, puis à la rue du Moulin. Sa réouverture, après les vacances, a lieu le 8 novembre.

— Le Conservatoire de musique, fondé par Bressler, prend un rapide développement. Le 5 mai, Testé inaugure un cours gratuit de solfège. Il est suivi par 200 ouvriers. Il y a, en outre, un cours payant à 5 fr. par mois. A la réouverture, le 1er octobre, le programme de l'enseignement comporte des cours gratuits et aussi des cours payants de solfège, vocalisation, harmonie, orgue et piano d'accompagnement, de flûte. Des professeurs de violon, violoncelle, hautbois, clarinette, cor, sont, en outre, attachés à l'établissement. Les élèves, dans le cours de l'année, se font entendre dans trois concerts.

— Une école gratuite de musique religieuse est fondée par Félix Simon, maître de chapelle à la Cathédrale. On y enseigne le chant choral, le piano-orgue, la contrebasse, l'harmonie. Les cours ouvrent le 6 octobre. Un jury préside à la réception des élèves. La création de cette école est due à un groupe de souscripteurs. Une commission nommée par eux s'occupe de son administration. Elle compte en son sein : Général baron de Bréa, A. François, président des Beaux-Arts ; J. de Bouteiller, Cte de Saint-Pern, Cte de Novion, Félix Simon. Deux concerts sont offerts par an aux souscripteurs.

— Une société philharmonique, dite de Sainte-Cécile, est organisée par Parigat, ancien chef de musique militaire.

PUBLICATIONS.

Neveu-Derotrie publie *Le Commentaire sur les lois rurales françaises*. Le Ministre de l'Agriculture souscrit pour cent exemplaires. Le Préfet invite les Maires à faire voter par leur Conseil des fonds pour l'achat de cet ouvrage. — La *Statistique et Historique des communes de la Loire-Inférieure*, de Chevas, commence à paraître. — Le baron de Wismes livre à ses souscripteurs son *Album sur la Vendée*. — Petitpas, libraire, édite une feuille donnant la liste des maisons à louer et à vendre. — Une publication semblable est faite par Livenais. — *Heures de loisir, Mes vrillons*, recueil de poésies par Sécheresse, ouvrier menuisier. — *La Galerie armoricaine*, de Charpentier père, fils et Cie.

Le Phare de la Loire, au bout d'une année d'existence,

a un tirage de 272 exemplaires. Il avait débuté avec 49 abonnés. Pour se faire connaître, il crée des abonnements au mois et à la semaine pour les voyageurs, les ouvriers. Il donne un cinquième abonnement gratis pour quatre abonnements ouvriers. Son sous-titre est *Supplément commercial du National de l'Ouest, du Breton et de l'Hermine.* Il accorde aux abonnés de ces deux dernières feuilles des réductions sur le prix d'abonnement.

Le marquis de Regnon est, pour cause de santé, contraint de suspendre la publication de son journal, *La Liberté comme en Belgique,* qu'il continuait de faire paraître à Paris.

Le dépôt d'un crédit de 17 millions pour l'armement des forts de Paris donne, au mouvement de protestation déjà existant, une nouvelle excitation. Le *National de l'Ouest* invite plus chaudement que jamais ses lecteurs à signer les pétitions déposées dans ses bureaux.

— Ce journal, en outre, organise un pétitionnement demandant une enquête sur la situation de la classe ouvrière. Une liste de 6,400 signatures est envoyée à Ledru-Rollin. Ce pétitionnement s'étend à tous les grands centres.

AGRICULTURE.

Les concours agricoles sont toujours en grande faveur. — Le préfet préside celui de Carquefou. — Le concours de Nozay-Derval, dont de la Haye-Jousselin et Rieffel dirigent l'organisation, présente de nouvelles attractions. Le premier jour, concours; distribution des prix présidée par le sous-préfet de Châteaubriant ; courses, un prix est donné par la Société des Courses de Nantes, banquet, quatuor de cors de chasse, bal. Grande affluence de curieux venus de Nantes,

Rennes, Angers. Le 2e jour, chasse au chevreuil. Le 3e, chasse au loup. — De Sainte-Marie, inspecteur général de l'agriculture, préside le concours de Saint-Étienne. — A Guémené, Blain, Chantenay, les comices tiennent leurs assises habituelles.

Le blé, jusqu'à la récolte, oscille entre 17 fr. 80 c. et 18 fr. 50 c. — En juillet, il monte à 19 fr., atteint le maximum de 20 fr. 70 c. et vaut 20 fr. 50 c. à la fin de l'année. — Le cours des autres céréales suit la même marche. — Seigle : 12 fr. 90 c. à 14 fr. 35 c. — Orge : 8 fr. 75 c. à 11 fr. 75 c. — Blé noir : 7 fr. 50 c. à 9 fr. 40 c. — Maïs : 9 fr. 50 c. à 10 fr. 25 c. — Avoine : 7 fr. 75 c. à 8 fr. 65 c.

Vins : Muscadet, 35 à 36 fr. — Gros-plant, 22 à 24 fr.

Pain blanc : 0 fr. 375 à 0 fr. 4125 le kilo. — Pain batelier : 0 fr. 275 à 0 fr. 3125. — Pain méteil : 0 fr. 20 c. à 0,2375.

COMMERCE ET INDUSTRIE.

La Compagnie nantaise d'armements, Hignard frères, distribue un dividende de 13 % à ses actionnaires. Depuis quatre ans, les dividendes distribués forment un total de 53 fr. — Alfred Dezaunay invente un pressoir d'un nouveau modèle et d'une grande puissance. — Les conserves de haricots verts de nos fabriques nantaises font leur apparition à Rennes pendant la semaine sainte et sont fort appréciées. — Benoit, raffineur au Pouliguen, jette les bases d'une vaste association entre les propriétaires de marais, les raffineurs de sel et les négociants de la région, pour la vente en commun des sels de l'ouest, en vue de tenir tête à la concurrence de ceux de l'est et du midi et aussi pour monter un matériel pouvant permettre l'utilisation des sous-produits des raffineries. — L'emploi d'une locomobile, appliquée par Babonneau à l'épuisement des eaux, sur un chantier du chemin de fer de Tours à Nantes, est signalé comme une innovation par un journal de Paris. — Le Conseil d'hygiène est chargé de procéder à un examen comparatif des divers modes de désinfection et de vidange des fosses d'aisances. — Deux artistes en daguerréotypie se partagent la clientèle des Nantais.

La Banque de Nantes est en pleine voie de prospérité. Elle donne, pour 1844, un dividende de 80 fr. 57 c. et met en réserve une même somme par action. Le dividende pour le premier semestre de 1845 est fixé à 40 fr. Les actions, qui valent en juillet 1,595 à 1,600 fr., montent en décembre à 1,670 fr.

L'année se signale par un grand élan commercial : Banque Croquevielle et Cie, transformée en la Banque Croquevielle, Barjolle et Cie, capital un million en mille actions. — Société Henry Auger et Ch. Eudel, armements maritimes, commission et assurance, 300,000 fr. — Le Boterf et Greslé, commission et armements, 125,000 fr.

Sociétés d'assurances maritimes : Gaspard Chauvet, un million, par actions de 10,000 fr. — Régis : 400,000 fr. (actions de 5,000 fr.) — Ant. Chauvet : 400,000 fr. (actions de 10,000 fr.) — Brounais : 300,000 fr. (actions de 10,000 fr.)

Guichet et Russeil, capital 200,000 fr., prennent la suite de Vauloup, plomb et minium, à la tour Launay. — Brissonneau frères transfèrent leurs ateliers de construction mécanique de la rue du Chapeau-Rouge, 11, à la petite rue de Launay. — Une fabrique de pipes en terre : A. Bernard et Nevo, se monte au pont des Récollets. — Larjarte de

Saint-Amand, à Chantenay, 200,000 fr. (actions de 1,000 fr.), installe une fabrique de noir d'os pour raffinerie et engrais.

Pour la première fois, la marine militaire met en concurrence les ateliers privés pour la construction des appareils à vapeur. Dix maisons sont admises à remettre leurs prix. Gâche et Voruz sont adjudicataires d'un appareil de 180 chevaux, destiné au *Dauphin,* qui est en construction dans les chantiers Guibert. Babonneau a en partage une machine de même force pour le *Petrel.*

Une ordonnance royale, en date du 21 octobre, réglemente le mode de concession des terres de Mayotte. Dès le 10 septembre, une société en commandite par actions, au capital de 1,500,000 fr., par actions de 1,000 fr., pour une durée de 60 ans, s'était formée pour la culture des terres et la fondation d'établissements à Mayotte. Les gérants, Paulin Ciret, Alexandre François, G. Baudot-Ducarrey, souscrivent pour 400,000 fr., et, conformément aux statuts, commencent les opérations.

La navigation au long-cours est représentée par 255 bâtiments, dont 56 % de dogres, goëlettes, bricks-goëlettes et bricks, et 44 % de trois-mâts, et dont le tonnage total s'élève à 49,852 tonneaux. 117 maisons d'armements se livrent à cette navigation. 53 d'entre elles n'ont qu'un seul navire. Les plus considérables sont : P.-J. Maës, 9 navires, 3,173 tonneaux. — Hignard frères, 14 navires, 1,968 tonneaux. — P. Ciret, François aîné et Baudot-Ducarrey, 7 navires, 1,845 tonneaux. — Roux, 4 navires, 1,497 tonneaux. — Leboyer, 10 navires, 1,426 tonneaux. — J. Douaud, 9 navires, 1,247 tonneaux. — G.-V. et J. Lauriol, 4 navires, 1,119 tonneaux. — W. Genevois, 4 navires, 1,076 tonneaux.

— Dubigeon, 7 navires, 1,063 tonneaux. — E. Toché et A. Nogues, 4 navires, 1,050 tonneaux.

Les maisons pouvant être citées après celles mentionnées ci-dessus comme présentant un tonnage important, sont les suivantes : Braheix frères, Th. Carmichaël et C¹ᵉ, Chantrelle, V. Chauveau, G. Chauvet et A. Berthault, H. Chauvet et A. Couat, F. Collet, Edelin de la Praudière, Lemerle, L. Lepertière, Liancour, Noël Vincent, F. Vallée et fils, A. Viot. Deux navires de 600 tonneaux prennent la mer : l'*Isly,* de Noël Vincent, et le *Napoléon,* de Roux. Jusque-là le tonnage maximum n'atteignait pas 450 tonneaux.

Deux capitaines de la place sont décorés de la légion d'honneur : Simon Coste, commandant du navire baleinier de la maison Maës et Amouroux, pour sa belle conduite au Gabon. Ce dernier avait déjà reçu des félicitations du Gouvernement anglais pour la défense de ses nationaux.

La maison Lauriol est adjudicataire du transport de 600 tonnes de charbon pour Mayotte, au prix de 73 fr. 90 c.

BATEAUX.

Les *Inexplosibles* et les *Paquebots* sont autorisés à effectuer, pendant la nuit, le trajet de Tours à Orléans. — Louis Jollet construit un bateau d'une marche supérieure, *La Touraine,* qui remonte de Nantes à Tours en moins de 17 heures. — Une Compagnie Roannaise se forme pour organiser un service de bateaux accélérés de Roanne à Orléans, en correspondance avec les messageries d'Orléans à Nantes. — Une société se constitue à Nantes, au capital de 400,000 fr., pour un service de remorquage sur la Basse-Loire avec trois bateaux d'une force respective de 60, 80 et 100 chevaux.

La Compagnie générale des *Remorqueurs de la Loire,* Morel et C¹ᵉ, entreprend des transports pour Lyon et Marseille.

Grâce à ce service, nos importateurs peuvent livrer à Lyon les marchandises coloniales dans de meilleures conditions que leurs concurrents de Bordeaux et de Marseille, ils ne désespèrent pas d'arriver, en employant la voie des canaux, à atteindre la ville de Bâle, l'entrepôt commercial de l'Allemagne et à disputer au Havre l'approvisionnement en denrées exotiques de ce grand centre.

Gâche livre, pour un service dans le Hanovre, un *Dragon*, bateau inexplosible d'un nouveau type et de marche rapide.

MONUMENTS ET VOIRIE.

Le Conseil municipal donne un avis favorable à la construction de l'église de Saint-Joseph. Il fixe les conditions à remplir pour l'aménagement des voies qui y aboutissent et pour l'établissement du cimetière. Quelques Conseillers expriment leur inquiétude au sujet des charges financières que la commune s'expose à assumer dans l'avenir, car il ne leur semble pas que les besoins religieux de cette partie de la commune réclament cette fondation.

L'église projetée dans le quartier de l'Hermitage se construit sous le vocable de Sainte-Anne. Le quartier se transforme. Des rues nouvelles sont tracées. Les terrains en bordure sont divisés en lots pour être mis en vente.

Une ordonnance royale du 4 novembre érige en succursales les deux églises de Sainte-Anne et de Saint-Joseph-de-Portricq.

Église Saint-Nicolas. Les travaux avancent rapidement. La construction du pourtour du chœur est achevée, et, en novembre, le bazar annuel, organisé pour créer des ressources, y est tenu.

Palais de justice. Une ordonnance royale du 7 avril déclare d'utilité publique la construction du Palais de justice et de la gendarmerie, à la tenue Bruneau. Ce même décret autorise la vente du Bouffay, de la prison (place Lafayette) et de la gendarmerie (à l'Oratoire).

L'Administration se met immédiatement à l'œuvre et procède à l'expropriation des terrains et constructions de la tenue Bruneau. Les indemnités qu'elle offre aux propriétaires et locataires atteignent une somme totale de 464,184 fr. Les demandes des expropriés s'élèvent à 814,290 fr. Le jury accorde un total de 582,000 fr.

La construction du Palais de justice est seule entreprise pour le moment, et les travaux sont mis en adjudication le 5 août. Il y a huit lots dont le devis s'élève à 271,281 fr., terrassements et maçonnerie ; 61,047 fr., charpente ; 7,014 fr., couverture ; 54,851 fr., menuiserie ; 22,290 fr., serrurerie ; 27,831 fr., plâtrerie ; 10,225 fr., vitrerie et peinture ; 15,371 fr., plomberie et zinguage.

L'acquisition, par la fabrique de Notre-Dame-de-Bon-Port, d'un terrain, place du Sanitat, pour la reconstruction de l'église, est soumise aux formalités d'enquête publique. Le nouvel édifice pourra contenir 2,800 personnes ; l'église existante n'a de places que pour 13 à 1,400.

La démolition du Bouffay est décidée, et divers projets sont mis en avant pour utiliser le terrain que couvre le vieux monument. Les uns demandent qu'on y construise un vaste hôtel pour les voyageurs ; les autres, un établissement central pour le service de toutes les diligences et voitures publiques.

Le Ministère fixe à 200,000 fr. le concours à fournir par

la ville pour la construction de la caserne de cavalerie. Le Conseil municipal refuse de voter cette somme. Il ne peut croire que l'Etat, s'il juge nécessaire la présence d'un régiment de cavalerie dans notre ville, se refuse à prendre à sa charge toutes les dépenses qu'entraînera son installation.

Le capitaine Harmange fait don, au Jardin des Plantes, de 600 plantes ou arbustes qu'il a rapportés de Madagascar, Bourbon, Calcutta. Une serre spéciale est construite pour les recevoir.

La ville verse à la souscription pour le monument de Cambronne une somme de 4,000 fr.

Bien que la Commission se soit prononcée en faveur du cours Henri IV, les propriétaires de la place de Launay tentent un dernier effort pour obtenir, sur leur place, l'érection du monument, et promettent une grosse somme.

Le Maire, accompagné de L· Vallet adjoint, et de plusieurs Conseillers municipaux, procède, le 23 août, à la réception officielle du pont Maudit.

Le Conseil municipal, dans sa séance du 12 février, prend une décision au sujet d'une deuxième ligne de ponts. Le principe de cette deuxième ligne est voté à l'unanimité. Trois projets sont présentés : 1° projet de la rue Jean-Jacques ; 2° projet utilisant le pont de la Bourse et le pont Maudit. Ils coûteraient chacun 1,300,000 fr. Ils sont l'un et l'autre écartés. Le troisième, qui ne demande qu'une dépense de 1,100,000 fr. est adopté. Il a pour point de départ l'hôtel de la Douane. Pour entreprendre sa construction, on attendra que les quais du bas de la Fosse soient achevés, de manière que les navires y trouvent l'emplacement dont les privera l'établissement du nouveau pont.

Les propriétaires de la rue de Bréa (1), qui s'étaient refusés à tout arrangement pour le prolongement à travers leur terrain de la rue Gresset jusqu'à la rue de Flandres, montrent des dispositions plus conciliantes. La subvention de 20,000 francs, proposée en 1841, pour l'exécution de cette percée, est acceptée par la société Esmein, Mahot et Rocher, qui se met au lieu et place de la ville pour accomplir le travail. L'enquête d'utilité publique est ouverte.

— Un spéculateur offre de relier le boulevard Saint-Pern à la route de Vannes par une avenue.

— L'ouverture d'un boulevard entre les routes de Vannes et de Rennes, à travers la propriété Lelasseur, est soumise aux formalités d'enquête publique.

— Une rue privée est percée pour mettre en communication la rue de Bel-Air et la rue Sarrazin.

— Les rues Damrémont, Mascara, Dubreil, Lavoisier sont mises en état de viabilité.

— Un certain nombre des plaques en faïences, récemment posées pour l'indication des rues et des numéros de maisons, n'a pas résisté à l'intempérie des saisons et doit être remplacé. L'administration, sur les indications qui lui sont données par la ville de Paris, adopte des plaques en fonte avec des lettres en saillie peintes en blanc. 200 de ces plaques sont posées.

---

(1) Pour une plus facile compréhension du récit, nous anticipons sur les évènements. Cette rue ne reçut son nom qu'en 1849.

Alliot obtient, avec un rabais de 6 %, l'adjudication des travaux de dragage entre Nantes et Paimbœuf dont le devis par an monte à 100,000 fr.

BALS, CONCERTS, THÉATRE.

Un bal de bienfaisance par souscription est donné en janvier au Grand-Théâtre. Il produit une somme nette de 6,685 fr.

La salle des Variétés voit se succéder, tout le long de l'année, une série presque ininterrompue de bals. — Depuis le premier jour de l'an jusqu'aux jours gras, ce sont des bals dits *bourgeois* pour lesquels on paye une cotisation de 50 centimes donnant droit à des rafraîchissements. — En mars, les chefs d'ateliers, contre-maîtres et ouvriers organisent une fête dansante à laquelle sont invitées les autorités civiles et militaires, et dont la recette, qui dépasse 1,100 fr., est versée au Bureau de Bienfaisance. — C'est ensuite, en mai, le bal des garçons boulangers, et, en novembre, un bal au profit des incendiés de la filature Berlin. Les autorités honorent ce dernier de leur présence. Les bals *bourgeois* recommencent avec l'hiver.

En mars : Ch. Mansui, pianiste et compositeur. — Mlle Malescot, pianiste. — Avril : Demarie, pianiste, avec exécution, par les chœurs de la Société des Beaux-Arts, de plusieurs morceaux. — Mai : Mlle Drouart, prima donna de la troupe d'opéra.

Une troupe de 8 ménestrels pyrénéens se fait entendre à la salle de la mairie, à la Cathédrale, à Notre-Dame-de-Bon-Port.

— C'est un véritable assaut de générosité entre les artistes. Bressler et les artistes du Conservatoire donnent, dans les salons de la place de la Monnaie, un concert dont le produit, qui atteint 416 fr., est distribué au Bureau de Bienfaisance, aux salles d'asile et à la Société de charité maternelle.

Le pianiste Listz se fait entendre dans les salons du Conservatoire et abandonne le produit de la recette pour la création d'une première crèche.

Le violoniste Konstki donne, dans la salle de la Mairie, aux élèves du collège Royal, un concert dont le produit est destiné à la fondation d'une nouvelle salle d'asile.

La campagne théâtrale se poursuit dans de bonnes conditions, grâce à une grande variété de spectacles. Le théâtre de Molière est même mis à contribution. *Tartuffe* et le *Malade imaginaire* sont donnés.

Tilly est maintenu directeur pour l'année 1845-1846. Il a une subvention de 40,000 fr. Les portes du théâtre s'ouvrent, le 10 mai, avec la troupe de comédie seulement. La saison d'été est très brillante. Des artistes de grand renom se succèdent sur la scène Graslin.

Rachel vient, du 17 au 26 juin, se faire entendre dans les *Horaces, Andromaque, Polyeucte, Marie Stuart,* puis revient, le 9 juillet, donner *Bajazet*. La grande tragédienne excite un grand enthousiasme. Le prix des places est doublé. La recette de la première représentation atteint presque 6,000 fr.

Levassor, du *Palais Royal,* se produit en août dans les principales pièces de son répertoire. — *Tom-Pouce* interprète le rôle du *Petit-Poucet* dans la pièce qui porte ce titre.

La campagne d'opéra commence le 5 décembre. Elle est marquée par le grand succès de Mlle Masson. — Poultier de l'Opéra et Lafont des Variétés viennent en représentation.

Le prix des places du parterre est augmenté et porté de 1 fr. 50 c. à 2 fr. A cette augmentation de prix correspond l'installation de dossiers aux banquettes.

Le violoniste Konstki et le pianiste Listz, deux artistes en grande vogue, se produisent au Grand-Théâtre, chacun dans trois représentations, mais au cours de spectacles différents. — La représentation annuelle, donnée au bénéfice des pauvres, produit une recette nette de 1,874 fr. 20 c. dont 743 fr. 20 c. provenant des plateaux.

Le bœuf gras est promené, pendant toute la semaine sainte, à grand renfort de tambours et de musique. Le cortège des garçons bouchers s'efforce de donner à la promenade encore plus d'éclat que les années précédentes. Le bœuf pèse le poids exceptionnel de 1,300 kilos.

Les attractions se succèdent sur la scène des Variétés. En juin, c'est l'exhibition d'une machine à fabriquer les glaces et les sorbets que l'on fait fonctionner sous les yeux du public. — En juillet, c'est le général *Tom-Pouce,* d'une taille de $0^m,67$ et pesant $7^k,570$. Ce nain se montre également à la salle d'Alger et au Grand-Théâtre. — En août, Léon, l'artiste *aquatique* parisien, attire le public avec ses fontaines lumineuses, ses scènes de nécromancie, etc. — En octobre, on y voit un géant de 23 ans, taille $2^m,30$, poids 195 kilos.

Les frères Leroux, directeurs du petit théâtre de *Riquiqui,* sont de retour et s'installent à demeure avec leurs *Lilliputiens,* dans une maison de la rue Mercœur, en face de l'infirmerie de la maison d'arrêt. — Un ex-associé du théâtre *Comte de Paris* monte, dans le passage Pommeraye, un petit spectacle avec danses, marionettes, ombres chinoises. — Conus, en septembre-octobre, donne, au manège de la rue Lafayette, des séances d'escamotage, physique amusante, fantasmagorie.

Sur la place Bretagne on voit : *La Passion,* en tableaux vivants avec personnages de marbre ; un grand musée avec 120 sujets ; les Crotoniaques modernes, luttes d'hommes ; le théâtre des Grandes-Illusions. — La lanterne magique de Bœuf circule chaque soir dans les rues pour se mettre à la disposition des familles. — Des essais de combats de coq, à l'instar de ceux de Belgique, sont tentés à la Grenouillère.

Année 1846

Les inondations. — Le nouveau tarif d'octroi. — Travaux du chemin de fer. — Emplacement de la gare. — Bassin de Saint-Nazaire. — Paquebots transatlantiques. — Elections municipales. — Elections législatives. — Le général Lamoricière. — Mouvement protectionniste. — Divers : Ibrahim-Pacha, prince de Joinville, les Polonais, la Société des architectes, V^{er} Hennequin, etc. — Services publics. — Enseignement et publications. — Agriculture. — Commerce et industrie. — Monuments et voirie. — Concerts, Théâtre, etc.

INONDATIONS.

L'année est marquée par plusieurs inondations de la Loire.

Une première crue se fait sentir en janvier et février. Le 2 de ce dernier mois, la cote maximum de $5^m,12$ est atteinte. Une souscription est ouverte en faveur des victimes du fleuve.

En avril, les eaux de la Loire débordent une deuxième fois.

En octobre, une nouvelle et plus terrible inondation exerce ses ravages sur toute l'étendue du bassin de la Loire et occasionne des pertes incalculables à Orléans, Tours, etc. Notre ville, par suite de la rupture des digues destinées à protéger les vallées qui se trouvent en amont, est moins éprouvée. L'eau n'y atteint que la cote de $4^m,80$. Un mouvement spontané de sympathie pour les malheureux inondés se produit par toute la France, et le Ministère centralise les offrandes qui lui sont envoyées des divers points du territoire. A Nantes, la souscription ouverte dans ce but dépasse la somme de 25,000 fr.

NOUVEAU TARIF D'OCTROI.

Une ordonnance royale du 20 décembre 1845 autorise la perception, à partir du 1er janvier 1846 jusqu'au 31 décembre

1855, d'un nouveau tarif d'octroi. Le tarif en vigueur remontait à l'année 1816, et quelques articles seulement, depuis ce moment, avaient été l'objet d'une modification.

Voici les principales dispositions du nouveau tarif.

Création de droits : Marbre, 15 fr. le mètre cube. — Pierres de Crazannes et de Saint-Savinien, 1 fr. le mètre cube. — Bois du Nord, 2 fr. le mètre cube. — Verres à vitre, 1 fr. 50 c. les 50 kilos. — Bouteilles de demi-litre et au-dessus, 1 fr. le cent. — Fers, 2 fr. les 100 kilos.

Augmentation de droits : Noix sèches, portées de 0 fr. 50 c. à 1 fr. l'hectolitre. — Tuffeaux, de 1 fr. à 1 fr. 50 c. les 100 kilos. — Ardoises, de 1 fr. 50 c. à 2 fr. le mille. — Bougies de toute nature, 25 fr. les 100 kilos.

Nouveau mode de perception : Droit par tête, pour bœufs, de 25 fr., pour veaux, de 3 fr., pour moutons, de 1 fr. 50 c., transformé en un droit uniforme de 4 fr. 65 c. les 100 kilos. — Droit de 8 fr. par tête pour les porcs frais dépecés, remplacé par celui de 0 fr. 10 c. le kilo ; pour les porcs salés, par celui de 0 fr. 15 c. le kilo. — Oranges : droit de 10 fr. les 100 kilos, remplacé par celui de 2 fr. 20 c. la caisse. — Bois de chauffage : droit au stère substitué à celui par charretée. — Droits séparés pour la chaux vive ou éteinte, le plâtre cru ou cuit. — Ces modifications, qui ont pour objet, soit la suppression d'abus ou de fraude, soit un mode plus équitable, entraînent des augmentations pour la plupart des articles.

Diminution de droits : La viande par quartiers ou morceaux est réduite de 0 fr. 15 c. à 0 fr. 09 c. le kilo. (Les entrées, en 1846, atteignent 225,065 kilos, contre 91,281 en 1845.)

Suppressions de droits sur : les poissons secs et salés taxés à 0 fr. 10 c. le kilo, dégrevés à titre de nourriture des pauvres, — sur le charbon de terre. Ce droit, fixé en l'an X à 0 fr. 10 c., avait été porté à 0 fr. 11 c., 0 fr. 15 c. et 0 fr. 20 c. et réduit en 1837 à 0 fr. 10 c.

Un arrêté du Maire, en date du 27 janvier, rend exécutoire le nouveau tarif à partir du 29 janvier.

TRAVAUX DU CHEMIN DE FER.

Les travaux de construction du chemin de fer sont poussés avec activité. Les actionnaires de la Société concessionnaire se réunissent en assemblée générale à la salle Herz, sous la présidence de de Lancastel. Un état de l'avancement des travaux et de la situation financière est mis sous leurs yeux. Un très vif débat s'élève au sujet de l'indemnité réclamée par les administrateurs, lesquels sont au nombre de 27. La somme de 150,000 fr. demandée par eux est, après une discussion orageuse, réduite à 100,000 fr.

EMPLACEMENT DE LA GARE.

Aucune solution n'est prise au sujet de l'emplacement de la future gare. Goullin publie une brochure pour défendre le projet de gare à l'*Entrepôt*. Une nouvelle combinaison est mise en avant, dans laquelle la gare serait située dans la prairie de la Madeleine et reliée par un bassin au bras de la Madeleine. — Les ingénieurs et plusieurs administrateurs de la Compagnie viennent sur place étudier la question des emplacements. Le Préfet, le 28 juin, les met, dans ses salons, en rapport avec les diverses notabilités de la ville qui patronnent les combinaisons proposées. Tout le monde tombe d'accord sur le prolongement de la ligne jusqu'au port, avec une gare secondaire à l'entrée de la ville pour les voyageurs.

BASSIN DE SAINT-NAZAIRE.

Rien n'est décidé pour la construction du bassin. Un

conflit qui s'élève entre les deux ingénieurs chargés des études, Jégou et Cabrol, retarde l'adoption d'un plan définitif. Cet incident excite dans notre commerce un vif mécontentement. Une Commission nautique est nommée par le Préfet pour donner son avis ; elle se compose de Ad. Le Cour, président ; Denis Lauriol, H. Auger, Jalabert, Tartoué, Lepechour, Gallan.

Un projet d'enceinte fortifiée, dont le devis s'élève à 5 millions, est déposé par le Gouvernement. Mais l'absence d'un plan définitif pour le bassin amène un ajournement de son étude par les Chambres.

PAQUEBOTS TRANSATLANTIQUES.

La ligne du Brésil, qui avait été attribuée au port de Saint-Nazaire, est sur le point de nous être enlevée. Une Compagnie du Havre s'offre pour exploiter toutes les lignes transatlantiques projetées par le Gouvernement. Marseille et Bordeaux unissent leurs instances à celles de Nantes et se liguent contre le Havre. Le Gouvernement semble disposé à partager ses faveurs entre le Havre et Marseille, lorsqu'un vice de forme l'oblige à retirer son projet.

ÉLECTIONS MUNICIPALES.

Les électeurs municipaux sont convoqués du 5 juillet au 28 juillet, pour procéder au renouvellement de la série sortante, qui avait été élue en 1840.

Trois sièges sont, en outre, vacants : un à la section F, celui de Derivas, décédé, et deux à la section K, ceux de Henry Thébaud et de Wattier, démissionnaires.

La lutte présente une animation plus grande qu'aux dernières élections. *Le National de l'Ouest, L'Hermine, L'Ouest, Le Courrier de Nantes* descendent résolument dans l'arène. Le maire, Ferdinand Favre, est violemment attaqué. *Le Courrier de Nantes* le somme de quitter les affaires municipales. — Guépin, dans *Le National de l'Ouest,* discute les actes de son mairat (1), lui reproche son manque de fermeté; il souhaite cependant de le voir revenir à la tête de l'administration, mais l'engage à se montrer plus jaloux des prérogatives municipales. L'Imprimerie du Commerce met en vente une petite brochure, le *Vade mecum* des élections municipales à Nantes, qui contient la liste des électeurs et autres documents. Les divers partis organisent des réunions préparatoires en vue de se concerter pour présenter des candidats.

Section C. — Membres sortants : Polo et Renoul. — Inscrits : 200. — Au 2ᵉ tour, sont élus : Favreau, par 58 voix, Renoul, par 55 voix sur 124 votants.

Section G. — Membres sortants : J. Gouin et Caillé. — Inscrits : 298. — Sont élus au 2ᵉ tour : Ad. Bonamy, par 95 voix ; Caillé, par 62 voix sur 150 votants.

Section K. — Membres sortants : J.-B. Etienne et Goullin. — Inscrits : 352. — Sont élus au 1ᵉʳ tour : Guépin, par 102 voix ; Wattier, par 93 voix sur 182 votants.

Section F. — Membres sortants : Barrat et Clémansin. — Inscrits : 237. — Méry est élu au 1ᵉʳ tour par 73 voix, sur 143 votants ; J.-B. Etienne, au 2ᵉ tour par 51 voix sur 136 votants.

Section E. — Membres sortants : Robineau de Bougon et C. Mellinet (décédé). — Inscrits : 343. — Polo aîné est élu au 1ᵉʳ tour par 119 voix sur 201 votants ; Besnard la Giraudais, au 2ᵉ tour, par 99 voix sur 194 votants.

Section D. — Membres sortants : Brousset et Greslé. —

---

(1) Mot textuel de Guépin.

Inscrits : 320. — Sont élus au 2e tour : Couprie par 100 voix ; Brousset, par 69 voix sur 193 votants.

Section H. — Membres sortants : M. Chéguillaume et A. Fleury. — Inscrits 375. — Sont élus au 2e tour : Queneau par 131 voix, M. Chéguillaume, par 94 voix sur 189 votants.

Section I. — Membre sortant : Cuissart. — Inscrits 325. — Cuissart est élu au 1er tour par 117 voix sur 204 votants ; F. Braheix, au 2e tour, par 92 voix sur 184 votants.

Section B. — Membres sortants : Le Sant et A. Jégou. — Inscrits : 355. — Jégou est élu au 1er tour par 107 voix sur 210 votants ; Crespel de la Touche, au 2e tour par 126 voix sur 181 votants.

Section A. — Membres sortants : Gicquel et Scheult. — Inscrits : 243. — Chevas est élu au 1er tour par 15 voix sur 163 votants.

Sont nommés en remplacement des membres sortants en 1849 décédés ou démissionnaires :

Section K. — Au 1er tour, H. Thébaud par 121 voix sur 197 votants ; Mangin père au 2e tour par 120 voix sur 99 votants.

Section F. — Au 2e tour, Barrat par 53 voix sur 121 votants.

Les partis d'opposition n'ont pas à regretter les efforts qu'ils ont dépensés dans la lutte, car, pour la première fois, ils ont poussé au Conseil quelques-uns de leurs représentants. L'opposition de gauche revendique comme lui appartenant : V. Mangin, Guépin, H. Thébaud, Chevas, et l'opposition de droite : Favreau, Besnard la Giraudais, Crespel de la Touche.

Le Conseil a, pour une durée de trois ans, la composition suivante :

Sortants en 1849.

Section A.	—	F. Favre.	L. Vallet.
—	B.	— Biclet.	
—	C.	— Prevel.	Ev. Colombel.
—	D.	— Moriceau, d.-m.	A. Garnier.
—	E.	— Marie, d.-m.	A. Cherot.
—	F.	— Trenchevent.	Barrat.
—	G.	— Th. Chéguillaume.	Huette.
—	H.	— J. Roux.	F. Talvande.
—	I.	— Bignon.	Chenantais.
—	K.	— H. Thébaud.	Mangin.

Sortants en 1852.

Section A.	—	J.-J. Chevas.	
—	B.	— A. Jegou.	Crespel de la Touche.
—	C.	— Favreau.	Renoul.
—	D.	— Couprie.	Brousset.
—	E.	— Polo aîné.	Besnard la Giraudais.
—	F.	— Méry.	J.-B. Etienne.
—	G.	— A. Bonamy.	Caillé.
—	H.	— M. Chéguillaume.	F. Queneau.
—	I.	— Cuissart.	F. Braheix.
—	K.	— Guépin.	Wattier.

L'entrée aux affaires municipales des légitimistes et des républicains, détermine, au sein du Conseil, des courants d'opinions inconnus jusqu'alors, et lui donne une physionomie nouvelle; aussi la municipalité en exercice se trouve-t-elle dans une position délicate. Elle comprend la difficulté de la situation et donne sa démission. Sur la demande du Préfet, elle consent à continuer l'expédition des affaires jusqu'à ce qu'elle soit remplacée. L'Administration de F. Favre est vigoureusement attaquée. A. Garnier tente de former une Administration, mais il ne peut aboutir. Le Préfet songe un instant à confier la mairie aux six premiers inscrits sur le tableau ; enfin on en revient à F. Favre.

Une ordonnance du 3 octobre le nomme maire et appelle P. Cuissart aux fonctions d'adjoint.

C'est seulement le 26 octobre que l'Administration est complétée par la nomination de M. Chéguillaume, Poio aîné, Trenchevent aîné, Couprie aîné.

ÉLECTIONS LÉGISLATIVES.

Les électeurs sont convoqués, le 1er août, pour procéder au renouvellement de la Chambre des Députés. La lutte est encore plus vive qu'aux précédents scrutins.

— 1er Collège. — (1er, 2e, 3e cantons de Nantes). — Dubois, député sortant, trouve un sérieux concurrent dans A. Garnier, qui cherche à gouper les suffrages des ministériels et des légitimistes. 381 électeurs sur 457 inscrits prennent part au vote. Dubois est élu par par 213 suffrages. Garnier en obtient 165, et de Sesmaisons, 3.

— 2e Collège. — (4e, 5e et 6e cantons). — Bignon est réélu par 299 voix. F. Quesneau n'en recueille que 113.

— 3e Collège. — (Pont-Rousseau). — Lanjuinais est réélu par 263 suffrages. Les légitimistes donnent 46 voix à de Lancastel et 13 à de Cornulier.

— Billault est réélu à Ancenis par 99 voix sur 117 votants et 150 inscrits.

— A Châteaubriant, 180 électeurs sur 194 inscrits déposent leur bulletin. La lutte est très chaude. On en vient même à des actes de violence et 150 soldats sont envoyés pour rétablir l'ordre. De la Haye-Jousselin, candidat ministériel, soutenu par les légitimistes, l'emporte avec 96 voix. Son adversaire, de la Pilorgerie, en obtient 84.

— A Paimbœuf, E. Colombel, candidat de l'opposition, avec 79 voix enlève son siège à Le Ray qui n'en obtient que 73.

Les électeurs de Savenay maintiennent Ternaux sur son siège. Il a 170 voix De la Rochette, candidat des légitimistes, en recueille 14!

LE GÉNÉRAL LAMORICIÈRE.

Le général Lamoricière quitte le théâtre de ses exploits pour venir tenter la fortune électorale. Notre ville lui réserve un accueil enthousiaste. La population se porte en foule pour l'acclamer au domicile de son oncle Robineau de Bougon, place de Gigant. Le corps des officiers de la garde nationale se rend à sa propriété de Tourneron pour le féliciter. Un banquet, au haut prix de 10 fr., s'organise en son honneur.

Le brillant général n'est pas heureux dans ses compétitions électorales. Il échoue à Paris et à Cholet.

Le banquet qui lui est offert à la Bourse n'en est pas moins un triomphe pour lui. Il est présidé par le Maire, entouré de Dubois, Lanjuinais, Gouin, etc. Le rôle de candidat d'opposition, qu'il a pris dans la lutte électorale, lui a aliéné les sympathies des amis du pouvoir; aussi constate-t-on au banquet l'absence des autorités, et les officiers ne peuvent y assister qu'en tenue civile.

Le général, lors d'une élection complémentaire à Saint-Calais (Sarthe), enlève un siège législatif.

MOUVEMENT PROTECTIONNISTE.

Un groupe de négociants, à la tête duquel se trouve Aug. Garnier, prend l'initiative d'une réunion en vue de provoquer un mouvement en faveur de la protection du travail national. Cette réunion a lieu le 11 décembre, dans la grande salle de la Mairie. Garnier la préside, et Cherot, secrétaire provisoire, donne lecture d'un manifeste protectionniste dont les conclusions sont les suivantes :

1° Sera-t-il formé, ou non, une association pour la défense du travail national et la réforme progressive des droits de douane ?

2° Sera-t-il formé, ou non, un comité actif pour la défense du travail national et la réforme progressive des tarifs de douane ?

L'assemblée, à l'unanimité, donne une réponse affirmative aux deux questions.

Il est immédiatement procédé à la formation du comité actif. Le bureau provisoire, composé de Garnier, Cherot, Th. Chéguillaume, Gâcte, J.-B. Etienne, P. Chéguillaume, L. Vallet, est désigné pour en faire partie. On lui adjoint d'autres membres appartenant au commerce, à l'industrie, à l'agriculture. Le 22 décembre, le Comité constitue un bureau définitif, qui est composé de A. Garnier, président ; Ev. Colombel et Th. Chéguillaume, vice-présidents ; A. Cherot et Neveu-Derotrie, secrétaires. On charge F. Braheix, F. Quesneau, Goupilleau, Voruz et Jamont de se concerter avec le bureau pour rédiger un projet de statuts. On donne à l'association le titre de « Association de Nantes pour la
» défense du travail national et la réforme du système de
» douanes. »

DIVERS.

De grands préparatifs sont faits pour recevoir dignement Ibrahim-Pacha, fils du vice-roi d'Egypte, qui se rend d'Espagne à Paris, en passant par Toulouse, Bordeaux et Nantes. Un bal par souscription s'organise sous les auspices de la Municipalité. Le commerce se prépare à lui offrir un banquet. Arrivé à Bordeaux, Ibrahim-Pacha change d'itinéraire et se rend directement à Paris.

Le prince de Joinville passe quelques heures à Nantes, dans la journée du 26 mars, pour se rendre à Indret, où il va assister au lancement du *Passe-Partout,* yacht de 120 chevaux, destiné au service particulier du Roi. Ce yacht est le premier bateau en fer qui ait été construit en cet établissement (1).

Les Polonais en résidence à Nantes, sur l'ordre qui leur est donné par le comité de Paris, se préparent à quitter notre ville, pour prendre part au soulèvement qui a éclaté dans leur pays. Des souscriptions sont ouvertes par le *National de l'Ouest,* pour leur venir en aide. Les républicains s'agitent beaucoup en leur faveur. L'Administration et ses amis se tiennent systématiquement à l'écart du mouvement.

La *Société des architectes* de Nantes est autorisée par décision ministérielle du 18 avril 1846. Cette société a principalement pour but de s'occuper des questions d'art, de pratique, de jurisprudence et d'administration relatives à l'architecture. Les membres sont : Amouroux, *secrétaire principal;* Blon, Bourgerel, *secrétaire adjoint;* Buron, Chagniau, Chenantais, Crucy, de Raymond, Douillard aîné, Douillard jeune, *vice-président;* Driollet, Faucheur, Gilée père, Gilée fils, Guillemet, Lhotellier, Liberge, Mortier, Nau, *président;* Seheult, Trotreau, Van Iseghem. Ils tiennent leur séance dans une salle de l'immeuble municipal de la rue du Moulin.

Bourgerel obtient une médaille d'or à la section d'architecture de l'exposition de Paris.

---

(1) Les sculptures du bateau sont l'œuvre de Suc. Les travaux de menuiserie et de tapisserie sont confiés à Maurice.

A l'occasion de la fête du Roi, sont décorés de la légion d'honneur : Jules Gouin, banquier, vice-président de la Chambre de Commerce, et Aug. Garnier, négociant, maître de forges, président du Tribunal de Commerce.

Le père de Ravignan vient prêcher une station à la Cathédrale au mois de mai. Les sermons spéciaux pour les hommes sont très suivis.

Aux fêtes nationales de juillet, les élèves du Collège royal, qui ne sont pas en congé dans leur famille, vont grossir les rangs du cortège officiel. Si la masse de la population se tient de plus en plus à l'écart de ces fêtes, il n'en est pas de même des républicains. Ces derniers, au nombre de 7 à 800, se rendent au monument des victimes de 1830, à Miséricorde. Victor Mangin prononce un discours dans lequel il ravive le souvenir de la révolution de juillet et en réclame toutes les conséquences.

Le Ministre de la Marine, baron de Mackau, passe à Nantes la journée du 22 septembre. Il visite les différents ateliers auxquels sont confiés des travaux pour la marine de l'Etat. Le soir, il assiste à un banquet auquel prennent part les autorités et les membres du Conseil général. Le lendemain, il se rend à Indret, puis à Paimbœuf et à Saint-Nazaire.

La Société des courses trouve, chez les fermiers de la prairie de Mauves, de grandes exigences pour la location de leur terrain. La commune de Chantenay, mieux inspirée qu'autrefois, entre en pourparlers avec la Société, mais celle-ci, craignant qu'un changement d'hippodrome ne nuise au succès des courses et à la popularité dont elles jouissent, en passe par les prétentions des fermiers de la prairie de

Mauves. Pour compenser les sacrifices qu'elle a dû subir, elle prend le parti de réduire la valeur des prix.

Un orateur d'un grand talent, Victor Hennequin, avocat à la Cour d'appel de Paris, après une tournée en Bretagne, donne, du 24 au 30 octobre, dans la grande salle de la Mairie, une série de conférences sur les doctrines de Fourier, dont il est un ardent propagateur.

Le 1er novembre, un banquet lui est offert. Au dessert, il prend la parole et prononce un véritable discours-programme.

« Socialistes de toutes nuances, s'écrie-t-il dans sa péroraison, vous êtes déjà nos frères, vous voulez, comme nous, la solidarité, la concorde, l'instruction et le pain pour tous. Si vous désirez sincèrement le progrès sans désordre, la conciliation de toutes les classes, pourquoi ne pas vous rallier tous à cette bannière, où l'on voit écrit en caractères lumineux : *Droit au travail. Association volontaire du capital, du travail et du talent.* »

Les dresseurs de chevaux recommencent à suivre la retraite des soldats depuis le Port-au-Vin jusqu'à la Caserne, pour habituer leurs élèves au son du tambour. La police est obligée d'intervenir pour les empêcher de se livrer à cet exercice.

Un esturgeon est pêché à Cunault (Maine-et-Loire). Il mesure $2^m,40$ de longueur. On l'amène à Saumur, pour le montrer aux curieux.

Le 4 juillet, à 7 heures du matin, a lieu, à la carrière de Miséri, un lancer de pigeons voyageurs venus de Louvain (Belgique).

SERVICES PUBLICS.

Chambre de Commerce.

Une ordonnance royale du 10 mars autorise la cession de la bombarde *L'Eclair* à la Chambre de Commerce pour y installer l'école des mousses. On procède à son organisation et, le 24 septembre, a lieu la séance officielle de son inauguration. — Le bâtiment est amarré à la cale des Salorges. Il est aménagé pour recevoir 50 enfants.

— Le capitaine Loarer part pour Mayotte sur la frégate *L'Armide*. Il reçoit une somme de 4,000 fr. et une lettre de crédit sur une maison de Bourbon pour se procurer une collection complète des produits naturels susceptibles d'être importés en France. La Chambre syndicale des courtiers le charge de lui fournir des renseignements sur certaines marchandises. Le Ministre exprime ses regrets à la Chambre pour le petit nombre d'échantillons qu'elle a réuni. Il comptait sur elle et ne s'était pas adressé aux autres Chambres de Commerce dont il se voit maintenant obligé de demander lui-même le concours. Comme la mission doit séjourner quelque temps à Bourbon, les navires en partance de Nantes pour cette colonie emportent un complément d'échantillons. Rouen, Mulhouse, Nîmes, Cholet, etc., s'empressent de répondre à l'invitation du Ministre et font parvenir des ballots et caisses de marchandises.

— Le monde commercial, tant à Paris que dans les principaux centres de province, est sous le coup d'une vive agitation. Les partisans du libre échange et de la protection sont aux prises et plusieurs comités se forment : comité pour les intérêts maritimes, comité pour la défense des intérêts de la navigation, comité de la défense du travail national etc. La Chambre est sollicitée par eux, mais elle déclare vouloir s'en tenir à a plus entière neutralité.

Tribunal de Commerce. Sont nommés pour trois ans : J. Roux, Gicquel, Guibert, Desloges, P. Roy (27 août). F. Bignon et J. Gouin sont élus président et vice-président.

Sont nommés juges titulaires : L. Guérin-Doudet, ancien juge, Ad. Desloges et J.-B. Etienne, juges suppléants sortants. Ces deux derniers sont remplacés par Ant. Chauvet et A. Lafargue.

Caisse d'épargne. L'effet de la nouvelle loi continue à se faire sentir. Les versements montent à 1,596,856 fr.; les remboursements, à 1,862,180 fr. Le solde dû tombe à 6,514,033 fr.; mais, par contre, les acquisitions de rentes sont en progrès et atteignent 61,588 fr.

Bureau de bienfaisance. Les recettes s'élèvent à 115,727 fr. et les dépenses à 113,572 fr.

Budget municipal. Les prévisions budgétaires pour 1846 s'établissent comme suit :

Recettes ordinaires et extraordinaires. . 1.610.878 f 01
Dépenses   id.   id.   . . 1.610.780   49
                                   ─────────────
                  Excédant. . . .   97 f 50

Chapitre additionnel des recettes : 177,715 fr. 41 c.; des dépenses : 166,736 fr. 55 c.

Octroi. Les recettes brutes atteignent la somme de 1,229,829 fr., dépassant d'environ 55,000 fr. les recettes de 1845, et seulement d'environ 20,000 fr. l'augmentation normale. Le projet élaboré par le Conseil municipal prévoyait de meilleurs résultats, mais il avait été remanié au ministère, et des réductions de taxes avaient été apportées par lui sur les articles dont le rendement était principalement escompté.

Notre députation continue ses traditions. Bignon est nommé rapporteur du budget des dépenses. Une double marque de considération lui est donnée par le Gouvernement. Il est promu commandeur de la Légion-d'Honneur et nommé conseiller-maître à la Cour des Comptes. Les occupations que lui imposent ces nouvelles fonctions l'amènent à résigner son mandat de conseiller municipal. La nouvelle Chambre manifeste, à l'égard de nos députés, les mêmes sentiments que l'ancienne. Bignon est encore premier vice-président pour la session 1846-47. Billault manque d'un rang l'honneur d'être vice-président. Par contre, Lanjuinais est nommé quatrième secrétaire.

Arrêtés municipaux rendus à la date du :

22 juin. — Police des bains en rivière : Bain public pour hommes à la prairie de Mauves. Bain public pour les femmes, rive sud de la pointe de l'île Gloriette. Des boîtes fumigatoires sont déposées à Chézine, sur la Fosse, île Gloriette, chaussée de la Madeleine, au port Communeau, à la prairie de Mauves.

20 août. — Vente et vérification des viandes foraines. Le 7 octobre, un marché pour les viandes foraines est ouvert le mercredi au port Communeau. Précédemment, cette vente n'avait lieu que le samedi. La population et les marchands sont très satisfaits de cette innovation, et l'on demande que des marchés de ce genre soient autorisés sur d'autres points de la ville.

16 septembre. — Police des chiens errants et des chiens enragés.

———

Le 1er avril est ouverte la première crèche fondée par le comité institué par la municipalité. Cette crèche est installée passage d'Alger, quartier Vallée. Elle est aménagée pour recevoir 25 à 30 enfants. Un comité de dames est organisé pour surveiller le fonctionnement de l'œuvre. L'établissement est inauguré et béni le 7 avril par Mgr de Hercé à la suite d'une cérémonie religieuse célébrée à Notre-Dame de Bon-Port, au cours de laquelle M. l'abbé Fournier porte la parole.

Une cinquième salle d'asile est inaugurée dans le quartier de Pirmil le 15 mai. Elle est installée dans un local construit aux frais de la ville et qui est destiné à contenir, en outre, le poste d'octroi et un corps de garde.

La société pour l'extinction de la mendicité publique est reconnue établissement d'utilité publique.

Le 6 juillet, on commence le recensement quinquennal de la population.

ENSEIGNEMENT ET PUBLICATIONS.

L'abbé Lechat, professeur de philosophie au collège royal, est décoré de la Légion-d'Honneur. Dubois, député, est chargé par le Chancelier, de lui en remettre les insignes.

— Le baron Bertrand-Geslin groupe quelques botanistes et fonde la *Société linéenne*, qui ne tarde pas à se fondre dans la Société Académique.

— Le Conservatoire de musique est érigé en succursale du Conservatoire de Paris. Le Conseil général lui accorde une subvention de 300 fr. Le maire met à sa disposition un local dans l'immeuble communal de la rue du Moulin. Trois concerts sont donnés dans le cours de l'année.

— L'Association de la Providence publie une brochure où elle présente les services rendus par elle à la classe ouvrière. Ses six écoles avec leurs vingt-deux classes sont dirigées par trente-deux frères et fréquentées par trois mille enfants.

Les cours spéciaux se multiplient : Cours de prononciation, d'élocution et d'éloquence parlée par le professeur Duquesnoy. — Séances de magnétisme animal avec le concours d'une dame somnambule. — Leçons de mécanique industrielle par Wolski. — Cours de droit théorique et pratique pour le notariat, par Mousnier, professeur au collège. — Cours d'archéologie par l'abbé Rousteau, professeur au petit séminaire. — Cours d'agriculture, par Heuzé, professeur à Grand-Jouan. — Cours d'économie rurale par Neveu-Derotrie. — Leçons d'anatomie et de physiologie comparées, par le docteur A. Libaudière. Certains de ces cours sont gratuits. Pour d'autres, une cotisation est demandée, et le professeur, dans une première séance publique tenue généralement dans la grande salle de la mairie, expose le programme de ses leçons.

La Société de Sainte-Cécile, avec le concours de l'orchestre du théâtre, chante à Saint-Nicolas, pour la première fois, une messe solennelle en l'honneur de sa patronne. — Henri Mondeux, le pâtre calculateur, donne des séances.

Le 1er novembre, paraît, à Guérande, un nouveau journal, *Le Saulnier,* qui est rédigé par Muterse. — Une nouvelle feuille théâtrale, *Le Furet,* voit le jour.

Dans le cours de l'année sont publiés : *La Vendée,* par le baron de Wismes. — *La galère armoricaine,* éditée par Charpentier. (La publication, commencée en 1844, se termine.) — *Histoire de l'établissement français de Madagascar pendant la Restauration.* — *Fleurs à Marie,* par Turquety. — *Etudes chimiques sur les cours d'eau de la Loire-Inférieure,* par Ad. Bobierre et Ed. Moride. — *So-*

phistications des matières alimentaires, par Bertin. — *L'industrie linéenne,* par Cherot. — *Institutions de la France,* par Colombel.

AGRICULTURE.

Le concours annuel du comice central agricole est tenu, près de la propriété du Chaffault, sur la route de la Rochelle. Le Préfet l'honore de sa présence.

La fraude des engrais est activement surveillée par l'inspecteur d'agriculture. 32 procès-verbaux sont dressés par lui. Le congrès central agricole de Paris, sur la proposition de Payen, s'inspire de l'exemple donné par notre département pour demander que des arrêtés soient pris par tous les préfets pour prévenir la fraude des engrais.

La maladie de la pomme de terre jette la désolation dans nos campagnes. Une circulaire de l'inspecteur d'agriculture indique les mesures à prendre pour la combattre.

Bertin publie une brochure : *Des améliorations produites, dans le commerce du noir animal, résidu pur des raffineries, par suite de l'arrêté préfectoral du 19 mai 1841.* Les raffineurs ne sont pas satisfaits de certaines allégations qui les concernent et font entendre de vives protestations.

Le blé, jusqu'à la récolte, oscille entre 20 fr. 60 c. et 21 fr. 80 c. l'hectolitre, mais, à partir du mois d'août, il atteint le prix de 22 fr., puis la hausse continue. Dans e courant d'octobre, à l'occasion d'une nouvelle augmentation, des placards séditieux et excitant le peuple à l'émeute sont affichés en ville, mais la population résiste à ces provocations. Une commission, dite des subsistances, est nommée par la municipalité. Elle se compose de M. Chéguillaume, adjoint ; Caillé, Thébaud, Trenchevent, Greslé, conseillers municipaux ; Dezaunay, Constantin, Dagault, négociants ; Leloup et Maillard, chef de bureau. L'année se termine avec le haut prix de 27 fr. 70 c.

Le seigle suit la même marche. Il varie jusqu'en septembre entre 13 et 14 fr. l'hectolitre. A partir de ce moment, son prix est en hausse continue et atteint 21 fr. 90 c. en décembre. — Il en est de même pour l'orge qui, après avoir oscillé entre 10 fr. 25 c. et 11 fr. 50 c. jusqu'à la récolte, monte, en septembre, à 12 fr. et, après une série d'augmentations, termine l'année au cours de 15 fr. 50 c. — De même pour l'avoine, qui est cotée aux prix de 8 fr. 65 c. à 9 fr. 75 c. jusqu'en septembre, et qui alors entre en hausse et vaut 11 fr. à la fin de décembre.

Le blé noir ne participe pas à ce mouvement. Il débute à 8 fr. 75 c., oscille pendant toute l'année entre 8 et 9 fr. et, seulement à la fin de décembre, atteint le prix de 10 fr. — Il en est de même du maïs, qui varie entre 9 fr. 50 c. et 12 fr. 50 c.

Prix des vins à la récolte : Muscadets, 45 fr.; gros-plants, 28 fr.

Prix du pain, le kilo.	Blanc.	Batelier.	Méteil.
De janvier à août......	0ᶠ 4250	0ᶠ 3250	0ᶠ 25.
En septembre.........	0.4375	0.3375	0.2625.
Décembre (maximum) ..	0.4625	0.3625	0.2875.

Toute la population de nos côtes, qui vit du travail du sel, est en proie à une vive agitation par suite des mesures prises par le Gouvernement : ordonnance du 26 février relative à la dénaturation des sels pour jouir de la réduction de droits au cas de son emploi pour l'alimentation du bétail

— projet de loi tendant au dégrèvement du sel — ordonnance du 24 novembre autorisant les morutiers à s'approvisionner de sel à l'étranger.

Un congrès salicole se tient à Napoléon-Vendée, du 20 au 25 décembre, à l'occasion de cette dernière ordonnance. — Le journal *Le Salin,* de Guérande, mène une campagne active pour défendre les intérêts du pays.

COMMERCE ET INDUSTRIE.

Un hangar est construit par la Chambre de Commerce, sur la Fosse, pour mettre les marchandises à l'abri.

— La douane fait édifier sur les quais trois pavillons, destinés aux opérations de la vérification et du pesage des marchandises. Le public se plaint vivement du tort causé à la perspective de la promenade.

— Les maisons d'armement réalisent de beaux bénéfices : La Cie Hignard distribue 14 % de dividende, la Cie Le Royer 12 %.

— L'heure de la tenue de la Bourse est changée ; elle est fixée de 2 h. à 4 h., par suite du changement de l'heure d'arrivée du courrier de Paris depuis l'ouverture de la ligne d'Orléans à Tours.

— Plusieurs usines se montent pour le traitement des vidanges et leur transformation en poudrette. — Guibert construit pour la marine de l'État plusieurs bateaux en fer : *Le Dauphin, L'Epervier, Le Héron, Le Goëland.* Les ouvriers poëliers, à qui primitivement ce travail des coques était réservé, ne peuvent plus suffire. Ils témoignent un grand mécontentement en voyant que des charpentiers sont dressés pour exécuter cette besogne.

Le chemin de fer d'Orléans à Tours est inauguré le 26 mars. — Les bateaux à vapeur tentent de lui faire concurrence en abaissant leur prix de transport (qui, pour le voyage d'Orléans à Tours, est fixé à 2 fr. et 1 fr. 50 c., mais la Compagnie du chemin de fer prend des arrangements et ils cessent tout service. — Les *Paquebots* et les *Dragons*, par suite d'une entente avec le chemin de fer, pour le trajet de Tours à Paris, entreprennent le transport des voyageurs de Nantes à Paris, au prix de 23 fr., avec une durée de voyage de 23 à 24 heures.

— Les messageries Caillard-Laffitte continuent leur service. A Tours, les diligences sont placées sur les plateformes du chemin de fer. Le voyage de Nantes à Paris est accompli en 23 heures.

Des excursions sont faites, dans la belle saison, par le bateau *La Reine,* à Pornic, Préfailles, Noirmoutiers.

Plusieurs sociétés d'assurances maritimes s'organisent : Ulric Sellier, capital 300,000 fr., par actions de 10,000 fr. — Alexandre François fils, 600,000 fr., actions de 10,000 fr. — J.-C. Grenet, 300,000 fr., actions de 5,000 fr. — Frédéric Hermann, 500,000 fr., actions de 1,000 fr. — La Caisse d'escompte Lechat, Babin, du Champ-Renou et Guillon, avances et prêts, se monte au capital de 250,000 fr. — La banque Gouin, caisse de Nantes, porte son capital à la somme de 150,000 fr. et se transforme en banque Gouin père, fils et Cie.

Milanowski se livre, à la Ville-en-Bois, à la fabrication du bouillon concentré et du bœuf bouilli. — La fabrique de conserves Deffès et Cie, qui possède des usines au Mont-Saint-Bernard et à Piriac, s'adjoint des associés et porte son capital à 211,000 fr. — P.-H. Renaud et E.-A. Lotz fondent leurs ateliers de construction mécanique. — Mesnil construit un bateau plongeur à air pour les travaux de la jetée du Croisic. — La Société Alliot et Chaigneau se forme, au capital de 200,000 fr., pour l'entreprise des dragages.

MONUMENTS ET VOIRIE.

L'emprunt de 600,000 fr., autorisé pour la construction du Palais de justice, est mis en adjudication. Aucune soumission n'est déposée. Le Préfet traite avec la Caisse des dépôts et consignations.

Le vieux palais du Bouffay et le terrain qu'il recouvre sont mis en vente par le Préfet, sur la mise à prix de 408,243 fr. La tour, qui est propriété communale, n'est pas comprise dans cette vente. La ville se croit, en outre, fondée pour une part importante dans la propriété du Bouffay. Le Préfet examine les prétentions de la ville et apporte quelques modifications aux conditions du cahier des charges. Le Conseil municipal ne se déclare pas satisfait et charge le Maire de prendre les mesures conservatoires nécessaires. Deux anciens magistrats, Tronson et Lefeuvre, sont chargés, en qualité d'arbitres et d'amiables compositeurs, de trancher le différend pendant entre la ville et le département. Le Conseil général accepte leurs conclusions et invite le Préfet à montrer avec la ville la plus grande conciliation.

Le Conseil municipal examine les plans proposés pour la reconstruction de l'Hôtel-Dieu. Il se prononce pour une construction intégrale et immédiate, mais refuse de donner son approbation au choix qui a été fait de l'emplacement actuel. — Une partie des douves du Château est comblée pour permettre l'agrandissement de la place Cincinnatus (1). Une redevance annuelle est exigée par le Gouvernement pour bien marquer qu'il n'aliène pas son droit de propriété. — Une ordonnance du 8 mars 1846 prononce la déclaration

(1) Place de la Duchesse-Anne.

d'utilité publique pour l'ouverture d'une voie (1) en prolongement de la rue Gresset jusqu'à la rue de Flandres, et substitue la société Mahot, Esmein et Rocher, aux droits de la commune, en vue de procéder aux expropriations qui qui seront nécessaires. — Les quais d'Orléans et des Tanneurs, ainsi que les cales aux abords des ponts de l'Erdre, sont munis de parapets.

Saint-Nicolas. — L'aménagement des abords de cette église est l'objet de plusieurs délibérations du Conseil municipal. La largeur des rues latérales est portée de 6 mètres à 8 mètres. L'ouverture d'une rue dans l'axe du transept et à la suite de la rue du Pré-Nian est décidée. La déclaration d'utilité publique est sollicitée pour obtenir le dégagement du parvis. La fabrique est autorisée à disposer d'une somme de 50,000 fr. pour acquérir des immeubles en vue de l'isolement du monument.

Notre-Dame-de-Bon-Port. — La mise en adjudication des travaux de construction d'après les plans de Seheult et Chenantais a lieu le 24 mars.

Sainte-Croix. — L'église est complètement débarrassée des baraques qui masquaient sa façade.

Sainte-Anne. — M. et Mme Blineau, par acte du 18 septembre, font donation à la ville de cette église. L'abbé Lehuédé est installé le 22 novembre.

Saint-Joseph-de-Portricq. — Cette église, élevée aux frais de Lelasseur, est donnée par lui en pleine propriété à la commune, suivant acte du 20 septembre.

On procède à la démolition de la chapelle de Toussaint.

(1) Rue de Bréa.

CONCERTS, THÉATRE, ETC.

En mars Mme Dorus-Gras. — Mlle Malvina Prévot. — F^{lle} Feitlinger. — Avril : le ténor Taldoni. — Juin : le pianiste Thalberg. — Août : le pianiste Konstki puis Feitlinger. — Novembre : le violoncelliste Casella. — Décembre : Ghys.

La fin de la saison est marquée par deux auditions du *Désert,* de Félicien David, pour lesquelles le prix des places est doublé ; 150 exécutants, au nombre desquels se trouvent les élèves du Conservatoire, concourent à leur exécution.

Grand-Théâtre.
Tilly est, pour la 3e fois, mis en possession du privilège. Il a toutes les sympathies du public. Le 12 mai, la troupe de comédie ouvre la campagne. Du 15 juillet au 1er août la salle est fermée suivant l'usage. La troupe d'opéra débute le 1er septembre. Mlle Masson trouve un public encore plus enthousiaste qu'en 1845.

Les nouveautés de l'année sont : *Charles VI* (26 mars) ; *La Reine de Chypre* (27 décembre). Viennent en représentation : Mme Dorus-Gras de l'Opéra ; Mme Rossi-Caccia, de l'Opéra-Comique ; Mme Fargueil, du Vaudeville ; Ravel, du Palais-Royal.

— Des concerts sont donnés par Ponchard, professeur au Conservatoire de Paris, et Van-Gelder, violoncelle solo du roi des Pays-Bas.

On songe à installer un rideau en double tôle pour isoler la scène en cas d'incendie.

Variétés.
Les bals se succèdent chaque semaine jusqu'au Carême.

En février, des représentations sont données par la troupe

italienne Zanfretta : exercices gymnastiques, danses, tableaux vivants, etc. — En mars : luttes d'hommes.

Au théâtre du passage Pommeraye, d'avril à juin, séance du professeur de Linski, prestidigitation, magie blanche, polyorama animé, fantasmagorie, la nonne sanglante.

Place Bretagne. Grand'musée français et galerie militaire, 120 personnages, grandeur naturelle. — Le cirque Bouthors.

Année 1847.

La cherté du pain. — Les grèves. — Mesures contre les boulangers. — Gare du chemin de fer — Transatlantiques. — Traité avec la C¹ᵉ du gaz. — Service d'eau. — La lutte entre les deux sucres. — Divers. — Services publics. — Enseignement et publications. — Agriculture. — Commerce et industrie. — Monuments et voirie. — Concerts, Théâtre, Spectacles.

LA CHERTÉ DU PAIN.

L'année 1847 est signalée par une disette qui afflige toute la région. Le pain méteil, taxé à 0 fr. 30 c. le kilo pour le mois de janvier, est porté à 0 fr. 4625 en avril. Il se tient à 45 c. pendant les mois de mai et de juin, et seulement, en août, tombe à 0 fr. 28 c.

Des actes de violence sont commis à Rennes, Pouancé, Château-Gontier, sur divers points de la Vendée. Grâce aux mesures prises par la municipalité, l'ordre n'est toublé en notre ville que par le bris de quelques vitres et reverbères. Sur son initiative, une liste de souscription est ouverte ; la population répond avec empressement à cet appel, et, en quelques semaines, une somme de 40,000 fr. est recueillie. Une souscription est également ouverte dans les colonnes de l'*Hermine*. Elle produit une somme d'environ 10,000 fr. La Commission du journal offre au Maire d'affecter cette somme au rachat de l'augmentation du pain méteil, et, sur le refus qui lui est opposé, en dispose en faveur de la Société et des sœurs de Saint-Vincent-de-Paul.

Le Conseil municipal insiste pour que le Gouvernement abandonne à la ville le dixième de l'octroi qu'elle lui verse annuellement. Pour donner de l'ouvrage aux ouvriers en chômage, des ateliers de charité sont ouverts au Jardin des plantes, à la carrière de Miséry, aux Garennes, aux Folies-Chaillou, au marché de l'Abattoir. Le Conseil municipal, dans sa séance du 29 janvier, décide la création de bons de pain supplémentaires, qui doivent servir à couvrir l'excédent de 0 fr. 37 c. 1/2 pour le pain batelier et 0 fr. 30 c. pour le pain méteil.

Les ouvriers des ateliers de charité, mécontents du salaire journalier de 1 fr. 10 c. qui leur est accordé, font entendre des plaintes. Un instant on peut craindre qu'un mouvement populaire n'éclate. Des bons supplémentaires sont distribués et l'incident n'a pas de suite. Pour faire face aux dépenses occasionnées par la délivrance des bons de différence, trois emprunts successifs, chacun de 100,000 fr., sont votés par le Conseil municipal, le 20 février, le 20 mars et le 25 mai.

GRÈVES.

La cherté du pain provoque plusieurs grèves.

Les couvreurs se mettent d'abord en chômage ; ils ne gagnent que 3 fr. et réclament la journée de 3 fr. 50 c. et 4 fr., suivant la saison.

Ce sont ensuite les maçons qui, en février, quittent les chantiers. Ils demandent une augmentation de 0 fr. 50 c. par jour, soit 2 fr. 50 c. au lieu de 2 fr., suivant la saison. Plusieurs réunions sont tenues par eux, au Pont-du-Cens, sur la route de Paris, à la suite desquelles il est procédé par la police à une trentaine d'arrestations. Des condamnations variant de huit jours à deux mois de prison sont prononcées, le 24 mars, pour délit de coalition et de violence. Le parquet en appelle à minima pour plusieurs d'entre elles. La Cour se borne à les confirmer. La grève ne s'en poursuit pas moins. A la suite de réunions qui ont lieu à Pont-Rousseau et sur les chantiers du chemin de fer, il est procédé, dans le courant d'août, à de nouvelles arrestations. Il ne faut pas moins de cinq audiences pour juger les prévenus. 51 condamnations de huit jours à six mois de prison sont prononcées, et deux maçons, convaincus d'avoir été les meneurs de la grève, encourent une peine de deux années. Tant de rigueurs ont raison de la résistance des ouvriers qui reprennent le chemin de leurs chantiers sans avoir obtenu satisfaction.

MESURES CONTRE LES BOULANGERS.

Le haut prix des farines amène les boulangers à pratiquer des manœuvres frauduleuses, et de nombreuses condamnations sont prononcées, les unes pour manque de poids dans le pain, les autres pour vente à un prix au-dessus de la taxe. Certains mélangent à la farine de blé des farines de maïs, fèves et de pois. On trouve chez quatre d'entre eux des pains couverts d'une couche rouge ayant la couleur de la brique pilée. Ils sont convaincus d'avoir employé un mélange de farines et condamnés à des peines de un à trois mois de prison. D'autres condamnations sont prononcées pour le même fait. Des peines de prison sont infligées à divers boulangers pour récidive dans la vente à faux poids ou à un prix supérieur à celui de la taxe.

La municipalité, en vue d'assurer un approvisionnement régulier, avait enjoint, par un arrêté du 26 mars, aux boulangers de pratiquer deux fournées chaque dimanche, sans diminuer le nombre de celles qu'ils faisaient normalement les autres jours de la semaine. Les boulangers se plaignent vivement et ne s'empressent pas d'obéir à cette injonction. A la suite d'une visite domiciliaire faite, un dimanche, 60 procès-verbaux sont dressés. Le dimanche suivant, la police constate que le règlement est observé.

GARE DU CHEMIN DE FER.

— Les travaux de construction de la ligne sont, sur tous ses points, menés avec une grande activité et l'on peut déjà prévoir qu'ils seront terminés à la fin de l'année 1849.

La question de l'emplacement de la gare n'est pas encore résolue. Le Ministre s'oppose formellement à la pose d'une voie ferrée sur la Fosse pour relier la prairie de Mauves au port. Tous les projets mis en avant se trouvent de la sorte écartés.

La Compagnie propose de nouvelles dispositions. Une gare pour voyageurs et marchandises, à destination de Nantes, serait établie au bas du cours Saint-André. La ligne contournerait la ville par le nord, passerait en tunnel de la ruelle de Bel-Air à la rue des Coulées et aboutirait sur la Fosse à la maison Chaurand. Un projet à peu près semblable, celui dit de l'*Entrepôt,* avait été, lors de la première enquête, présenté au public et avait été presque unanimement repoussé. *Le Breton, Le Courrier de Nantes* et l'*Hermine* combattent la nouvelle combinaison de la Compagnie. *Le National de l'Ouest* est seul à la défendre et s'attache à faire comprendre qu'elle réalise le vœu de la loi, c'est-à-dire la ligne jusqu'à l'Océan. Pour ce journal, le port de Nantes c'est l'Océan.

Une nouvelle enquête est ouverte le 26 avril. Le projet proposé soulève de vives polémiques. Des pétitions circulent. Des brochures sont lancées. Généralement on regarde la construction du tunnel comme irréalisable et on va jusqu'à accuser les administrateurs de vouloir traîner les choses en longueur. Les corps constitués et la population s'en tiennent toujours à leur précédente opinion.

La Chambre de Commerce repousse le projet de la Compagnie et réclame une seule gare à la prairie de Mauves avec railway à chevaux sur la Fosse.

Le Conseil d'arrondissement tient le même langage.

La discussion est très vive au sein du Conseil municipal. La Commission spéciale, nommée en son sein, accueille favorablement le projet de la Compagnie, mais le Conseil repousse ses conclusions et, sur la proposition de Cherot. demande : 1° à une grande majorité, une gare de voyageurs à la prairie de Mauves liée à une gare maritime ; 2° par 15 voix contre 14, la gare maritime à la prairie au Duc (la Fosse recueille 4 voix, l'île Gloriette 10).

Le Conseil général à l'unanimité vote : 1° la construction, à la prairie de Mauves, d'une gare de voyageurs et de marchandises ; 2° une ligne à fleur de pavé reliant la gare de la prairie de Mauves à l'Entrepôt ; 3° une gare maritime à la prairie au Duc.

La Commission d'enquête se prononce à l'unanimité pour la prairie de Mauves avec rails à niveau sur les quais et, par, 6 voix contre une, elle demande un prolongement de la ligne sur la prairie au Duc.

TRANSATLANTIQUES.

Le Gouvernement prend une décision au sujet des lignes transatlantiques. La ligne du Havre à New-York doit être desservie par les quatre navires construits en 1840 pour le compte de l'Etat. Une subvention de 5 millions est accordée aux trois autres lignes : Saint-Nazaire au Brésil ; — Bordeaux à la Havane et la Nouvelle-Orléans ; — Marseille aux Antilles. Telle est l'économie d'un projet de loi que le Ministère dépose le 17 février.

Notre commerce avait lieu d'être satisfait et croyait pouvoir compter sur la réalisation de ce programme, mais voilà que, dans le courant de juin, une mauvaise nouvelle vient à la connaissance des Nantais. La ligne du Brésil serait retirée à Saint-Nazaire pour être donnée au Havre. Le

Conseil municipal, et la Chambre de Commerce se réunissent d'urgence et nomment respectivement pour aller à Paris Cherot, Braheix et Quesneau ; A. Le Cour et P. Roy.

À leur arrivée, les délégués trouvent nos députés en proie à un grand découragement, mais ils ne se rebutent pas. Ils multiplient leurs instances, et, bien que le Ministère soit fortement engagé avec le Havre, ils finissent par triompher de ses hésitations et obtiennent que la ligne du Brésil soit maintenue à Saint-Nazaire, mais à la condition qu'avant le vote de loi, une société soit formée en vue de l'exploitation de cette ligne.

Quesneau part immédiatement pour Nantes, et sans perdre un moment se met à l'œuvre. Le capital de la société à créer est fixé à la somme de 3,200,000 fr. La Chambre de Commerce vote une garantie d'intérêt de 3 % sur la moitié du capital. Le Conseil municipal prend des engagements pour un même chiffre. Un comité de souscription est organisé. Il se compose de P.-J. Maës, président ; Suffisant, secrétaire ; J. Gouin, de Lancastel, A. Garnier, V. de Cornulier, H. Braheix, Allard aîné, J. Voruz aîné, de la Robrie, Cornillier aîné, Mis de Monty, Besnard la Giraudais, A. Bonamy, F. Quesneau. Des listes sont mises en circulation. L'entrain est général. Les souscriptions affluent, et, au bout de quelques semaines, le capital demandé est atteint. Les signatures des Nantais sont au nombre de 615 et correspondent à une somme dépassant 1,300,000 fr. (Quesneau 150,000 fr. ; Allard, Maës, Ogereau, 20,000 fr. etc.). La Compagnie du chemin de fer de Tours à Nantes s'engage pour 100,000 fr. Les souscriptions recueillies à Paris et dans les villes de la Loire s'élèvent à 1,600,000 fr.

Quesneau, dès que le capital est souscrit, s'empresse de retourner à Paris. Le Ministre soulève une nouvelle objection. Il déclare ne pouvoir accepter les offres des Nantais. Il ne peut concéder la ligne du Brésil avant celles de la Havane et des Antilles, et aucune société n'est encore formée pour se charger de l'exploitation de ces deux dernières lignes.

TRAITÉ AVEC LA Cie DU GAZ.

Le traité de la ville avec la Compagnie Européenne du Gaz expire en 1849. Le Conseil étudie les conditions d'un renouvellement. Une mise en adjudication est décidée en principe. La Compagnie du Gaz du Mans et la Compagnie du Gaz vinicole (qui extrait le gaz des lies de vin et des marcs de pomme et de raisin) se mettent sur les rangs, en concurrence avec la Compagnie Européenne. Le gaz vinicole offre le prix de 0 fr. 42 c. le mètre cube. La Compagnie Européenne s'en tient à celui de 0 fr. 50 c. On finit par reconnaître qu'il est plus sage de traiter directement, et le Conseil décide de passer un nouveau contrat avec la Compagnie Européenne.

SERVICE D'EAU.

Saint-Amour, au nom d'une Compagnie, propose d'installer un service d'eau, suivant les plans remis par Jégou. D'après ce projet, l'eau serait prise en amont des ponts, à la prairie de Mauves, et refoulée dans un réservoir de 400 mètres cubes.

Le Conseil consacre quatre séances à discuter les conditions du cahier des charges. Il accorde une concession de 99 ans. L'eau destinée aux services municipaux serait payée 12 fr. les 1,000 mètres cubes. Le prix de l'eau filtrée, consommée par les particuliers, serait fixé à la somme annuelle de 25 fr. pour une consommation journalière de 1 mètre cube, de 36 fr. pour 2 mètres cubes. Une subvention annuelle de 49,000 fr. serait donnée par la ville, tant que la consommation n'atteindrait pas un cube déterminé.

LA LUTTE ENTRE LES DEUX SUCRES.

Le sucre colonial est encore une fois fortement menacé, et les dispositions de la loi du 2 juillet 1843 sont, chaque jour, plus impuissantes pour le défendre contre le sucre indigène. La production de ce dernier sucre s'est élevée de 30 à 60 millions de kilos. De grandes usines ont pris la place des petites fabriques de l'origine, et les appareils perfectionnés dont elles font usage leur ont permis d'abaisser les prix de vente. Les fabricants du Nord tentent des démarches pour obtenir à Bordeaux un entrepôt réel et poussent l'audace jusqu'à proposer aux raffineurs nantais d'approvisionner leurs usines.

En décembre, la Chambre de Commerce adresse au Ministre un long mémoire pour lui signaler les nouveaux dangers que court le sucre exotique et lui soumettre ses vues sur les remèdes à apporter pour conjurer cette situation qui compromet de si nombreux et importants intérêts. L'expropriation de l'industrie betteravière, avec payement d'une indemnité, lui semble le moyen le plus sûr pour arrêter le mal, mais on ne peut espérer que les Chambres adoptent cette solution. Il faut donc en trouver une autre, et la Chambre propose un abaissement des droits. On provoquerait ainsi une plus grande consommation du sucre et les recettes de la Douane ne seraient pas atteintes par cette mesure. L'abaissement des droits sur le café et le cacao est également indiqué par elle comme pouvant contribuer au développement de la consommation du sucre.

DIVERS.

Le Conseil municipal est, dans sa séance du 26 août, saisi par Cherot d'un véritable réquisitoire contre l'Administration municipale. L'honorable conseiller accuse la Municipalité de laisser traîner un grand nombre de questions importantes : reconstruction des hospices, service d'eau, construction des quais, tour du Bouffay, ferme de l'octroi, champs de foire et de manœuvre, pompes funèbres, réglementation de la boulangerie, pavage à la charge des particuliers, caserne de cavalerie. Le Maire, dans la séance du 8 novembre, rédige un long mémoire et répond à chacun des griefs articulés contre son Administration.

Les électeurs de la section I sont convoqués, en février, pour nommer un Conseiller en remplacement de Bignon, démissionnaire. Les inscrits sont au nombre de 325. Touzeau, notaire, est élu au deuxième tour par 67 voix.

Le Maire retranche du programme de la fête du Roi, le feu d'artifice traditionnel et emploie la somme qui lui est destinée à augmenter les distributions de pain aux indigents.

Les dames de la halle avaient adressé leurs félicitations à la comtesse de Chambord, lors de son mariage. Le baron de Charette est chargé de les remercier. — La police s'oppose à l'affichage du portrait de la comtesse.

Mgr de Hercé envoie aux catholiques d'Irlande une somme de 11,156 fr. provenant des quêtes faites dans le diocèse.

Les processions de la Fête-Dieu augmentent d'éclat. Le reposoir du Change, avec sa demi-coupole que supportent quatre colonnes torses, excite une vive admiration.

Les débitants de vin de notre ville prennent part à un mouvement organisé dans tout le pays par un journal, la *Ligue provinciale,* en vue d'obtenir par voie législative la suppression de l'exercice. Un agent de cette ligue vient à Nantes et recueille de nombreuses signatures pour une pétition aux Chambres. Ces démarches n'aboutissent pas. Nos concitoyens déclarent ne pas vouloir, quand même, renoncer à leurs revendications.

Une inondation se produit dans le courant d'avril. La cote de 4^m,48 est atteinte. La population est alarmée par les dangers auxquels l'exposent les levées construites en 1846 et particulièrement celle de la Divatte.

Le Préfet avait formé opposition contre la nomination du docteur Guépin au Conseil municipal. Il prétendait que, par suite de sa situation de professeur à l'école de médecine, il devait être regardé comme un salarié de la commune et était, comme tel, inéligible. Le Conseil d'Etat met l'opposition à néant, et le docteur Guépin prend possession de son siège.

La Société Académique reprend la tradition de ses concours littéraires. Le sujet proposé pour 1847 : *Des causes de la dépopulation des campagnes et des moyens d'y remédier*, est traité par 49 concurrents. Le 1er prix, une médaille d'or de 250 fr., est remporté par un avocat d'Angers.

Une Société des Régates nantaises est fondée. Les souscripteurs tiennent une première réunion le 27 avril. Une Commission est nommée ; elle a pour président le maire Ferd. Favre, et pour vice-président, Ad. Le Cour. Une fête nautique est donnée le 20 juin. Une estrade est dressée sur le quai Saint-Louis pour recevoir les sociétaires. La corvette de l'école des mousses, ancrée près la patache de l'octroi, reçoit à son bord les autorités et la musique du régiment.

Une grande affluence est attirée par la nouveauté du spectacle. La fête obtient un plein succès. La course à la voile réunit 14 concurrents. Il y a, en outre, quatre courses à l'aviron.

Les républicains, à l'occasion des fêtes nationales, montrent un entrain toujours croissant. La visite au cimetière de Miséricorde en réunit un grand nombre. Le lendemain, ils assistent à un banquet que préside Guépin. Mangin y répète le discours prononcé la veille devant le tombeau des victimes, et on se sépare en chantant *La Marseillaise.*

La malle poste de Nantes à Brest, chargée de 70,000 fr. appartenant à l'Etat, bien qu'escortée de deux gendarmes, est attaquée au bois de Sal, près d'Auray, le 2 novembre, par une bande de vingt hommes armés. 30,000 fr. échappent à leurs recherches. Aucune violence n'est exercée contre les voyageurs.

SERVICES PUBLICS.

Une ordonnance royale du 1er février institue un Commissaire de police central avec juridiction sur Sautron, Orvault, Mauves, Doulon, Thouaré, Rezé, Saint-Sébastien, Chantenay. Delaralde, commissaire de police en chef, est nommé à ce poste. Des observations sont présentées par le Conseil municipal. Certains de ses membres demandent le retrait de l'ordonnance.

Le corps des surveillants de nuit, qui se compose de 25 titulaires et 10 surnuméraires, est dissous. Par contre, le service des garde-ville est réorganisé et leur nombre porté de 26 à 50, dont 12 brigadiers ou sous-brigadiers, et 38 gardes.

Les deux escadrons du 6ᵉ chasseurs, en garnison à Nantes, permutent avec les deux de Pontivy. En octobre, le régiment part pour le camp de Compiègne et deux escadrons du 6ᵉ dragons nous viennent de Limoges.

Pendant les six semaines du séjour des deux bataillons du 5ᵉ léger au camp de Compiègne, et malgré les renforts envoyés de Bourbon-Vendée et d'Angers, la garde nationale dessert les postes du Port-au-Vin, de Sainte-Elisabeth, de la préfecture et de la mairie. En octobre, le 5ᵉ léger part pour Orléans ; il est remplacé par le 47ᵉ qui vient de Coutances. Ce régiment a pris part à la prise de Constantine.

Le lieutenant général Trezel est appelé à prendre le portefeuille de la Guerre, dans le Ministère Guizot. Il est remplacé provisoirement dans le commandement de la 12ᵉ division militaire par le maréchal de camp Vilmorin, puis par le lieutenant général de Bar, qui vient de l'armée d'Afrique.

Le préfet Chaper est nommé à la préfecture du Rhône. Roulleaux-Dugage, préfet de l'Hérault, vient prendre sa place et entre en fonctions le 27 juillet.

Chambre de Commerce. Le capitaine Loarer envoie des notes sur Mayotte et les ressources qu'offre cette nouvelle colonie. — La Chambre décide la remise de jetons en argent à ses membres, comme cela se pratique à Bordeaux. Il en sera donné 25 pour chaque période de trois ans. — Un travail de Ad. Le Cour, sur Madagascar, conclut, soit à une conquête, soit à une prise de possession en échange de nos droits souverains, soit à un traité avec la reine des Owas.

— Gicquel, commissaire à la comptabilité, appelle l'attention de la Chambre sur sa situation financière. Les immeubles qu'elle possède représentent une valeur de 341,864 fr., mais il lui reste à payer 68,500 fr. aux vendeurs des Salorges. Elle doit, en outre, 42,000 fr. à son Trésorier. Ses ressources, qui consistent dans la contribution des patentes (6,000 fr.) et dans le produit des magasinages (60,000 fr. environ), ne peuvent que couvrir les dépenses courantes. La nécessité d'un emprunt de 100,000 fr. s'impose. La Chambre s'effraie à cette pensée d'un emprunt public ; elle estime qu'une autre solution doit être trouvée si elle ne veut pas voir son prestige atteint. On arrive donc à obtenir des prorogations de délai pour une partie de la dette, et il n'est plus nécessaire que de se procurer immédiatement une somme de 50,000 fr. La Chambre recommande à Gicquel la plus grande discrétion pour pratiquer cet emprunt. 30,000 fr. sont prêtés par Chabosseau et 20,000 fr., par J.-B. Le Cour, au taux de 5 %.

Un incendie, qui dévore une corderie située à proximité des entrepôts, fait réfléchir la Chambre de Commerce sur les dangers que courent les marchandises dont elle a la garde. Les agents des Compagnies d'assurances sont effrayés par l'importance du risque (4 millions pour les Salorges, 2 millions pour les magasins Tessier et Terrien). Des démarches sont faites à Paris auprès des directeurs des Compagnies. — La Chambre jette les bases d'une société pour la création d'un service de bateaux à vapeur entre Aden et Bourbon.

Sont nommés pour trois ans : Hippolyte Braheix, J. Voruz aîné, membres sortants ; de Lancastel, Y. Berthault et Queneau, pour un an ; A.-H. Bonamy, en remplacement de J. Gouin, démissionnaire le 13 septembre. De Lancastel est nommé président ; Hippolyte Braheix vice-président.

<small>Tribunal de Commerce.</small> Sont nommés : — Président, Ad. Bonamy. — Juges titulaires : P. Roy, ancien juge ; J.-B. Chalot et Frédéric Braheix, juges suppléants sortants. Ces deux derniers sont remplacés par P. Fruchard et Demars.

Caisse d'épargne. Les versements s'élèvent à 1,292,582 fr. Ils sont en diminution sur l'année précédente. Les remboursements sont de 1,534,697 fr. Le solde dû, encore en baisse, est de 6,405,509 fr. Les rentes acquises atteignent la somme de 48,322 fr. Sont nommés directeurs : L. Bureau fils, Henri Auget, A. Icéry, J.-C. Renoul, Cte Olivier de Sesmaisons.

Bureau de bienfaisance. La cherté du pain entraîne la caisse dans des dépenses extraordinaires. Elle vend un titre de rente. La ville lui accorde un secours exceptionnel de 15,000 fr. Les distributions de pain sont suspendues pendant la belle saison. Ses recettes s'élèvent à 163,641 fr. 71 c. et ses dépenses à 146,903 fr. 66 c. Le legs d'Havelosse, le plus important que le bureau ait encore eu, va lui créer de nouvelles ressources. Après transaction avec les héritiers, une somme de 300,000 fr. est attribuée aux bureaux de bienfaisance de Nantes et de Chantenay (284,858 fr. pour Nantes et 15,142 fr. pour Chantenay).

Budget municipal. Les prévisions budgétaires pour 1847 sont fixées à 1.644.680 ^{f} 27 en recettes ordinaires et extraordinaires,

et 1.644.615 30 en dépenses

Excédant... 64 ^{f} 97

Octroi. Les recettes de l'octroi sont en progression croissante. Elles atteignent 1,296,306 fr., soit une augmentation d'environ 120,000 fr. sur celles de 1845, dernière année de l'ancien tarif.

ENSEIGNEMENT, PUBLICATIONS.

Un cours gratuit et public de chimie est professé par Chancourtois, ingénieur des mines. Il reçoit une allocation de 500 fr. du Conseil général.

— Le Conservatoire de musique, érigé en succursale du Conservatoire de Paris, par ordonnance du 1er septembre 1846, est inauguré officiellement en cette qualité le 28 octobre 1847. Les autorités civiles et militaires, les membres de la Société Académique et des Beaux-Arts, les notabilités artistiques de la ville prennent part à cette solennité. Cuissart, adjoint, parle au nom du Maire.

— *Le National de l'Ouest* augmente son format et porte à 44 fr. son prix d'abonnement à l'année pour Nantes.

— L'abonnement du *Phare de la Loire*, qui est de 36 fr. pour Nantes et de 46 fr. en dehors, est fourni aux abonnés du *National*, aux prix de 26 et 40 fr., et à ceux du *Breton* et de l'*Hermine*, à ceux de 28 et 42 fr. *Le Phare de la Loire* ne traite que les questions commerciales et maritimes.

— La petite géographie de la Loire-Inférieure, par Le Saut et J. Verger, est publiée.

— *L'Hermine* comparaît devant les assises de décembre, sous la prévention de provocation à la désobéissance aux lois, en excitant les contribuables à refuser le payement des impôts. Le journal est défendu par Besnard la Giraudais. Il est acquitté. Ses amis politiques, à l'occasion de cet acquittement, organisent un banquet qui est présidé par de Mélient.

AGRICULTURE.

Des spéculateurs, voulant profiter des hauts prix du blé, achètent les récoltes sur pied. L'Administration se voit dans la nécessité de les menacer de l'application de la loi du 6 messidor an III, qui interdit, sous peine de confiscation, la vente des grains en vert ou pendants par racines.

— Les hannetons exercent de grands ravages. On demande que des mesures générales soient prises pour combattre ce fléau.

— Une collection de dahlias, comprenant 600 variétés, est exposée par la colonie de Mettray, dans la salle de la Bourse.

— Neveu-Derotrie, dans son cours d'économie rurale, étudie la théorie des engrais.

— Le Préfet, se conformant à une circulaire ministérielle, institue une commission pour procéder à des essais sur l'emploi du sel en vue de l'amendement des terres et de l'alimentation du bétail. De la Haye Jousselin, député, en est nommé président, et O. de Sesmaisons, secrétaire.

— Des instructions sont données par le Préfet relativement aux précautions à prendre pour combattre la maladie de la pomme de terre.

— Le Comice central agricole tient son concours annuel à Saint-Etienne-de-Montluc, sous la présidence de O. de Sesmaisons. Le Comice se crée des correspondants dans tout le département.

***

Le blé et les autres céréales atteignent des cours de disette. En janvier, le blé vaut 30 à 33 fr. l'hectolitre ; il monte rapidement, et, dans la 3e semaine de mars, son prix arrive à 43 fr. 50 c. Des ordres sont donnés à l'étranger, mais plusieurs états, entre autres l'Espagne et la Turquie, s'opposent à la sortie des grains, et des prix supérieurs à 40 fr. sont encore pratiqués pendant toute la durée des mois d'avril et de mai. Les détenteurs de blé, en présence de la belle apparence de la prochaine récolte, se décident à renoncer à leurs exigences. La baisse s'accentue dans le mois de juin, et les cours, en juillet, tombent à 30 fr. Le mouvement de baisse continue, et, à la fin de l'année, on descend aux prix de 19 à 20 fr. Les autres céréales suivent les mêmes oscillations et présentent, dans la 3e semaine de mars, un maximum qui est : pour le seigle, de 35 fr.; l'orge, de 24 fr.; le blé noir, de 17 fr. 70 c.

Taxe du pain, le kilo :

	Blanc.	Batelier.	Méteil.
Pour janvier	0f 4750	0f 3750	0f 30
— avril	0.6375	0.5375	0.4625
— mai et juin	0.6250	0.5250	0.4500
— décembre	0.4000	0.3000	0.2250

Cours des vins : muscadets, 27 à 29 fr.; gros-plants, 15 à 16 fr.

COMMERCE ET INDUSTRIE.

Un groupe de négociants et d'industriels se forme, en vue de fonder une association ayant pour objet la défense des intérêts commerciaux, industriels et agricoles de la région de l'Ouest. Cinq commissaires sont nommés : Maës, H. Pelloutier, Guépin, Ch. Saint-Amour, J. Voruz aîné. Ils demandent au Maire la salle de la Bourse pour y tenir une réunion publique. Le Maire en réfère au Préfet et celui-ci au Ministre qui, sans donner aucun motif, refuse l'autorisation. Tout projet d'association est, sur le champ, abandonné.

— Le commerce maritime continue à prendre un grand développement. L'année est marquée par la création de plusieurs compagnies d'assurances maritimes : P.-B. Goullin, 240,000 fr.; Odon Desmars, 250,000 fr.; L. Hardouin, 300,000 fr.; Lecoq Dumarselay, 400,000 fr.; P. Bonamy, un million.

— L'industrie prend une nouvelle extension. Parmi les usines que l'année 1847 voit se créer, on peut citer : la fabrique de vernis de Lapotaire et Marchand ; établissement d'eau filtrée de Lebreton, de Villandry et C¹ᵉ, rue Crucy ; conserves alimentaires de Levraud, Coste et Guilloux ; fabrique de bouillon concentré de Talbot et C¹ᵉ ; filature mécanique de chanvre et de lin de Cherot frères ; carbonisation de la houille et de la tourbe, par Dammiens et C¹ᵉ.

— Les *Pyroscaphes* ont deux départs par jour pour la Basse-Loire.

— Les *Courriers de la Loire* et les *Dragons* organisent un double service pour Angers. — Les *Paquebots de la Loire* et les *Dragons* sont en correspondance, à Tours, avec le chemin de fer.

— La *Compagnie des Paquebots de l'Ouest*, avec les bateaux *Sylphe, Comte d'Erlon, Honfleur*, a deux départs par semaine pour Bordeaux. Elle se transforme en la *Compagnie franco-espagnole de navigation*, sous la raison sociale Montluc et Cie, pour la navigation de Nantes à Bordeaux et aux côtes d'Espagne et de Nantes à Tours. On compte sur une expédition pour Paris, par an, de 400,000 barriques de vin de Bordeaux et de 10 à 15,000 tonnes d'eau-de-vie de Béziers passant par Bordeaux.

Un remorqueur, le *Sainte-Anne*, de la force de 60 chevaux, est mis en service.

MONUMENTS ET VOIRIE.

— Les travaux du Palais de Justice sont poussés avec activité.

— Le Ministre de la Guerre paraît disposé à exaucer enfin les vœux si souvent exprimés par la population et à enlever la poudrière du Château pour l'installer dans l'enceinte fortifiée qui doit être construite à Saint-Nazaire, autour du bassin projeté.

— Pour la quatrième fois, le Conseil municipal réclame une reconstruction intégrale et immédiate de l'Hôtel-Dieu. Il maintient sa résolution au sujet de son déplacement. La Commission des hospices, de son côté, persiste dans son projet d'une reconstruction sur place. Le Conseil municipal, faisant passer au premier rang les considérations d'intérêt général, déclare ne pas insister davantage et s'en remettre à la décision du Préfet. Une solution quelconque ne peut tarder plus longtemps à être prise sans manquer aux règles les plus sommaires de l'hygiène. Les lits manquent pour satisfaire aux besoins, et leur nombre n'a pu être porté à 789 qu'à la condition d'utiliser tous les coins et recoins, les greniers et même des chambres sans air et sans lumière.

— On commence la démolition du Bouffay. Le Tribunal tranche le différend pendant entre la ville et l'Etat. Il attribue à ce dernier la propriété du vieux monument. Le Conseil municipal décide que l'acquisition d'une partie du terrain sera faite pour donner un plus grand développement à la place qui existe, de manière à pouvoir ultérieurement y construire un marché couvert.

— La statue de Cambronne, due à Debay, est coulée à Paris. Son érection sur le cours Henri IV nécessite une transformation de cette promenade. Les travaux que comporte cette transformation sont mis en adjudication. Ils entraînent l'abatage des arbres, à la grande satisfaction des propriétaires des maisons, qui se plaignaient depuis longtemps de leur voisinage.

— Les cimetières deviennent insuffisants. Le Conseil municipal se propose d'établir un cimetière général et invite le Maire à entrer en pourparlers pour l'acquisition, au boulevard Lelasseur, d'un terrain de 7 hectares sur une base de 80,000 fr. Ce projet n'est pas suivi d'exécution et l'on décide d'agrandir les cimetières existant. La nouvelle paroisse de Sainte-Anne doit être dotée d'un cimetière que la paroisse de Notre-Dame-de-Bon-Port pourrait également utiliser.

— L'ouverture d'une rue de 10 mètres est décidée pour joindre le pont Maudit à la rue Bacqua et au quai Moncousu.

— Pelloutier aîné est en instance auprès de l'autorité préfectorale pour obtenir la concession, avec le droit de percevoir un péage, d'une passerelle pour relier le quai Moncousu à la prairie au Duc.

— La voie qui met en communication la prairie d'Amont avec la rue de Vertais est mise en état de viabilité.

— Une nouvelle galerie est construite dans le passage Pommeraye. Elle débouche rue du Puits-d'Argent, dans le prolongement de la rue Régnier.

— L'acquisition de l'îlot de la Tête-Noire, au prix de 9,500 fr., est décidée pour l'agrandissement de la place Viarmes. Cette résolution n'est adoptée qu'à une faible majorité, et la minorité est d'avis de transférer le champ de foire sur un autre point. On parle de la prairie d'Amont.

— La transformation du quartier de Sainte-Anne s'achève. L'alignement de la place des Garennes est arrêté, et une enquête est ouverte pour la construction d'un escalier pour mettre cette place en communication avec le quai de l'Hermitage.

— L'Administration des ponts et chaussées dresse un projet pour l'amélioration du canal de Nantes à Brest, lequel comporte la construction des murs de quais en amont du pont de l'Ecluse, des cales et rampes en amont du pont Morand, du pont de l'Hôtel-de-Ville, et la reconstruction du pont de Barbin. Le devis de ces travaux s'élève à 1,035,000 fr. Le Conseil consent à y participer pour une somme de 200,000 fr. Certains membres se refusent à tout concours financier.

— Les travaux de dragage dans la basse Loire ont amélioré les passes, et un navire qui, avec son chargement, présente un tirant d'eau atteignant presque 4 mètres, a pu monter sans encombre jusqu'à Nantes. Un vœu est émis par le Conseil général pour que le crédit annuel des dragages soit augmenté et porté de 100,000 à 150,000 fr.

— L'Administration s'occupe de faciliter la navigation sur la haute Loire. Le Préfet fait connaître au Conseil général que des efforts sont tentés pour obtenir en toute saison une profondeur de 0m,80 entre Nantes et l'embouchure de la Maine et de 0m,60 en dessus de ce point.

— Les mariniers, en présence de la concurrence que leur crée le chemin de fer de Tours à Orléans, abaissent leurs prix de transport, et, dans ce but, allongent leurs bateaux de manière à pouvoir leur faire porter 100 à 150 tonneaux de marchandises.

CONCERTS, THÉATRE, SPECTACLES.

— En janvier : Mlle Litou, dans les salons Leté ; Mme Marguerou, cantatrice, et Flandry, pianiste. — Mars : Baudrier, pianiste, avec le concours des artistes du théâtre. — Novembre : de Konstki, violoniste (prix du billet : 4 fr.) — Le pianiste Sowinski, avec le concours des membres de la Société des Beaux-Arts (4 fr.) — Décembre : Mme Valentin, cantatrice, et les élèves du Conservatoire.

Théâtre. La campagne se traîne péniblement au milieu des plaintes des amateurs jusqu'à la clôture de la saison, qui a lieu le 30 avril. Mlle Masson, engagée pour l'Opéra de Paris, fait ses adieux dans la *Favorite* et remporte un véritable triomphe. Le privilège pour l'année 1847-1848 est accordé à Lemonnier. La subvention de 40,000 fr. lui est maintenue. — Mangin, au Conseil municipal, propose de substituer à cette subvention en argent le payement par la ville des frais d'éclairage et des appointements des chœurs et de l'orchestre — La campagne de comédie ouvre le 29 mai par *Tartuffe*. Au cours de l'été, viennent se faire applaudir : Levassor, du Palais-Royal ; Dejazet, dans les pièces de son répertoire ; Baroilhet et Mlle Mondutaigny, de l'Opéra.

La campagne lyrique commence le 16 septembre. Les débuts donnent lieu à de nombreux incidents. En dépit des arrêtés municipaux, les artistes sont sifflés à plusieurs reprises. Le mécontentement est général. Le Maire menace de retirer la subvention et, en présence des scènes de tumulte qui se produisent, il ordonne la fermeture du théâtre pour quelques jours. L'année se termine sans que la troupe soit au complet.

Lemonnier, pour faire patienter le public, a recours à des attractions variées. Il engage le clown Gilet, du cirque Olympique ; les frères Price, acrobates anglais. Prudent, pianiste, puis le violoniste de Konstki donnent des concerts.

Variétés. En mai, des représentations sont données par une troupe de gymnasiarques : jeux icariens, pantomimes, tableaux vivants. — En juin, il y a des luttes d'hommes. — En novembre, séances de Belmas : prestidigitation, soirées indienne et chinoise.

On tente d'organiser des représentations scéniques au petit théâtre du passage Pommeraye, mais les exigences du Bureau de Bienfaisance et du Grand-Théâtre en empêchent la continuation.

Le théâtre des Lilliputiens, dit *Riquiqui,* obtient un grand succès avec ses marionettes et aussi avec les chansonnettes et danses exécutées par la famille Leroux.

Place Bretagne. La foire de janvier et février est très animée. On y voit le cirque Bouthors, des luttes d'hommes, un spectacle pittoresque, un palais des beaux-arts où l'on représente la Passion. — En juin, on exhibe un phoque parlant.

A la foire de décembre, viennent s'installer une troupe française et vénitienne ; la ménagerie Pianet, composée de 40 animaux, avec entrée du dompteur dans la cage du lion ;

la troupe acrobatique de Zanfretta ; le théâtre Adrien, avec scènes d'escamotage, suspension éthérienne.

Sous le nom de campagne omnibus, ou Tivoli nantais, s'organise, à Richebourg, une entreprise de plaisirs variés pour les jeudis et dimanches pendant la belle saison : balançoires, gondoles, ballons grotesques, concerts, courses d'ânes, tirs au pistolet et à l'oiseau, feu d'artifice, bal.

— Salle d'Alger, quartier Vallée, on voit, en mars et avril, l'Uranorama, sphère de 8 mètres représentant le mouvement des astres. — Sur la route de Rennes, près du poste d'octroi, il y a un tir au pistolet. — Des assauts d'armes sont donnés à l'académie Moreau, passage de Raymond, et à la salle Bonfils, rue Lapeyrouse. — A la prairie de Mauves, lors des courses, les cases sont de plus en plus nombreuses. — La lanterne magique de Bœuf donne des séances au domicile des particuliers.

Année 1848.

Le monopole du sel. — Affaires municipales. — Divers.
Le changement de Gouvernement.

LE MONOPOLE DU SEL.

Le Gouvernement, pour obtenir un meilleur rendement de l'impôt sur le sel, prend le parti de se réserver le monopole de la vente de ce produit. Il dépose sur le bureau de la Chambre des Députés, dans la séance du 3 janvier, un projet de loi dont les principales dispositions sont les suivantes : Monopole de la vente en gros du sel réservé à l'Etat et confié à l'Administration des Contributions indirectes, à partir du 1er janvier 1850. Vente par l'Etat au commerce de gros, au prix uniforme de 0 fr. 27 c. le kilo. Interdiction au détaillant de dépasser le prix de 0 fr. 30 c. pour la vente au consommateur. Etablissement d'entrepôts dans tous les chefs-lieux d'arrondissement. Détermination chaque année, au mois de novembre, du prix auquel l'Administration payera, l'année suivante, aux producteurs, le sel de chaque provenance jusqu'à concurrence des quantités portées au cahier des charges. Déclaration par le producteur des quantités qu'il s'engage à livrer et des prix qu'il demande. Faculté pour l'Administration, dans le cas où les conditions de prix ne lui conviendraient pas, de s'approvisionner en Algérie ou à l'étranger, pour remplir ses dépôts.

Le dépôt de ce projet de loi soulève un mécontentement

général. Le commerce se voit menacé dans son existence, il se demande si l'Etat, une fois engagé dans cette voie des accaparements, ne sera pas tenté de jeter son dévolu sur d'autres produits, et si, après s'être attribué le monopole des sels, il ne voudra pas se réserver le commerce des grains, des sucres ou de quelque autre denrée. Les propriétaires des marais se voient à la merci de l'arbitraire de l'Etat, qui pourra, quand il voudra, s'approvisionner à l'étranger.

Sous l'influence de cette émotion, les intéressés se groupent, et une commission provisoire se forme en notre ville pour organiser un mouvement de résistance. Cette commission se compose de Benoit, ancien député de Paimbœuf, président ; Eriau, secrétaire ; Picard, Le Boux, C. Lebreton. Dès le 8 janvier, elle adresse une circulaire à tous les producteurs de la Loire-Inférieure, de la Vendée, de la Saintonge et intéresse à la question tout le monde du commerce. La circulaire se termine ainsi : « Attaque à la propriété qui se trouve limitée
» dans son droit, terrible précédent pour l'avenir ; attaque
» à l'industrie privée, à toutes nos garanties, le projet a
» tout l'odieux d'une mesure illégale et inconstitution-
» nelle. »

La Commission fait appel au concours de la Chambre de Commerce : « Le commerce, dit-elle, ne se soutient que
» par une grande liberté. Attaquer les branches, c'est pré-
» parer la mort du trône. Le monopole est un véritable
» minotaure dont la faim croit avec les ressources. »

L'appui du Conseil municipal est réclamé par elle, « plus
» de cabotage, plus de mariniers, mais une locomotive et
» des wagons. Le chemin de fer de Saint-Nazaire deviendra
» tête de ligne de la féodalité financière accouplée au
» monopole de l'Etat. »

La Chambre de Commerce s'empresse de répondre à l'appel qui lui est adressé. Elle charge trois de ses membres,

Gicquel, Bossis et A. Bonamy de rédiger un rapport. — De son côté, le Conseil municipal nomme une Commission composée de Trenchevent, Caillé, Touzeau, Guépin, Colombel, Mangin, pour étudier la question.

Le 15 janvier, sur l'invitation de la Commission provisoire, les propriétaires de salines et les commerçants se réunissent à l'hôtel de France. Une Commission définitive est formée. Elle comprend les membres de la Commission provisoire et quatre nouveaux membres, qui sont : Benoit, du Pouliguen ; Olivier de Sesmaisons ; Colin, de Bouin ; F. Pineau, de Noirmoutiers. Un vœu est émis pour que, sur tous les lieux de production, un Comité s'organise et se mette en rapport avec la Commission de Nantes. Une délégation est nommée pour aller à Paris défendre les intérêts de l'industrie salicole.

A Paris, le projet du Gouvernement rencontre une vive opposition. Les commerçants, comme les producteurs, se sentent profondément atteints. Les premiers forment un comité, dont Daguin est le président, et Jouvellier, d'Orléans, le secrétaire. Les producteurs se groupent, sous la présidence de Grimaldi, gérant des Salines de l'est, et nomment une commission qui comprend 15 délégués : 2 pour l'est, 5 pour le midi, 8 pour l'ouest (1, Bayonne ; 2, Charente-Inférieure ; 2, Vendée ; 2, Loire-Inférieure ; 1, Morbihan). Les deux groupes se concertent en vue de commencer immédiatement leurs démarches auprès des Pouvoirs publics.

La Commission organisée à Nantes réunit de nouveau ses adhérents le 2 février. Elle les met au courant de l'organisation des Comités de Paris, et constate que le mouvement est général. A Guérande, au Pouliguen, aux Sables-d'Olonne, l'élan est donné. Trois pétitions sont mises en circulation pour être respectivement signées par les propriétaires de marais, les commerçants, les mariniers.

Le changement de gouvernement trouve l'ouest en pleine effervescence. Il met fin à toute cette agitation.

AFFAIRES MUNICIPALES.

L'Etat ne semble pas pressé de remplir ses engagements vis-à-vis de Nantes au sujet des paquebots transatlantiques. Le Conseil municipal délègue Chérot, Bonamy et Garnier pour aller à Paris hâter la solution de la question. Il les charge en même temps de demander des crédits supplémentaires en vue de poursuivre les travaux du chemin de fer qui, faute de fonds, sont sur le point d'être arrêtés.

— Bien que la Chambre de Commerce ait agi vigoureusement pour obtenir une révision de la législation sucrière, le Conseil fait parvenir ses vœux au Ministère.

— La création à Nantes d'une Faculté des sciences est soulevée par la Société Académique. Un mémoire de Colombel, concluant à cette création, est adopté dans ses conclusions par le Conseil qui, en même temps, se déclare tout disposé à voter les fonds nécessaires.

— Les Chambres paraissent, un moment, avoir l'intention de supprimer un certain nombre d'écoles de médecine. Le docteur Marcé établit les droits que Nantes possède pour le maintien de son école, et son travail est adressé au Ministre.

— Le traité avec la Compágnie Européenne du gaz est renouvelé pour une période de 18 années, jusqu'au 30 avril 1868. Le prix du gaz est fixé — pour les particuliers : à 0 fr. 06 c. par bec et par heure ou à 0 fr. 50 c. le mètre cube au compteur, avec des réductions de 5, 10, 15 % pour des consommations respectives de 500 à 1,000 fr., 1,000 fr. à 1,500 fr., au-dessus de 1,500 fr. — pour les établissements communaux : à 0 fr. 42 c. le mètre cube — pour l'éclairage public : à 0 fr. 03 c. par bec et par heure.

— Le parc aux fumiers est transféré sur le terrain communal de la Grande-Houe, au Pont-du-Cens.

— Un terrain de 6,000 mètres est acquis par la ville pour l'établissement du cimetière de la paroisse de Sainte-Anne.

— Le Ministre de la Guerre menace de priver la ville d'une garnison de cavalerie si elle ne consent à participer aux frais de la construction d'une caserne et une somme de 300,000 fr. est votée par le Conseil.

DIVERS.

Un bal au bénéfice des pauvres est donné au Grand-Théâtre. Il est très brillant et produit une recette nette de 6,635 fr. 70 c., qui est répartie entre la Société de charité maternelle, les salles d'asile, les crèches, le dépôt de mendicité et le Bureau de bienfaisance.

— Un nouveau journal, l'*Alliance,* paraît le 15 janvier. Il a pour programme la défense des principes du parti catholique.

— Les travaux du bassin de Saint-Nazaire sont mis en adjudication le 7 février. Le devis s'élève à 5,398,000 fr.

— Aug. Bonamy et de la Gournerie, ingénieurs des ponts et chaussées du département, sont nommés chevaliers de la Légion d'honneur.

— Les *Paquebots de la Loire,* pour faire concurrence aux *Courriers,* abaissent le prix des places de Nantes à Angers à 1 fr. les premières et 0 fr. 50 c. les secondes.

— Au Grand-Théâtre, l'année s'ouvre sans que la troupe d'opéra ait terminé ses débuts.

— Le cirque Bastien Franconi donne des représentations au théâtre des Variétés.

— La foire de la place Bretagne présente, comme principales attractions, le théâtre Adrien et la ménagerie Pianet.

— Au petit théâtre du passage Pommeraye, séances de prestidigitation.

CHANGEMENT DE GOUVERNEMENT.

Journée du vendredi 25 février. — On apprend dans la matinée l'abdication du Roi. La duchesse d'Orléans est nommée régente.

Le Maire convoque les officiers supérieurs et les capitaines de la garde nationale, en vue de prendre les mesures que peuvent réclamer les circonstances. Le Préfet et le Procureur se rendent à l'Hôtel-de-Ville pour conférer avec les autorités municipales.

Roulleaux-Dugage déclare que, quels que soient les événements qui se produiront ultérieurement, il accomplira tout son devoir jusqu'au bout. « Ecartons, dit-il, les questions » politiques pour ne songer qu'au maintien de l'ordre. »

Une affiche posée à 3 heures fait connaître au public la nouvelle de l'abdication. Elle contient, en outre, une proclamation dans laquelle le Préfet et le Maire adjurent leurs concitoyens d'être patients et calmes.

La copie d'une dépêche annonçant la constitution d'un Gouvernement provisoire est communiquée par la Préfecture aux journaux, au moment de leur mise sous presse, et la nouvelle est ainsi, dès le soir même, répandue dans le public.

Les républicains n'en demandent pas davantage pour agir en maîtres. A 7 heures, ils se réunissent chez le docteur Guépin et décident l'envoi d'une délégation au Préfet pour l'inviter à proclamer et faire reconnaître le nouveau Gouvernement.

Les délégués, au nombre de neuf, se présentent, à 10 heures du soir, à l'Hôtel de la Préfecture. Roulleaux-Dugage les reçoit dans sa salle de billard. V. Mangin père porte la parole. « C'est dans l'intérêt de l'ordre et de la
» liberté que nous sommes devant vous. Les dépêches télé-
» graphiques que vous avez publiées nous apprennent le
» changement de Gouvernement et la formation d'un Gou-
« vernement provisoire. Nous venons vous demander de le
» proclamer et de le faire reconnaître. » Il plaide ensuite la cause du commerce. « La reconnaissance du nouveau Gou-
» vernement tranquilliserait les esprits et rendrait l'activité
» des affaires. » Le Préfet se borne à répondre qu'il attend les ordres du Gouvernement.

Les journaux, peu après leur tirage, reçoivent communication d'une dépêche dont le brouillard a interrompu la transmission et qui est réduite à ces quatre mots : LE GOUVERNEMENT RÉPUBLICAIN EST.....

Samedi 26 février. — La malle-poste de Paris, qui était attendue la veille à 6 heures du soir, n'arrive que dans la nuit, vers 4 heures. Elle n'apporte aucune instruction du Gouvernement. Le Préfet en prévient la population et, en même temps, lui fait connaître la dépêche qui a paru dans les journaux de la veille et qui annonce la constitution d'un Gouvernement provisoire.

Les républicains tentent, dans la matinée, une démarche auprès du Maire pour obtenir qu'il proclame la République. Ferd. Favre leur répond, comme le Préfet, qu'il attend les ordres du Gouvernement.

Une adresse de la Commission démocratique aux membres du nouveau Gouvernement est affichée. Elle se termine par ces mots : Vive le Gouvernement républicain ! Vive la souveraineté du peuple !

L'animation grandit dans la ville à mesure que se propagent les nouvelles venues de Paris. A 11 heures, un rassemblement se forme sur la place Royale. La résistance du Préfet et du Maire à proclamer la République est l'objet de toutes les conversations. Les esprits s'échauffent, et, dans un mouvement d'effervescence, une manifestation s'organise en vue d'une proclamation populaire de la République. Le chant de la *Marseillaise* se fait entendre. Un cortège se forme par rangs de quatre. Il se dirige par la rue Crébillon, la rue Voltaire, traverse le quartier d'Alger, atteint les quais qu'il parcourt jusqu'à la place Royale, où il se dissout.

La délégation qui, le matin, s'était présentée à la Mairie, et à laquelle d'autres citoyens se sont joints, y retourne de nouveau. Elle est reçue par Cuissart, premier adjoint, qui lui fait connaître qu'une proclamation est à l'impression. Cette proclamation paraît dans la journée ; elle donne dans toute sa teneur la dépêche dont une partie avait été reçue la veille et qui dit : LE GOUVERNEMENT RÉPUBLICAIN EST CONSTITUÉ, LA NATION VA ÊTRE APPELÉE A LUI DONNER SA SANCTION. Le Préfet et le Maire font en même temps appel aux citoyens de tous les partis pour prêter leur concours au maintien de l'ordre, au respect des personnes et des propriétés.

Le Conseil municipal se réunit à 2 heures. Guépin soumet un projet de proclamation aux habitants. Certains Conseillers l'appuient. D'autres proposent une modification à son texte. Après de longs débats, la rédaction de Guépin est adoptée à l'unanimité. Elle est affichée dans la journée et porte la signature de tous les membres du Conseil.

Dimanche 27 février. — Une dépêche du lieutenant

général Subervie, ministre de la guerre, maintient, dans ses fonctions de commandant de la 12ᵉ division militaire, le lieutenant général de Bar et lui donne ses instructions. Le général de Bar les transmet immédiatement aux officiers généraux de la division.

La Commission démocratique prend toutes les allures d'un corps investi d'un mandat régulier. Elle fait afficher une proclamation aux habitants pour les inviter à se rallier franchement au nouveau régime, puis une adresse aux membres du Gouvernement provisoire leur portant les félicitations et les encouragements de ses membres.

Le Conseil municipal se réunit. Colombel présente un projet de proclamation aux habitants. Une chaude discussion s'élève. On finit par tomber d'accord et rédiger un texte qui est adopté à l'unanimité. Dans cette proclamation, « l'Autorité municipale et le Conseil de la commune déclarent reconnaître le nouveau Gouvernement et continuer leurs fonctions, comme ils en ont reçu l'ordre, dans l'intérêt de la paix et de la concorde publique et jusqu'à ce que la volonté de la Nation ait été régulièrement consultée. » Le Préfet y ajoute quelques phrases. Il invite « tous les fonctionnaires et tous les corps constitués à rester à leur poste et à continuer leurs fonctions. Il conjure tous les citoyens de respecter l'ordre et les lois ».

Les élèves de l'institut agricole de Grand-Jouan délèguent aux démocrates nantais une députation chargée de leur remettre une adresse exprimant leurs sympathies pour le Gouvernement républicain.

Dans la soirée, un arbre de la Liberté est planté sur la place Royale.

La journée se passe dans un grand calme. La physionomie de la ville est celle qu'elle présente chaque dimanche.

Lundi 28 février. — La nuit semble n'avoir pas été aussi calme que d'habitude, car la Commission démocratique engage, par une affiche, les ouvriers à ne pas pousser « des cris tumultueux et des clameurs nocturnes, à rentrer » dans leurs ateliers et à attendre, avec calme et patience, » le moment où nos magistrats nous convoqueront en » assemblées primaires pour élire les députés que nous » chargerons de la réalisation pacifique de nos espérances. »

Une crise financière se fait sentir. Le Conseil d'administration de la Banque de Nantes prévient le public que la Banque suspend momentanément ses payements en numéraire. Un article, communiqué aux journaux par l'autorité, explique que « cette mesure ne doit en rien alarmer les » porteurs de billets de la Banque, la rentrée des valeurs » représentatives que la Banque a en portefeuille et les » relations avec la capitale ne pouvant être entravées que » momentanément. »

Le Préfet prend un arrêté prorogeant de dix jours l'échéance des effets de commerce payables du 26 février au 5 mars.

Le Conseil municipal, sur la proposition de Thomas Chéguillaume et de Besnard la Giraudais, vote une somme de 100,000 fr.; — 50,000 fr. doivent être employés pour procurer du travail aux ouvriers en chômage, et 50,000 fr. pour faire des avances aux entrepreneurs. Th. Chéguillaume, Jégou et Thébaud sont chargés par leurs collègues de veiller à la répartition de ces fonds.

Un avis est adressé par le Préfet aux fonctionnaires et aux habitants, pour les « engager à se libérer des termes des » contributions échus et même à payer par avance les » contributions de l'année entière. La rentrée rapide et » régulière des contributions est l'un des plus pressants

« besoins du pays. Elle est indispensable pour assurer tous
» les services publics, pour rétablir la confiance ébranlée,
» pour prévenir tous désordres. » Il donne l'exemple et
acquitte le montant de ses contributions pour l'année.

Dans la soirée, le courrier apporte au docteur Guépin un pli ministériel conçu en ces termes :

Paris, 27 février.

Au nom du peuple,

Le Gouvernement provisoire révoque le Préfet actuel du département de la Loire-Inférieure, et nomme le citoyen Guépin, commissaire de ce département, l'investissant des pouvoirs de Préfet et l'autorisant à prendre toutes les mesures d'ordre et de salut public qu'il jugera nécessaires.

Toutes les autorités civiles et militaires sont placées sous ses ordres.

Le Membre du Gouvernement provisoire,
Ministre de l'Intérieur,

LEDRU-ROLLIN.

Le docteur Guépin prend immédiatement possession de ses fonctions.

Mardi 29 février. — Le docteur Guépin choisit pour secrétaire Le Sant, ancien adjoint, ancien conseiller général, et voit l'opinion accueillir favorablement cette nomination. Il prie vivement le Maire de conserver ses fonctions. Ferd. Favre accepte. Le Colonel de la garde nationale, Mery, vient donner au Commissaire du Gouvernement l'assurance de son concours.

— Aug. Garnier, H. Thébaud, F. Braheix sont désignés par le Conseil municipal pour aller exprimer au Gouvernement les sympathies de ses membres pour la République.

— Roulleaux-Dugage part dans la journée pour Paris.

— Une circulaire est adressée par le docteur Guépin aux Sous-Préfets et aux Maires du département. Il leur « recom-
» mande de faire reconnaître au plus tôt le nouveau Gouver-
» nement.... Faites aimer par vos actes ce Gouvernement
» dont vous êtes les représentants. Pour se faire respecter,
» la République dispose d'une force physique immense ; elle
» ne veut employer que la force morale. »

Cet acte d'autorité du Représentant, dans notre département, du pouvoir qui préside aux destinées de la France appartient déjà à L'HISTOIRE DE NANTES SOUS LA DEUXIÈME RÉPUBLIQUE.

Notre tâche se trouve donc terminée.

RÉSUMÉ

ET

VUES D'ENSEMBLE

Les partis politiques et la presse. — Faits importants, visites. — Le monde religieux. — Les élections législatives, départementales, municipales. — Le mouvement intellectuel. — Le mouvement artistique. — Services publics. — Les œuvres de bienfaisance. — La condition des ouvriers. — Les produits du sol. — Le commerce maritime. — Les industries. — Les transports. — Travaux publics. — Les théâtres. — Spectacles et divertissements.

LES PARTIS POLITIQUES ET LA PRESSE.

Vive le Roi! Vive la Charte! tel était le cri qui, par l'organe de *l'Ami de la Charte,* servait de ralliement aux libéraux, nobles et bourgeois, dont les rangs étaient grossis par les bonapartistes et les républicains, pour attaquer et battre en brèche le trône de Charles X ; mais ce cri était inséparable de cet autre : *Vive la Charte! Vive le Roi!* pour bien montrer, par cette interversion de mots bien voulue, que, s'ils consentaient à acclamer la monarchie, c'était une monarchie abaissée, impuissante et captive.

Tels étaient les sentiments qui animaient leurs pères lorsqu'ils sapèrent les institutions de l'ancien régime, et les événements de juillet 1830 eurent pour eux toute la portée, toute la valeur, tout le prix que la précédente génération avait attachés aux plus fameuses journées de 1789.

Ainsi s'explique l'enthousiasme aussi général qui accueillit l'avènement du Roi de la Révolution. Jamais, sous aucun régime, on ne vit dans la suite un tel élan, autant de spontanéité et d'initiative.

L'attitude hostile que gardèrent les partisans du trône déchu, l'influence qu'ils possédaient dans la région, la levée d'armes de la duchesse de Berry mirent dans la nécessité de se maintenir étroitement unis tous les éléments de la coalition triomphante, et, pour cette cause, l'enthousiasme des premiers jours dut se prolonger dans notre région plus longtemps que dans toute autre. Mais lorsque les troubles civils cessèrent, lorsque les légitimistes furent réduits à l'impuissance, les vainqueurs virent promptement naître en leur sein des germes de division. Alors que la bourgeoisie se déclarait satisfaite et paraissait disposée à approuver sans réserve les actes du nouveau Gouvernement, les républicains réclamaient une plus complète application des principes de la Charte. Dès la fin de 1832, des difficultés furent créées à Mangin et on tenta de l'atteindre dans sa *Feuille commerciale,* en lui suscitant une concurrence avec un journal d'affaires *La Loire,* édité par Forest, et qui, d'ailleurs, ne subsista que quelques années.

Lors des fêtes nationales de 1834, la scission s'opéra d'une façon complète. *L'Ami de la Charte* accapara l'organisation du banquet traditionnel et le transforma en une manifestation républicaine et populaire. A partir de ce moment, le *National de l'Ouest* (¹) sut se faire une grande place dans la région comme organe du parti avancé. Son activité ne se démentit pas un seul instant. Il avait repris contre le clergé et la religion le cours des diatribes qui lui avaient valu, sous la Restauration, la clientèle des Voltairiens. Ce n'étaient que polémiques avec les autres journaux.

---

(1) En 1837, *l'Ami de la Charte* devint *le National de l'Ouest.* (Voir pages 149 et 169.)

C'étaient des appels incessants à ses abonnés pour des pétitions, pour des souscriptions, tant pour les intérêts de la cause que pour compatir aux calamités publiques. Au moment des élections, il se multipliait encore pour secouer l'inertie des censitaires. Plus les fêtes nationales tombaient en désuétude, plus il se dépensait pour grouper ses adhérents et formuler, dans les banquets et devant le tombeau de Miséricorde, le programme des revendications du parti. Ses écarts de langage lui valurent quelques poursuites. Le jury, en aucune affaire, ne lui fit connaître ses rigueurs, mais, devant la police correctionnelle, il n'en sortit pas toujours aussi indemne.

En 1844 seulement, se créa un organe modéré de l'opposition de gauche : *le Courrier de Nantes,* qui groupa les partisans du nouveau régime, tant ceux qui ne voulaient pas suivre *le National* dans sa politique avancée, que ceux qui, désillusionnés par la marche des événements, se refusaient à approuver dans toutes ses appréciations *le Breton,* journal de l'administration.

Les légitimistes, après les événements de 1832, après la suppression par la police de *l'Ami de l'Ordre* et la chute du *Rénovateur breton et vendéen,* trouvèrent dans *l'Hermine,* que Crétineau-Joly fonda en 1834, un organe qui, malgré les condamnations et les amendes, ne cessa un instant de défendre leur cause. A différentes reprises, au moyen de ces divers organes, ils organisèrent des souscriptions : en faveur des deux domestiques de Mlles du Guiny, des victimes de la guerre civile, des Espagnols, défenseurs de la cause de la branche aînée, internés à Nantes et en Bretagne, et aussi à l'occasion de la disette et autres malheurs publics. — Le journal *l'Ouest,* dont le rédacteur en chef était Casimir Merson, ancien directeur de *l'Ami de l'Ordre,* vint, en 1840, apporter son concours à la défense de la cause monarchique.

Le journal *le Breton* représentait les idées de la monarchie de juillet et avait toutes les allures d'un journal ministériel.

Le marquis de Regnon tenta à deux reprises de placer la cause religieuse au-dessus de la politique des partis, mais ses efforts furent vains. *L'Union* qu'il fonda en 1831, au moment où le Gouvernement semblait vouloir suivre une politique sectaire, pas plus que *la Liberté comme en Belgique,* créée en 1844, au moment où la lutte pour la liberté de l'enseignement battait son plein, ne purent se soutenir. — Le journal *l'Alliance,* à la veille de la révolution de 1848, se préparait à entreprendre la lutte sur le même terrain que le marquis de Regnon.

Les journaux n'étaient pas à la portée de tous. L'abonnement au *National,* au *Breton,* etc., était de 48 fr. par an. La vente au numéro était encore moins abordable aux petites bourses. Chaque exemplaire, comme on le sait, payait un droit de timbre. *L'Ami de la Charte* mit un moment ses numéros en vente au prix de 50 centimes, quel que fût le nombre d'exemplaires. Les numéros du *Breton* se vendirent d'abord 50, puis 30 centimes. Aussi, ce fut le beau temps des cercles, des cabinets de lecture, des chambres littéraires.

FAITS IMPORTANTS, VISITES.

L'événement capital de cette période, 1830-1848, fut incontestablement l'arrestation de Madame la duchesse de Berry, en 1832. Du jour où Madame prit congé de ses fidèles partisans jusqu'au moment où Deutz indiqua le lieu de sa retraite, la France et l'Europe eurent les yeux fixés sur notre ville.

L'histoire des épidémies doit enregistrer le choléra en 1832, la grippe ou influenza en 1837, et celle des calamités publiques : le cyclone de 1834, les inondations de 1843 et de 1846, les incendies de la caserne de l'Entrepôt, 1839, et de la filature Bertin, 1845, pour n'en citer que les plus considérables.

Les premiers temps du nouveau régime valurent à nos concitoyens de nombreux hôtes, qu'ils fêtaient joyeusement. C'étaient les gardes nationaux de la banlieue ou des communes rurales qui venaient, soit pour fraterniser ou échanger des drapeaux, soit pour chercher des armes au Château, soit encore pour assister à quelques revues extraordinaires. C'étaient les Angevins, les Rennais, les Vannetais qui répondaient aux invitations qui leur étaient adressés pour prendre part à nos fêtes nationales.

Une démarche fut tentée auprès de Louis-Philippe pour obtenir la présence du duc d'Orléans à l'une de nos fêtes de juillet, mais elle n'aboutit pas.

Don Pedro, après un court séjour, s'embarqua à notre quai pour aller prendre le commandement de la flottille qui cinglait vers le Portugal.

Les ducs d'Aumale et de Joinville, en 1842, passèrent dans nos murs, mais tout se borna à des relations officielles.

L'année suivante, le Duc et la Duchesse de Nemours furent plus gracieux. Ils séjournèrent pendant quatre jours, du 13 au 17 août, et des fêtes brillantes furent données en leur honneur.

En 1846, le prince de Joinville, se rendant à Indret, accordait quelques heures à notre ville.

Aucuns préparatifs ne furent faits pour la réception, en 1840, du comte Jaubert, ministre des travaux publics, lorsqu'il vint visiter les travaux du port, ni en 1846, pour celle du baron de Mackau, ministre de la marine, qui se rendait à Indret.

Les députés Laffitte et Odilon-Barrot, venant remercier leurs électeurs respectifs de Pont-Rousseau et de Savenay, furent, lors de leur passage à Nantes, fêtés par leurs partisans politiques.

Le général Lamoricière, dans tout l'éclat de ses exploits militaires, reçut les honneurs d'un banquet qui eut toute la portée d'une manifestation anti-ministérielle.

La Société Académique et le Collège Royal accueillirent l'astronome anglais Herschell avec tous les égards dus à son grand savoir.

Charton et Rigaut, les apôtres du Saint-Simonisme, ne trouvèrent, en 1831, qu'un froid accueil, mais les idées socialistes n'en firent pas moins leur chemin, et, en 1847, le fourriériste Hennequin était acclamé par un public enthousiaste qui le fêtait en un banquet.

L'*Association bretonne* vint, en 1845, tenir ses assises annuelles dans notre ville. En 1843, Nantes fut le but d'une excursion du *Congrès scientifique de France,* qui se réunissait à Angers, et d'une visite de la *Société pour la conservation des monuments.*

LE MONDE RELIGIEUX.

Le clergé, lors de l'avénement du nouveau régime, montra la plus grande réserve. Les autorités le traitèrent tout d'abord en suspect, mais elles ne tardèrent pas à reconnaître leur erreur et s'attachèrent ensuite à lui montrer une véritable déférence. Les événements justifièrent pleinement cette nouvelle attitude, car, pendant tout le cours de la période si agitée qui marqua les premières années du Gouvernement de Juillet, aucun des membres de notre clergé ne fut, ni de près, ni de loin, impliqué dans les complots politiques, et même pas un écart de langage ne put être relevé contre l'un d'eux.

Cette indépendance de nos prêtres à l'égard des partis politiques contribua puissamment à un prompt apaisement des esprits ; elle leur permit de prendre une grande autorité sur tous les catholiques et de grouper tous leurs efforts en un même et puissant faisceau.

L'attitude de la population, lors du sacre de Mgr de Hercé, vint prouver que le vent des passions sectaires avait cessé de souffler, et, à partir de ce moment, un véritable réveil de l'esprit religieux se manifesta. Les messes de minuit furent rétablies, les processions furent autorisées et l'on vit toutes les classes de la société rivaliser de zèle pour donner aux manifestations extérieures du culte un éclat qu'elles n'avaient pas connu sous la Restauration.

Aux communautés religieuses déjà existantes vinrent se joindre les Religieuses du Sacré-Cœur, les Sœurs de l'Adoration, les Dames noires, les Pères Jésuites, connus sous le nom des Pères de la Foi.

M. l'abbé Fournier fondait la Conférence de Saint-Vincent-de-Paul. D'autres œuvres se créaient : la Société de Saint-François Régis, pour faciliter le mariage des indigents, l'œuvre de *Toutes-Joies*, l'école Sainte-Marie, etc.

Des orateurs en renom voyaient, aux stations de Carême, se presser un public nombreux autour de la chaire de la Cathédrale. M. l'abbé Fournier inaugurait, dans son église de Saint-Nicolas, des sermons spéciaux pour les hommes.

De nouvelles paroisses se formaient : La Madeleine, Saint-Félix, Sainte-Anne, Saint-Joseph, et, dans la banlieue, Saint-Paul, à Pont-Rousseau, et l'église des Sorinières.

Les églises de Saint-Nicolas, Notre-Dame-de-Bon-Port, Saint-Clément se reconstruisaient sur des plans qui, tant par leurs grandioses proportions que par leur richesse d'architecture, devaient les transformer en de véritables monuments et marquer l'avènement d'une ère artistique pour les édifices religieux.

Ce réveil de la foi se faisait également sentir dans la pompe des cérémonies. Les messes en musique qui, jusqu'alors, n'étaient chantées que le jour de la Sainte-Cécile, commencèrent, vers 1836, à entrer dans les traditions pour la célébration des grandes fêtes. Un conservatoire de musique religieuse était fondé.

La participation de nos concitoyens à la *Société française de l'Océanie,* fondée pour soutenir les missions catholiques, donne une nouvelle preuve de leur zèle pour les œuvres de propagande religieuse.

Un instant l'établissement du culte catholique français et son succès des premiers jours émurent les esprits, mais la population sut vite en reconnaître la fausseté et l'imposture.

ÉLECTIONS LÉGISLATIVES.

L'extension du cens pour la nomination des députés n'augmenta pas les collèges électoraux dans des proportions considérables. Aux élections générales du 23 juin 1830, les dernières qui eurent lieu sous Charles X, le collège, que formaient les électeurs de la ville, comprenait 715 inscrits. Aux élections complémentaires du 21 octobre même année, qui furent faites dans les mêmes conditions, le nombre des inscrits fut de 705. L'application de la loi du 19 avril 1831 éleva ce nombre seulement à 843 [1].

La nouvelle loi apportait une modification importante au précédent état des choses. Nantes, au lieu d'un député, en nommait deux, l'un pour les 1er, 2e et 3e cantons, l'autre pour les 4e, 5e et 6e.

En 1831, Dubois était nommé par le premier collège et

---

(1) Voir, page 107, un extrait de la loi du 19 avril 1831.

conservait son siége jusqu'à la fin du règne. Il en fut de même pour Bignon, à partir de 1834.

Voici, pour l'ensemble des deux collèges, le tableau des inscrits, des votants et des voix obtenues par les élus.

	Inscrits.	Votants.	Voix des élus.
1831.......	843	733	383
1834.......	921	686	382
1837.......	998	699	527
1839.......	966	793	529
1842.......	959	710	521
1846.......	1118	834	512

Un fait intéressant à constater, ce fut la constance des électeurs et leur fidélité à leurs élus du premier jour. En 1831 et 1834, l'opinion était encore hésitante; les candidats nommés triomphaient péniblement, mais, à partir de 1837, ils gagnèrent la confiance d'une nouvelle catégorie d'électeurs, laquelle leur resta fidèle jusqu'au dernier jour.

Le ministériel Bignon tint tête aux oppositions de droite et de gauche.

Dubois, qui appartenait à l'opposition constitutionnelle, résista victorieusement aux assauts qui lui furent livrés par les ministériels et les légitimistes. Une seule fois, en 1842, ces derniers entrèrent en ligne et se concertèrent avec les autres nuances de l'opposition de droite pour présenter Emmanuel Halgan qui obtint 106 voix, le plus haut chiffre de suffrages que, pendant toute la période 1830-1848, ait obtenu un candidat représentant cette opinion.

Il semblerait que la presse de gauche, comme de droite, ait alarmé les esprits indécis, et que les efforts déployés par elle, pour ébranler le trône de Louis-Philippe, aient plutôt contribué à lui rallier tous ceux qui étaient disposés à tout subir, tout, sauf la venue au pouvoir d'un autre régime de gouvernement.

Cette fidélité des censitaires nantais aurait dû valoir à notre ville quelques faveurs, celle entre autres de voir un de ses enfants appelée à faire partie de la Chambre des Pairs. Il n'en fut rien.

La Loire-Inférieure compta cependant un des siens à la Haute Chambre, le vice-amiral Halgan, né à Donges, mais qui y fut appelé plutôt pour honorer la marine que pour représenter notre département.

Dans les arrondissements, les résultats furent les mêmes. Il n'y eut que les ministériels et les candidats d'opposition constitutionnelle à se partager les siéges législatifs. — A Ancenis, Billault, à partir de 1837, fut constamment réélu, sans qu'aucun concurrent sérieux n'osât se présenter. — A Châteaubriant et à Paimbœuf, la lutte fut circonscrite entre les partisans du ministère et de l'opposition constitutionnelle. — A Pont-Rousseau, les légitimistes luttèrent avec honneur ; quelques voix leur manquèrent en 1838 pour triompher. Le suffrage restreint refusait à Berryer en 1837, à de la Rochejaquelein en 1833 et 1839, à Betting de Lancastel en 1842, le siége auquel, quelques cinquante ans plus tard, le suffrage universel devait appeler de Cazenove de Pradines.

A Savenay, les légitimistes serrèrent de fort près leurs adversaires, et, en 1837, de Formon put se croire un moment élu.

L'opinion républicaine, pas plus dans les arrondissements que dans notre ville, ne tenta un effort sérieux.

ÉLECTIONS DÉPARTEMENTALES.

Le collège électoral, appelé à nommer les conseillers généraux en 1833, comptait 1,305 membres. Près de la moitié d'entre eux étaient des nouveaux venus dans la vie politique, et il ne semble pas que l'extension du cens fût si ardemment désirée, car, à l'abaissement de son taux, correspondit un moindre empressement pour l'exercice du droit électoral. On croirait même que l'inertie de ces débutants ait eu une influence fâcheuse sur leurs anciens, comme on peut s'en rendre compte par le tableau suivant :

Cantons....	1	2	3	4	5	6	Total.
Inscrits	56	99	261	137	682	70	1.305
Votants....	50	47	127	73	383	46	726
Voix obtenues par les élus.......	17	39	65	53	92	35	301

Car, alors que les votants aux élections législatives représentaient les trois quarts environ des inscrits, ici cette proportion ne dépassait que légèrement la moitié, et les voix obtenues par les élus, au lieu d'atteindre la moitié des inscrits, étaient inférieures au quart.

Pour les Conseils d'arrondissement, cette insouciance fut encore plus frappante, car les élus des six cantons de Nantes n'obtinrent qu'un total de 211 voix, et le cens exigé n'était plus que de 150 fr.

La situation ne se modifia pas, dans les élections subséquentes, d'une façon sensible, et les conditions dans lesquelles se pratiquait le renouvellement des assemblées départementales, renouvelables tous les trois ans, par tiers pour les conseils généraux, par moitié pour les conseils d'arrondissement, ne permirent pas un nombre d'épreuves suffisantes pour donner à l'institution tout son élan.

ÉLECTIONS MUNICIPALES.

La liste des électeurs municipaux, établie conformément à la loi du 21 mars 1831 (¹), lors de la première mise en vigueur de cette loi, en septembre 1831, comprenait 2,746 citoyens.

---

(1) Voir, page 111, les dispositions de la loi du 21 mars 1831.

Près de deux mille d'entre eux naissaient à la politique. Ils ne montrèrent pas un grand empressement à exercer leurs nouveaux droits, car le chiffre des votants ne représenta environ que les 40 % des inscrits.

Aux élections de 1834, cette proportion fut encore plus faible ; elle ne dépassa que légèrement le quart des inscrits.

La presse poursuivait son œuvre, et, à mesure qu'elle étendait son action et développait ses moyens de propagande, elle parvint à prendre sur les électeurs municipaux une influence à laquelle avaient résisté les électeurs législatifs et départementaux. L'assaut, donné par les républicains dans quatre sections lors des élections de 1843, en se comptant sur le nom de V. Mangin, semble aussi avoir puissamment contribué à secouer l'inertie des censitaires. Les oppositions de gauche et de droite vinrent apporter un contingent nouveau de votants, et, en 1846, l'une comme l'autre entamait la masse, jusqu'alors restée à peu près intacte, des amis du pouvoir, au point que la municipalité qui, aux élections précédentes, se formait sans aucun effort sérieux, fut, cette fois, d'un enfantement fort laborieux.

Le tableau ci-après permet de se rendre compte du mouvement que subit l'opinion des électeurs municipaux :

	1831	1834	1837	1840	1843	1846
Inscrits..	2.746	2.883	2.704	2.826	2.847	3.048
Votants..	1.170	787	880	903	1.381	1.836
Voix obtenues.(1)	669	468	604	590	951	1.006

On doit se rappeler que les électeurs étaient répartis en dix sections comprenant chacune 200 à 300 électeurs, de sorte que la moyenne des voix obtenues par le candidat

---

(1) Ces voix représentent le total de celles obtenues par les plus favorisés dans chacune des dix sections.

ayant dans chaque section le plus grand nombre de suffrages était de 66, 46, 60, 59, 95, 100.

En 1843 seulement, quelques candidats eurent un nombre de voix supérieur à 100. Le maire, F. Favre, obtint 137 suffrages, et son premier adjoint, Vallet, 135, sur 226 inscrits (section A, quartiers places Bretagne et Viarmes). En 1846, Quesneau, négociant, qui, dans l'affaire des paquebots transatlantiques, venait de payer largement de sa personne et de sa bourse, recueillit 131 voix sur 375 inscrits et 189 votants (section H, quartiers rues Crébillon et Voltaire). Les trois votes que nous venons de citer représentent le maximum de suffrages qui furent donnés pendant toute la période 1830-1848.

Un caractère particulier de ces élections, ce fut l'éparpillement des voix. En 1831, pour quatre noms à désigner, on en releva, dans certaines sections, plus de cent sur les listes de dépouillement. En 1834, année dans laquelle il y eut le moins de votants, une nomination au deuxième tour fut consommée avec 11 voix dans la section B (quartiers Saint-Pierre, Saint-Clément et banlieue).

MOUVEMENT INTELLECTUEL.

L'instruction primaire se développa sans que les contribuables eussent à en supporter tous les frais. La ville subventionnait l'école mutuelle, elle fondait une école sur les Ponts, et, bien que les frères aient porté de 3 à 7 le nombre de leurs établissements, dans lesquels ils recevaient 3,000 élèves, le crédit de 6,000 fr. qui leur était alloué en 1830 fut, malgré leurs légitimes réclamations, toujours maintenu au même chiffre.

L'école primaire supérieure faisait honneur à notre ville. Aucune autre de ce genre en province ne pouvait lui être comparée, et elle rivalisait avec les plus renommées de la capitale.

Le besoin d'un enseignement secondaire autre que l'enseignement classique se faisait sentir. C'est dans cet ordre d'idées que se fondèrent le *Lycée français* d'Amondieu, l'*Institut pratique* de l'abbé Bouyer, qui réalisèrent à ce moment le type de l'enseignement moderne que notre génération a vu naître. Le pensionnat des frères de Bel-Air et l'institution Livet, créée en 1846, les seuls établissements de ce genre qui aient vécu jusqu'à nos jours, nous montrent quelles étaient alors les préoccupations des pères de famille en vue d'armer leurs fils pour les luttes de la vie et la conquête des situations indépendantes et fécondes que le commerce, l'agriculture, l'industrie peuvent fournir.

Le monopole universitaire, tel que l'avait établi Napoléon en 1808, était maintenu dans toutes ses rigueurs. Les établissements d'enseignement classique devaient, outre leurs patentes, payer un droit spécial par tête d'élève. Seuls pouvaient se présenter aux examens les jeunes gens ayant passé leurs deux dernières années sur les bancs du Collège royal. Le pensionnat Saint-Stanislas (ancienne pension Orillard), que notre génération a connu avec la *cinquième,* comme terme de son enseignement, représentait le type des établissements libres d'enseignement classique de cette époque. Aussi on comprend facilement qu'en présence du mouvement des esprits, cette restriction à la liberté d'enseignement fût vivement attaquée, et on se rend compte de la lutte ardente qui signala les dernières années de la période.

En 1841, le Collège royal était élevé à la 1re classe; le Gouvernement reconnaissait notre école de médecine et de pharmacie comme école préparatoire et lui conférait les avantages que comportait ce nouveau titre.

L'école de la *Société industrielle* rendait des services de plus en plus appréciés pour l'instruction des apprentis. Grâce à un donateur généreux, Lorette de la Refoulais, elle devenait propriétaire, construisait des bâtiments pour l'installation de ses cours et possédait de nouvelles ressources. Ses distributions de prix annuelles, qui étaient données vers les derniers jours de l'année, dans la grande salle de la mairie, étaient honorées de la présence des autorités de la ville.

La *Société Académique* continuait ses traditions et provoquait, par ses concours littéraires, la plus louable émulation entre les penseurs et les écrivains de la région. Doyenne des sociétés savantes de la ville, elle présidait à la réception du savant astronome Herschell, à la réception du Congrès scientifique de France. Des travaux en poésie, histoire, archéologie, littérature, économie politique, dont la valeur est toujours appréciée et qui enrichissent ses *Annales,* lui étaient fournis par Bizeul, Verger, Chapplain, Guépin, Dugast-Matifeux, Emm. Halgan, docteur Derivas, Richelot, C.-G. Simon, Vandier, Billault, C. Mellinet, C.-J. Renoul, Ev. Colombel, Cherot, docteur Mareschal, docteur Sallion, etc. Se succédaient comme présidents de la Société : Robineau de Bougon, Dubochet, de Tollenare, Palois, Fouré, Billault, Sallion, C. Mellinet, E. Halgan, Besnard la Giraudais, Mareschal, Ev. Colombel. Chaque année, en décembre, avait lieu, dans la grande salle de la mairie, la séance solennelle, à laquelle assistaient un public d'élite et les principales autorités. — La section de médecine continuait la publication de son *Journal de médecine.*

La génération de 1830 manifesta un vif désir de s'instruire. Des cours payants de grammaire, de littérature, d'éloquence, d'histoire, d'astronomie, etc., étaient organisés, soit par nos compatriotes, soit par des professeurs de passage en notre ville. Ces cours se tenaient généralement dans la grande salle de la mairie. La première leçon, dans laquelle était exposé le programme de l'enseignement, était donnée gratuitement, et, à celles qui suivaient, n'étaient admis que les souscripteurs. — Mousnier ouvrait un cours de notariat ; le docteur A. Libaudière un cours d'anatomie ; Audibert, ingénieur des mines, un cours de chimie. — Des leçons de linguistique étaient données par l'abbé Latouche, d'Angers, d'hébreu, par le rabbin Lévy, etc.

Bertrand-Geslin, avec quelques naturalistes, fondait la Société *linéenne,* qui devait se fondre dans la Société Académique.

Les journaux politiques donnaient une large place aux articles pouvant tenir leurs lecteurs au courant de toutes les questions d'ordre intellectuel qui captivaient l'opinion.

Le Lycée armoricain et *la Revue de l'Ouest,* en succombant, emportèrent avec eux la tradition des revues littéraires. La *Vouivre,* fondée en 1833, par Laurant, n'eut qu'une courte existence. Le même sort était réservé à la *Revue du Breton* et à l'*Abeille nantaise.* La *Glaneuse* de V. Mangin se soutint mieux.

La période fut surtout féconde en travaux sur notre ville. Dans l'espace d'une dizaine d'années, son histoire fut étudiée comme elle n'avait jamais été et comme elle ne le fut jusqu'à nos jours. En 1832, Guépin publiait ses essais sur les *Progrès de Nantes* et, en 1835, en collaboration avec Ed. Bonamy, *Nantes au XIX° siècle.* L'importance du titre ne correspondait pas à l'objet de l'ouvrage, car le XIX° siècle n'était qu'au tiers de sa course. — Lescadieu et Laurant donnaient l'*Histoire de la ville de Nantes,* suivie d'une *Histoire*

des guerres de la Vendée. L'histoire civile, politique et religieuse de la ville et du comté de Nantes, d'après le manuscrit de l'abbé Travers, était imprimée et éditée par Forest.
— En 1837, les *Archives curieuses,* de Verger, commençaient à paraître, et les *Annales de Nantes,* par Meuret, voyaient le jour. — Guépin livrait à ses souscripteurs son *Histoire de Nantes,* avec gravures par Hawkes. — La publication de *la Commune et Milice de Nantes,* par C. Mellinet, s'achevait en décembre 1843.

Nous devons également mentionner *la Loire historique et pittoresque de Touchard-Lafosse,* qui fut éditée en notre ville ; les publications illustrées de Charpentier, du baron de Wismes ; les brochures qui, comme *la Vendée et Madame,* virent le jour à l'occasion du mouvement légitimiste.

MOUVEMENT ARTISTIQUE.

La Société des Beaux-Arts ne cessa un moment d'être le principal centre de tout le mouvement artistique qui se produisit dans notre ville.

Ce fut cette société qui présida à l'organisation de nos expositions de peinture et sculpture. Les artistes de Paris et des autres grandes villes répondaient à l'appel qui leur était adressé, et leurs œuvres entretenaient une précieuse émulation chez nos peintres, Sotta, Donné, etc., nos sculpteurs, Grootaërs père et fils, Debay, Suc, Amédée Ménard, Thomas Louis. — Charpentier poursuivait la publication de ses éditions illustrées. — La Société Académique ne tenait pas nos artistes en dehors des récompenses qu'elle accordait à tous les hommes de travail qui honoraient notre ville. — Le Salon de Paris récompensait quelques-uns de nos concitoyens.

Ce fut aussi également au sein de la Société des Beaux-Arts que, sous la présidence de Nau, prit naissance un groupe qui fit revivre les études archéologiques. — La *Société pour la conservation des monuments,* lors d'un séjour qu'elle fit à Nantes, sut marquer tout l'intérêt qu'offraient plusieurs de nos monuments, en accordant des subsides pour leur entretien. — La conception, par M. l'abbé Fournier, d'un monument en style gothique pour la reconstruction de Saint-Nicolas, nous donne un témoignage du mouvement artistique qui commençait à naître au sein du clergé nantais. — A la suite du Congrès de l'Association bretonne, quelques-uns de nos compatriotes jetaient les bases d'une réunion qui devait devenir la Société Archéologique. — La Société des architectes se fondait.

Des leçons d'archéologie étaient données par Georges Olivier, puis par l'abbé Rousteau.

La construction, par la Société des Beaux-Arts, d'une coquette salle de concert, lui permit de donner plus d'ampleur et d'éclat aux fêtes organisées par ses membres. Son orchestre, ses chœurs, ses solistes, ses virtuoses répondaient à l'appel de tous et venaient donner un nouvel attrait à nos fêtes religieuses, aux concerts de bienfaisance, aux réunions solennelles de nos sociétés savantes.

Les cours de musique vocale et de chant, ouverts par Schatz, Heugel, Concone, Martineau, étaient assidûment suivis. — Sudre, l'inventeur de la téléphonie ou télégraphie musicale, initiait nos pères aux secrets du langage de la musique universelle.

Quelques généreux citoyens songèrent à initier le peuple aux secrets de l'art musical. Des souscriptions permirent l'organisation d'un Conservatoire de musique religieuse pour l'instruction des enfants de chœur. Puis, Bressler fonda le

Conservatoire de musique, qui subsiste encore aujourd'hui ; des cours payants et des cours gratuits furent ouverts par lui ; les Pouvoirs publics s'intéressèrent à son œuvre et, en peu de temps, les dillettanti nantais se pressèrent dans ses salons de la place de la Monnaie pour applaudir ses élèves.

Les artistes en vogue, qui parcouraient la France et l'étranger, ne manquaient pas de comprendre notre ville dans leur tournée. Ils savaient trouver un public de connaisseurs capables de payer leurs plaisirs et qui ne regardaient pas, comme maintenant, à payer les prix de 3 et de 5 fr. pour venir les entendre. C'était généralement dans la grande salle de la mairie, et aussi parfois au théâtre des Variétés, que ces concerts étaient organisés, et, au cours de plusieurs hivers, il en fut donné presque tous les mois.

Certains virtuoses étaient plus particulièrement applaudis par nos dilettanti, et, en 1845, deux artistes, dans tout l'éclat de leur renommée, le violoniste Konstki, et le pianiste Listz, pour reconnaître l'accueil enthousiaste dont ils avaient été l'objet de leur part dans une série de concerts, en offrirent un dernier ; Listz, pour contribuer à la fondation de la première crèche ; Konstki, au bénéfice de la salle d'asile de la rue du Moulin qui, un instant, porta son nom.

SERVICES PUBLICS.

Le commandement de la 12e division militaire fut confié successivement aux lieutenants généraux Dumoustier, Solignac, Drouet d'Erlon, Meunier, Trezel, de Bar. Ce fut Solignac qui, ayant sous ses ordres le maréchal de camp Dermoncourt, eut à combattre la levée d'armes de la Duchesse de Berry, en 1832. Drouet d'Erlon, nommé à ce moment, usa d'une grande rigueur pour prévenir toute nouvelle tentative de la part des légitimistes. — Le maréchal de camp de

Bréa fut, en 1846, chargé du commandement de la Loire-Inférieure.

Nantes eut quatre préfets qui furent : en 1830, Louis de Saint-Aignan, ancien maire, qui, dans des circonstances aussi difficiles, n'était pas l'homme de la situation — en 1832, Maurice Duval, que ses antécédents désignaient entre tous pour opérer l'arrestation de Madame, et dont l'Administration fut des plus impopulaires — en 1840, Chaper — en juillet 1847, Roulleaux-Dugage.

Mgr de Hercé remplaça, en 1838, Mgr de Guérines dont il était le coadjuteur depuis 1836.

Soubzmain, nommé maire en 1830, resta en fonctions jusqu'en 1832. En cette année, Ferdinand Favre fut mis à la tête de l'Administration municipale ; il y fut maintenu à six reprises, et la Révolution de Février 1848 le trouva à son poste.

Le 10e léger qui, avec quelques canonniers sédentaires casernés au Château, formait toute la garnison, lors du 30 juillet 1830, fut, au bout de quelques jours, remplacé par le 14e léger. La Vendée s'agite, et Rennes envoie deux bataillons du 32e. Au moment où la Duchesse de Berry entre en campagne, il y a dans nos murs un effectif de 2,500 hommes fournis par le 14e, le 32e et le 42e, et une compagnie de gendarmerie mobile. Une fois le calme rétabli, la garnison ne compta plus qu'un régiment d'infanterie, un escadron du 3e hussards, venu de Niort, et la compagnie de canonniers.

Se succédèrent le 56e, le 40e qui, en 1835, construisit la route du Loroux ; le 25e, le 20e, le 72e qui se forma en

1840 ; le 21ᵉ, le 5ᵉ, le 47ᵉ. Un 2ᵉ escadron nous fut fourni et fut logé au manège de la rue Pétrarque (1). En 1838, le Ministre, mécontent de voir le Conseil municipal se refuser à toute participation pour la construction d'une caserne de cavalerie, retira les deux escadrons. Lors de l'agitation causée par la disette en 1839, deux escadrons du 8ᵉ lanciers furent envoyés d'urgence du Mans ; ils furent remplacés par ceux du 8ᵉ chasseurs qui, entre temps, permutèrent avec ceux de Pontivy, puis avec ceux du 6ᵉ dragons.

La garde nationale qui, tout d'abord, ne semblait bonne qu'à chauffer l'enthousiasme de la population, eut un rôle fort actif à remplir lors des troubles de 1832. Elle prit part, avec les troupes de l'active, aux expéditions de Maisdon, Ancenis, Ligné. Avec le retour du calme, sa tâche fut simplifiée, mais elle n'en fut pas moins tenue constamment en haleine, et elle dut, lors de l'émeute de 1836 et de l'émeute *légumineuse et laitière,* intervenir avec la troupe de ligne pour rétablir l'ordre. Sa contenance, dans ces circonstances critiques, fut toujours digne, mais l'on avait bien soin de ne mettre en avant que les corps offrant des garanties. Ses colonels furent Robineau de Bougon, Desperrois et Méry.

Le bataillon des sapeurs-pompiers eut pour commandants Lafont, puis Chenantais. Il faisait partie intégrante de la garde nationale. Son matériel, en 1830, comprenait dix pompes. Il ne fut pas augmenté. Deux fois par an avait lieu une *revue d'eau,* au Port-Maillard, en présence des autorités.

L'agitation provoquée par les événements de 1832 néces-

---

(1) Actuellement rue Harrouys.

sita plusieurs mesures exceptionnelles, et entre autres la création d'un poste de commissaire central de police. Ce poste, supprimé en 1836, fut rétabli en 1847, avec juridiction sur les communes limitrophes.

En 1830, la police était exercée par 7 agents de police. Un corps spécial de surveillants de nuit fut formé en 1837. Une réorganisation eut lieu en 1847 et les surveillants de nuit furent incorporés dans le corps des agents de police dont le nombre s'éleva à 50.

Une brigade de sûreté composée de 5 hommes fut créée en 1844.

Le budget municipal pour 1848 s'élève, en recettes ordinaires et extraordinaires, à 1,721,131 fr. 93 c.: produit brut de l'octroi, 1,240,000 fr.; concession des cimetières, 12,000 fr.; abattoir, 54,000 fr.; droits de place aux halles, 4,000 fr.; droits de voirie, 12,000 fr.; de stationnement, 8,000 fr., etc.

— En dépenses ordinaires et extraordinaires, à 1,720,738 fr. 47 c.: frais d'octroi, 186,000 fr.; bureaux de la voirie, 16,600 fr.; garde nationale, 25,400 fr.; hospices, 240,500 fr.; bureau de bienfaisance, 47,000 fr.; subvention théâtrale, 32,000 fr.; frais de police, 53,450 fr.; à la disposition du Maire, 3,000 fr.; fêtes publiques, 6,000 fr., etc.

Le budget présente un excédent de 393 fr. 46 c.

La ville, au 1er janvier 1848, a trois emprunts à rembourser : 1° emprunt de 914,000 fr. pour travaux publics, loi du 11 juin 1842; 2° emprunt de 100,000 fr., loi du 24 mai 1847; 3° emprunt de 100,000 fr., loi du 13 juin 1847. Ces deux derniers ont été contractés à l'occasion de la cherté du pain.

Le chiffre officiel de la population est, à partir du 1er novembre 1847, fixé à 94,194 pour la population totale et à 88,250 pour la population municipale.

ŒUVRES DE BIENFAISANCE, ETC.

Le Bureau de bienfaisance, dont la situation, en 1829, se traduisait par des recettes de 91,134 fr. et des dépenses de 90,473 fr., voit, avec l'accroissement de notre population, augmenter sa clientèle, et, en 1846, son budget se balançait par 115,727 fr. en recettes et 103,572 fr. en dépenses. La cherté du pain, en 1847, entraîna le Bureau en des dépenses exceptionnelles. — Chaque année, une représentation était donnée au théâtre à son bénéfice.

La Société de charité maternelle, la maison de travail et de secours dite de Saint-Joseph, le Mont-de-Piété poursuivaient leur œuvre.

En 1833, grâce à l'initiative d'un groupe de personnes dévouées, l'œuvre des salles d'asiles fut créée. Cette œuvre se développa avec les années, et, en 1848, elle comptait cinq établissements : rue Sarrazin, rue des Olivettes, vieux chemin de Couëron, rue du Moulin, à Pirmil.

Une première crèche était fondée en 1845 grâce à l'initiative privée. Sous les auspices du Maire, se constitua un Comité qui, en 1846, établit une crèche rue d'Alger et, en 1847, une autre quai Hoche.

Toutes ces diverses œuvres participaient aux concerts et bals de bienfaisance auxquels la Société des *Cours,* comme celle du quartier Graslin, prêtait un égal concours. Le budget municipal leur venait également en aide.

Des sœurs garde-malades s'installaient en 1843 ; la Société de Saint-Vincent-de-Paul en 1837. La Société de Saint-François-Régis, des écoles-ouvroirs, etc., étaient créées.

Les réfugiés politiques, les Polonais, les Espagnols, trouvèrent, chez nos compatriotes, l'accueil le plus généreux.

Notre ville eut à traverser quelques mauvaises années.

Une crise commerciale et industrielle signala le changement de Gouvernement. La bienfaisance publique se multiplia pour subvenir aux besoins des indigents, et, d'autant plus activement, que les passions politiques agitaient violemment les masses ouvrières. La *Société Industrielle,* fondée à ce moment, eut pour tout premier but la création de chantiers pour occuper les ouvriers en chômage.

L'année 1832, avec les misères qu'engendrèrent les troubles civils et le choléra, mit de nouveau à l'épreuve les sentiments charitables de nos concitoyens.

Eu 1839, la cherté du pain qui, dans toute la région environnante, provoqua des désordres, ne suscita aucun trouble dans notre ville, et la charité publique s'employa utilement pour le maintien de la tranquillité.

Le haut prix du pain, en 1847, qui, de 0 fr. 30 c. le kilo, pour le pain méteil, s'éleva à 0 fr. 45 c., nécessita des mesures exceptionnelles. Une souscription ouverte par la Municipalité trouva le meilleur accueil. En même temps, le Conseil municipal votait des sommes importantes pour le payement aux boulangers de *bons de différence.*

Les incendiés de Hambourg, les victimes du tremblement de terre de la Guadeloupe, les inondés de la Loire trouvèrent chez nos concitoyens des cœurs compatissants et généreux.

Nous croyons devoir ici citer la Caisse d'épargne, dont les opérations toujours croissantes attestaient les services qu'elle rendait à la masse de la population.

LA CONDITION DES OUVRIERS.

Les ouvriers, qui avaient versé leur sang pour asseoir sur le trône le roi Louis-Philippe, ne tirèrent aucun profit des réformes qui marquèrent son règne. Les principes qui, en 1791, avaient présidé à la suppression des corporations et dont Napoléon et la Restauration avaient maintenu la tradition, inspirèrent la ligne de conduite du Gouvernement à l'égard des travailleurs.

Divers corps d'état, à tour de rôle, se mettaient en grève : maçons (¹), charpentiers, tailleurs de pierres (²), menuisiers, cordonniers, garçons boulangers, ouvriers en chapeaux vernis, tisserands calicotiers. Les articles du code pénal sur les coalitions étaient appliqués dans toute leur rigueur. Non seulement les meneurs ou les auteurs de violences, mais encore les ouvriers seulement convaincus de s'être concertés en vue d'obtenir une augmentation de salaires, étaient impitoyablement condamnés. Cette sévère application de la loi valut à notre ville, en 1836, une journée d'émeute, au cours de laquelle le sang coula.

Ces dures répressions engendrèrent des haines sourdes ; aussi, dans les circonstances un peu critiques, les autorités se tenaient-elles sur le qui-vive. Le moindre incident était de nature à provoquer du désordre, et en 1843 l'on vit, à propos d'une augmentation des droits de place, éclater l'émeute dite *émeute légumineuse et laitière* qui, pendant une semaine, jeta le trouble dans la ville.

Le besoin de s'unir, en vue de se prêter un appui mutuel, se faisait vivement sentir au sein des classes ouvrières. Les

---

(1) Ils demandaient le prix de 2 fr. 50 c. pour la journée d'été, et celui de 2 fr. pour la journée d'hiver.

(2) Le prix de 3 fr. par journée de 12 heures fut accordé aux compagnons capables.

compagnonnages tendaient à se reformer et les rivalités entre les diverses professions se manifestaient par des rixes et batailles qui provoquèrent un arrêté municipal interdisant toute manifestation publique du compagnonnage et tout port d'insignes.

Plusieurs sociétés de secours mutuels durent se former. Parmi celles qui signalèrent leur existence par des actes extérieurs, on ne peut que citer l'Association typographique, fondée en 1833, et la société formée par la Société industrielle, et dont Dechaille fut le fondateur. — La Société des cordonniers mariés et celle dite de Sainte-Croix, qui existent encore, datent de cette époque.

PRODUITS DU SOL.

Le Conseil général sut donner de précieux encouragements à l'agriculture. Des subventions furent accordées par lui aux fermes *exemplaires* de Grand-Jouan et de Saint-Aignan, à un haras de baudets étalons, aux jurys d'agriculture, qui se transformèrent en comices agricoles, aux courses de chevaux, à des concours d'animaux, à la culture du chanvre et du lin. Il créa un service de vérification des engrais, service que notre département fut le premier à connaître, et aussi un poste d'inspecteur d'agriculture.

La Société Académique, fidèle à son passé, apportait son concours à la cause agricole. Sa section spéciale d'agriculture comptait dans son sein : Robineau de Bougon, Paquer, Lamaignère, Phelippes-Beaulieu, C. Mellinet, Neveu-Derotrie, Dubochet, Guépin. La culture de la betterave à sucre, du lin, du chanvre, l'emploi du noir animal, du guano, l'élevage des chevaux, l'introduction de la machine à battre furent l'objet de ses études et de ses expériences.

Le Comice agricole central de la Loire-Inférieure fut un enfant de la Société Académique. Les concours de labourage qu'il organisa eurent beaucoup de succès, et ses réunions annuelles se transformèrent en de véritables fêtes agricoles que les autorités honoraient de leur présence. Les Comices cantonaux n'en étaient pas moins très brillants. Ceux du 4ᵉ et du 6ᵉ cantons étaient tenus chaque année, au plus grand profit de la population agricole et maraîchère de notre banlieue. Ceux de Nozay et Derval s'étaient fait un renom mérité par les attractions qui suivaient les opérations des jurys et qui consistaient en banquets, bals, courses de chevaux, chasses.

Neveu-Derotrie donnait plusieurs éditions de ses *Veillées villageoises*. — Bertin était l'auteur d'un *Manuel des engrais,* le premier qui fut édité. — Rieffel publiait la *Revue de l'agriculture de l'Ouest.*

Neveu-Derotrie ouvrait un cours d'économie rurale, et Heuzé un cours d'agriculture.

Le cours de taille des arbres, fondé par L. Levesque, était continué. — Le docteur Ecorchard, en 1845, inaugurait un cours de botanique appliquée.

Le prix du blé, dans les années moyennes, oscillait entre 17 à 20 fr. l'hectolitre. Le prix de 15 fr. représente le plus bas cours. En 1839, on vit le blé atteindre le prix de 36 fr. l'hectolitre. Ce prix fut encore dépassé en 1847, où l'on connut le prix de 43 fr. Ce fut une véritable année de disette, et, pour venir en aide aux indigents, le Conseil municipal vota trois emprunts de 100,000 fr. chacun qui furent autorisés par les lois des 24 mai, 13 juin et 9 août. Les deux premiers seulement furent réalisés. Des mesures de surveillance furent également prises à l'égard des boulangers, relativement au poids, à la qualité du pain et au nombre des fournées.

Les vins, en année ordinaire, valaient : le muscadet 30 fr.;

le gros-plant, 20 fr., pris à la campagne. Le maximum et le minimum furent : pour le muscadet, 50 et 25 fr.; pour le gros-plant, 30 et 15 fr.

La viande était taxée par la Municipalité mais à des époques indéterminées. Son prix n'a que légèrement augmenté. Il est monté de 0 fr. 95 c. à 1 fr. 05 c. le kilo, prix moyen des trois espèces.

L'*Association bretonne* qui, en 1845, vint tenir ses assises à Nantes, permit de constater que nos agriculteurs, en toutes les questions qui furent étudiées, ne le cédaient en rien, tant au point de vue de la pratique qu'au point de vue des connaissances économiques, aux congressistes venus des autres points du département.

La *Société nantaise d'horticulture* voyait grossir ses rangs. Les réunions de ses membres donnaient lieu à un enseignement mutuel des plus féconds. Ses expositions, qui se tenaient sur la promenade de la Bourse, offraient chaque année un nouvel attrait, tant par le nombre que par la variété des plantes et arbustes. Nos navigateurs importaient des produits exotiques. Les distributions de prix de fin d'année, auxquelles assistaient les autorités et au cours desquelles se faisaient entendre nos meilleurs artistes, furent d'abord données dans la grande salle de la mairie, puis, à cause de la vogue toujours croissante dont elles jouissaient, au théâtre des Variétés. Les dames, en l'honneur desquelles était organisée une importante tombola consistant en assiettes de fruits, bouquets de fleurs, etc., n'étaient pas les moins empressées à rechercher les invitations. Dans les derniers temps on dut, pour répondre à l'empressement qui ne faisait qu'augmenter, tenir ces fêtes au Grand-Théâtre. Le siège de la présidence fut successivement occupé, à partir de sa fondation en 1828, par Thomine, Chaillou, Ursin, Barrat, Desvaux, Neveu-Derotrie, Le Sant.

COMMERCE ET NAVIGATION.

La Banque de Nantes fut impuissante à conjurer la crise commerciale et industrielle qui sévit d'une façon si aiguë lors du changement de Gouvernement.

Grâce à un subside d'un million prélevé sur les 30 millions votés par les Chambres pour relever le crédit public, grâce aux souscriptions de la Chambre de Commerce et des particuliers, un comptoir d'escompte et une caisse de prêts sur marchandises purent être constitués avant la fin de 1830. Ces deux institutions cessèrent leurs opérations dès que les affaires eurent repris leur cours normal.

Les opérations maritimes et le commerce avec les colonies avaient, sous la Restauration, absorbé toutes les intelligences et tous les capitaux. Nos pères, en agissant ainsi, ne faisaient que suivre des traditions de famille, et le souvenir de l'ère brillante que poursuivait le commerce nantais, au moment où la Révolution vint y mettre un terme, était bien de nature à les engager à se lancer dans cette voie pleine de promesses.

La génération de 1830 — en présence des résultats déjà acquis, en présence de la protection accordée à notre navigation par les primes pour la pêche de la morue et de la baleine, par le monopole réservé à notre marine dans les relations avec nos colonies, par la surtaxe de pavillon dont étaient frappés les navires étrangers — ne pouvait que suivre ce courant, et elle s'empressa de s'y jeter avec d'autant plus d'empressement que rien n'était changé dans les conditions matérielles de la navigation, que rien ne faisait encore prévoir les transformations qu'elles devaient un jour subir par l'emploi de la vapeur. Des maisons d'armement, de commission ne tardèrent pas à se monter en grand nombre. Des sociétés d'assurances maritimes se formèrent, et la multiplicité de ces sociétés, le haut chiffre de leurs actions (5,000 fr., 10,000 fr.) donnent une preuve de la faveur dont ces opérations étaient l'objet et de la grande masse de capitaux qui était alors disponible.

Les Chambres de Commerce ne profitèrent que faiblement du mouvement de réforme qui signala le nouveau régime. Elles y gagnèrent seulement une légère extension du corps électoral, mais leurs attributions restèrent aussi restreintes que par le passé.

Notre Chambre de Nantes se montra à la hauteur de sa tâche au milieu des nombreuses et dures épreuves que notre commerce eut à subir pendant la période 1830-1848. Ce furent, en effet, des luttes incessantes : pétitions et protestations contre l'établissement des entrepôts de douane à l'intérieur du pays, contre le régime inique des zones d'importation pour la houille anglaise, revendications au sujet de la capture du *Marabout ;* démarches et envois à Paris de délégués, joints à ceux du Conseil municipal, pour défendre les sucres coloniaux contre les sucres indigènes, pour obtenir au port de Saint-Nazaire la part légitime qui lui revenait dans la répartition des services transatlantiques, pour hâter le dépôt des projets de loi qui devaient doter notre ville d'un chemin de fer, pour demander les subsides nécessaires à l'amélioration de notre fleuve, pour combattre le projet du monopole sur les sels., etc.

N'ayant, pour toutes ressources, que le produit de la patente spéciale et des magasinages des Salorges, elle ne put apporter aucune participation financière à l'Etat pour les travaux du port, et tous ses revenus furent employés à faire l'acquisition de bâtiments pour mettre à la disposition du commerce de plus vastes magasins. — La fondation de l'*Ecole des mousses* fut son œuvre. — Lorsque le Gouvernement prit possession de l'île Mayotte, ce fut à son concours qu'il fit appel pour l'aider à préparer les relations commerciales de la métropole avec cette île.

Le cercle étroit dans lequel était tenue notre Chambre de Commerce provoqua, en dehors d'elle, quelques actes d'initiative qui eurent une grande portée. En 1837, ce fut la formation d'une *sous*-Chambre de Commerce dite *Commission commerciale,* qui détermina un grand mouvement d'opinion et amena la réalisation de certaines réformes ; puis ce fut l'organisation d'une souscription, en vue de la fondation d'une société devant exploiter une ligne transatlantique ; ce fut la création d'un mouvement en faveur de la protection des produits nationaux ; ce fut la formation d'une véritable coalition pour battre en brèche le projet du monopole du sel.

Le mouvement maritime, en 1847, fut représenté, pour le trafic avec les colonies, par 235 navires jaugeant 50,312 tonneaux, dont 77 avec Bourbon, et, pour la navigation de concurrence, par 1,231 navires jaugeant 128,355 tonneaux, parmi lesquels 456 étrangers.

Les principales marchandises importées furent : sucres coloniaux, 20,428 tonneaux ; café, 2,917 tonneaux ; noir, 9,359 tonneaux ; houilles, 65,735 tonneaux ; fonte brute, 2,774 tonneaux ; plomb brut, 2,782 tonneaux ; bois de construction, 18,181 tonneaux ; bois de teinture, 1,133 tonneaux.

Le port de Nantes comptait 534 navires ; Le Havre, 303 ; Bordeaux, 370 ; Marseille, 645.

Les monopoles existant, avant 1830, pour le mesurage, le

pesage, le comptage des marchandises étaient maintenus. Certains d'entre ces monopoles devaient subsister jusqu'à nos jours, d'autres allaient tomber en désuétude. Les portefaix des diverses sections continuaient à jouir de leur privilège.

La Boulangerie était étroitement surveillée. Le nombre des fours était limité. La Chambre syndicale procédait à de fréquentes visites pour vérifier l'état des approvisionnements et constater l'observation des règlements. Lors des années de disette, en 1839 et en 1847, c'étaient des descentes sans cesse renouvelées de la police pour contrôler le poids du pain, le nombre des fournées, saisir les pains douteux. De nombreuses condamnations furent prononcées pour ventes à faux poids et emploi d'un mélange de farines.

La vente des viandes foraines au Port-Communeau fut, en 1846, autorisée pour un deuxième jour, le mercredi.

Notre commerce maritime était, depuis de longues années, en possession d'un journal spécial : *La feuille commerciale et maritime,* de Mangin, qui, après avoir passé par diverses phases, accomplissait en 1830 sa 50e année d'existence. En 1833, elle prenait le sous-titre de *Lloyd nantais. La Loire,* autre organe commercial édité par Forest, vécut de 1832 à 1835. — En 1844, par suite de dissolution de société, le *Lloyd nantais* disparut et, à ce moment, virent le jour le *Phare de la Loire,* fondé par V. Mangin, organe exclusivement commercial qui fut servi en supplément aux abonnés du *National,* du *Breton* et de l'*Hermine,* et aussi le *Courrier de Nantes,* journal politique et commercial qui fut édité par Busseuil. Le *Prix légal des courtiers,* d'abord publié par Busseuil et Mangin, devint, à partir de 1844, la propriété de Busseuil.

INDUSTRIE.

Nous avons, dans l'article précédent, *Commerce et navigation,* montré l'empressement avec lequel la génération de 1830 s'était lancée dans les armements et opérations maritimes. L'industrie, dès les premiers moments, ne vit venir à elle ni les hommes, ni les capitaux. Les circonstances étaient critiques. Les troubles populaires, l'état d'esprit des ouvriers et aussi les troubles civils n'étaient pas faits pour mettre en faveur le travail des manufactures. L'introduction de la machine à vapeur dans certaines industries provoquait une transformation et des conditions nouvelles d'existence qui, pour les esprits peu hardis, faisaient présager un avenir plein d'aléas. En outre, le régime inique des zones de douanes pour les houilles anglaises mettait notre ville dans un état d'infériorité vis-à-vis d'autres ports, celui de Bordeaux entre autres.

Toutes ces circonstances fâcheuses ne furent pas favorables au développement de nos industries. La fabrication du sucre de betteraves, qui n'était qu'une annexe du travail de la ferme, n'eut qu'une existence éphémère. — Les filatures et tissages de coton, tant par leurs traditions que le nombre de leurs établissements, représentaient l'industrie maîtresse de la ville. Aussi, lors de la création du Conseil des Prud'hommes, en 1840, fut-elle la seule admise à nommer deux patrons prud'hommes. Cette industrie était alors à son apogée et allait insensiblement se réduire aux quelques établissements qui, ayant su en temps opportun se transformer, purent être en mesure de lutter avec les puissantes usines de Normandie et de l'Est.

L'industrie du cuir était toujours florissante. Le *veau nantais* commençait à acquérir la réputation qui s'est maintenue jusqu'à nos jours, et les fournitures de nos maîtres cordonniers, pour les pacotilles de nos capitaines, valurent à notre ville d'être le berceau de la fabrication des chaussures pour l'exportation dans le monde entier.

Le développement des relations de nos armateurs avec les colonies provoqua, dans l'industrie de la raffinerie du sucre, un grand essor. Nos usines, en 1842, recevaient 12,431 tonnes de sucre et 20,787 en 1847.

L'extension donnée à leurs affaires coloniales par nos armateurs, et la formation de nouvelles maisons eut, pour conséquence nécessaire, un accroissement de travaux pour nos chantiers de construction, nos fabriques de cordages, nos forges de marine.

La période de 1830-1848 vit naître et s'implanter, pour la plus grande et la plus féconde gloire de notre ville, deux nouvelles industries : la fabrication des machines à vapeur et celle des conserves alimentaires.

En 1834, la Société Académique accordait ses encouragements à Louis Jollet, à Guibert, à Rocher, mais ce fut seulement vers 1840 que nos ateliers furent en mesure de pouvoir livrer aux industriels et aux entrepreneurs de transport par eau les machines de puissance toujours croissante dont ils avaient besoin et que, jusqu'à ce moment, ils étaient contraints de commander en Angleterre. Lotz aîné avait déjà, en 1833, monté ses ateliers. Gâche aîné créait ses bateaux *Inexplosibles* ; Alliot, son bateau *propellateur;* Louis Jollet se lançait hardiment dans les appareils à haute pression ; Babonneau introduisait l'industrie du galvanisage ; Rocher construisait, pour les navires de l'Etat et du commerce, ses cuisines distillatoires ; la maison Brissonneau frères débutait dans ses fournitures d'appareils aux sucreries coloniales.

Lorsque le Gouvernement fit appel à la concurrence pour la construction de ses bâtiments à vapeur, Guibert, Voruz, Babonneau, unissant leurs moyens d'action, obtinrent d'importantes commandes. La fonderie Voruz, la première de l'Ouest, s'outillait pour la fabrication du matériel de chemin de fer.

Les forges de Basse-Indre, les établissements métallurgiques des environs de Châteaubriant procuraient à nos ateliers des matières premières dans de bonnes conditions. L'usine royale d'Indret n'était pas sans exercer une heureuse influence sur ce développement de notre industrie mécanique.

Les introductions de fonte anglaise permettent de suivre la marche du mouvement ascensionnel de cette industrie. En 1835, 581 tonnes ; en 1839, 651 ; en 1842, 1,449 ; en 1847, 2,774 tonnes.

La fabrication des conserves alimentaires, dont Colin peut être regardé comme le véritable fondateur, prit, en quelques années, un rapide développement. Millet et Chéreau, Deffès, Rondenet, Bertrand, Philippe et Canaud doivent être cités parmi les fabricants qui contribuèrent au perfectionnement de ses procédés et à l'extension de ses débouchés.

Un Conseil de Prud'hommes fut institué en 1840.

Une exposition régionale organisée, en 1837, par la Société Académique, dont Billault était alors le président, pour recevoir les produits de 14 départements de l'Ouest, permit de mettre en relief la variété et la valeur de nos industries.

La fête de la distribution des prix eut un grand retentissement.

Nos industriels figuraient avec honneur, en 1838, à l'exposition régionale d'Angers, et, en 1839, à l'exposition nationale de Paris.

La consommation en houille, qui est censée représenter l'importance de l'industrie, vient donner la mesure de la vitalité de nos manufactures et ateliers. Les importations, de 41,667 tonnes en 1842, montèrent à 65,735 en 1847.

TRANSPORTS.

Les modes de transport participèrent, dans une large mesure, au mouvement de progrès qui se manifesta dans toutes les branches de l'activité humaine.

L'emploi du macadam se généralisait et les routes s'amélioraient.

Le voyage de Nantes à Paris par le Mans put s'acccomplir, en 1834, sans changer de voiture ; en 1836, il ne demanda plus que 36 heures en diligences, et, en 1839, 26 seulement par les malles-postes. Le roulage pour Paris mit quatre jours au lieu de sept. La maison Mazier-Verrier eut deux départs par jour.

On se rendait, en 1840, de Nantes à Bordeaux en 25 heures par la malle-poste.

L'inauguration du chemin de fer d'Orléans à Tours, en 1845, vint réaliser un nouveau progrès. Il ne fallut plus que 23 heures pour se rendre à Paris, quel que fut le mode de transport employé, bateaux ou diligences, pour venir jusqu'à Tours.

Le réseau des omnibus se compléta. Un instant, on employa des omnibus à six roues ou hexacycles.

La mise en circulation, vers 1836, par Mazier-Verrier, de

fiacres à quatre places et un cheval, fut très appréciée du public nantais.

Les services de transport par eau se multiplièrent dans de grandes proportions et de nouvelles compagnies se formèrent pour créer des lignes nouvelles. Notre ville devait être une des premières à voir s'améliorer et se perfectionner ce mode de transport, car nos ateliers de mécanique ne tardèrent pas à prendre une grande extension et à voir les autres régions de la France et même de l'étranger leur confier d'importantes commandes.

Les communications avec Paimbœuf et Saint-Nazaire furent assurées par les *Riverains du bas de la Loire* jusqu'en 1843. La compagnie des *Pyroscaphes* prit sa succession. Ces deux entreprises eurent une exploitation fructueuse.

Sur le haut de la Loire, pour les services vers Angers, Tours, Orléans, il y eut une vive concurrence.

La Société anonyme pour la navigation accélérée sur la Loire (Arnous-Rivière et Dufort) ne tarda pas à disparaître.

Les *Riverains du haut de la Loire* (Metois et Cuissart), restés seuls un instant, virent se former des Compagnies concurrentes. Les *Hirondelles,* de Guibert ; les *Vulcains,* les premiers bateaux avec coque en fer ; les Inexplosibles de Gâche, en 1837, qui arrivèrent à fournir un service presque journalier avec Orléans. Puis, les *Riverains* disparurent. D'autres bateaux à marche plus rapide furent mis en circulation : les *Courriers de la Loire,* les *Dragons de la Loire,* les *Paquebots de la Loire,* etc., pour ne citer que les Compagnies les plus importantes.

En même temps, des entreprises de remorquage pour le transport des marchandises étaient organisées par Petit, Dugué et Saint-Quentin, Mazier-Verrier, Edel et Cie. Elles correspondaient avec des bateaux remontant la Loire jusqu'à Nevers et Roanne, et d'autres qui, par leurs canaux, atteignaient les frontières de l'Est.

Sur l'Erdre, le *Riverain de l'Erdre,* incendié en 1832, ne fut remplacé qu'en 1835 par l'*Union de l'Erdre.*

Un service de bateau à vapeur sur la Sèvre fut tenté en 1840.

En 1837, la maison Lauriol inaugurait une ligne sur Bordeaux, et le bateau à vapeur l'*Elodie* était armé par Le Cour et Genevois pour approvisionner la ville en poissons, coquillages pêchés sur les côtes de Bretagne.

La maison Siffait reprit le service de Bordeaux, lui donna une grande extension et y consacra trois bateaux. — L'exemple donné par l'*Elodie* fut suivi, et divers bateaux furent employés à développer les relations de Nantes avec Belle-Ile, Lorient, Quimper.

Le service de remorquage des voiliers et des chalands était pratiqué par plusieurs maisons, et des bateaux d'une force croissante étaient construits dans ce but.

Pendant la belle saison, des excursions étaient organisées du samedi au lundi, pour permettre aux Nantais d'aller passer le dimanche à Pornic, Noirmoutier, Le Croisic.

TRAVAUX PUBLICS.

Travaux de la Ville. — La mairie Soubzmain, en arrivant aux affaires, en 1830, trouva une lourde succession à liquider. Elle ne manqua pas de faire entendre des plaintes dont la vivacité s'inspirait quelque peu de la passion politique. La situation cependant ne tarda pas à s'améliorer, et, dès que fut passée la crise occasionnée par les tristes événements de l'année 1832 (choléra, troubles civils), les travaux reprirent, avec la mairie F. Favre, leur cours normal.

Des terrains communaux furent vendus pour se créer des ressources.

Le programme, que Louis Levesque avait laissé inachevé, fut mené à bonne fin : Percement de la rue Boileau, construction du pont en fer sur l'Arche-Sèche, mise en communication de la rue du Calvaire avec le Canal par l'établissement d'une voie carrossable, la rue de l'Erail (¹), mise en état de viabilité de la rue de Versailles. Les besoins étaient grands, et nos édiles, bien qu'ils eussent le plus grand souci de ménager la bourse des contribuables, n'hésitèrent pas à décider tout un ensemble d'importants travaux, et, en 1838, votèrent pour son exécution un emprunt de 2,100,000 fr. Le Gouvernement ne reconnut pas l'urgence d'une partie de ces travaux, et la loi du 11 juin 1842 réduisit à 914,000 fr. le montant de l'emprunt que la ville était autorisée à contracter. La plus grande partie de cette somme devait trouver son emploi dans un concours financier à prêter à l'Etat pour l'amélioration du port.

Ce fut donc presque exclusivement avec ses ressources ordinaires que la ville dut faire face aux dépenses nécessitées par les travaux de voirie, qu'elle exécuta des embellissements, qu'elle réalisa des acquisitions : construction de l'escalier des Petits-Murs ; percement de la rue des Arts, des rues Dubreil, de l'Ecluse, de Beauregard ; mise en communication de la rue d'Alger avec la rue Gresset (rue de Bréa) ; de la route de Vannes à la route de Rennes par le boulevard Lelasseur, reconstruction en pierre du pont Maudit (avec le concours financier des propriétaires de l'île Gloriette), du pont de l'Entrepôt, régularisation de la place Sainte-Croix et dégagement de la façade de l'église ; élargissement des rues de Vertais, Dos-d'Ane, Belle-Image, Barillerie, petite rue de

(1) Rue de Feltre.

Launay, etc.; prolongement du boulevard Delorme jusqu'à la rue Mondésir ; acquisition de l'hôtel de la Monnaie rendu disponible par la suppression de la fabrication et dans lequel le Tribunal fut provisoirement installé ; de la *Retraite des hommes,* rue du Moulin, pour y établir divers services municipaux ; de la carrière de Miséri ; agrandissement et embellissement du Jardin des plantes ; transformation du cours Henri IV ; dégagement des abords de l'église Saint-Nicolas et de l'hôtel de la Monnaie ; établissement d'une fontaine publique sur la route de Rennes, etc.

Nos voies publiques furent, dans leur aménagement, l'objet de progrès et d'innovations utiles. Des bouches d'égout en fonte, des urinoirs furent établis. Les plaques de tôle qui servaient à la désignation des rues et des maisons furent remplacées par des plaques en faïence émaillée, et comme un grand nombre de ces dernières ne tardèrent pas à être détériorées par les agents atmosphériques, on leur substitua des plaques en fonte. L'établissement des trottoirs se généralisa dans les quartiers du centre, et l'on commença à employer l'asphalte pour leur confection. Des améliorations furent apportées au système de pavage, et les charges incombant respectivement à la ville et aux propriétaires riverains pour sa pose et son entretien furent fixées par un arrêté préfectoral.

L'éclairage au gaz, inauguré en 1841 pour le service public, recevait, chaque année, une nouvelle extension.

La Ville ne put traiter qu'en 1847 pour l'établissement d'un service d'eau.

Un concours financier fut donné au concessionnaire du pont suspendu sur le canal Saint-Félix ; à l'Etat pour le pont d'Erdre ; à la fabrique de Saint-Nicolas pour la reconstruction de l'église ; à Maurice pour la reconstruction de sa maison place Royale, dont le plan se trouvait ainsi achevé.

Parmi les projets conçus, mis à l'enquête ou en voie d'études, il en est qui ne furent dans la suite l'objet d'aucune réalisation : établissement d'une deuxième ligne de ponts en aval ou en amont de celle existante, d'un hippodrome permanent avec champ de manœuvre sur la prairie de Mauves, création d'un boulevard de ceinture entourant la partie au nord de la Loire et allant de la carrière de Miséri à l'Arche de Mauves, projet par Carié et Arnous-Rivière de docks et bassins dans la prairie au Duc.

D'autres eurent un meilleur sort : régularisation de la place de la Duchesse-Anne, mise en communication des hauteurs de Sainte-Anne avec le quai d'Aiguillon au moyen d'un escalier monumental, reconstruction de l'Hôtel-Dieu (son étude fut mollement menée), construction d'une caserne de cavalerie, dont l'emplacement fut fixé à la Mitrie.

Comme on le voit, les Conseils municipaux qui se succédèrent, de 1830 à 1848, apportèrent, à la transformation de la ville, une somme d'efforts et de travail dont les générations suivantes doivent leur être reconnaissantes. L'œuvre des représentants de la cité fut complétée par le concours de plusieurs spéculateurs intelligents. Des propriétaires, ou groupes de propriétaires, pour mettre en valeur les terrains qu'ils possédaient dans la banlieue, vinrent abandonner à la ville le terrain des rues et des places destinées à desservir les centres de population dont ils voulaient provoquer la formation. C'est ainsi que, sans grands frais pour la caisse municipale, se créèrent le quartier d'Alger sur l'emplacement de l'ancien Sanitat (rues d'Alger, Mazagran, Constantine, etc.), le quartier de la prairie au Duc et de l'église de la Madeleine (rues Lanoue-Bras-de-Fer, la Tour d'Auvergne, etc.), les quartiers de Saint-Félix et de Sainte-Anne ; la rue Bonne-Louise, due à un échange.

De cette époque datent les passages Bouchaud, Pommeraye, Sainte-Anne, Louis-Levesque, la tenue Camus.

Nous devons encore ici mentionner, pour donner une physionomie complète des transformations de la ville, la construction des églises de la Madeleine, de Sainte-Anne, de Saint-Félix, de Saint-Joseph dont la ville n'eut qu'à accepter la donation qui lui en fut, conformément à la loi, faite par les fondateurs. Citons encore le manège Gachet rue Lafayette, le cirque Paquer rue de l'Arche-Sèche transformé ensuite en Théâtre des Variétés, la tour à plomb de Launay, le monument de Juillet au cimetière de Miséricorde, etc.

Travaux du Département. — L'hôpital général de Saint-Jacques fut la seule œuvre importante dont le Département puisse, comme conception et achèvement, s'attribuer le mérite. — Les prisons furent ouvertes en 1831 (¹). — L'année 1848 arriva sans que le Palais de Justice fût achevé. Il serait injuste de ne pas accorder au Conseil général de cette période la plus grosse part dans cet important travail dont l'enfantement fut si laborieux.

Les bâtiments de l'école normale, devenus disponibles par suite de l'envoi à Rennes des élèves instituteurs, reçurent l'école primaire supérieure.

Travaux de l'Etat. — Le Gouvernement acheva le canal de Nantes à Brest et établit les quais et cales dans la traverse de la ville, conformément à son engagement. — Le pont Rousseau fut reconstruit.

On entreprit la construction du bras nord de la cathédrale, et la reconstruction du chœur suivant le plan primitif fut décidée.

---

(1) Elles occupaient l'emplacement entre la rue Mercœur et la place Lafayette et furent démolies en 1869.

Notre port fut compris, en 1839, dans le vote d'une somme de 40 millions consacrée à l'amélioration des ports maritimes. La ville participa dans une forte proportion aux dépenses de l'Etat.

Des cales et quais furent exécutés à l'île Gloriette, île Feydeau, sur la Fosse. On procéda à l'élargissement des quais d'Aiguillon et de l'Hôpital et à l'établissement de ceux de la Maison-Rouge, de Richebourg, des Tanneurs.

Les chantiers de Chézine furent supprimés et des quais construits sur leur emplacement. — Les terrains de la prairie-au-Duc furent aménagés en vue de recevoir les chantiers de constructions et pour empêcher qu'ils ne se transportassent à Chantenay.

Vers la même époque, des dragages commencèrent à être opérés dans la Loire maritime, et, malgré les faibles sommes qui furent, dans la suite, consacrées à ce travail, on arriva à faire disparaître quelques passes et à rendre plus facile l'accès à nos quais des navires de fort tonnage. L'établissement de digues longitudinales à Trentemoult, Chantenay, Basse-Indre, Indret, eut une bonne part dans ce résultat. L'Administration ne crut pas pouvoir donner, par ces moyens, à la Loire toute la profondeur d'eau que la navigation serait amenée à demander. Malgré l'opposition de nos compatriotes, la création d'un bassin à flot à Saint-Nazaire fut décidée, et sa construction fut mise en œuvre.

La Loire, en amont de Nantes, vers Angers, Tours, etc., fut, pendant quelques années, l'objet des préoccupations des ponts et chaussées. D'importants travaux furent tentés, mais on constata leur inefficacité pour l'amélioration du fleuve. Quelques digues longitudinales furent construites en amont de notre port ; elles eurent peu d'influence sur le régime des eaux, et l'Administration, pour rendre possible la navigation au moment des basses eaux, en fut réduite à pratiquer des chevalages.

La Compagnie Lainé de Villevêque, concessionnaire du canal latéral de Nantes à Orléans, après bien des efforts, ne put obtenir le concours financier de l'Etat, et, lorsque la construction des chemins de fer vint à l'ordre du jour, ce projet fut complètement abandonné.

Chemin de fer. — Le chemin de fer de Nantes à Orléans, suivant le cours de la Loire, fut un des premiers auquel on songea en France. La Compagnie Jucqueau-Galbrun tenta, mais en vain, de réunir les capitaux nécessaires à la réalisation de son projet. La loi de 1842 vint combler les *desiderata* de nos pères, mais quand il s'agit d'appliquer cette loi dans son intégralité, c'est-à-dire de pousser la voie ferrée jusqu'à Saint-Nazaire, une vive opposition s'éleva dans notre cité. Les projets de gare proposés par la Compagnie furent repoussés et la population se prononça, d'une façon presque générale, pour l'emplacement de la prairie de Mauves. Rien n'était encore décidé au commencement de l'année 1848.

THÉATRES. — SPECTACLES. — FÊTES.

Le théâtre tenait une grande place dans la vie de la génération de 1830. La campagne ouvrait vers la mi-mai et le théâtre fermait ses portes dans le courant d'avril. Les vacances duraient parfois à peine un mois, de sorte que, pendant environ onze mois, deux troupes complètes, l'une d'opéra et opéra-comique, avec choristes et figurants, et même quelquefois avec ballet, l'autre de drame et de comédie, desservaient la scène Graslin. Toutefois, dans les dernières années, il y eut, pendant quelques semaines, en juillet et août, une interruption dans les représentations, et la campagne d'opéra ne commençait qu'en septembre.

La subvention, après avoir été longtemps maintenue à 15,000 fr., est, en 1830, portée à 30,000 fr., mais comme le Directeur n'en fait pas mieux ses affaires, le Conseil municipal revient au chiffre de 15,000 fr. pour 1831, 1832, 1833.
Pendant ces trois années, le théâtre est exploité par des artistes en société. La situation ne pouvait être brillante par suite des misères et des deuils qu'occasionnèrent la crise commerciale des débuts du règne, le choléra, les troubles civils.
En 1834, Pourcell de Baron, avec 20,000 fr., prend possession de la direction. Au bout de quelques semaines, il se retire. Un deuxième directeur, Talembert, finit la campagne et mène à bonne fin la suivante.
Ponchard, artiste connu du public, reçoit 25,000 fr. pour les années 1836 et 1837.
En 1838, Roux obtient, en dehors des 25,000 fr., l'éclairage et plusieurs subventions en nature. Il a la faculté de ne pas donner d'opéra pendant l'été. Le public se fâche et fait tapage. On augmente la subvention et on rétablit immédiatement l'opéra.
La ville consent à un nouveau sacrifice, et une allocation de 50,000 fr. est donnée à Lemonnier. Il marche une année, et comme on veut l'obliger à donner l'opéra pendant l'été, il se refuse à entreprendre une deuxième campagne.
Lafeuillade, qui lui succède, donne, au cours de la campagne de 1840, une satisfaction telle que la subvention est portée à 60,000 fr. pour 1841. Les résultats obtenus ne correspondent pas à ce haut chiffre.
En présence de cette déconvenue, le Conseil municipal renonce à toute allocation en numéraire. Il accorde l'éclai-

rage ; il prend à sa charge les appointements des employés du théâtre et supprime la troupe lyrique pendant les mois d'été. A l'ouverture, grand tapage ; force est de rétablir la subvention, laquelle est portée à 40,000 fr. et de former d'urgence une troupe lyrique.

Le chiffre de 40,000 fr. est maintenu en 1843 et continué jusqu'en 1848. — L'année 1843 use deux directeurs, Laffitte, puis Vautier. — En 1844, des réparations sont faites à la salle et on augmente le nombre des places. — Tilly, chose rare, occupe le siège directorial pendant trois ans, et Lemonnier, en 1847, revient prendre sa place.

Généralement, les directeurs étaient nommés pour trois ans. Un seul put aller jusqu'au bout de sa tâche. Les autres, ou ne pouvaient arriver à constituer leurs troupes, ou se trouvaient à bout de ressources, ou bien encore se voyaient dans l'impossibilité de donner satisfaction au public nantais. Ce public était, en effet, fort exigeant et ne fournissait pas un contingent suffisant pour alimenter le théâtre d'une façon continue.

Les malheureux impresarios se donnaient cependant une peine inouïe pour piquer la curiosité et remplir la salle. Il leur fallait sans cesse renouveler leurs spectacles. Au cours de la campagne 1835-1836, il fut donné 140 représentations qui demandèrent 32 opéras ou opéras-comiques, 37 comédies ou drames, 56 vaudevilles, en tout 125 pièces dont 40 nouveautés. Aucun sacrifice ne coûtait pour obtenir le concours des célébrités artistiques de la capitale.

C'étaient les pensionnaires de l'Académie royale de musique, c'étaient les grands rôles du Théâtre Français qui venaient soit interpréter les comédies de Molière ou jouer les tragédies classiques et contemporaines (Rachel parut sur notre scène en juin-juillet 1845); c'étaient les premiers comiques des Variétés ou théâtres de genre, c'étaient les virtuoses en grande vogue. Parfois ils avaient recours à des attractions d'ordre inférieur telles que l'éléphant Kiouny, des troupes de marocains, des clowns, des acrobates, Tom Pouce, des tableaux en *costume marbre*. En 1839, Lemonnier en arriva à transformer les billets d'entrée en billets de tombola dont les lots consistaient en d'artistiques paravents, meubles alors fort à la mode.

Les abonnés et amateurs furent, en 1840, pris d'un généreux mouvement. Lafeuillade avait gagné toutes leurs sympathies, et, pour lui permettre de remplir son programme, une somme de 20,000 fr., montant d'une souscription ouverte entre eux, lui eut été comptée si la ville avait consenti à quelque nouveau sacrifice.

Chaque représentation comportait une pièce lyrique et une pièce dramatique. — On jouait quatre et cinq fois par semaine. — Le public du dimanche avait des exigences particulières. Il en voulait pour son argent et on lui servait un drame de cape et d'épée et un grand opéra. Le rideau, dans ce cas, se levait à 5 heures.

Ce fut seulement en 1840 que l'Administration municipale, pour mettre un terme aux tumultes qui se produisaient au commencement de chaque campagne, assujettit les artistes à trois débuts. Le soir du troisième début, le public était appelé à se prononcer sur l'admission des artistes. On dut renoncer à ce système et le sort des débutants fut alors mis entre les mains d'un corps électoral composé des abonnés et de 40 parterriens. Ces derniers s'étant laissés corrompre par un directeur, les abonnés seuls, dans la suite, furent désignés pour composer l'aréopage.

Comme on doit le penser, les directeurs mettaient un grand empressement à monter les nouveautés. On joua :

en 1830, *Fra Diavolo* ; en 1833, *le Pré aux Clercs* et *Robert le Diable* ; en 1836, *Guillaume Tell* ; en 1838, *la Juive* ; en 1839, *les Huguenots* ; en 1841, *la Favorite* et *la Fille du Régiment* ; en 1846, *Charles VI*. — Ils savaient également tirer un habile parti des passions et des mouvements d'opinion qui agitaient les masses. Dans les années qui suivirent 1830, c'étaient des pièces dont les tirades politiques faisaient tout le mérite. — Lors du retour des cendres de Napoléon, puis lors des bruits de guerre avec l'Angleterre, c'étaient des pièces patriotiques.

Le Conseil municipal, sous la Restauration, n'avait accordé de subvention au théâtre qu'à son corps défendant, et le nouveau Conseil ne paraissait guère animé de meilleurs sentiments. Aussi, lorsqu'en 1833 fut monté *Robert le Diable*, les amateurs interrogèrent l'avenir avec inquiétude. Jamais, pensaient-ils, la ville ne pourra consentir aux sacrifices d'argent qu'exigent, pour être représentées dans tout leur éclat, des œuvres d'une telle envergure, et, parmi les systèmes mis en avant pour résoudre le problème, on songea à celui des troupes volantes qui permettrait d'obtenir le résultat cherché sans grands frais et même sans subvention. Plusieurs combinaisons de troupes volantes furent étudiées, et celle qui parut rallier tous les suffrages consistait en ceci : une association ayant son siège à Paris devait comprendre les neuf villes suivantes : Bordeaux, Nantes, Rouen, Lille, Nancy, Metz, Lyon, Marseille, lesquelles seraient à tour de rôle desservies par neuf troupes ayant un répertoire différent : 1° grand opéra avec ballet (1er ténor 20,000 fr.) ; 2° opéra comique (1er ténor 15,000 fr.) ; 3° cirque équestre ; 4° drames de l'Ambigu et de la Gaîté ; 5° pièces de la porte Saint-Martin et féeries avec ballet ; 6° répertoire du théâtre Français et du Vaudeville ; 7° tragédies-comédies ;

8° répertoire du Gymnase ; 9° troupe provinciale. Chaque troupe devait rester dans chacune des neuf villes pendant 5 semaines et y donner un total de 22 représentations. De la sorte, les troupes se succédaient sans aucune interruption, et la curiosité du public était sans cesse tenue en haleine. Des calculs établis par un homme du métier il résultait que, une fois l'organisation en route, non seulement les subventions des villes ne seraient pas nécessaires, mais qu'encore on pouvait compter sur un bénéfice sérieux qui permettrait de créer des caisses de retraites pour les artistes.

Actuellement cette solution de la question théâtrale se recommande à l'attention de tous ceux qui ont un égal souci des finances municipales et d'une judicieuse et féconde exploitation, actuellement plus que par le passé, car avec six mois de campagne lyrique, la troupe est à peine constituée que le moment de se disloquer est arrivé et l'on ne peut compter que sur quelques bonnes représentations.

Ce fut seulement en 1836 que Mangin inaugura une feuille théâtrale la *Corbeille*, puis vinrent *Vert-Vert*, le *Diable*, le *Furet*. — La *Vouivre* de Laurant et la *Glaneuse* de Mangin tenaient largement leurs lecteurs au courant des événements qui se passaient sur la scène Graslin. — Les journaux politiques, malgré l'apparition de ces organes spéciaux, n'en suivaient pas moins leurs traditions et publiaient, sur les nouveautés ou les représentations courantes, des comptes rendus et critiques très appréciés des amateurs.

L'absence de toute concurrence était, disait-on, la cause du peu de réussite de notre Grand-Théâtre. Aussi, s'inspirant de ce courant d'opinion, Paquer, qui venait de construire le cirque Olympique, rue de l'Arche-Sèche, transforma-t-il, dès 1834, cette salle en un théâtre des *Variétés,* en vue d'y donner également des représentations scéniques.

On ne se rendait pas un compte exact de la situation. Le besoin d'un deuxième théâtre ne se faisait nullement sentir, et la salle des *Variétés* ne rendit que des services restreints. La ville put, une année, imposer son exploitation au directeur du Grand-Théâtre. En définitive, il n'y eut guère à l'utiliser que des troupes de passage (Déjazet y joua en 1844), ou des entrepreneurs d'attractions variées. On y organisait aussi des bals. La Société d'horticulture y donnait ses distributions de prix.

Le petit théâtre du passage Pommeraye doit être mentionné. On y donnait, à partir de 1844, des séances d'escamotage, fantasmagorie, tableaux pittoresques, danses de caractère, de chant et tous spectacles autres que des représentations scéniques.

Les cirques équestres trouvaient alors le plus empressé des accueils. On vit se succéder les troupes Garnier et Modeste, les frères Blondin, Mme Tourniaire, Vidal et Robba avec le clown Auriol, Franconi et Bastien, Colombier, Lustre, Loisset, les frères Bouthors. Après la démolition du cirque du Chapeau-Rouge elles vinrent s'installer, soit au manège Gachet, soit au cirque Paquer.

La place Bretagne n'était pas le seul emplacement où se montaient les baraques des spectacles populaires. Les ménageries, diorama, polyorama, astéorama, les luttes d'hommes, les escamoteurs s'établissaient place de la Petite-Hollande et aussi sur la Fosse au bas de la rue Jean-Jacques.

A partir de 1835, sur la demande des riverains, la place

Royale fut interdite aux saltimbanques qui, jusqu'à ce moment, avaient l'habitude d'y dresser leurs cases au moment du premier de l'an.

Il y avait des spectacles pour tous les goûts. C'était Conus avec ses séances de magie blanche et ses tableaux pittoresques. C'était le théâtre des Lilliputiens dit *Riquiqui*, fondé par les frères Leroux, etc. On exhibait parfois comme curiosités des objets qui sont aujourd'hui d'un usage bien courant tels que des locomotives, ou encore des appareils à fabriquer des glaces et sorbets.

L'équitation était alors fort à la mode. A la Mi-Carême quelquefois s'organisaient des carrousels avec courses au javelot, à la bague. Les frères Foucault, qui tenaient le manège Gachet, mirent à la mode les paris auxquels s'intéressa vivement la population. La route de Rennes, où ces paris avaient lieu, était le rendez-vous des cavaliers, des équipages, et devint un *Longchamps* nantais.

Les courses de chevaux contribuèrent puissamment à développer chez nos pères ces goûts hippiques. Elles furent créées en 1834, grâce à l'initiative du Conseil général, qui chargea la Société Académique de les organiser. Ce fut en 1835, sur la lande de la Pelée, qu'elles eurent lieu pour la première fois. Pendant quelques années, elles furent données sur la prairie de Chantenay, et, à partir de 1839, sur la prairie de Mauves. Notre population accueillit de la façon la plus favorable ce nouveau spectacle et lui montra un empressement toujours croissant.

La Société des Courses fut fondée en 1840.

Au moment des courses, la prairie de Mauves, pendant une quinzaine de jours, était le siège d'une véritable foire qui, par ses attractions variées, devenait le soir un but très fréquenté de promenade. — **En 1847, une entreprise des** plaisirs les plus variés s'organisait à Richebourg sous le nom de *Campagne omnibus* ou Tivoli nantais. — Les ascensions aérostatiques avaient toujours un grand succès.

On comptait deux fêtes officielles : la fête du Roi, qui tombait le 1er mai, et les Fêtes nationales, qui avaient lieu les 28, 29 et 30 juillet.

Ces fêtes, principalement les Fêtes nationales, furent, dans les premières années, célébrées avec un entrain et un éclat qu'aucune époque n'avait connus et ne devait depuis lors connaître. Mais elles ne restèrent pas longtemps à ce niveau de haut enthousiasme. A partir de 1833, elles commencèrent par décliner et ne tardèrent pas à se réduire à des manifestations d'un cachet officiel et commandé.

TABLE CHRONOLOGIQUE

Année 1830.

Le Changement de Gouvernement. — Envoi de députations à Paris. — Le nouveau Conseil municipal. — La garde nationale. — Les victimes et combattants de Juillet. — Les Angevins à Nantes. — Les Nantais à Angers. — Attitude à l'égard du Clergé. — Elections législatives. — Fermentation populaire. — Fondation de la Société industrielle. — Fondation d'un comptoir d'escompte. — Renouvellement du Tribunal civil. — Institutions diverses. — Commerce, Industrie. — Théâtre.

Année 1831.

Manifestations patriotiques. — Agitation carliste. — Le journal l'*Ami de l'Ordre*. — Fête du Roi. — Les Nantais à Angers. — Le Clergé. — Réorganisation de la garde nationale. — Les Saint-Simoniens. — Les Polonais. — Les Associations patriotiques. — Elections législatives. — Les Fêtes nationales. — Récompenses et secours aux combattants de Juillet. — Renouvellement du Conseil municipal. — Les Entrepôts à l'intérieur. — L'Expulsion des Trappistes de la Meilleraye. — Le journal l'*Union*. — Le Conseil général. — Sociétés diverses. — Instruction. — Commerce. — Théâtre.

Année 1832.

Le jugement des Trappistes. — Don Pedro de Portugal. — La nouvelle municipalité. — Maisons en loterie. — Le choléra. — La conspiration légitimiste. — La duchesse de Berry en Vendée. — La perquisition à la Chaslière. — La prise d'armes du 4 juin. — Le désarmement. — Le général d'Erlon. — Fêtes nationales. — Mesures de rigueur. — Le préfet Maurice Duval. — Arrestation de la duchesse de Berry. — Attitude des légitimistes. — La garde nationale. — Les Polonais. — Chambre de Commerce. — Tribunal de Commerce. — Société pour le curage de la Loire. — Sociétés diverses. — Le journal la *Loire*. — Ouvrages publiés. — Commerce et industrie. — Monuments. — Voies publiques. — Bals. — Concerts. — Théâtre. — Spectacles.

Année 1833.

Les légitimistes. — La réunion de « l'Ouest ». — Souscription Laffitte. — Les Saint-Simoniens. — La fête du 1er mai. — Fêtes nationales. — La garde nationale et la garnison. — Nomination du Conseil général et du Conseil d'arrondissement. — Chambre de Commerce. — Tribunal de Commerce. — Sociétés. — Salle d'asile. — Le Lycée français. — Ecole normale primaire. — Ecole primaire supérieure. — Ecole de Grand-Jouan. — Enseignement. — Divers. — Chemin de fer. — Le Bouffay. — Concerts. — Grand-Théâtre. — Cirques et spectacles divers.

Année 1834.

Le Canal de Bretagne. — L'exercice à domicile. — La fête du Roi. — Les légitimistes. — Elections de la garde nationale. — Cyclone. — Elections législatives. — Voitures arrêtées. — Les Fêtes nationales. — Session du Conseil général. — Elections municipales. — L'Eglise catholique française. — Services publics. — Sociétés savantes. — Enseignement. — Voirie et monuments. — Modes de transport. — Industrie. — Commerce. — Concerts, Théâtre, Spectacles divers.

Année 1835.

Elections législatives complémentaires. — La Mi-Carême. — Construction de la route du Loroux par les troupes. — Les Fêtes nationales. — Les courses de chevaux. — Session du Conseil général. — Les Prêtres catholiques français. — Sociétés savantes. — Enseignement. - Journaux et publications. — Les processions. — Agriculture, Commerce et Industrie. — Les droits sur la houille. — Les fabriques de conserves. — La navigation au long-cours. — Bateaux à vapeur. — Travaux publics. — Théâtre et Spectacles.

Année 1836.

Sacre de Mgr de Hercé. — La Fête-Dieu. — Exposition de peinture et de sculpture. — Fêtes officielles. — Courses de chevaux. — Conseil général. — Emeute du 15 septembre. — Services publics. — Divers. — Enseignement. — Publications. — Agriculture, Commerce, Industrie. — Monuments et voirie. — Concerts. — Théâtre.

Année 1837.

La grippe ou *influenza*. — La condamnation des ouvriers tailleurs. — Elections municipales. — Le mariage du duc d'Orléans. — Le Conseil général. — Les élections de la garde nationale. — Exposition industrielle régionale. — Elections législatives. — Le chemin de fer de Nantes à Orléans. — Services publics. — Divers : les Pères jésuites, le *Philophane*, etc. — Enseignement, Publications, Journaux. — Agriculture, Commerce, Industrie : inauguration du gaz. — Les *Inexplosibles*. — Monuments et voirie. — Théâtre.

Année 1838.

La garde nationale. — Mort de Mgr de Guérines. — Election législative. — Naissance du comte de Paris. — Le Conseil général. — Les Prêtres catholiques français. — La lutte entre les deux Sucres. — Culte religieux. — Services publics. — Statistique industrielle. — Divers. — Enseignement, Journaux et Publications. — Agriculture. — Commission commerciale. — Commerce et Industrie. — Les services de transport. — Le chemin de fer. — Monuments et voirie. — Bals, Concerts, Théâtre, etc.

Année 1839.

La cherté du pain. — Elections législatives. — Le Conseil général. — Incendie de la caserne de l'Entrepôt. — Le navire-école l'*Oriental-Hydrographe*. — La lutte entre les deux Sucres. — Divers : Exposition de peinture, etc. — Services publics. — Enseignement, Journaux et Publications. — Agriculture, Commerce et Industrie : mouvement du port, importations et exportations. — Monuments et voirie : Palais de Justice, Saint-Nicolas, travaux du port, chantiers de Chézine, l'Etablissement d'Indret. — Concerts, Théâtre.

Année 1840.

Les bateaux transatlantiques. — La lutte entre les deux Sucres. — Elections municipales. — Départ du préfet Maurice Duval. — Le Conseil de Prud'hommes. — Visite du Ministre des Travaux publics. — Menaces de guerre avec l'Angleterre. — Formation du 72e de ligne. — Divers : Grève, Société des courses, etc. — Services publics. — Enseignement, Journaux et Publications. — Agriculture, Commerce et Industrie. — Statistique industrielle. — Chemin de fer. — Monuments et voirie. — Concerts, Théâtre.

Année 1841.

Le chemin de fer. — La lutte entre les deux Sucres. — Les cloches de la Cathédrale. — La capture du *Marabout*. — Le recensement à domicile. — Divers : Élections, fêtes publiques, etc. — Services publics : Conseil des prud'hommes, etc. — Enseignement. — Journaux et publications. — Agriculture. — Commerce, industrie, bateaux à vapeur. — Monuments et voirie : Cathédrale, Saint-Nicolas, palais de justice, etc. — Concerts et spectacles.

Année 1842.

Fondation du Comice agricole. — La lutte entre les deux Sucres. — Élections législatives. — Le chemin de fer. — Le canal latéral à la Loire de Nantes à Orléans. — Divers : Obsèques de Cambronne, exposition de peinture, etc. — Services publics. — Enseignement et publications. — Agriculture, commerce, industrie. — Monuments et voirie. — Concerts et spectacles.

Année 1843.

L'Émeute *légumineuse et laitière*. — La lutte entre les deux Sucres. — Élections municipales. — Le voyage du duc et de la duchesse de Nemours. — Inondations. — Fermeture de l'église catholique française. — Le Congrès scientifique de France. — La Société pour la conservation des monuments. — La mort de Camille Mellinet. — Divers. — Services publics. — Enseignement et publications. — Agriculture, commerce et industrie. — Monuments et voirie. — Concerts et spectacles.

Année 1844.

Le chemin de fer. — La liberté de l'enseignement. — Les fêtes nationales. — Election complémentaire de Savenay. — Divers : Banquet légitimiste, etc. — Services publics : Brigade de sûreté, etc. — Enseignement et publications : Le *Courrier de Nantes* ; le *Phare de la Loire*. — Agriculture, commerce, industrie. — Monuments et voirie : Saint-Félix, La Madeleine, statue de Cambronne, etc. — Concerts et spectacles.

Année 1845.

Rixe entre campagnons et ouvriers. — Le chemin de fer. — L'emplacement de la gare. — Bassin de Saint-Nazaire. — Congrès de l'Association Bretonne. — Fondation de la Société archéologique. — Garde nationale. — Divers : Crèche. — *Société française de l'Océanie,* etc. — Services publics : Mission du capitaine Loaret à Mayotte et Madagascar, etc. — Enseignement : Le Conservatoire, etc. — Journaux et publications. — Agriculture, commerce et industrie : Navigation au long cours. — Monuments et voirie : Sainte-Anne, Saint-Joseph, deuxième ligne des ponts, rue de Bréa, etc. — Bals, concerts et spectacles (Rachel).

Année 1846.

Inondations. — Nouveaux tarif d'octroi. — Chemin de fer. — Emplacement de la gare. — Bassin de Saint-Nazaire. — Paquebots transatlantiques. — Elections municipales. — Elections législatives. — Le général Lamoricière. — Mouvement protectionniste. — Divers : Société des architectes, etc., Victor Hennequin, etc. — Services publics : Ecole des mousses, etc. — Enseignement et publications. — Agriculture, commerce et industrie. — Monuments et voirie : palais de justice, Hôtel-Dieu, etc. — Concerts et théâtre.

Année 1847.

La cherté du pain. — Grèves. — Mesures contre les boulangers. — Paquebots transatlantiques. — Nouveau traité avec la Compagnie du gaz. — Service d'eau. — La lutte entre les deux Sucres. — Divers : Société des Régates nantaises, etc. — Services publics : Commissaire de police central, etc. — Enseignement et publications. — Agriculture, commerce et industrie. — Monuments et voirie : Hôtel-Dieu, Bouffay, etc. — Concerts, théâtre (Dejazet).

Année 1848.

Le monople du sel. — Affaires municipales. — Divers. — Changement de Gouvernement.

RÉSUMÉ ET VUES D'ENSEMBLE.

Les partis politiques et la presse. — Faits importants, visites. — Le monde religieux. — Les élections législatives, départementales. — Le mouvement intellectuel. — Le mouvement artistique. — Les services publics. — Les œuvres de bienfaisance. — La condition des ouvriers. — Les produits du sol. — Le commerce maritime. — Les industries. — Les transports. — Les travaux publics. — Spectacles et divertissements.

TABLE DES MATIÈRES

SERVICES PUBLICS ET INSTITUTIONS.

Le commandement militaire, 1, 17, 20, 21, 41, 63, 66, 69, 147, 245, 293, 394, 414, 437.
L'Administration préfectorale, 1, 21, 63, 79, 127, 143, 159, 177, 199, 224, 231, 245, 250, 394, 416, 438.
Le Siège épiscopal, 1, 141, 176, 438.
La Cour d'assises, 6, 69, 78, 84, 277.
Le Tribunal civil, 32, 272, 277, 293.

Conseil général, 53, 92, 97, 110, 127, 133, 143, 159, 169, 173, 177, 187, 193, 198, 211, 235, 239, 248, 251, 254, 277, 300, 303, 307, 323, 332, 342, 387, 407.

Conseil municipal, 1, 20, 22, 50, 60, 105, 130, 153, 165, 183, 194, 212, 214, 229, 233, 239, 256, 258, 265, 278, 303, 305, 309, 315, 325, 327, 333, 349, 351, 379, 383, 387, 389, 400, 402, 407, 409, 413, 4
Administration municipale, 1, 20, 58, 105, 114, 158, 223, 288, 364, 438.

Budget municipal, 13, 56, 117, 131, 145, 164, 182, 205, 232, 251, 271, 296, 318, 340, 371, 396, 440.
Octroi, 13, 115, 117, 131, 145, 164, 182, 232, 251, 271, 296, 318, 341, 357, 371, 396, 440.
Services municipaux, 130, 153, 271, 315, 393.

Tribunal de Commerce, 1, 17, 33, 86, 98, 116, 130, 146, 163, 181, 205, 231, 250, 270, 295, 317, 340, 371, 395.
Chambre de Commerce, 2, 17, 86, 98, 116, 130, 146, 163, 181, 205, 219, 231, 244, 249, 269, 295, 310, 316, 328, 332, 338, 370, 377, 386, 390, 394, 448.
Conseil des prud'hommes, 225, 251, 453.

Archiviste départemental, 297. — Agents voyers, 251. —

Commissaire central de police, 146, 393, 440. — Mouvement de la population, 13, 130, 145, 163, 204, 441. — Recensement à domicile, 247. — Recensement de la population, 13, 56, 115, 145, 271. — Service des postes, 54, 278. — Télégraphe aérien, 89, 100. — Troisième Chambre civile, 272, 293.

Garnison d'infanterie, 20, 21, 39, 63, 66, 97, 101, 125, 129, 145, 147, 184, 206, 227, 249, 251, 253, 282, 316, 394, 438.
Garnison de cavalerie, 63, 116, 129, 147, 183, 197, 199, 204, 271, 282, 315, 394, 438.
Garde nationale, 13, 19, 23, 26, 35, 40, 42, 45, 71, 83, 85, 96, 107, 159, 176, 231, 252, 297, 315, 335, 438.

Elections législatives, 28, 44, 107, 123, 161, 176, 197, 224, 243, 264, 313, 364, 426.
Elections départementales, 97, 143, 178, 199, 268, 294, 338, 428.
Elections municipales, 49, 111, 156, 221, 285, 360, 390, 429.

Bureau de bienfaisance, 2, 116, 124, 131, 147, 164, 182, 206, 232, 250, 270, 296, 318, 340, 371, 396, 441.
Caisse d'épargne, 2, 33, 116, 130, 146, 163, 181, 205, 232, 250, 270, 296, 317, 340, 371, 396.
Commission des Hospices, 117, 146, 340.
Conseil d'hygiène, 2, 346.
Crèches, 336, 441.
Mont de piété, 2, 33, 441.
Salles d'asile, 98, 105, 165, 316, 373, 441.
Société Académique, 2, 54, 71, 87, 95, 98, 111, 117, 127, 131, 160, 188, 203, 208, 233, 235, 274, 291, 298, 392, 433, 435, 444 ; — Archéologique, 335, 436 ; — de charité maternelle, 2, 441, 444 ; — des Beaux-Arts, 132, 203, 272, 432 ; — des courses, 230.
Société Industrielle, 30, 36, 54, 71, 88, 95, 98, 117, 124, 132, 167, 182, 206, 252, 267, 338, 432, 442.
Société linéenne, 434 ; — Nantaise d'Horticulture, 2, 54, 71, 87, 95, 98, 117, 206, 232, 252, 270, 290, 298, 446 ; — philharmonique, 3 ; — pour l'extinction de la mendicité, 3, 373, 441 ; — Sainte-Cécile, 343.

ARRÊTÉS MUNICIPAUX.

Alignements, etc., 241. — Allumettes au théâtre, 261. — Approvisionnement des marchés, 184.
Balayage, 164. — Bateaux à laver, 272. — Bateaux de louage, 232.
Cabarets, 233. — Coloration des sucreries, 236. — Commis-

sionnaires, etc., 296. — Concession de cimetières, 341. — Construction dans les enclos, 259. — Convois funèbres, 341.
Etalages, 272. — Exhumations, 233. — Fourrière, 272.
Gouttières saillantes, 13. — Industries bruyantes, 185.
Mesurage, pesage, etc., 235, 316, 341.
Pavage, 13, 184. — Police des domestiques, 185. — Des passages, 297. — Poitrails en charpente, 296. — Portefaix, 316. — Porteurs d'eau, 297.
Son du cor, 185. — Sécurité de la voie publique, 214. — Suppression des trappes d'encavage, 214. — Transport de la poudre, 316. — Travaux de bâtisse, 185. — Trottoirs, 13.
Vente des allumettes, 185 ; — des champignons, 186 ; — des huîtres, 272; — des viandes mortes, 272.
Voitures, omnibus, etc., 184, 272, 297.

CULTES.

Cathédrale, 28, 39, 41, 45, 94, 120, 144, 152, 154, 180, 212, 238, 245, 248, 256, 277, 289, 292, 293, 312, 326, 368, 460.
Sainte-Anne, 326, 349, 380, 401, 460. — Saint-Clément, 7, 258, 306. — Sainte-Croix, 42, 153, 180, 257, 380. — Saint-Donatien, 41, 133. — Saint-Félix, 306, 327, 460. — Saint-Jacques, 4, 7, 41, 133, 292, 380. — Saint-Joseph, 349, 380, 460. — Saint-Louis (Notre-Dame de Chézine, Notre-Dame de Bon-Port), 7, 154, 165, 306, 326, 350, 373, 380, 401. — Sainte-Madeleine, 239, 327, 460. — Saint-Nicolas, 7, 214, 257, 278, 292, 305, 325, 349, 380, 458. — Saint-Similien, 41, 306.
Eglise de Chantenay, 181, 213, 326 ; — des Sorinières, 239.
Chapelle de Bel-Air, 181, 299, 318 ; — de Toussaint, 380 ; — des Minimes, 7 ; — du Murier, 292 ; — du Sanitat, 114 ; — Saint-François, 7.
Temple protestant, 7, 94.
Les Frères des Ecoles chrétiennes (voir *Enseignement*). — Les Pères Jésuites, 168, 278, 425. — Les Trappistes, 51, 57, 180.
Religieuses Carmélites, 7 ; — Dames Noires, 425 ; — de Chavagnes, 232 ; — de l'Adoration, 425 ; — de la Providence, 7 ; — de la Visitation, 7 ; — de Saint-Vincent-de-Paul, 7 ; — du Refuge, 7, 60 ; — du Sacré-Cœur, 425 ; — Garde-malades, 293 ; — Ursulines, 7.
Société de Saint-Vincent-de-Paul, 425, 441. — Société de Saint-François Régis, 425, 441.
Association de la Providence, 293, 373.
Attitude du Pouvoir à l'égard du clergé, 27, 41.

Culte catholique français, 114, 128, 148, 167, 178, 204, 284, 426 ; — israélite, 133, 148, 272.

Messes de minuit, 133 ; — en musique, 153, 426 ; — militaires, 27. — Obsèques de Mgr de Guérines, 176. — Procès du paroissien, 234. — Processions, 27, 42, 133, 141, 166, 176, 180, 300, 391. — Protestation du clergé, 312. — Richesses matérielles du clergé, 320. — Sacre de Mgr de Hercé, 140. — Stations de carême, 180, 248, 272, 368. — Le monde religieux, 424. — Société française de l'Océanie, 426.

ENSEIGNEMENT

Athénée, 4, 119. — Caisse d'épargne des instituteurs, 149.

Collège royal, 3, 54, 99, 118, 203, 206, 273, 341, 368, 373, 432.

Conservatoire de musique, 318, 342, 373, 397, 437.

Cours d'adultes, 100, 133, 341 ; — Archéologie, 299, 374 ; — Anatomie, 342, 374 ; — Anglais, 207 ; — Botanique, 149, 342 ; — Chant, 4, 168, 186 ; — Chimie, 3, 4, 119, 186, 341, 396 ; — Commerce, 54, 118 ; — Dessin et peinture, 3, 168 ; — Droit commercial, 3 ; — Eloquence parlée, 186, 374 ; — Economie rurale, 342, 374 ; — Escrime, 4 ; — Grammaire, 273 ; — Hébreu, 318 ; — Histoire, 207, 299, 318, 342 ; — Linguistique, 342 ; — Littérature, 3, 207, 273, 318 ; — Mécanique, 186, 299, 374 ; — Mnémotechnie, 54 ; — Musique, 4, 100, 168, 253, 343 ; — Notariat, 318, 342, 374 ; — Orthographe, 3 ; — Philologie, 149 ; — Physiologie, 207 ; — Science sociale, 100 ; — Système métrique, 207 ; — Taille des arbres, 445 ; — Téléphonie, 298.

Ecole municipale de dessin, 3, 318 ; — de Grand-Jouan, 100 ; — de Médecine, 3, 186, 252, 318, 409 ; — de Natation, 269, 302 ; — d'Equitation, 4, 149, 207 ; — des Frères, 4, 13, 100, 168, 186, 207, 233, 253, 299, 318, 341, 374 ; — des Mousses, 270, 295, 317, 369, 370, 449 ; — des Ponts, 99, 133 ; — des petites filles, 4, 13 ; — des sourds-muets, 4 ; — Mutuelle, 4, 13 ; — Normale primaire, 99, 100, 119, 165, 207, 233, 460 ; — Pensionnat des Frères, 253, 299, 432 ; — Primaire supérieure, 99, 118, 132, 149, 186, 207, 233, 252, 341 ; — Sainte-Marie, 297.

Faculté de Médecine, 118, 233 ; — des Sciences, 409.

Impôt universitaire, 132. — Institution Livet, 432. — Institut pratique, 168, 299, 432. — Institution orthopédique, 11.

Liberté d'enseignement, 299, 311, 341. — Lycée Français, 99, 118, 132, 432.

Mouvement intellectuel, 431. — Mouvement artistique, 435.

Musée industriel, 132, 186. — Pensionnat Saint-Stanislas, 432. — Pension Van Goor, 181. — Population scolaire, 299.

JOURNAUX ET PUBLICATIONS.

L'*Abeille Nantaise*, 187, 233, 434. — L'*Agriculture de l'Ouest de la France*, 208, 301. — L'*Alliance*, 410, 422. — L'*Ami de la Charte*, 5, 28, 36, 41, 44, 84, 108, 110, 133, 149, 152, 169, 419, 420. — L'*Ami de l'Ordre*, 5, 37, 61, 62, 66, 421. — *Annales de la Société Académique*, 433.
Le *Breton*, 5, 108, 149, 161, 191, 197, 202, 264, 332, 334, 344, 386, 397, 421, 450.
La *Corbeille*, 149, 169, 187, 208, 234, 400. — Le *Correspondant de l'Ouest*, 5. — Le *Courrier de Nantes*, 319, 332, 334, 360, 386, 421, 450.
Le *Diable*, 234, 467. — La *Feuille commerciale et maritime*, 5, 102, 319, 420, 450. — Le *Furet*, 374, 467.
La *Glaneuse*, 434, 467. — L'*Hermine*, 106, 149, 161, 169, 198, 208, 234, 253, 294, 298, 299, 319, 320, 344, 360, 383, 386, 397, 421, 450.
Le *Journal de Médecine*, 5, 433. — Le *Journal de Nantes et de la Loire-Inférieure*, 4. — Le *Journal de Nantes, Le Breton*, 4.
La *Liberté comme en Belgique*, 312, 344, 422. — Le *Lloyd Nantais*, 102, 319, 450. — La *Loire*, 88, 133, 420, 450. — Le *Lycée armoricain*, 5, 434.
Le *National de l'Ouest*, 149, 161, 169, 179, 180, 181, 197, 205, 208, 234, 236, 264, 285, 287, 294, 300, 319, 332, 334, 344, 360, 367, 386, 397, 420, 450.
L'*Observateur homœopathe*, 320. — L'*Ouest*, 207, 360, 421.
Ouvrages publiés, 88, 102, 133, 149, 169, 187, 208, 234, 254, 273, 299, 321, 343, 374, 434.
Les *Petites affiches réunies*, 5. — Le *Phare de la Loire*, 320, 343, 397, 450. — Le *Philophane*, 167, 204. — Le *Prix légal des marchandises*, 5, 319, 450.
Le *Rénovateur Breton et Vendéen*, 84, 92.
La *Revue de l'Ouest*, 5, 434. — La *Revue du Breton*, 149, 169, 434.
L'*Union*, 53, 422.
La *Vouivre*, 100, 434, 467. — Le *Vert-Vert*, 187, 208, 467.

COMMERCE ET INDUSTRIE.

Banque de Nantes, 55, 171, 190, 235, 346, 447.
Bateaux transatlantiques, 219, 360, 387, 409.
Caisse d'escompte, 31, 130, 447. — Capture du *Marabout*, 246, 275, 323. — Commission commerciale, 188, 449. — Courtiers de marchandises, 121.

L'*Arche d'Alliance*, 337. — L'*Oriental-Hydrographe*, 200, 229.

Lutte entre les deux Sucres, 179, 201, 220, 244, 263, 283, 390.

Maisons d'armement, d'assurances maritimes, 136, 190, 237, 255, 273, 302, 345, 377, 399. — Mouvem nt protectionniste, 365, 399.

Navigation au long-cours, 137, 210, 237, 347, 449. — Petite Bourse, 191, 322.

Recettes des douanes, 152, 210. — Relations avec Madagascar, 250, 339, 394 ; — avec Mayotte, 339, 347, 370 ; — avec Nossi-Bé, 295, 339.

Société française de l'Océanie, 337. — Le Veritas, 339.

Acide sulfurique, 11, 236. — Appareils distillatoires, 171, 211, 256, 275. — Association typographique, 228.

Bains portatifs, 102 ; — médicinaux, 11. — Bazar de l'Industrie, 170. — Blanchisserie à vapeur, 171. — Boulangers condamnés, 209. — Bouillons gras, 274, 378, 399.

Cartes à jouer, 10, 192. — Carton, 10. — Coalition ouvrière, 211. — Colle forte, 11, 191, 236. — Compteuses de sardines, 11, — Conserves alimentaires, 10, 136, 170, 192, 206, 256, 322, 324, 345, 378, 452. — Constructions navales, 89, 171, 190, 211, 306, 347, 377, 452. — Cristallerie, 211, 236.

Daguerréotype, 208, 236, 242, 256, 346. — Déballages, 11, 121, 134. — Distilleries, 10, 150.

Eau filtrée, 10, 89, 236, 399. — Eaux minérales factices, 55. — Enquête sur la situation ouvrière, 344. — Exercice des débitants à domicile, 105, 391.

Exposition nationale de Paris, 206 ; — régionale d'Angers, 191 ; — régionale de Nantes, 10, 160, 453.

Feutre à doublage, 11. — Filatures et tissages, 10, 120, 152, 190, 236, 337, 399, 451. — Fonderies, 11, 151, 206, 236, 324. — Fontes anglaises, 453. — Forges de Basse-Indre, 89, 151, 256, 458. — Fours à coke, 151, 324.

Galvanisation, 275, 302. — Gaz d'éclairage, 11, 135, 150, 171, 248, 389, 409, 458. — Grèves, 230, 384.

Houilles, 120, 134, 151, 191, 255, 276, 323, 451.

Imprimerie du Commerce, 319. — Inspection des viandes, 55.

Machines à vapeur, 10, 134, 171, 206, 236, 324, 346, 378, 452.

Maison de santé, 256. — Mesureurs jurés, 11, 210, 235, 256, 341. — Mine de Malabrit, 171 ; — des Touches, 190. — Minoterie, 10, 89, 236.

Pianos, 171, 275. — Pipes en terre, 346. - Plomb, céruse, etc., 11, 120, 151, 190, 206, 236, 346. — Portefaix, 11, 450.

Prix du pain, 10, 33, 55, 89, 102, 121, 135, 150, 170, 188, 209, 235, 255, 274, 301, 322, 345, 376, 399.

Raffineries, 10, 151, 190, 236, 324, 452.

Savon, 171, 192, 206, 324. — Sels de l'Ouest, 345, 376. — Service d'eau, 101, 136, 153, 165, 389, 458. — Sucres, 89, 137, 152, 171, 202. — Statistique industrielle, 286.

Tanneries, 10, 236, 451. — Taille des pavés, 194. — Toile à voiles, 190.

Ventes à faux poids, 191. — Ventes publiques, 209. — Verrerie de Couëron, 191.

AGRICULTURE.

Betterave à sucre, 9. — Chevaux bretons, 9 ; — de luxe, 121, 294. — Comices agricoles, jurys d'agriculture, 133, 150, 169, 187, 209, 254, 262, 273, 300, 321, 344, 375, 398. — Concours agricoles, 170, 188, 235, 274, 300, 445. — Culture maraichère, 170, 188.

Dresseurs de chevaux, 173, 369. — Engrais, 9, 120, 170, 187, 190, 208, 235, 254, 273, 301, 323, 347, 375. — Enseignement agricole, 187, 342, 374. — Haras de baudets, 9, 134.

Machine à battre, 170, 209, 321. — Maladie de la pomme de terre, 375, 398.

Prix du blé, 121, 135, 150, 170, 188, 197, 209, 235, 254, 274, 301, 321, 345, 375, 398, 445.

Prix du vin, 55, 102, 121, 135, 150, 170, 188, 209, 235, 254, 301, 322, 345, 376, 398, 445.

Prix de la viande, 11, 34, 55, 150, 170, 235, 255, 274, 301, 446. — Procès pour marque, 192.

Sel pour le bétail, 398. — Vignes, 103, 209.

SERVICES DE TRANSPORT.

Bateaux à vapeur : Basse-Loire, 12, 192, 276, 302, 348, 400, 455. — Haut de la Loire, 12, 89, 137, 151, 172, 211, 236, 256, 302, 324, 348, 377, 400, 410, 455. — Erdre, 12, 138, 455. — Bordeaux, 151, 172, 192, 211, 255, 276, 324, 455. — Divers, 172, 193, 236, 256, 276, 324, 378, 400.

Locomoteur à vapeur, 134.

Omnibus, 12, 101, 192, 276, 454. — Voitures de place, 151, 454 ; — à six roues, 211, 256 ; — de Paris à Nantes, 12, 120, 151, 192, 211, 236, 378, 454. — Transport par eau de Nantes à Tours, 171.

VOIES PUBLIQUES.

Avenue de Launay, 213 ; — de l'Entrepôt, 55.

Boulevard de ceinture, 173, 459 ; — Delorme, 47, 240, 257, 278, 458 ; — Lelasseur, 327, 352, 401, 457 ; — Saint-Pern, 352.

Chaussée de Versailles, 239 ; — chemin de Bonne-Garde, 31 ; - côte Saint-Sébastien, 31, 151, 178 ; — cour du Chapeau Rouge, 4, 89.

Grands Cours, 24, 35, 39, 46, 71, 94, 101, 138, 158, 249, 290, 313, 315, 386 ; — cours Henri IV, 9, 47, 53, 72, 102, 110, 124, 126, 128, 152, 180, 194, 212, 240, 327, 354, 401, 458.

Escalier des Petits-Murs, 213, 457 ; — Sainte-Anne, 402, 459.

Passage Bouchaud, 55, 460 ; — d'Alger, 372 ; — de Raymond, 405 ; — d'Orléans, 273 ; — du Commerce, 4, 30. -- Louis Levesque, 239, 460 ; — Pommeraye, 239, 290, 304, 329, 355, 402, 460 ; - Sainte-Anne, 460.

Place Bretagne, 14, 55, 329, 356, 411, 468 ; — de Berry, 6 ; - de Gigant, 365 ; — de Launay, 327, 351.
— De la Bourse, 6, 180 ; — de la Duchesse-Anne, 379, 459 ; — de la Monnaie, 89, 119, 165, 275, 319 ; — de la Petite-Hollande, 14, 56, 90, 139, 278, 468.
— Des Garennes, 402 ; — des Petits-Murs, 8, 150.
— Dumoustier, 150 ; — du Commerce, 6, 12, 16, 29, 173, 242, 285, 369, 394 ; — du Martray, 337 ; — du Port-au-Vin (Voir place du Commerce) ; — du port Communeau, 39 ; — du Sanitat, 350.
— Graslin, 6, 8, 15, 16, 35, 248, 298, 327 ; — Lafayette, 55 ; — Louis XVI, 17, 24, 25, 48, 159, 276, 289 ; — Neptune, 101, 136 ; — Notre-Dame, 89.
— Royale, 20, 39, 40, 46, 101, 132, 139, 180, 248, 256, 276, 304, 327, 414, 458 ; - Sainte-Croix, 119, 138, 457 ; — Saint-Vincent, 2.

Pont de Barbin, 402 ; — de la Bourse, 40, 351 ; — de la Casserie, 8 ; -- de la Poissonnerie, 48 ; — de la Seille, 249, 259, 302 ; — de l'Ecluse, 8, 305, 402 ; -- de l'Entrepôt, 457 ; — de Pirmil, 16, 192 ; — d'Erdre, 240, 458 ; — des Halles, 8.
— Deuxième ligne, 55, 153, 195, 213, 241, 354, 459.
— D'Orléans, 180 ; — du Cens, 194, 384, 410 ; — Maudit, 8, 213, 241, 259, 351, 386, 401, 457 ; — Morand, 402 ; — Rousseau, 195, 213, 241, 256, 460 ; — Sauvetout, 11 ; — suspendu, 138, 153, 173, 194, 213, 240, 458.

Prairie d'Amont, 8, 402 ; — prairie-au-Duc, 195, 211, 216, 238, 240, 241, 259, 279, 304, 306, 324, 325, 327, 459, 461 ; — de Chantenay, 143, 167, 183, 204 ; — de la Madeleine, 11, 55, 137, 186, 194, 212, 304, 325, 359 ; — de Mauves, 14, 46, 71, 102, 204, 229, 237, 258, 269, 280, 289, 294, 302, 331, 334, 368, 372.

Quai Brancas, 100, 104, 192 ; — Cassard, 153, 274 ; — Ceineray, 195, 227 ; — d'Aiguillon, 459 ; — de Chézine, 307.

— De la Fosse, 39, 46, 122, 139, 191, 194, 196, 203, 212, 240, 248, 309, 319, 322, 372, 386, 461.

— De la Maison-Rouge, 12, 240, 327 ; — de la Tremperie (du Bouffay), 240 ; — de l'Hôpital, 153, 194, 461 ; — de Richebourg, 240, 249, 259, 302, 325, 461 ; — des Tanneurs, 153, 194, 248, 380, 461.

— D'Orléans, 380 ; île Gloriette, 29 ; — Magellan, 241 ; — Moncousu, 278, 401 ; — Penthièvre, 195 ; - Saint-Louis, 392.

Quartier d'Alger, 405, 459 ; — de Barbin, 12, 31, 38, 46, 104, 214, 258 ; — de Chézine, 10, 12 ; — de la Piperie, 10, 12, 151 ; — de Launay, 6, 8, 42, 51, 165, 228 ; — de l'Erail, 8 ; — de l'Hermitage, 7 ; — de Pirmil, 12, 101, 373 ; — de Pilleux, 7 ; — de Richebourg, 10, 12, 55, 405 ; — de l'Ile Feydeau, 208, 214 ; — de l'Ile Gloriette, 8, 10, 14, 195, 208, 214, 304, 307, 372, 457 ; — du Port Communeau, 173, 257, 372 ; — du Port Maillard, 10, 12 ; — de Notre-Dame, 206 ; — de Saint-Similien, 10.

Route de Clisson, 127 ; — de la Rochelle, 300, 375 ; — de Paris, 100, 192, 256, 384 ; — de Rennes, 11, 31, 38, 153, 192, 218, 239, 242, 262, 279, 405, 457 ; — de Vannes, 324, 457.

Rue Bacqua, 401 ; — Beauregard, 153, 457 ; — Belle-Image, 457 ; - Boileau, 8, 89, 195, 213, 239, 278 ; Bonne-Louise, 259, 459.

— Cambronne, 119 ; — Crébillon, 16, 214, 248, 278.

— D'Alger, 170, 273, 457 ; — Damrémont, 352 ; — Daubenton, 305, 327.

— De Bel-Air, 181, 186, 253, 299, 352 ; — de Bréa, 259, 352, 380, 457 ; — de Briord, 8 ; — de Coutances, 168 ; — de Feltre, 7, 214, 257, 305 ; — de Flandres, 4, 55, 259, 332 ; — de Gigant, 11, 168, 280 ; — de Gorges, 175, 218.

— De la Barillerie, 8, 195, 457 ; — de la Bastille, 325 ; — de la Boucherie, 259 ; — de la Brasserie, 324 ; — de la Clavurerie, 259 ; — de la Commune, 4 ; — de la Fosse, 248, 281 ; — de la Poissonnerie, 8, 89, 119 ; — de l'Arche-Sèche, 8, 11, 55, 103, 248, 352 ; — de la Rosière, 207, 253 ; —

petite de Launay, 305, 327, 458 ; — de la Verrerie, 8 ; — de l'Ecluse, 457 ; — de l'Héronnière, 194.

— Des Arts, 8, 457 ; — des Cadeniers, 9, 55, 195 ; — neuve des Capucins, 8 ; — Descartes, 327 ; — des Coulées, 233, 240, 285 ; — des Hauts-Pavés, 211, 304 ; — des Olivettes, 171 ; — des Orphelins, 7 ; — des Salorges, 192 ; — de Vertais, 241, 457.

— Dobrée, 8, 306 ; — d'Orléans (Charles X), 8 ; — Dos-d'Ane, 241, 457.

— Du Bocage, 7, 8, 298 ; — Dubreil, 352, 457 ; — du Bourgneuf, 135, 150 ; — du Calvaire, 4, 5, 8, 195, 213, 218, 239, 259, 261, 278, 281, 299, 309, 318, 327 ; — du Chapeau-Rouge, 8 ; — Dugommier, 278 ; — du Moulin, 458 ; — du Pré-Nian, 380 ; — du Puits d'Argent, 402.

— Félibien, 239 ; — Franklin, 133 ; — Fouré, 240.

— Haute-Grand'Rue, 330 ; — Gresset, 194, 259 ; — Haute-du-Château, 77, 81 ; — Kervégan, 8 ; — Jean-Jacques, 55, 121, 189, 241, 251.

— Lafayette, 89 ; — Lanoue-Bras-de-Fer, 459 ; — Lapeyrouse, 405 ; — La Tour d'Auvergne, 459 ; — Lavoisier, 352.

— Marivaux, 3 ; — Mascara, 352 ; — Mazagran, 194 ; — Menou, 38, 239, 297 ; — Mercœur, 6, 55, 321, 355 ; — Mondésir, 59, 232, 458.

— Noire, 31 ; — Paré, 4 ; — Penthièvre, 5, 7, 8, 16, 169, 195 ; — Petit-Pierre, 97 ; — Pétrarque (Harrouys), 4, 39, 92, 99, 285.

— Rabelais, 59 ; — Santeuil, 136, 319 ; — Sarrazin, 99, 105, 336, 352 ; — Saint-Clément, 168 ; — Sainte-Catherine, 196, 198, 261 ; — Saint-Jean, 7 ; — Saint-Léonard, 118, 233.

— Voltaire (Penthièvre), 5, 7, 8, 195.

Tenue Bruneau, 212, 277, 303, 325, 350 ; — Camus, 173, 259.

Terrain de la Monnaie (corderie Brée), 8 ; — des Cadeniers, 14, 173, 193, 240 ; — des Coulées, 99, 119, 207, 214, 240 ; — des Pénitentes, 152, 173, 212 ; — du Bouffay, 6, 173, 177, 239, 257 ; — du Sanitat, 138, 153.

Bouches d'égout, 213, 239, 458. — Cadastre, 101, 119, 130, 146, 165, 229. — Macadam, 211, 214, 239. — Pavage, 55, 164, 391, 458. — Plan de la ville, 119, 187. — Plaques de rues, 166, 352, 458. — Trottoirs en asphalte, 214. - Urinoirs, 214.

Bassin de Saint-Nazaire, 159, 173, 234, 307, 333, 359, 400, 410, 461. — Bassin Pelloutier, 279.

Canal de Nantes à Brest, 55, 104, 328, 402, 460 ; — latéral

à la Loire d'Orléans à Nantes, 89, 241, 265, 462 ; — maritime, 306. — Saint-Félix, 183, 194, 213.

Chemin de fer de Paris à Nantes, 89, 101, 159, 162, 165, 193, 238, 243, 266, 307, 311, 331, 359, 386, 409, 462 ; — de Paris à Tours, 377. — Docks et bassins, 459.

Loire fluviale, 86, 138, 155, 159, 324, 327, 402, 461 ; — maritime, 86, 120, 138, 159, 172, 213, 461.

Port de Nantes, 195, 210, 214, 240, 307, 461.

La Chauvinière, 262. — La Grenouillère, 192. — La Fournillère, 247. — La Jaunelière, 279. — La Mitrie, 239, 459. — La Moutonnerie, 213. — Lande de la Pelée, 127. — La Ville-en-Bois, 142, 273, 276. — Les Cent-Pas, 46, 65.

MONUMENTS ET LIEUX PUBLICS.

Abattoir, 6, 13, 55, 245.

Bain public des hommes, 372 ; — des femmes, 307, 372. — Bibliothèque, 6, 71, 90. — Bouffay, 49, 102, 107, 144, 152, 193, 212, 303, 350, 379, 391, 401. — Bourse, 16, 17, 18, 26, 35, 39, 71, 87, 97, 189, 226, 235, 249, 290, 313, 334, 340, 342, 365, 398. — Bureau du Port, 304.

Carrière de Miséri, 259, 369, 458.

Caserne de la Visitation, 6, 227 ; — de la Sécherie, 227 ; — de l'Entrepôt, 63, 116, 199, 285 ; — de la rue du Moulin, 228 ; — de la rue Pétrarque, 39. — de cavalerie projetée, 130, 165, 183, 194, 212, 239, 327, 351, 391, 410, 459.

Chantiers Chauveau, 309 ; — de Chézine, 215, 240, 306, 461 ; — de la Prairie-au-Duc, 215, 240, 306.

Château, 16, 17, 82, 379, 400. — Cible de la garnison, 279. — Cimetières, 41, 45, 71, 96, 110, 178, 195, 313, 368, 393, 401, 410.

Colonne du Loroux, 125, 147. — Louis XVI, 48.

Dépôt de mendicité de Saint-Jacques, 7, 52.
Eglises et chapelles (voir *Cultes*).
Fontaines, 31, 101, 153, 458.
Gare du chemin de fer, 331, 359, 386. — Gendarmerie (Oratoire), 350 ; — projetée, 277, 303, 325, 332, 379, 400.

Halle aux blés, 6, 40 ; — aux toiles, 6, 44, 85, 97, 108, 139, 203. — Hippodrome permanent, 258, 459.
Hôpital du Sanital, 7, 97, 100, 119, 138, 153, 239.
Hôpital général, 71, 152, 195, 290, 291, 460.

Hôtel-Dieu, 4, 7, 195, 206, 290, 303, 325, 332, 379, 400, 459.

Hôtel Chardonneau, 132 ; — d'Aux, 5, 16 ; — de France, 58, 80, 109, 225, 268, 408 ; — de la Monnaie, 5, 163, 233, 277, 303, 458 ; — de Portric, 2 ; — Rosmadec, 6, 69, 186, 253.

Hôtel de ville, 3, 4, 5, 13, 16, 36, 44, 54, 56, 71, 87, 90, 95, 97, 108, 186, 207, 258, 262, 291, 334, 354, 365, 369, 411, 413.

Jardin des plantes, 6, 258, 297, 342, 351, 458. — Jeu de paume, 43, 121, 134.

Les Cordeliers, 4.

Maison Chaurand, 39, 331, 386 ; — Maurice, 304, 458.

Manège Caillaud, 39 ; — Gachet, 90, 103, 175, 356, 460.

Marchés, 2, 6, 11, 54, 150.

Monument de Cambronne, 327, 351, 401 ; — de Juillet, 48, 119, 460.

Musée de peinture, 7, 53, 85, 95, 102, 141, 203, 267. — Muséum, 5, 147.

Observatoire Graslin, 4.

Palais de justice, 6, 53, 102, 111, 128, 152, 159, 173, 193, 199, 212, 239, 257, 277, 303, 325, 350, 379, 400, 460.

Poissonnerie, 6, 195. — Postes Port-au-vin, etc., 316, 394. — Poudrière, 239, 400. — Préfecture, 5, 53, 97, 102, 128, 289, 412. — Prison neuve, 6, 55, 144, 350, 303, 325, 350, 460. — Prison en projet, 277, 303, 325, 350. — Promenade de la Bourse, 40, 46, 73, 85, 88, 290, 342.

La *Retraite des hommes,* 228, 258, 340, 367, 373, 458.

Salle d'hydrographie, 4 ; — du Chapeau-Rouge (école mutuelle), 14, 90, 36 ; — du Concert, 3.

Tour Launay, 190, 460.

DIVERS.

Voyage du duc et de la duchesse de Nemours, 288 ; — des princes, 268, 367 ; — des Ministres, 225, 368 ; — de personnages marquants, 58, 109, 203, 369.

Choléra, 59. — Cyclone, 107. — Fièvre typhoïde, 337. — Grippe, 155. — Incendies, 199, 337. — Inondations, 285, 357, 392.

La condition des ouvriers, 443.

Emeute du 15 septembre 1836, 144. - Emeute *légumineuse et laitière,* 282, 444. — Condamnation des ouvriers tailleurs, 155. — Fermentation populaire en 1830, 29. — Rixe entre compagnons et ouvriers, 330.

491

Le changemeut de Gouvernement, 15. 411. — Association patriotique, 44. — Envoi de députations à Paris, 21. — Pétition contre les forts de Paris, 294, 319, 344. — Réforme électorale, 205. — Réunion de l'*Ouest*, 92. — Souscription Laffitte, 93. — Dupetit-Thouars, 319. — Victimes et combattants de Juillet, 24. — Les partis politiques et la presse, 419.

Les légitimistes, 21, 37, 62, 68, 75, 106, 293, 314, 391. — La levée d'armes de 1832, 66. — Arrestation de la duchesse de Berry, 76, 81. — Mises en jugement, 78, 91, 106, 129, 148. — Amnistie, 158.

Les Amis des Arts, 268. — Chrétiens persans, 203. — Congrès scientifique, 291. — Construction de la route du Loroux par les troupes, 125, 147. — Coupon de la dette espagnole, 147. — Esturgeon, 229, 315. — Formation du 72e de ligne, 227. — Incendie de Hambourg, 269. — Lâcher de pigeons, 369. — Légion d'honneur, 96, 131, 148, 167, 293, 314, 341. — Maisons en loterie, 58. — Menaces de guerre avec l'Angleterre, 226. — Montagne du lest à Couëron, 130. — Notaires condamnés, — Polonais, 43, 86. — Réfugiés espagnols, 253, 319. — Saint-Simoniens, 43, 93. — Société pour la conservation des monuments, 291, 436. — Société des naufragés, 203. — Travail dans les prisons, 204. — Tremblement de terre de la Martinique, 203 ; — de la Guadeloupe, 292. — Troubles dans la Brière, 147, 184. — Voitures arrêtées, 109, 393.

FÊTES PUBLIQUES, THÉATRES, ETC.

Bals de bienfaisance, 36, 90, 124, 139, 154, 195, 229, 279, 307, 353, 381, 410. — Bœuf gras, 183, 355.
Concerts, 34, 56, 90, 103, 121, 138, 154, 174, 196, 217, 242, 260, 279, 308, 328, 353, 381, 403.
Courses de chevaux, 111, 127, 142, 166, 183, 204, 229, 249, 269, 294, 314, 336, 469.
Exposition de peinture, 141, 203, 267.
Fêtes du Roi, 39, 61, 94, 106, 142, 166, 248, 363. — Mariage du duc d'Orléans, 158 ; — militaire, 249. — Naissance du comte de Paris, 177.
Fêtes nationales, 45, 70, 94, 109, 125, 142, 166, 204, 249, 267, 293, 312, 368. — Voyage du duc et de la duchesse de Nemours, 288.
Longchamps nantais, 218, 469.
Manifestations patriotiques, 25, 35, 40. — Musique militaire, 101. — Mi-carême, 36, 124, 469.

Régates nantaises, 392 ; — de Pornic, 295.
Riquiqui, 196, 218, 327, 355, 404, 469.
Spectacles place Bretagne, etc., 34, 56, 90, 103, 122, 139, 154, 175, 196, 218, 242, 261, 280, 309, 356, 382, 404, 410, 468.
Grand-Théàtre, 20, 34, 56, 90, 103, 122, 139, 154, 174, 196, 217, 242, 260, 279, 308, 328, 354, 381, 403, 410, 462.
Théâtre des Variétés (cirque Paquer), 122, 139, 154, 174, 217, 261, 280, 308, 328, 355, 404, 467. — Théâtre du passage Pommeraye, 329, 355, 382, 404, 410, 468.
Troupes équestres, 34, 56, 90, 103, 122, 139, 154, 175, 196, 242, 309, 382, 404, 410, 468.

TABLE

DES NOMS CITÉS DANS L'OUVRAGE

Abat, 260.
Albert (Ad.), 163, 205, 270.
Allard aîné, 98, 388.
Allegret (J.), 1, 52.
Allens (d'), 238.
Alliot, 161, 172, 209, 237, 263, 276, 353, 378, 452.
Allotte, 1, 36.
Amondieu, 99, 119, 132, 432.
Amouroux, 9, 190, 348, 367.
Andouard, 132.
Anthus aîné, 124.
Arnous-Rivière, 12, 190, 211, 279, 455, 459.
Artot, 103, 242, 308.
Audibert, 341, 434.
Audouy, 36.
Audry de Puyraveau, 59.
Auger, 190, 250, 296, 346, 360, 396.
Aumale (duc d'), 268, 269, 423.
Auzoux, 291.
Aymar (Cte), 335.

Babin, 378.
Babin-Chevaye, 1, 20, 23.
Babonneau, 109, 206, 236, 237, 275, 289, 290, 302, 346, 347, 452, 453.

Baillergeau et Naudin, 238, 311.
Bar (de), Lieutenant général, 394, 414, 437.
Baranger (Pierre), 245.
Barjolle, 346.
Baron, 164, 337.
Barrat (Auguste), 98, 114, 117, 158, 222, 223, 288, 290, 361, 362, 363, 447.
Barré, 42, 236, 324.
Barrien, 157, 158, 223, 286.
Bascher (Joseph), 253.
Baudot-Ducarrey, 190, 237, 347.
Baudoux, 141, 168, 268.
Baugé (J.), 268.
Beaunez, 161.
Bedert (L.), 141, 268.
Bedois, 239.
Benoist (Gabriel), 337.
Benoit, 198, 248, 345, 407, 408.
Bernard, 22, 33, 48, 50, 86, 107, 114, 116, 130, 156, 157, 163, 182, 205, 223, 232, 286, 346.
Bernard des Essarts, 1, 9, 20.
Bernard-Legros, 56.

BERNAUDEAUX, 170.
BERRY (DUCHESSE DE), 2, 3, 8, 63, 64, 65, 73, 76, 77, 83, 91, 420, 422, 437.
BERRYER, 64, 78, 161, 321, 428.
BERTHAULT, 98, 116, 163, 205, 231, 237, 255, 270, 296, 340, 348, 395.
BERTHOU, 259.
BERTIN, 102, 134, 187, 191, 254, 298, 337, 353, 375, 423, 445.
BERTRAND, 124, 170, 220, 256.
BERTRAND-FOURMANT aîné, 237.
BERTRAND-GESLIN, 22, 36, 373, 434.
BERTRAND, PHILIPPE et CANAUD, 206, 256, 324, 453.
BESNARD LA GIRAUDAIS, 79, 106, 129, 156, 230, 361, 362, 363, 388, 397, 415, 433.
BESSARD, 53.
BESSON (Guillaume), 245.
BETHUIS, 32.
BICLET, 287, 288, 363.
BIGNON (François), 45, 50, 86, 99, 108, 111, 114, 117, 130, 143, 156, 153, 161, 163, 177, 198, 201, 203, 205, 220, 223, 225, 231, 245, 250, 264, 265, 266, 270, 274, 287, 288, 290, 314, 316, 317, 326, 338, 363, 364, 371, 372, 391, 427.
BILANGE, 88.
BILLAULT, 23, 30, 50, 57, 69, 95, 98, 99, 114, 117, 118, 127, 157, 158, 160, 161, 162, 173, 176, 178, 188, 198, 199, 201, 202, 208, 223, 224, 263, 264, 275, 286, 314, 338, 364, 372, 428, 433, 453.
BIZEUL, 335, 433.
BLANCHARD, 123, 126, 161.
BLIN (Dr), 3.
BLINEAU, 380.
BLON, 1, 9, 20, 146, 190, 367.

BLUM, 89.
BOBIERRE (Adolphe), 374.
BODICHON, 239.
BOEUF, 356, 405.
BOISGUEHENNEUC (DU), 337.
BOISSY (Mis DE), 275.
BOISTEAUX, 11, 55, 117, 134, 146.
BONAMY, 36, 130, 133, 154, 163, 171, 181, 191, 207, 219, 250, 260, 270, 295, 316, 339, 361, 363, 388, 395, 399, 408, 409, 410, 434.
BONET (Lieutenant général, Cte), 37, 41, 50, 69, 70.
BONFILS, 405.
BONHOMME (Mlle Marie), 245.
BONHOMME-COLIN, 268.
BONNEFIN, 200, 219, 324.
BONRAISIN-TILLAULT et Cie, 191.
BOQUIEN, 190.
BORDEAUX (DUC DE), 3.
BOSCO, 103.
BOSSET, 290.
BOSSIS, 181, 232, 296, 316, 339, 408.
BOUBÉE, 1, 146.
BOUCHAUD, 190.
BOUCHÉ, 1, 50, 112, 311.
BOUFFÉ, 242, 261.
BOUGLÉ, 107, 297.
BOULLAULT, 3, 207, 273.
BOURCARD, 137, 220, 238, 317.
BOURGAULT-DUCOUDRAY (Voir DUCOUDRAY-BOURGAULT).
BOURGEOIS, 262.
BOURGEREL, 239, 367.
BOURMONT (Maréchal DE), 65, 78.
BOURNICHON (H.), 16, 32, 33, 86.
BOUSCAREN et Cie, 110, 118.
BOUTEILLER (Joseph DE), 308, 343.
BOUTHORS, 139, 382, 404, 468.
BOUYER (l'abbé), 299, 432.
BOWRING (Dr), 94.

BOYER, 88.
BRAHEIX, 32, 86, 98, 116, 130, 205, 232, 291, 295, 317, 340, 348, 362, 363, 366, 388, 395, 416.
BRÉA (DE), 147, 228, 341, 343, 438.
BRESSLER, 174, 196, 275, 308, 318, 342, 353, 436.
BRIAND, 297.
BRIDON, 191.
BRIEUGNE, 252.
BRINDEJONC, 124.
BRISSONNEAU frères, 346, 453.
BRONNAIS, 346.
BROSSARD, 124.
BROUSSET, 43, 98, 107, 114, 130, 157, 222, 223, 288, 341, 361, 362, 363.
BRUNEAU, 113, 114, 157, 212, 221, 277, 303, 325, 350.
BRUNEAU (l'abbé), 326.
BUREAU, 1, 2, 20, 236, 396.
BURON, 239, 290, 304, 367.
BURON (DE), 337.
BURTIN, 178.
BUSSEUIL (William), 115, 129, 161, 169, 319, 450.

CABROL, 267, 360.
CAILLARD, 311, 378.
CAILLAUD, 6, 39, 147, 291.
CAILLÉ, 223, 288, 361, 363, 376, 408.
CALLAUD (Virgile), 115.
CAMBRONNE, 43, 267, 278, 327, 351, 401.
CAMIN (Dr), 24.
CANTIN (Emile), 21, 50, 98, 114, 143, 157, 223, 286.
CARCOUET (DE), 1, 28.
CARDON (F.), 164, 219, 297.
CARIÉ, 124, 279, 459.
CARMICHAËL, 1, 9, 33, 137, 181, 220, 237, 250, 270, 317, 348.
CARO-LAVECH, 231.
CARREL (Armand), 148.

CASIMIR-PÉRIER, 52, 295.
CAZES, 132.
CHABOSSEAU, 164, 395.
CHAGNIAU, 367.
CHAIGNEAU, 378.
CHAILLOU, 43, 45, 108, 123, 127, 447.
CHALEY et BORDILLON, 153, 173, 195, 213.
CHALOT, 340, 395.
CHAMPENOIS, 161.
CHAMP-RENOU (E. DU), 279, 378.
CHANCOURTOIS, 396.
CHANTRELLE, 238, 348.
CHAPER, 225, 231, 245, 394, 438.
CHAPPLAIN, 207, 433.
CHARPENTIER, 161, 191, 343, 374, 435.
CHARRETTE (Bon DE), 63, 391.
CHARRIER, 259, 287.
CHARTON et RIGAUT, 43, 424.
CHATEL (l'abbé), 179, 284.
CHAUVE jeune, 302.
CHAUVEAU, 309, 348.
CHAUVET, 24, 190, 227, 238, 260, 296, 339, 346, 348, 371.
CHÉGUILLAUME, 22, 25, 32, 50, 58, 97, 98, 112, 113, 114, 124, 146, 154, 156, 157, 158, 182, 199, 205, 207, 222, 223, 236, 268, 270, 286, 287, 288, 316, 341, 362, 363, 364, 366, 376, 415.
CHENANTAIS, 103, 122, 141, 152, 154, 239, 260, 287, 288, 325, 326, 336, 363, 367, 380, 439.
CHEROT, 190, 268, 286, 288, 290, 310, 336, 363, 365, 366, 375, 387, 388, 390, 399, 409, 433.
CHESNEAU, 117.
CHESNEL ainé, 124.
CHEVAS, 299, 343, 362, 363.

Cholet, 88.
Cibot (Ch.), 137.
Cinti-Damoreau (Mme), 308.
Ciret, 205, 231, 237, 270, 317, 347.
Clémansin-Dumaine, 143, 156, 157, 158, 223, 248, 287, 288, 361.
Clémenceau, 66.
Clément et Pilon, 211.
Clouet de l'Aubépin (Général), 78.
Cochard, 3, 252.
Coeur (l'abbé), 180.
Cohu (F.), 260.
Coicaud, 268.
Coignard, 161, 251.
Coislin (Mis de), 78.
Colas (Mme veuve), 245.
Colin, 10, 22, 50, 112, 136, 170, 192, 408, 453.
Collet, 137, 237, 317, 348.
Colombel, 32, 33, 44, 53, 108, 149, 230, 286, 287, 288, 303, 310, 320, 338, 363, 365, 366, 375, 408, 409, 414, 433.
Combalot (l'abbé), 248.
Commequiers (Ch. de), 245.
Concone (J^h), 253, 328, 436.
Coninck (de), 171, 189, 192, 207.
Constant, 101, 136, 153, 165.
Constantin, 376.
Conus, 103, 122, 261, 355, 469.
Coquebert (Félix A. R.), 1, 2, 98, 146, 164, 181, 255.
Coquet (l'abbé), 299.
Cormenin, 264.
Cornillier, 238, 388.
Cornu (Félix), 263.
Cornulier (de), 231, 279, 311, 314, 364, 388.
Corroyer, 190.
Cosnier frères, 160.
Cossé-Duval, 171.
Cossin, 12, 53, 161, 198.

Coste (Simon), 348, 399.
Cottineau aîné, 117, 146.
Couat, 238, 348.
Couétus (de), 1.
Couprie, 362, 363, 364.
Couteau, 132.
Couy, 9, 137.
Cox (D^r), 3.
Crespel de la Touche, 338, 362, 363.
Crétineau-Joly, 76, 169, 421.
Croquevielle (L. P.), 255, 346.
Crouan, 131, 205, 232, 270.
Crucy (Félix), 231, 367.
Cuissart (Pitre), 12, 287, 288, 291, 302, 362, 363, 364, 397, 413, 455.

Dagault, 236, 376.
Daguin, 408.
Dammiens et Cie, 399.
Damoreau, 122, 139.
Danet, 253.
Darbefeuille (D^r), 3.
David, 116, 168, 313, 381.
Debay, 168, 304, 401, 435.
Dechaille, 1, 18, 22, 23, 36, 37, 50, 86, 98, 99, 114, 154, 157, 158, 214, 223, 241, 286, 444.
Deffès, 170, 378, 453.
Defontaine, 193.
Defrondat, 141.
Déjazet, 329, 403, 468.
Dejoie, 246.
Delaire, 36, 37, 124, 219, 222, 223, 286, 287.
Delalande, Racin et Lemaître, 190.
Delamarre D^r, 252.
Delaralde, 393.
Delasalle, 25.
Delépine, 239.
Deloches, 50, 112.
Demangeat, 32, 53, 92, 150, 232, 239, 335.
Demars, 395.
Demolon, 153.

Denéchaud, 153.
Derivas, 11, 157, 158, 223, 286, 288, 360, 433.
Dermoncourt (Général), 63, 64, 66, 67, 75, 81, 82, 85, 102, 437.
Derouin, 132.
Deroy, 88.
Derrien, 260, 302.
Deschamps, 141, 268.
Deshéros, 85.
Desloges, 317, 371.
Desmars, 164, 399,
Despecher, 200, 238.
Desperrois (Colonel), 160, 176, 226, 231, 292, 297, 315, 439.
Despinois (Général), 1, 19, 20.
Desvaux, 447.
Deutz, 81, 422.
Dezaunay, 22, 50, 114, 157, 296, 345, 376.
Dobrée, 9, 89, 106, 137, 171.
Dolbeau, 24.
Donné, 3, 192, 435.
Don Pedro de Portugal, 58, 70.
Doré-Graslin, 22, 146.
Dorides (M^{ise} des), 245.
Dortel, 32.
Dorus-Gras, (Mme), 381.
Dorval (Mme), 196, 217.
Douaud, 137, 161, 238, 347.
Doucet, 1.
Douillard, 6, 22, 25, 26, 43, 50, 71, 96, 107, 114, 152, 156, 158, 160, 212, 222, 223, 268, 287, 367.
Driollet, 165, 367.
Drouault frères, 109, 134.
Dubigeon, 137, 146, 238, 348.
Dubochet, 87, 433, 444.
Dubois, 1, 44, 108, 161, 177, 198, 201, 223, 224, 252, 263, 264, 313, 314, 364, 365, 373, 426, 427.
Dubuisson, 6, 147.
Duchaffault, 22, 24, 231.

Duchatellier, 93.
Ducoudray-Bourgault, 2, 21, 22, 29, 31, 32, 44, 50, 53, 86, 87, 94, 106, 116, 124, 164, 219.
Ducrest (Mme Georgette), 90, 103, 121, 139, 260.
Dudon (B^{on}), 1, 28.
Duflos et Serpette, 324.
Dufort, 12, 455.
Dufou, 9, 137, 164, 231, 237.
Dugast-Matifeux, 433.
Dugué, 192, 455.
Dumoustier (Lieut^t général), 19, 20, 21, 23, 24, 26, 27, 28, 41, 48, 437.
Dupuis, 36, 43, 107.
Duquesnois, 186, 318, 374.
Durand-Gasselin, 3, 154, 199, 290, 304.
Duris (Arthur), 253.
Durostu (Maurice), 245.
Duvignaux, 259.

Ecorchard (D^r), 149, 258, 342, 445.
Edel et Cie, 302, 455.
Edelin de la Praudière, 164, 348.
Erard, 119.
Eriau, 407.
Erlon (Drouet, Comte d'/ (Lieutenant général), 69, 70, 73, 74, 81, 82, 85, 115, 129, 176, 228, 238, 245, 267, 277, 293, 437.
Ernst, 139, 154, 196.
Esmein, 352, 380.
Espivent de la Ville-boisnet (Ch), 245.
Estrées (Cte V^{or} d'), 231.
Etienne (J.-B.), 151, 222, 223, 236, 288, 317, 361, 363, 366, 371.
Etiennez, 20, 167.
Eudel, 346.

Faivre, 134.

Fargueil (Mme), 381.
Farouilh, 239, 257.
Faucheur, 367.
Favarger, 186.
Favre (Ferdinand), 25, 30, 50, 53, 54, 58, 95, 98, 99, 108, 114, 116, 117, 126, 127, 141, 146, 154, 156, 157, 158, 162, 177, 223, 231, 252, 262, 268, 269, 286, 287, 288, 314, 342, 360, 363, 364, 392, 412, 416, 431, 438, 456.
Favre-Couvel, 188, 223, 225, 239, 271.
Favre (Mme Th.), 245.
Favreau, 361, 362, 363.
Fellonneau, 1, 23, 50, 114, 156.
Fenwick et Strobel, 12.
Fermon (de), 45.
Fiteau (P.), 255.
Fitz-James (de), 124.
Flandrin, 132.
Fleury, 21, 36, 37, 50, 112, 113, 114, 124, 146, 158, 222, 223, 279, 288, 362.
Fonteneau, 137, 238.
Fontenilliat (de), 295.
Forest, 133, 149, 169, 187, 208, 234, 273, 420, 435, 450.
Formon (de), 1, 28, 161, 162, 198, 224, 428.
Fornier et Cie, 190.
Fortier, 29.
Foucault, 116, 164, 207, 231, 242, 258, 469.
Foucher (L.), 181, 232.
Fougnot, 53.
Foulon (Dr), 314.
Fouré, 2, 3, 167, 252, 433.
Fournier (l'abbé), 88, 182, 373, 425, 436.
Francheteau, 113, 114, 157, 222.
Franchomme, 174, 260.
François, 37, 107, 137, 146, 173, 181, 190, 219, 237, 253, 268, 343, 347, 378.
Franconi, 34, 122, 139, 196, 329, 411, 468.
Frison (Xavier), 211.
Fruchard, 32, 124, 146, 164, 181, 268, 317, 395.

Gache, 12, 161, 172, 256, 324, 347, 349, 366, 452, 455.
Gachet, 4, 90, 103, 121, 122, 124, 139, 149, 154, 166, 175, 207, 242, 460, 468, 469.
Gaillard, 12.
Gallan, 360.
Gallard, 191.
Gallet, 67.
Garet, 137, 238.
Garnaud et Bourgerel, 239.
Garnier (Aug.), 1, 21, 50, 86, 98, 114, 139, 157, 163, 181, 220, 223, 250, 270, 286, 288, 310, 339, 340, 363, 364, 365, 366, 368, 388, 409, 416.
Garnier-Haranchipy, 116, 146, 181, 198, 205, 250, 270, 295, 316, 339.
Garreau, 245, 290.
Gedouin, 32.
Gely (Dr), 292.
Gemeau (Lieutenant général), 267.
Genevois, 2, 172, 238, 347, 456.
Gengembre, 216, 239.
Genoude (de), 264, 313.
Geoffroy, 31, 37.
Germeuil-Chauvet, 317.
Ghys, 90, 103, 121, 174, 217, 381.
Gicquel, 22, 32, 50, 53, 98, 112, 113, 114, 157, 199, 221, 223, 238, 288, 338, 362, 371, 394, 395, 408.
Gilée, 9, 367.

Girard, 161.
Gouin, 1, 2, 22, 23, 31, 36, 86, 98, 111, 113, 114, 116, 124, 130, 141, 158, 162, 163, 178, 181, 205, 220, 222, 223, 231, 245, 250, 268, 269, 270, 288, 310, 311, 316, 317, 339, 361, 365, 368, 371, 378, 388, 395.
Goullin, 36, 116, 124, 146, 164, 219, 275, 287, 288, 317, 340, 359, 361, 399.
Goupilleau, 25, 37, 164, 219, 366.
Gourdon, 50, 112.
Gouté (A.), 236.
Granville (A. de), 177.
Graslin-Seréac, 1, 4, 20, 23.
Grenet, 378.
Greslé, 50, 112, 113, 114, 158, 222, 223, 288, 306, 346, 361, 376.
Grignon-Dumoulin, 22, 48.
Grillon, 257.
Grimaldi, 408.
Grootaërs, 9, 141, 168, 305, 435.
Guénier, 141, 268.
Guépin (D^r), 4, 30, 31, 88, 93, 94, 119, 132, 133, 169, 186, 187, 208, 252, 332, 361, 362, 363, 392, 393, 399, 408, 411, 413, 416, 417, 433, 434, 435, 444.
Guérin, 146, 181, 250, 296.
Guérin (le jeune), 309.
Guérin-Doudet, 22, 23, 29, 45, 50, 86, 98, 112, 143, 161, 189, 371.
Guérines (Mgr Micolon de), 1, 60, 140, 176, 438.
Guibert, 12, 237, 347, 371, 377, 452, 453, 455.
Guibourg, 63, 66, 75, 76, 78, 79, 82, 92.
Guibout (l'abbé), 253.
Guichard, 12, 190, 207.

Guichet et Russeil, 346.
Guillemet, 9, 22, 25, 29, 48, 50, 109, 112, 114, 116, 158, 161, 222, 223, 236, 287, 309, 367.
Guillemot, 274.
Guillet, 178, 273, 281.
Guiny (Mlles du), 77, 78, 81, 84, 91, 421.

Haas, 56.
Haëntjens (Ch.), 9, 36, 37, 53.
Halgan, 154, 264, 291, 292, 293, 298, 427, 428, 433.
Hamon de la Thébaudière, 124.
Haranchipy, 2, 86, 116, 124, 130, 220, 238, 337.
Hardouin, 232, 270, 399.
Hardy, 238.
Harmange (Guill.), 116, 146, 272, 298, 301, 323, 334, 351.
Haudaudine, 53.
Hautcilly (du), 86.
Haveloose (d'), 32, 396.
Hawkes, 169, 208, 435.
Hectot, 2.
Hélie (D^r), 252.
Hennequin, 79, 91, 108, 369, 424.
Hérault, 211.
Herbelin, 154.
Hercé (Mgr de), 140, 176, 181, 187, 228, 238, 246, 256, 312, 318, 326, 337, 373, 391, 425, 438.
Hermann (F.), 378.
Herschell, 203, 424, 433.
Hersent, 22, 48.
Hervouet, 260, 301, 321.
Hetru, 187.
Heugel, 100, 168, 169, 436.
Heuzé, 374, 445.
Hignard, 148, 171, 190, 255, 345, 347, 377.
Hovyn, 37.
Huette, 258, 286, 288, 335, 363.
Hyrvoix, 22, 48.

IBRAHIM-PACHA, 366.
ICÉRY (A.), 396.
IGNARD LE CHARMOIS, 11.

JACOB (Mme), 186.
JALABERT, 33, 75, 360.
JAMET, VAULOUP ET Cie, 161, 190, 290.
JAMONIÈRES (DES), 37, 53.
JAMONT, 366.
JANVIER, 57, 108.
JAUBERT (Cte), 225, 423.
JÉGOU, 154, 165, 221, 223, 259, 267, 288, 307, 311, 315, 360, 362, 363, 389, 415.
JOINVILLE (Prince DE), 268, 367, 423.
JOLIN-DUBOIS, 22, 38.
JOLLAN (L.), 111, 265, 313.
JOLLET, 89, 151, 190, 211, 216, 225, 236, 317, 348, 452.
JOUANE, 88, 187.
JOUSSET, 1, 20.
JOUVELLIER, 408.
JUCQUEAU-GALBRUN ET STEINAU, 101, 165, 193, 238, 243, 462.
JULIEN, 315.
JUNOT, 171.

KERSABIEC (DE), 69, 70, 76, 253.
KERSABIEC (Mlle Eulalie DE), 68, 82.
KIRSCH, 309.
KONSTKI (DE), 354, 355, 381, 403, 404, 437.

LABONDE (Le P.), 168.
LA BROSSE (DE), 1, 2, 20, 22, 137, 163, 231, 238.
LAËNNEC, 1, 2, 3, 22, 123, 124, 222, 223, 296, 317.
LAFARGUE, 237, 238, 371.
LAFAYETTE (G^{al}), 47, 94.
LAFEUILLADE, 242, 260, 280, 463, 465.

LAFFITTE, 93, 108, 123, 264, 424, 46..
LAFONT, 3, 25, 96, 107, 127, 139, 252, 283, 354, 439.
LAGANRY, 191.
LAGARDE, 340.
LA GOURNERIE (Jules DE), 234, 410.
LA HAYE-JOUSSELIN (DE), 161, 198, 264, 268, 300, 335, 344, 364, 398.
LAINÉ DE VILLEVÊQUE, 89, 462.
LAJARTE DE SAINT-AMAND, 346.
LALANDE, 9, 173.
LALLIÉ, 190, 337.
LAMAIGNIÈRE, 1, 20, 23, 43, 146, 444.
LAMARQUE (Général), 21, 24.
LAMBERT, 132.
LA MICHELLERIE (DE), 208.
LAMORICIÈRE (Général DE), 177, 229, 365, 424.
LAMOUREUX (D^r), 25.
LANCASTEL (DE), 181, 219, 220, 250, 264, 266, 269, 270, 283, 295, 311, 314, 316, 331, 339, 359, 364, 388, 395, 428.
LANGLOIS (Ad.), 256.
LANJUINAIS, 177, 198, 223, 264, 364, 365, 372.
LA PILORGERIE (DE), 198, 264, 364.
LAPOTAIRE, 399.
LARCLOSE, 79.
LA ROBRIE (DE), 388.
LAROCHE, 92.
LA ROCHEJACQUELEIN (H^{ri} DE), 172, 177, 198, 314, 428.
LA ROCHETTE (DE), 178, 245, 279, 287, 313, 365.
LA ROUSSIÈRE (J. DE), 279.
LASNIER, 24.
LASSUS, 257, 325.
LATOUCHE (l'abbé), 342, 434.
LA TULLAYE (DE), 1, 20, 245.
L'AUBÉPIN (DE), 65, 76, 79, 253.

LAURANT, 5, 434, 467.
LAURENT (le Père), 168.
LAURIOL, 2, 32, 151, 172, 181, 219, 238, 250, 260, 270, 317, 347, 348, 360, 456.
LAURISTON (Law DE), 1, 116, 146.
LE BAHEZRE, 32.
LE BIDOIS, 32, 117, 154, 157, 158, 223, 286.
LE BOTERF, 346.
LE BOUX, 407.
LE BOYER, 255, 302, 347, 377.
LEBRETON, 1, 31, 399, 407.
LE CADRE, 2, 168.
LECHAT (l'abbé), 373, 378.
LECHEVALIER, 100.
LECOQ-DUMARSELAY, 399.
LE COUR, 172, 238, 250, 269, 270, 295, 317, 360, 388, 392, 394, 395, 456.
LEDUC, 56, 103, 168.
LEFEUVRE, 32, 379.
LEFÈVRE, 146.
LEFRANÇOIS (Armand), 271.
LEGOUAIS, 3, 252.
LEHUÉDÉ (l'abbé), 380.
LELASSEUR, 32, 146, 380.
LELOUP, 118, 132, 160, 262, 290, 299, 376.
LEMAÎTRE, 154, 190.
LE MAUFF, 1.
LEMERCIER, 36, 37.
LEMERLE, 238, 314, 348.
LEMIERRE, 54, 120, 131, 167, 307.
LEMONNIER, 186, 217, 242, 281, 403, 404, 463, 464, 465.
LEPECHOUR, 360.
LEPERTIÈRE, 2, 86, 130, 137, 205, 237, 246, 247, 270, 295, 316, 348.
L'EPINAY (DE), 37.
LE POITEVIN, 3.
LE POT, 116.
LEPRÉ, 192.
LE QUEN D'ENTREMEUSE, 2, 86, 116, 130, 163, 296.

LE RAY, 12, 36, 148, 151, 161, 198, 248, 264, 365.
LE ROUSSEAU (l'abbé), 114, 115, 167, 179.
LE ROUX (F.-A.), 113, 114, 157, 221.
LEROUX (les frères), 196, 218, 355, 404.
LEROY, 134.
LE SANT, 2, 31, 37, 50, 55, 58, 98, 112, 113, 114, 134, 143, 148, 157, 221, 223, 248, 288, 338, 362, 397, 416, 447.
LESCADIEU ET LAURANT, 149, 169, 434.
LESUEUR, 192.
LÉTÉ, 328, 403.
LE TORZEC, 272.
LEULLIER, 268.
LEVAILLANT, 45, 108.
LEVASSOR, 354, 403.
LEVESQUE, 1, 2, 7, 16, 28, 86, 130, 137, 228, 239, 296, 445, 457.
LEVESQUE-DUROSTU, 116, 164.
LEVRAUD, 399.
LÉVY, 174, 318, 434.
LEYDIG ET Cie, 110.
LHOTELLIER, 367.
LIANCOUR, 137, 238, 348.
LIBAUDIÈRE (Dr A.), 291, 309, 342, 374, 434.
LIBERGE, 306, 367.
LIGIER, 308.
LINSÉNS DE LÉPINAY, 43, 53, 117, 124, 131, 160, 178, 297.
LISTZ, 354, 355, 437.
LITOU, 32, 33, 86, 340, 403.
LIVENAIS (Victor), 343.
LIVET, 432.
LOARER, 339, 370, 394.
LORETTE DE LA REFOULAIS, 433.
LORIEUX, 181, 292.
LOTZ, 161, 171, 324, 378, 452.
LOUIS-PHILIPPE, 22, 83, 423, 427, 443.

Luminais, 29, 53, 86, 110, 127, 151, 248.
Luther (J.), 37, 146, 164, 205, 220, 270, 295, 316.

Mabon (l'abbé), 27.
Mackau (B^{on} de), 368, 423.
Maës, 1, 2, 18, 21, 22, 29, 41, 45, 50, 53, 86, 98, 108, 109, 114, 137, 148, 189, 202, 237, 264, 311, 331, 347, 348, 388, 399.
Mahot, 181, 352, 380.
Maisonneuve, 1, 32, 108, 198, 231.
Mangin (Victor), 5, 38, 84, 102, 115, 129, 133, 149, 157, 161, 169, 187, 286, 287, 319, 320, 362, 363, 368, 393, 403, 408, 412, 420, 430, 434, 450, 467.
Marais, 23, 32.
Marcé, 286, 288, 304, 363, 409.
Marceau (C^t), 338.
Marchand (D^r), 252, 399.
Mareschal (D^r), 433.
Marion, 32, 82, 116, 124, 167.
Marion de Beaulieu, 130.
Marion de Procé, 1, 2, 3, 20, 23, 50, 99, 114, 157, 158, 223, 287.
Mariot, 22.
Martel (Cte de), 76.
Martineau, 253, 436.
Massion-Rozier (J.), 236.
Masson (Mlle), 354, 381, 403.
Maugars, 191, 222, 223.
Maurice-Duval, 78, 79, 80, 82, 83, 111, 136, 143, 159, 177, 198, 224, 225, 255, 326, 438.
Maurice (François), 245, 304, 367, 458.
Mayet, 19, 20.
Mazeau, 341.
Mazier, 151.
Mazier-Verrier et Cie, 192, 211, 231, 321, 454, 455.

Meade, 238.
Melient (de), 314, 397.
Mellinet (C.), 5, 30, 31, 50, 99, 114, 127, 141, 157, 206, 222, 223, 231, 234, 245, 254, 273, 288, 292, 299, 361, 433, 444.
Ménard (Amédée), 168, 208, 435.
Ménars (de), 82.
Menou (Mlle J. de), 245.
Mercier, 237, 238.
Méresse, 53.
Merlaud, 161.
Merson, 5, 37, 38, 63, 66, 78, 79, 84, 161, 191, 208, 253, 421.
Méry, 36, 37, 297, 315, 361, 363, 416, 439.
Mesnil, 104, 161, 236, 239, 290, 378.
Métois, 146, 296, 337.
Métois (J^h) et Cuissart (P.), 12, 302, 455.
Meunier (Lieutenant-Général), 91, 116, 437.
Meuret, 169, 435.
Milanollo (Mlles T. et M.), 242.
Millet, 109, 136, 170, 324, 453.
Moisan, 169.
Molinier, 297.
Moller, 36, 37.
Mondeux (Henri), 242, 374.
Monfort, 132.
Monteix, 25, 317.
Monti (Mis Louis de), 1, 311, 314, 388.
Monti (Mlle H. de), 245.
Montluc et Cie, 400.
Moreau, 4, 405.
Morel et Cie, 303, 324, 348.
Moriceau, 18, 23, 96, 107, 113, 114, 129, 158, 178, 222, 268, 286, 287, 288, 363.
Moride (Ed.), 374.

Mornet du Temple, 92.
Mortier, 367.
Mosneron-Dupin, 1, 18, 36, 43, 53, 86, 98, 116, 146, 181, 206, 296.
Motté, 134.
Mousnier, 318, 342, 374, 434.
Murphy, 275.
Muterse, 374.

Nau, 257, 262, 268, 272, 335, 367, 436.
Neelz de Plancy, 154.
Nemours (Dc et Dsse de), 288, 423.
Nerrière (Prosper), 272.
Neveu-Derotrie, 149, 187, 208, 262, 272, 291, 301, 342, 343, 366, 374, 398, 444, 445, 447.
Nevo, 346.
Nicod, 124, 161, 162, 198, 224.
Nogues, 220, 348.
Noireau, 114, 178.
Noisette, 88, 298.
Novion (Cte de), 343.

Odilon-Barrot, 109, 123, 313, 424.
Odon-Desmars, 399.
Ogée, 55, 153, 165.
Ogereau, 388.
Olivier (Georges), 299, 436.
Orillard, 38, 132, 432.
Orléans (Duc d'), 61, 70, 88, 94, 118, 158, 168, 177, 182, 206, 252, 267, 269, 312, 423.

Pabst, 219, 220.
Pacqueteau, 32.
Paimparay, 53.
Palois (Dr), 87, 95, 98, 117, 131, 291, 292, 433.
Papin, 32.
Paquer, 103, 109, 117, 122, 125, 127, 139, 154, 160, 196, 200, 206, 444, 460, 467, 468.
Paranque, 32.
Parigat, 343.
Paris (Aimé), 54.
Pavec, 46, 313.
Payac, 107, 160, 231, 297.
Péan frères, 171.
Peccot, 114, 157, 207, 223, 286, 317.
Peclet, 207.
Pedro, de Portugal (Don), 58, 70, 423.
Pellerin (Dr), 3.
Pelloutier, 84, 219, 232, 279, 399, 402.
Peltier, 2.
Perchais, 238.
Périn (l'abbé), 52.
Perraudeau, 71, 283.
Perrussel (Dr), 320.
Pesneau, 169.
Petit, 22, 48.
Petit et Cie, 192.
Petibon-Bochardière, 231.
Petitpas, 343.
Phelippes-Beaulieu, 444.
Philippe, 53, 124.
Philippe et Canaud, 206, 256, 324, 453.
Picou (H.), 152.
Piel, 257.
Pihan-Dufeillay (Dr), 3.
Pilon, 211.
Pinard (J.-G.), 131, 340.
Pineau, 408.
Pipat, 207.
Plumard, 178, 206.
Poilièvre aîné, 114, 158, 222.
Poirier, 141, 268.
Polo aîné, 23, 50, 58, 82, 112, 113, 114, 129, 157, 161, 222, 223, 288, 361, 363, 364.
Pommeraye, 231, 239.
Ponchard, 56, 103, 174, 260, 261, 381, 463.
Ponchard et Guérin, 154.

Pons (de), 4.
Portier, 124.
Potin, 24.
Pourcelt de Baron, 122, 463.
Pradelan (Mme), 297.
Prat, 280, 308.
Prebois, 302.
Prevel, 2, 50, 55, 114, 134, 157, 223, 286, 288, 363.
Prudent, 217, 260, 279, 328, 404.
Pusterle, 168.
Puysieux (Henri de), 76.

Quehillac (de), 178.
Quesneau, 33, 86, 130, 137, 163, 198, 205, 220, 231, 270, 295, 316, 362, 363, 364, 366, 388, 395, 431.

Rachel, 354, 464.
Racineux, 24.
Ravel, 122, 381.
Ravignan (de), 368.
Raymond (de), 367.
Régis, 50, 112, 346.
Regnon (Mis de), 53, 299, 312, 314, 344, 422.
Renaud et Lotz, 378.
Renoul (Ch.), 205, 222, 223, 245, 288, 361, 363, 396, 433.
Rezeau, 24.
Rhein, 90, 103, 121, 138, 139.
Riant et Langlois, 151, 256.
Richelot, 433.
Richer, 88, 187.
Riedy (Henri), 37.
Rieffel, 9, 148, 208, 234, 254, 300, 301, 344, 445.
Rigaud, 24.
Rissel, 32, 50, 114, 157, 158, 190, 222, 223, 236, 287, 324.
Rivière-Deshéros, 33.
Robert, 24.
Robineau de Bougon (Colonel), 43, 45, 46, 50, 54, 58, 65, 82, 87, 94, 95, 96, 98, 99, 107, 108, 112, 114, 118, 127, 132, 158, 160, 161, 167, 222, 223, 230, 239, 288, 310, 361, 365, 433, 439, 444.
Roch, 53.
Rocher, 82, 161, 171, 211, 237, 256, 275, 352, 380, 452.
Rolland de Lisle, 296.
Rondenet, 170, 324, 453.
Rossel (C.), 1.
Rouaud (E.), 219.
Roulleaux-Dugage, 394, 411, 412, 416, 438.
Rousseau, 207.
Roussin, 116, 124, 141, 268, 296.
Rousteau (l'abbé), 335, 374, 436.
Roux, 36, 196, 205, 219, 220, 232, 238, 250, 287, 288, 295, 316, 340, 347, 348, 363, 371, 463.
Rouy, 90.
Roy (P.), 270, 296, 317, 371, 388, 395.
Rozier, 9, 23, 50, 58, 112, 113, 114, 130, 157.
Rumigny (Lieutenant-Général de), 35.

St-Aignan (Aug. de), 22, 45, 48.
St-Aignan (Louis de), 1, 2, 21, 28, 63, 78, 98, 105, 143, 438.
St-Amand-Siffait, 50, 112, 113, 114, 158, 192, 222, 255, 456.
St-Amour (Ch.), 231, 389, 399.
St-Ange, 217.
St-Céran (de), 36, 37, 53.
St-Estève, 115, 178.
St-Hubert (de), 38.
St-Omer, 236, 324.
Sainton, 174.

St-Pern (Cte de), 1, 343.
St-Quentin, 192, 455.
Sallentin, 124.
Sallion (Dr), 2, 3, 252, 433.
Sandron, 178.
Sarrebourse d'Audeville, 1, 20.
Saulnier de Beauregard (l'abbé) 57.
Sauvaget, 53.
Say, 2, 151, 236.
Schatz, 4, 168, 436.
Schweighauser, 50, 112.
Sébire, 269, 273.
Sécheresse, 290, 343.
Séguin frères, 138, 311.
Seheult, 9, 152, 173, 212, 221, 223, 288, 290, 325, 326, 362, 367, 380.
Sellier (Ulric), 378.
Serpette, 324.
Serrie (de la), 63.
Sesmaisons (de), 245, 253, 262, 337, 338, 364, 396, 398, 408.
Sicard, 171.
Simon, 37, 178, 260, 337, 343, 433.
Solignac (Lieutenant général), 63, 66, 68, 69, 70, 437.
Sotta, 192, 435.
Soubzmain, 2, 9, 18, 21, 43, 50, 53, 86, 98, 108, 112, 137, 163, 205, 237, 269, 294, 438, 456.
Suc, 9, 47, 168, 183, 187, 208, 435.
Sudre, 298, 436.
Suffisant, 388.
Suireau, 208, 234, 273.
Suzer, 161.

Taffu, 238.
Talbot, 399.
Talvande, 130, 163, 164, 238, 250, 287, 288, 295, 316, 317, 363.
Tamburini, 280.

Tarade, 207.
Tartoué, 360.
Ternaux-Compans, 313, 365.
Terrien, 163, 181, 205, 231, 395.
Tessier, 181, 317, 395.
Testé, 342.
Thalberg, 381.
Tharreau, 36, 137.
Thébaud, 50, 58, 112, 286, 288, 297, 360, 362, 363, 376, 415, 416.
Thibaud (Dr), 3, 252, 337.
Thillon, 174, 196.
Thomas Louis, 168, 258, 435.
Thomine, 1, 20, 23, 447.
Thomson, 137.
Tilly, 328, 354, 381, 464.
Tiret, 190, 236.
Toché, 1, 36, 205, 211, 219, 220, 296, 340, 348.
Tollenare (de), 116, 124, 154, 213, 433.
Tom Pouce, 354, 355, 465.
Touchard-Lafosse, 208, 234, 254, 273, 321, 435.
Toulmouche, 93.
Tourgouilhet de la Roche, 32.
Touzeau, 391, 408.
Travers (l'abbé), 149, 169, 187, 208, 234, 254, 299, 321, 435.
Tremlett, 187.
Trenchevent, 12, 32, 98, 146, 157, 158, 163, 223, 231, 238, 270, 286, 288, 339, 363, 364, 376, 408.
Trezel (Lieutenant-Général), 293, 394, 437.
Tronson, 32, 379,
Trotreau, 367.
Trottier, 146.
Trumelle, 324.
Turpin, 141, 268.
Turquety, 374.

Ursin, 95, 447.

Urso, 174, 196, 242, 279.
Urvoy de S¹-Bédan, 1, 23, 28, 53, 248, 286, 287.

Valembert, 122, 139.
Valin (D^r), 256.
Vallée, 1, 116, 137, 238, 348.
Vallet (Louis), 30, 32, 50, 58, 109, 114, 156, 157, 158, 223, 248, 268, 286, 288, 292, 341, 351, 363, 366, 431.
Vandangeon, 82.
Vandier, 433.
Van Goor (Mlles), 181.
Van Iseghem, 367.
Van Neunen, 154, 161, 164.
Vanssay (B^on de), 1, 3, 147.
Varlet (le Père), 168.
Varsavaux, 21, 22, 29, 45, 48, 50, 51, 53, 58, 112.
Vauloup, 151, 190, 346
Vautier, 464.
Vautrin, 308, 328.
Verger, 30, 31, 32, 75, 108, 113, 114, 124, 141, 158, 169, 187, 208, 222, 234, 275, 299, 397, 433, 435.
Vigano (Mme), 121, 139, 196, 280.

Vigneron de la Jousselandière 127.
Villain frères et Cie, 190.
Villeblanche (de), 53.
Villeneuve (Alban de), 2.
Villeret (François), 23.
Villette (Mme), 11.
Vilmorin, 394.
Vince, 12, 137, 272.
Vincent, 348.
Viot, 238, 245, 348.
Vito Manganielle, 174.
Voruz aîné (J.), 24, 151, 161, 236, 237, 239, 251, 290, 305, 340, 347, 366, 388, 395, 399, 453.

Wack, 116, 267.
Waldeck-Rousseau, 119, 127, 132, 156, 302.
Wattier, 98, 130, 157, 158, 223, 286, 288, 294, 311, 360, 361, 363.
Wautier d'Halluin (Ed.), 299, 318, 342.
Wismes (B^on de), 343, 374, 435.
Wolski, 291, 374.

ERRATA

Page 15. 8ᵉ ligne, lire léger au lieu de ligne.
    17. 3ᵉ ligne, — léger au lieu de ligne.
    20. 30ᵉ ligne, — francs au lieu de centimes.
   107. note, — complété au lieu de compté.
   111. note, — 1/100 au lieu de 1/10.
   134. note 2, — 1ᶠ,10 au lieu de 0ᶠ,10.
   141. 11ᵉ ligne, — fournie au lieu de formée.
   149. 20ᵉ ligne, — du Breton au lieu de l'Ouest.
   297. 20ᵉ ligne, — Payac au lieu de Payal.
   323. 19ᵉ ligne, — 6,60 au lieu de 5,50.
   362. 15ᵉ ligne, — 85 au lieu de 15.
   373. 21ᵉ ligne, — municipal au lieu de général.
   378. 23ᵉ ligne, — 1,500,000 au lieu de 150,000.
   428. 3ᵉ ligne, — appelé au lieu de appelée.

   106. 16ᵉ ligne, — un écrivain de talent, Crétineau Joly.

Imp. C. Mellinet, pl. du Pilori, 5. — Biroché et Dautais, succrs.

www.ingramcontent.com/pod-product-compliance
Lightning Source LLC
Chambersburg PA
CBHW051124230426
43670CB00007B/661